KB052572

재일조선인과 조선학교

투쟁의 시간, 삶의 공간

재일조선인과 조선학교

투쟁의 시간, 삶의 공간

초판 1쇄 발행 2017년 12월 30일

엮은이 | 배지원·조경희
옮긴이 | 배지원
발행인 | 윤관백
발행처 | 도서출판선인

디자인 | 박애리
영 업 | 김현주

등 록 | 제5-77호(1998.11.4)
주 소 | 서울시 마포구 마포동 324-1 곳마루 B/D 1층
전 화 | 02)718-6252/6257
팩 스 | 02)718-6253
E-mail | sunin72@chol.com

정가 20,000원
ISBN 979-11-6068-125-3 03300

재일조선인과 조선학교
투쟁의 시간, 삶의 공간

배지원·조경희 엮음

도서출판 선인

머리말

　조선학교. 한국사회에서 이 이름은 어떤 울림을 가질까. 여전히 북한학교나 조선시대 서당 정도로 오해하는 사람들이 있는 한편, 이제는 한국에서도 재일조선인 민족교육 기관으로서의 조선학교로 많이 알려져 있다. 최근에도 일본 '고교무상화' 제도에서 제외된 조선학교 관계자들이 일본정부를 상대로 일으킨 소송 판결이 한국 언론의 주목을 받기도 했다. 2013년부터 일본 전국 각지에서 진행된 고교무상화 재판[1]은 오사카에서는 승소했으나, 히로시마와 도쿄에서는 패소하는 등 지역마다 희비가 엇갈리는 어려운 상황을 겪어야만 했다. 북일관계 악화와 일본정부에 의한 대북 제재는 조선학교 아이들에게 직접적인 영향을 미치고 있다. "외교적 배려보다는 교육적 관점에서 객관적으로 판단하겠다"는 민주당 정권 시기의 일본정부의 견해는 현 아베정권에서는 없었던 일이 되어버렸다.

　교고무상화 재판 투쟁은 현재 일본정부의 태도와 일본 사회 내 조선학교의 역사적 위치를 집약적으로 보여주고 있다. 그런데 '일본사회의 차별'은 조선학교를 표현하는 중요한 키워드임은 틀림없지만, 그것만으로 조선학교의 성격을 특징지을 수는 없다. 더욱이 일본사회에서 소외된 '불쌍한 사람들'로

---

1) 고교무상화 재판과 관련된 자세한 경위에 대해서는 본문 8장 참조.

만 여기는 것도 지나치게 피상적이다. 해방 후 조선학교가 걸어온 길은 한반도 격동의 역사와 깊이 맞물려 있으며, 그 과정에서 일궈진 민족교육의 장은 재외동포 커뮤니티로서 보기드문 풍부한 사례들을 보여주고 있다. 식민과 분단, 귀국과 정주, 문화적 계승과 변안, 전국적 조직화와 현지화 등 조선학교의 역동적인 실천들을 두터운 역사로 서술하고 기억하는 일은 재일조선인에 대한 객관적 이해를 도울 뿐만 아니라 과거를 극복하고 통일시대를 다시 열어가는 한국사회의 과제이기도 하다.

그동안에도 한국에서 조선학교 관련 학술연구나 NGO활동은 꾸준히 진행되어 왔다. 오자와 유사쿠(小沢有作)의 민족교육 연구와 재일1세 김경해(金慶海)의 한신교육투쟁 연구가 번역서로 소개되었고, 정병호, 정희선, 김인덕을 비롯한 여러 연구자들이 인류학, 역사학, 사회학 각 분야에서 연구의 토대를 마련하였다[2]. 또한 언론과 시민사회의 조선학교 지원과 연대, 이를 통한 대중들의 관심도 크게 높아졌다. 월간지『민족21』은 2001년 창간 당시부터 조선학교 관련 연재기사를 다수 실었고, 지구촌동포연대(KIN)은 2005년 이후 학교 토지를 둘러싸고 도쿄도와 재판 중이었던 도쿄조선제2초급학교를 지원하는 모금 캠페인을 펼치기도 했다. 2011년 동일본지진과 원전사고 피해 지역 조선학교에 대한 모금을 시작한 '몽당연필'은 현재까지도 전국 각지 조선학교 현장과의 교류 활동을 꾸준히 지속해오고 있다[3]. 본서의 출간이 이와 같은 한국 학계와 시민사회가 기울여온 노력의 연장선상에 있음은 말할 것도 없다.

2) 오자와 유사쿠 저/이충호 역, 『재일조선인 교육의 역사』, 혜안, 1999; 김경해 저/정희선 외 역, 『1948년 한신교육 투쟁』, 경인문화사, 2006; 정병호, 『문화적 저항과 교육적 대안: 재일 조선학교의 민족 정체성 재생산』, 『비교문화연구』9-2, 2003; 정희선, 『재일동포의 민족교육운동』, 선인, 2014; 김인덕, 『재일조선인 민족교육 연구』, 국학자료원, 2016; 김은혜, 「도쿄 도시레짐과 에다가와조선학교의 역사」, 『사회와역사』 85, 2010; 宋基燦, 『「語られないもの」としての朝鮮学校――在日民族教育とアイデンティティ・ポリティクス』, 岩波書店, 2012; 정진성, 「재일동포 민족학교 : 분단과 탈식민의 역사」, 『일본비평』16, 2017 등.
3) 권해효, 『내 가슴 속 조선학교』, 올벼, 2011; 김지연, 『일본의 조선학교』, 눈빛, 2013; 지구촌동포연대, 『조선학교 이야기』, 선인, 2014.

그러나 지금도 한국인이 조선학교를 방문하려면 통일부에 접촉신고를 해야 하는 현실에서 자유로운 현장 조사나 교류 활동은 여전히 어려운 상황이다. 예컨대 2003년 인류학자 정병호는 80년대에 경험한 총련계 재일조선인들과의 우연한 마주침을 회상하면서 "그들과의 만남 자체가 범법이 되는 상황" 속에서 느끼는 공포심과 동시에 민족의 미래에 자신의 삶을 거는 조선학교 청년의 단호함에 충격을 받았음을 고백했다. 15년 전의 그 때에 비하면 한국사회와 조선학교와의 '접촉'은 비약적으로 늘었지만 관계의 객관적 조건은 하나도 바뀌지 않았다. 한국사회와 조선학교는 여전히 자유로운 만남과 소통이 금지된 관계에 있다.

과거 10년동안 조선학교는 보수정권의 새로운 개입대상이 되기도 했다. 조선학교 학생들과 학부모들 중에는 원래 한국적을 유지했거나, 한국 입국을 위해 한국 여권을 취득한 재일동포들도 다수 포함되는데, 영사관에서는 "한국적자가 조선학교를 다니는 것은 불법"이라며 그들을 일상적 감시 아래 뒀다. 또한 2015년 9월에는 민단과 민주평통 일본지역회의가 서울 프레스센터에서 「광복 70주년 재일조선학교의 교육발전 방안」이란 주제로 토론회를 개최하였는데, 회의의 기본적 문제의식은 조선학교를 '조총련의 북한공민교육기관'으로 규정하고 조선학교에서 한국적자들을 이탈시킬 방안을 찾아야 한다는 것이었다.

본서에서 상세히 다루겠지만, 조선학교는 조선민주주의인민공화국 및 총련과의 밀접한 관계 속에서 운영되어 왔다. 그와 동시에 조선학교는 일본에서 '우리 말'을 배우고 동포들과 소통하는 장으로 기능해 왔고, 분단체제에 회수되지 않는 자체적인 교육 공간으로 발전해왔다. 5세까지 세대교체가 진행된 현실 속에서 재일조선인 사회가 끌고 가는 '민족'은 이미 다양한 배경을 가진 사람들이 함께 살아가는 혼종적인 것이다. 조선학교 현장에서 조선/한국/

일본이라는 국적 차이는 별로 큰 의미가 없다. 한국적자들만을 '국민'으로 보고 조선학교에서 이탈시키려고 하는 태도는 오히려 재일동포 사회에 한국정부에 대한 불신을 심어줄 수도 있다. 조선학교가 걸어온 역사에 대한 이해와 존중은 모든 교류활동의 기본 전제가 되어야 할 것이다.

이 책에는 본문 7장과 2개의 보론을 포함해 총 9편의 글을 실었다. 책의 구성을 간략히 소개하면 다음과 같다.

제1부는 해방 후 60년대까지의 GHQ와 일본정부의 재일조선인 대책과 이에 대한 투쟁의 역사로서의 조선학교의 발자취를 추적한다. 제1장 「탈식민화 과정으로서의 조선학교의 역사」는 조선학교의 역사적 변천과정을 독자기(1945~54), '이식형' 국민교육기(1955~62), '재일형' 국민교육기(1963~69)로 나눠 서술하면서도 이 과정을 관통하는 '탈신민화'라는 관점을 재일조선인 사회의 중요한 역사적 과제로 도출해내고 있다. 오영호(吳永鎬)는 1960년대까지의 역사를 통해 초창기 국어강습소로 시작한 조선학교의 자체적인 노력과 더불어 총련 결성 후 조선민주주의인민공화국 국민교육 과정에서 조선학교가 겪은 적응과 갈등도 함께 보여주고 있다. 이 통사 과정을 통해 비로소 우리는 70년대 이후 조선학교의 발전과 변화, 현재적 쟁점들을 온전히 이해할 수 있을 것이다.

제2장 「GHQ의 재일조선인 정책과 민족교육 투쟁」은 해방 후 일본정부와 GHQ의 재일조선인정책과 조선학교 탄압의 역사를 다루고 있다. 1948년 4.24 교육투쟁과 조선학교 폐쇄에 이르는 과정은 '해방민족'으로서의 조선인들의 권리보다는 일본사회의 질서유지를 우선시한 일본정부와 GHQ의 반공주의적 정책의 귀결이었다. 그뿐 아니라 김태기(金太基)는 한국 내 보수세력 또한 반공주의 입장에서 일본의 조선학교 탄압에 동조하는 자세를 보임으로써 재외동포의 민족교육이라는 공동의 과제에 등을 돌리게 되었음을 비판하

였다. 이와 같은 경위는 현재까지도 이어지는 조선학교와 한국사회의 '불편한 관계'의 뿌리를 이해하는데 시사적이다.

제1부는 일본 효고현 출신으로 한신교육투쟁을 직접 경험한 오형진(吳享鎭)선생님의 구술기록으로 마무리된다. 해방 후 고향에 돌아갈 마음으로 조선어 강습소에서 우리말을 배운 기억, 해방군이라고 믿었던 미군이 조선학교 탄압을 주도하고 있음을 알게 된 충격, 맥아더에게 보낸 편지, 그리고 귀국사업과 남한 고향방문 등 그의 이야기들은 일본과 한반도 조국의 정치상황 속에서 자신들의 삶을 꿋꿋하게 지켜온 재일동포들의 일상을 생생히 전해주고 있다.

제2부는 1960년대 이후 한반도와 일본 사이에서 민족교육과 문화적 정체성을 모색하는 움직임들을 다루고 있다. 제3장 「한일회담과 민족학교 문제」는 한일회담 외교 문서를 활용해 민족교육 문제를 둘러싼 한일 양국의 협상과정을 구체적으로 풀어낸다. 이성(李誠)은 한국계 민족학교 대우 문제를 둘러싸고 한일 양국 정부의 입장이 충돌하면서도 '공통의 적'으로서의 조선학교를 무력화하기 위해 민족교육 전반에 대한 일본정부의 강력한 통제권을 인정하는 방향으로 협정이 타결되었음을 밝히고 있다. 2장과 마찬가지로 이 내용 또한 한국정부가 반공주의를 앞세운 나머지 민족교육이라는 역사적 과제를 포기하는 과정으로 읽을 수 있다. 일본정부의 입장에서 보면 한일회담은 재일조선인 전체에 대한 동화 정책의 중요성을 다시 확인하는 결정적 계기가 되었다.

제4장 「1970년대 오사카 공립학교의 재일조선인 민족교육 운동」은 조선학교를 벗어나 일본의 오사카 공립학교에서 전개된 '본명호명운동'과 '문학 교육 운동'을 통해 다양한 민족교육 실천의 가능성과 한계를 평가하고 있다. 유승창(俞承昌)은 일본 공립학교의 민족교육 운동이 재일조선인 거주 비율이

높았던 오사카라는 지역적 특수성을 벗어나지 못했다는 점, '본명 호명'이라는 안일한 방식으로 민족차별의 현실을 풀고자 했던 일본인들의 인식의 한계를 지적하고 있다. 그럼에도 불구하고 일본 공교육 체제하에서 민족교육 실천이 전개되었다는 사실은 현재의 일본사회의 현실에서 볼 때 특기할 만하다.

제5장 「조선학교 여학생들의 '치마저고리 교복'의 의미」는 조선학교의 상징으로 거론되는 여학생들의 치마저고리 교복의 역사적 기원과 변천 과정, 그 현지화의 양상들을 보여준다. 한동현(韓東賢)은 전통 의복으로서의 치마저고리가 시대 상황에 따라 이를 착용하는 여학생들에게 새롭게 의미화되는 과정을 흥미롭게 밝히고 있다. 1980년대 후반 이후 빈번히 일어난 치마저고리 폭력 사건 이후 치마저고리 교복은 일상적 장면에서 쉽게 볼 수 없게 되었음에도 불구하고 집회나 시위 현장에서 다시금 기호화되어 등장하고 있다. 즉 치마저고리 교복은 단순히 '민족의 상징' 혹은 '여성 차별의 표현'이 아니라 당사자들에 의해 협상되거나 주체적으로 선택되는 매개체로 기능하고 있다.

이어서 제3부에서는 조선학교가 현재 직면하고 있는 차별 및 혐오의 현실을 배경으로 일본 내에서의 민족교육권 정립의 가능성을 모색한다. 제6장 「조선학교 습격사건에서 민족교육의 권리와 레이시즘을 생각하다」는 조선학교의 운영과 실태, 교육내용, 학부모의 선택 등 객관적 조건들을 정확히 드러냄으로써 권리로서의 민족교육의 필요성과 일본 내 레이시즘의 부당성을 거꾸로 부각시키고 있다. 이 글의 원문은 교토제1초등학교 앞에서 확성기로 헤이트 스피치를 퍼부은 일본배외주의 단체 '재특회' 멤버들을 상대로 한 손해배상 소송에 제출된 의견서로, 인류학자인 저자 이타가키 류타(板垣竜太)가 관찰하고 분석한 현장감 넘치는 보고서로 읽을 수 있다.

제7장 「고교무상화 제도와 조선학교 배제」는 일본 고교무상화 제도의 도입

과 변천, 조선학교 배제를 정당화하는 일본정부 및 지자체의 입장과 재판 투쟁의 전개 등 현재 진행형의 움직임들을 정리하고 있다. 저자인 후지나가 다케시(藤永壯)는 고교무상화 재판 투쟁을 지원하는 '무상화연락회 오사카'의 대표로, 2017년 8월의 오사카 재판을 전면 승소로 이끄는데 중요한 역할을 하였다. 유독 조선학교만을 제도에서 배제해온 일본의 노골적인 차별 대우에 대해 후지나가는 북한과의 적대 관계에서 오는 정치적 이유뿐만 아니라, 조선학교의 존재 자체를 '반일'로 보고 조선인의 민족성에서 그 원인을 찾는 뿌리 깊은 식민주의가 작동하고 있음을 지적하고 있다.

위의 내용을 보완하는 취지에서 제3부 말미에는 보론「고교무상화 법에서의 '고등학교 과정과 유사한 과정'에 관한 의견서」를 실었다. 저자 다나카 히로시(田中宏)는 일본에서 이주민 연구의 제1인자로, 오랫동안 재일외국인들의 권리와 지위 개선을 위해 힘써왔다. 오사카 고교무상화 재판자료로 제출된 이 의견서에서 다나카는 전후 식민과 냉전의 논리에 따라 조선학교의 지위가 변화되었던 것과 더불어 2000년대 북한과의 역학관계 속에서 일본정부가 조선학교에 대해서만 여타 외국인학교와 다른 예외적인 조치를 취했던 과정을 상세히 밝히고 있다. 과거 스스로가 인정한 '교육의 동등성'에도 역행하는 일본정부의 차별에 대해 국제인권기관에서도 비판의 목소리가 크다. 제3부의 내용들은 이와 같은 민족교육에 대한 일본정부의 부당한 처우를 시정하고자 하는 일본시민사회의 노력 또한 잘 보여주고 있다.

이 책은 2014년에 지구촌동포연대(KIN)가 기획 편집한『조선학교 이야기』(선인)의 제2탄으로 만들어졌다. 『조선학교 이야기』가 조선학교에 관한 한국사회의 의문을 쉽게 해설하는 간편하고 접근성이 좋은 책으로 기획되었다고 한다면, 이번 책은 제1탄에서 담을 수 없었던 보다 세분화되고 전문성 있는 내용을 담고자 하였다.

무엇보다 재일조선인들 스스로가 빚어낸 최신 연구 성과들을 한국사회에 적극 소개하고자 하였다. 때마침 각지에서 고교무상화 제도 적용을 요구하는 재판 투쟁이 한창 진행되고 있어 '무상화 연락회'를 비롯한 일본 시민사회와의 연대운동이 언론이나 SNS를 통해 한국에도 실시간으로 소개되고 있던 터였다. 조선학교의 현실은 재일조선인 당사자의 문제일 뿐만 아니라 일본 인권문제 진전의 시금석이기도 했다. 일본정부 및 지자체의 움직임은 현재 위태로운 방향으로 흘러가고 있지만 그럴수록 이 문제를 한국사회에 뜨거운 이슈로 전달해야 한다고 생각했다. 일본 지배 세력과의 투쟁의 최전선에 있는 조선학교와 그 지원자들을 고립시키지 않기 위해서, 그리고 조선학교를 일본 내 소수자 문제로만 보거나 거꾸로 대한민국이라는 틀에 돌아 갇히지 않고, 분단을 극복하는 역사 이야기로 전달하기 위해서다.

　현재 재일조선인 전체에서 조선학교 학생들이나 관계자들의 비중은 결코 크지 않다. 조선학교와 관계를 맺지 않고 살아온 재일동포들이 많은 것도 사실이다. 이 책은 조선학교 외 모든 민족교육을 대상으로 망라하지는 않았으며, 그 어떤 민족교육도 받을 기회가 없었던 수많은 재일동포들의 이야기를 적극적으로 포함시키지 못했다[4]. 그러나 이 책이 담은 내용이 일부의 특수한 사람들의 이야기로 읽히지 않기를 바란다. 오히려 냉전질서 속에서 민족교육조차 분단되었던 재일동포들의 삶의 기록으로 읽혀지길 바라는 마음이 간절하다. 이 책에서는 국적과 특정조직의 소속과 상관없이 식민지지배의 영향으로 일본으로 건너간 한반도 출신자와 그 후손들 전체를 '재일조선인' 혹은 '재일동포'라고 부른다.

　이 책은 지구촌동포연대에서 함께 활동하던 배지원과 조경희가 공동기획

---

4) 일본 내 한국학교나 민족학급에 대해서는 임영언·김태영, 「재일코리안 민족교육의 실태와 전망에 관한 고찰」, 『일본문화학보』62, 2014; 김웅기, 「변혁을 맞이하고 있는 일본 공립학교 민족학급 : 재일코리안 민족교육의 새로운 방안」, 『일본학보』 110, 2017 등 참조.

하였다. 배지원이 번역을, 조경희가 구성과 필자 섭외를 맡아 자연스럽게 역할 분담이 이뤄졌다. 필진은 재일조선인 3명, 일본인 3명, 한국인 2명으로 각 분야에서 독자적인 연구나 활동을 쌓아온 이들로 구성했다. 원고 집필을 흔쾌히 수락해주고 풍성한 글로 보답해준 모든 필자들에게 감사의 뜻을 전한다. 제반 사정으로 인해 출판까지 예상보다 많은 시간이 걸려 고교무상화 재판 진행 상황에 따라 여러 차례 원고에 수정이 가해졌고, 번역을 통한 소통 문제로 다소 번거로운 상황이 벌어지기도 했다. 이 책의 출판으로 모든 필자 및 관계자들의 수고가 보상되기를 간절히 바란다. 한신교육투쟁에 관한 구술내용의 번역 게재를 허락해준 '우리학교를 기록하는 모임(ウリハッキョを記録する会)' 및 한알출판(一粒出版)의 김일우 대표께도 감사를 전하고 싶다. 그동안 지구촌동포연대가 지속해 온 재일동포들과의 교류활동의 기반이 없었으면 이 책의 출간은 어려웠을 것이다. 모든 일본어 원고 번역을 담당해주고 출판을 위해 함께 고생한 배지원에게도 이 자리를 빌려 고마움을 전한다. 마지막으로 어려운 작업을 묵묵히 진행해준 도서출판 선인 박애리 편집자와 출판을 독려해주신 윤관백 사장께도 진심으로 감사드린다.

2017년 10월
편자를 대표하여 조경희

차 례

차 례

해방과 투쟁

제1장

탈식민화 과정으로서의
조선학교 역사
-해방이후 1960년대까지를 중심으로-

오영호(吳永鎬)

1. 들어가며

한국에서 조선학교는 '잊혀진 존재'로 표상되기도 한다(예컨대, 영화〈우리
학교〉의 첫머리의 설명문). 일본에서 태어나고 자라면서 17년 동안 조선학교
에서 교육을 받았고, 한국에는 입국도 할 수 없는 재일조선인 3세인 필자가
지금, 한국사회를 향해 조선학교의 역사를 어떤 식으로 논해야 할 것인가. 필
자는 여기서 조선학교의 역사를 과거 식민지 피지배자에 의한 탈식민지화의
역사로서 바라볼 것을 제안하고자 한다.

나카노 도시오(中野敏男)는 식민주의에 대해 다음과 같이 말하고 있다.[1]

> 식민주의라는 것은 단순한 영토적, 주권 찬탈적인 지배만을 가리키는 것이
> 아니고(따라서 정치적으로 '분리'되어있더라도 식민지일 수 있다), 또한 단순
> 한 수탈이나 착취만을 의미하는 것이 결코 아니라, 오히려 인간의 범주화를
> 본질적 속성으로 하면서 이에 의해 차별적 질서를 구성하여 지배하려 하는 통
> 치형식으로 이러한 통치는 따라서 모든 개인의 사회의식과 자기인식(아이덴티
> 티)까지 깊이 파고들어 여기에 지배관계를 각인하는 것이다.

식민주의가 단순히 이민족이나 타국의 정치적 주권 찬탈이라는 의미의 식

---

[1] 中野敏男,「植民地主義概念の新たな定位に向けて――「おわりに」にかえて」中野敏男, 波平恒男, 屋嘉比収,
李孝德編『沖縄の占領と日本の復興――植民地主義はいかに継続したか』, 青弓社, 2006, 355쪽.

민지화를 수행하는 것뿐만 아니라 모든 개인의 사회인식 및 자기인식으로까지 깊이 파고들어 지배관계를 각인시키는 것임을 이해한다면, 전후(戰後) 일본사회와 식민지 지배로부터의 해방 후의 재일조선인에 있어서도 식민주의가 계속되고 있음을 주목해야 한다. 식민지로부터의 정치적 해방이 피식민자, 피지배자로서 범주화된 제국 신민의 하위에 놓여, 조선민족 내지 그 문화에 대해 열등감을 품고, 조선이름 밝히기를 꺼리며 조선말을 모르는 상태로부터의 해방을 의미하는 것이 결코 아닌 것이다.

조선학교 교육은 식민주의로 인해 야기된 재일조선인의 인간 형성의 과제를 학교 교육이라는 수법을 통해 개선하고 해결하고자 한 행위로 볼 수 있다. 그리고 이러한 시각으로 볼 때, 조선학교의 역사는 지배받는 입장에 있던 사람들이 어떻게 식민주의를 극복하고 식민지 지배로부터 진정한 해방을 획득하려 했는가 하는 피지배자들의 탈식민지화의 역사로서 그 의의를 찾아낼 수 있을 것이다. 이는 단순히 조선민족의 역사로서만이 아니라 피지배자들이 식민지 지배로부터 해방된 후의 세계를 어떻게 살고자 했는가를 보여주는 역사로서, 기억되어야만 하는 역사일 것이다.

일본의 조선학교 연구사를 개괄해보면 연구 결과가 결코 많이 축적되어 있다고는 할 수 없다. 1970년대에 박경식(朴慶植)이나 가지무라 히데키(梶村秀樹)에 의해 실증적인 재일조선인사 연구가 시작되는 가운데[2], 재일조선인 교육사에 관해서도 오자와 유사쿠(小沢有作)[3]와 김경해(金慶海)의 일차사료를 사용한 연구가 발표되었다[4]. 그 후 1990년대까지는 박상득(朴尙得)이나 박삼

---

2) 박경식이 발족한 재일조선인운동사연구회가 발행하는 『在日朝鮮人史研究』와 朴慶植, 『解放後在日朝鮮人運動史』, 三一書房, 1989 참조. 가지무라는 1960년대 말부터 재일조선인에 관한 논고를 발표했다. 梶村秀樹, 『梶村秀樹著作集 第6卷 在日朝鮮人論』, 明石書店, 1993 참조. 최근에는 外村大, 『在日朝鮮人社會の歷史學的研究－形成・構造・変容』, 綠陰書房, 2004. 吳圭祥, 『ドキュメント在日本朝鮮人連盟1945－1949』, 岩波書店, 2009. 鄭栄桓, 『朝鮮獨立への隘路－－在日朝鮮人の解放五年史』, 法政大学出版局, 2013 등 많은 재일조선인사 연구가 발표되고 있다.

3) 小沢有作, 『在日朝鮮人教育論 歷史篇』, 亞紀書房, 1973.

4) 金慶海, 『在日朝鮮人民族教育の原点』, 田畑書店, 1979.

석(朴三石)의 저작을 비롯해 조선학교에서 교편을 잡았던 당사자들에 의해 조선학교가 '소개'되거나[5], 2000년을 전후로 재일조선인의 아이덴티티를 고찰하는 연구에서 조선학교가 보충적인 의미에서 언급되기도 했으나, 김덕룡(金德龍)의 조선학교사 정리를 제외하면[6] 조선학교 그 자체를 중심으로 하는 눈에 띠는 연구 성과는 발표되지 않았다. 그러나 2010년대에 들어서는 교육사회학이나 인류학 영역에 있어서 직접 조선학교에 들어가 참여 관찰이나 인터뷰 방법을 통해 조선학교 교육을 고찰하는 연구가 시작되었고[7], 교육사 연구영역에 있어서도 자료 상황이 개선됨에 따라 공립 조선인학교와 학교 폐쇄 조치의 역사를 보다 상세히 검토하는 연구가 발표되기 시작하고 있다[8].

  본고에서는 선행연구의 성과를 바탕으로 해방에서 1960년까지의 조선학교 교육 자체의 역사적 변천에 관해 논하고자 한다. 그 속에 탈식민지화라는 역사적 과제를 향해 재일조선인들이 살아간 모습을 찾아낼 수 있을 것이라고 생각하기 때문이다. 교육의 성격에 따라 해당 기간을 크게 3기로 나누어, 제1기를 독자기(1945년~1954년), 제2기를 '이식'형 국민교육기(1955년~1962년), 제3기를 '자이니치(在日)'형 국민교육기(1963년~1969년)로 하고, 조선학교를 둘러싼 사회적 상황과 교육 내용의 변천을 서술해가고자 한다.

5) 朴尚得, 『在日朝鮮人の民族教育』, ありえす書房, 1980. 朴三石, 『日本のなかの朝鮮学校--21世紀にはばたく』朝鮮青年社, 1997.

6) 金德龍, 『朝鮮学校の戦後史1945-1972 [増補改訂版]』, 社會評論社, 2004.

7) 예를 들어 中島智子, 「朝鮮学校保護者の学校選擇理由:「安心できる居場所」「当たり前」を求めて」『プール学院大学研究紀要』51号, 2011. 宋基燦, 『「語られないもの」としての朝鮮学校--在日朝鮮民族教育とアイデンティティ・ポリティクス』, 岩波書店, 2012. 山本かほり, 「朝鮮学校における「民族」の形成--A朝鮮中高級学校での参与觀察から」『愛知縣立大学教育福祉学部論集』第61号, 2013. 등 참조.

8) マキー智子, 「公立朝鮮人学校の開設--戦後在日朝鮮人敎育に對する公費支出の一樣態」, 『日本の教育史学』第55集, 2012. マキー智子, 「『外国人学校制度』創設の試み : 日韓會談期における在日朝鮮人對策の模索」『北海道大学大学院教育学研究院紀要』118号, 2013. 松下佳弘, 「占領期朝鮮人学校閉鎖にかかわる法的枠組みとその運用--滋賀縣の事例に即して」, 『教育史・比較教育論考』第20号, 2010. 松下佳弘, 「占領期京都市における朝鮮人学校政策の展開-行政当局と朝鮮人団体との交渉に着目して--」, 『日本の教育史学』第54集, 2011. 松下佳弘, 「占領期朝鮮人学校の教育費問題-「国庫負担請願」の背景とその意味-」『朝鮮史研究會論文集』第50集, 2012. 松下佳弘, 「占領期朝鮮人学校閉鎖措置の再檢討--法的枠組みに着目して」『世界人權問題研究センター研究紀要』第18号, 2013. 등.

또한 본고에서는 지지하는 체제, 국적, 외국인등록증상의 '국적' 표시의 기재에 상관없이 모든 일본에 거주하는 한반도 출신자 및 그 자손을 '재일조선인'으로 칭한다. 〈그림 1〉에 재일외국인 및 한국 '조선'적자의 인구통계 추이(1947년~2015년)를, 〈그림 2〉에는 조선학교 취학생과 학교 숫자, 일본학교에 취학한 한국 '조선'적자의 인원 및 한국학교 취학생 인원수의 추이(1946년~1972년)를 표시했다.

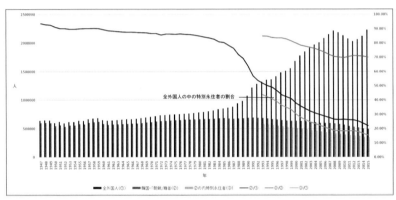

재일외국인 및 한국 '조선'적자의 인구통계 추이(1947년~2013년)
출전 : 법무성 입국관리국 편 재류외국인 통계 및 법무성 홈페이지를 참조하여 작성

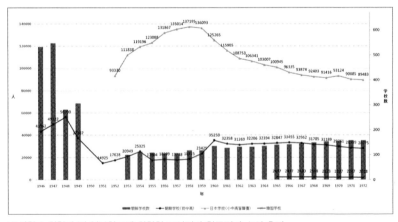

조선학교 취학자 및 일본학교에 취학한 조선적과 한국적자 수의 추이
(1946년~1972년)

2. 독자기(1945년~1954년) : 민족교육의 터전 창출과 재일조선인의 투쟁

2-1 조선학교의 시작

　1945년 8월, 식민지 지배로부터 정치적 해방을 맞이한 재일조선인은 전국 각지에서 강습회 형식의 교육을 시작한다. 국어강습소 또는 한글학원 등으로 불린 초기 민족교육의 장은 1946년 초에는 그 숫자가 600~700개교를 웃돌았다고 한다. 당시 광범위한 재일조선인들이 소속한 민족단체였던 재일본조선인련맹(약칭, 조련)은 이처럼 전국 각지에서 생겨난 국어강습소를 통합하고 정비해 학교로 체계화하기 시작했다. 이렇게 1946년 4월경부터 재일조선인의 교육기관으로서의 조선학교 체계가 정비되어 갔다.

　국민국가가 그 구성 요소인 국민을 만들어내기 위해 정비하는 학교교육제도와 달리, 재일조선인의 자주적 노력으로 시작된 조선학교는 교육 공간의 확보, 교재의 작성과 인쇄, 교원의 확보와 양성과 같은 학교 교육을 위한 모든 조건도 당연히 자신들의 힘으로 해결하지 않으면 안 되었다.

　무엇보다 당시 모든 조선학교가 오늘날과 같이 독자적인 교육 공간 즉, 부지와 건물을 갖고 있었던 것은 아니었다. 예를 들어, 나가노현 시모이나시(下伊那市)의 미츠시마(滿島)조선초등학교는 구 관청 앞의 인가를 사용했고(1946년 5월 개교)[9], 아이치현의 추부(中部)조선중학교는 나고야시의 누노이케(布池)에 있었던 5층 건물 '태양빌딩'의 4, 5층을 사용했으며(1948년 4월 20일 개교)[10], 도쿄 에다가와(枝川)의 재일조선인들은 보린관 내에 국어강습소를 꾸려 교육을 시작했다(1946년 1월 개설)[11]. 또한 1946년 10월에 개교한 도

---

9) 朴喜源 編, 『민족의 넋을 지켜――長野朝鮮初中級学校創立40周年記念寫眞集』, 2010.
10) 金宗鎭 編, 『愛知朝鮮中高級学校の60年の歷史 年表と資料・解說』, 2009.
11) 江東・在日朝鮮人の歷史を記録する會編『增强新版 東京のコリアン・タウン：枝川物語』, 樹花舍, 2004.

꾜조선중학교는 기타구(北區) 쥬죠(十条)에 있는 구 일본군 이타바시(板橋) 조병창을 부지로 이용해 교직원과 학생들이 스스로 운동장을 일구기도 했다[12].

1947년에 촬영된 조련시치죠 초등학원 직원과 아이들. 이 학교는 교토시와 협상으로 교토시립 도카(陶化)소학교의 4개 교실을 빌려서 사용했다. 이를 두고 조선인이 '점령'했다며 문제삼은 교토 군정부의 지도로 교토시 교육 위원회에 의해 1949년 말 폐쇄되었다. 교또조선제1초급학교의 전신이다.

교과서 제작에 필요한 인쇄 용지를 구하는 것조차 쉽지 않았던 패전 직후의 일본에 있어서 조선인들은 스스로의 힘으로 조선학교 전용 교과서를 만들어야만 했다. 1946년 2월 2일, 조련 제2회 중앙위원회에서 조련은 문화부 내에 '초등교재편찬위원회'를 설치하고 교재 편찬을 시작한다[13]. 『초등 국어』, 『초등 산수』, 『초등 리과』, 『어린이 국사』와 같은 초등학교용 교재와 『제비』, 『소학생 모범 작문집』, 『어린이 과학 얘기』등 부독본이 1947년에 작성되었다[14]. 조련 활동가들은 용지와 인쇄소 확보를 담당하고, 청년 인텔리들은 교과

---

12) 창립10주년기념연혁사편찬위원회 편, 『도꾜조선중고급학교 10년사』, 1956, 참조.

13) 조련문화부, 「문화부활동보고서」, 1946. 10, 8~9쪽.

14) 재일본조선인련맹중앙위원회, 「제4차정기전체대회활동보고서 제3부 교육편」, 1947. 10, 37~38쪽, 참조.

서 내용을 만드는 등 다양한 재일조선인들의 능력이 결집되어 조선학교 교과서는 차츰 완성된 모습을 갖추게 된다.

교원 문제에 있어서도 교원 육성 체계가 구축되어 있지 않았기 때문에, 젊은이들을 중심으로 교원을 지망하는 열의 있는 자들을 대상으로 1주일, 1개월, 반 년 등 제한적 기간으로 진행되는 단기 강습과 교원 육성 교육을 실시하고 이들을 각지의 조선학교로 보냈다[15]. 이렇게 육성된, 말하자면 즉석 교원들의 조선어 능력이나 학력 수준에 전혀 문제가 없었던 것은 아니었지만[16], 급료 지불도 녹녹치 않은 상황 속에서도 이들 교원들이 있었기 때문에 초창기 조선학교의 교육이 가능할 수 있었다는 것은 분명한 사실이다.

이처럼 초창기 조선학교는 시설과 교육의 수준이 높다고는 할 수 없었다. 그러나 조선학교는 자녀들을 '해방 민족'으로서의 조선사람으로 키우고자 했던 재일조선인들의 심정이 결집되어 일구어낸 명백한 민족교육의 장이었다.

2-2 일본정부의 재일조선인 교육 정책

1) 조선학교 폐쇄 정책

이렇게 시작된 조선학교에 대해 일본정부의 대응은 어떠했는지 살펴보자. 1946년 초 무렵에는 일본에 체류하는 조선인의 법적지위가 점령당국에 의해 명확하게 제시되지 않았고[17], 전후 일본의 교육법제 자체도 미정비 상태였기 때문에, 문부성은 전국적으로 생겨나는 조선학교에 대해 어떻게 대처할지를 정하지 못하고 있었다.

---

15) 金德龍, 앞의 책, 54~56쪽.

16) 재일본조선인련맹중앙위원회 제5차전체대회준비위원회, 「조련제5차전체대회제출활동보고서」 1948, 38~39쪽, 참조.

17) 일본정부는 포츠담선언 수락이 곧 조선인에게 '독립 국민'의 지위를 보증하는 것이 아니라 강화조약 발효까지는 식민지는 일본의 영토로서 조선인은 계속 '일본신민'이라는 입장이었다. 또한 연합국측도 「일본점령 및 관리를 위한 연합국 최고사령관에 대한 초기 기본 지령」(1945년 11월 1일)에서 조선인을 '해방인민'이라고 규정하면서도 한편으로는 간접적으로 일본정부가 조선인을 '일본 신민'으로 취급하는 것을 용인하는 입장을 보였다. 鄭榮桓, 앞의 책, 26~28쪽 참조.

이러한 가운데 1947년 4월, 문부성은 지방교육행정에 대해 통달을 발신하여 재일조선인 교육에 대한 입장을 표명한다[18]. 이 통달에서 문부성은 일본에 체류하는 조선인은 일본 법령을 따라야하므로 조선인 아동도 일본의 의무교육을 받을 의무가 있으며, 일본인 아동과 다르게 "불리한 취급"을 해서는 안 된다면서도 "취학의무를 강제하는 것이 곤란한 사정이 한편에 있을 수 있으므로 실정을 고려해 적절하게 조치되어야" 하고, 또한 조선인이 만든 교육시설을 사립학교 및 각종학교로 인가해도 "지장이 없다"는 유연한 자세를 보였다.

그러나 전쟁 전, 일본에서 화교학교에서의 교육이 '배일(排日)사상'을 선동한다며 교과서를 단속 대상으로 한다거나[19], 재일조선인들이 야학이나 사숙(私塾) 형태로 했던 민족교육을 경찰이 단속했던 과거사[20]와 1948년 이후의 재일조선인 교육정책을 감안하면, 1947년 4월 재일조선인 교육을 허용하는 위와 같은 문부성의 자세는 적극적인 승인이라기보다는 대처 방법을 정하기 어려웠다는 의미에서 소극적 승인으로 평가하지 않을 수 없다.

미소 냉전이 본격화하는 가운데 1948년에 들어와 문부성의 태도는 일변했다. 1월 24일, 문부성은 통달「조선인학교의 취급에 관하여」(이하,「1.24 통달」)을 통해[21] 조선인이라도 "학령에 해당하는 자는 일본인과 마찬가지로 시정촌립 또는 사립의 소학교 또는 중학교에 취학해야 한다"는 취지를 재차 강조하는 한편, 학령 아동을 위한 각종학교의 설치는 인정하지 않으며, 나아가 사립학교 인가를 받은 조선학교라도 정규과목으로서의 조선어 수업은 금지했다. 1년 전 언급했던 "실정"에 대한 "고려"는 사라지고, 재일조선인은 원칙

---

18) 学校教育局長通達, 「朝鮮人兒童の就学義務に關する件」(1947年4月12日 文部省官学第5号 都道府縣敎学課長宛 学校教育局靑少年教育課長).

19) 並木賴壽, 大里浩秋, 砂山幸雄編, 『近代中国・教科書と日本』, 研文出版, 2010, 331−446쪽.

20) 水野直樹, 「戰前・戰後日本における民族教育・民族学校と『国民教育』」, 『和光大学總合文化研究所年報 東西南北』, 2004, 17쪽.

21) 学校教育局長通達, 「朝鮮人設立学校の取扱いについて」(1948年1月24日 官学5号, 学校教育局長 発信, 문부성 오사카출장소장, 도도부현 지사 수신).

적으로 일본의 의무교육 학교에 취학해야 한다는 입장을 보인 것이다.

재일조선인들은 이러한 문부성의 형식적인 대응에 크게 반발해 행정당국과의 교섭을 이어나갔다. 특히 한신(阪神)지역에서 「1.24 통달」 철회를 요구하는 목소리가 커져갔고, 점령당국은 사태 수습을 위해 4월 24일, 일본 점령기 동안 유일한 비상사태선언을 하기에 이른다. 한편, 오사카에서는 경관의 발포로 조선인 소년 한 명이 사망하기도 했다. 이같은 독자적인 민족교육의 지속적 실시를 요구하는 재일조선인들의 운동은 지금도 '한신교육투쟁'(혹은 '4.24 교육투쟁')으로 기억되고 있다[22].

「1.24 통달」 이후의 사태를 수습하기 위한 조선인교육대책위원회와 문부성과의 교섭은 대립을 거듭하면서도 진척을 보여, 5월 5일에는 합의사항을 포함한 각서가 문부과학 대신과 조련중앙본부 문교부장의 이름으로 정식 조인되었다. 이 「5.5 각서」의 내용은 ①조선인 교육은 교육기본법 및 학교교육법을 따른다, ②조선인학교 문제는 사립학교로서 자주성이 인정되는 범위 내에서 조선인의 독자적 교육의 실시를 전제로 사립학교 인가를 신청한다는 것이었다. 교육 내용이 제약된다는 것을 전제로 했지만 재일조선인들은 사립학교 인가를 신청하여 독자적인 민족교육의 장을 존속시키고자 했다[23].

그러나 이듬해인 1949년 9월, 일본정부는 단체등규정령을 적용해 조련을 강제 해산시켰다. 나아가 10월 13일, 문부성은 「조선인학교에 대한 조치에 관하여」라는 통달을 각 도도부현 지사와 도도부현 교육위원회로 보냈고[24], 10월 19일에는 90개 학교에 대해 폐쇄를 통고하고(조선학교 소유자 또는 설립

---

22) 한신교육투쟁에 관해서는 金慶海 編, 『在日朝鮮人民族教育擁護鬪爭資料集1 : 4.24阪神教育鬪爭を中心に』, 明石書店, 1988; 金德龍, 앞의 책, 2004; 吳圭祥, 앞의 책, 2009; 鄭栄桓, 앞의 책, 2013 등 다양한 선행연구를 통해 상세히 연구되었다.

23) 1949년 초까지 사립학교 설치 인가를 받은 곳은 232교, 무인가 학교는 130교였다. 松下, 앞의 글, 2012, 참조.

24) 文部省管理局長, 法務府特別審査局長共同通達「朝鮮人学校に對する措置について」(1949年10月13日, 文管庶第69号).

자가 단체등규정령에 의해 해산된 조련 관계자라는 이유), 다른 학교는 2주 이내의 재단법인의 개편 또는 설치 신청을 요구했다. 문부성은 기한 내에 신청한 학교 중 한 곳(오사카 백두 학원)을 제외한 다른 곳은 모두 불허하고 이들을 포함한 272개 학교를 학교교육법에 따라 폐쇄했다.

일련의 폐쇄 조치를 통해 1949년 시점에서 전국의 약 360교 존재했던 조선학교(취학생 약 4만 명)가 일제히 폐쇄되고 말았다. 단체등규정령에 의해 해산된 단체의 재산을 접수하기 위한 학교 폐쇄 과정은 해당 학교가 조련의 재산이라는 확증이 없더라도 "의심되는 곳"은 "적극적으로 처리하라"는 법무부의 지시로 자행된 극히 "자의적인 법집행"으로 평가되고 있다[25]. 조선학교 폐쇄 조치는 이른바 포츠담 정령의 초헌법적인 성격을 띠며 집행되었던 것이다.

재일조선인들은 조선학교에 대한 강제적인 폐쇄 조치에 크게 반발하며 봉쇄된 교실을 기어코 열어 수업을 감행하는 학교도 있었다[26]. 또한 아이들도 학교 폐쇄에 반대했는데, 예컨대 후쿠오카조선소학교 아이들 150여 명은 폐쇄 조치가 취해지자 보호자들과 함께 후쿠오카현 지사와의 면담과 교섭에 직접 참가하기도 했다[27]. 우베(宇部)에서는 11월 2일 폐쇄된 우베조선소학교 학생들 200여명이 시청 앞에 모여 국어(조선어) 교과서를 펼쳐 소리 내어 읽으며 야외수업을 했다고 한다[28]. 그 밖에도 시마네현 하라이(原井)소학교에 조선인 아이들이 집단으로 입학해 조선어와 조선역사를 정규 과목으로 인정할 것과 조선인 교원을 강사로 채용할 것을 요구하며 휴교 투쟁을 펼치기도 하였고[29], 오사카시에서는 아이들이 집단으로 입학한 학교에서 조선어 수업이 없어진 것에 항의하며 등교를 거부하기도 하는[30] 등 학교 폐쇄 조치와 이후 전학

---

25) 松下, 앞의 글, 2013.
26) 四日市朝鮮初中級学校, 『학교연혁사』, 1966을 참조.
27)「日本教育強要는侮辱――知事, 兒童代表追求에自白」, 『해방신문』 1949. 11. 8.
28)「市役所 앞에서 屋外授業――길가는 사람들도 발을 멈추고 어린이의 鬪爭에 同情」, 『해방신문』1949. 11. 15.
29)「休校로 抗議, 濱田小学生들 善鬪: 教員採用을」, 『해방신문』 1950. 1. 21.
30)「国語休講 등 反對하고 大阪学童들 登校拒否: 日本人学父兄도 支持」, 『해방신문』 1950. 3. 21.

한 일본학교에서의 아이들의 항의 활동은 헤아릴 수 없이 많다.

학교 폐쇄 조치에 따라 조선학교에 다니던 아이들에게는 근처 일본학교로의 전학 조치가 내려졌으나, 일련의 운동이 일

경찰의 학급 물품 몰수에 저항하는 아이들(1950년 12월, 아이치모리야마) 시청 앞 광장에서 당국과 직접 협상을 하는 등 각지에서 어른뿐만 아니라 아이들도 폐쇄령 철회를 요구하였다.

어나자 지역에 따라서는 조선인만의 학급(특설학급)이 설치되거나 강사로 조선인이 채용되는 경우도 있었다. 그리고 조선인 학생 수용 불가(또는 조선인의 집단 입학을 '민폐')로 판단한 지역에서는 조선학교의 건물을 그대로 이용하여 공립학교(도립 조선인학교) 혹은 공립분교로 운영하기도 하였다.

2) 취학의무제의 폐지: '공적'인 교육 보장으로부터의 배제

1952년 4월 샌프란시스코강화조약이 발효되었고 이로서 당사자들의 의견은 완전히 배제된 채 재일조선인은 일본 국적을 상실하였다. 강화조약이 발효됨으로써 재일조선인은 형식에 있어서도 더 이상 '일본 국민'이 아니게 되었다. 그러나 입국심사를 거치지 않은, 갑작스럽게 출현한 이 60만 명이 넘는 '외국인'(이 집단이 외국인 전체의 9할 가까이 차지)을 눈앞에 두고 재류자격과 사회보장 등 많은 제도적 문제들이 부상하였다.

재일조선인의 취학의무제도 그 중 하나였다. 문부성은 1953년 2월 11일 초

등교육국장 통달「조선인의 의무교육학교 취학에 관하여」를 통해 조선인의 취학의무제 폐지를 선고했다. 통달의 전문은 다음과 같다.

1.

(가) 조선인 자녀의 취학에 관하여서는 종래 일본의 법령이 적용되어 모든 일본인과 마찬가지로 취급되어 왔다. 그런데 평화조약이 발효된 이후 재일조선인은 일본 국적을 지니지 않은 것으로 되어 법령의 적용에 관해서는 일반 외국인과 동일한 취급을 받게 되었다.

(나) 따라서 취학 연령이 된 외국인을 학령부에 기재할 필요는 없으며 취학 의무 이행을 독촉하는 문제도 발생하지 않는다. 또한 외국인을 호의적으로 공립 의무교육학교에 입학시킨 경우에는 의무교육의 무상의 원칙은 적용되지 않는다.

(다) 그러나 조선인에 대해서는 종래부터의 특별한 사정도 있으므로, 당분간 다음과 같은 조치가 적당하다고 생각한다.

2.

(가) 일한우호의 정신에 기초해 가능한 편의를 제공한다는 것을 그 취지로 할 것.

(나) 교육위원회는 조선인 보호자로부터 자녀를 의무교육학교에 취학시키겠다는 취지의 신청이 있을 경우에는 일본 법령을 엄수하겠다는 것을 조건으로, 그 사정이 허용되는 경우에 한하여 종래와 같이 입학을 허가할 것. (밑줄은 인용자)

일본정부는 1948~49년 시점에서는 외국인이지만 재일조선인은 일본 국적자이기도 하므로 일본의 학령 아동과 마찬가지로 일본의 1조교에 취학해야 한다며 이를 근거로 조선학교를 폐쇄 조치하였고, 이에 따라 많은 아이들이 일본의 공립학교로 전학했다. 그러나 일본 국적이 상실되자, 이번에는 재일조선인은 다른 외국인과 동일하게 취급할 수밖에 없다며 "취학 연령이 된 재일조선인을 학령부에 기재할 필요는 없으며 취학 의무 이행을 독촉해야하는 문제도 발생하지 않는다"고 하였고, 공립학교 입학은 "호의적"인 차원에서 이루어지는 것으로 "의무교육의 무상의 원칙은 적용되지 않는다"고 한 것이다.

일본에서 교육 헌법이라고도 불리는 교육기본법이 그 주어를 '국민'에 한정하고 있는 문제는 종종 지적되어 왔으나, 국민으로 국한된 폐쇄적 교육이념은 외국인의 의무교육은 보장하지 않는 정책으로 구체적으로 발현되었다. 오늘날에도 일본에서 외국인이 의무교육을 받는 것을 두고 '은혜 교육'이라 부르는 까닭이다.

이렇게 재일조선인은 독자적인 민족교육의 장인 조선학교를 잃고, 일본의 공립학교 취학에 있어서도 '허가'를 받아야만 했다. 재일조선인들의 교육의 권리가 현저히 침해당하는 상황이었다고 할 수 있다.

2-3 다양한 형태의 민족교육 실시

그러나 재일조선인들은 조선학교가 폐쇄된 뒤에도 민족교육을 멈추지 않았다. 폐쇄 조치 후의 민족교육의 형태는 크게 세 가지로 나뉜다.

첫 번째 형태는 학교 폐쇄 조치에 응하지 않고 조선학교 운영을 계속해간 무인가 학교이다. 무인가 학교는 "해방 후, 지금까지 시종일관 미일 반동의 어떠한 간섭과 탄압도 물리치며 실력에 의해 완전히 자주적인 민주 민족 교육을 하고"있는 학교로[31] 긍정적인 뉘앙스를 담아 재일조선인 단체들 사이에서는 자주학교로 불렸다. "법적으로는 49년 10월에 폐쇄되어 존재하지 않는 것으로 되었으나, 현실적으로 존재하는 학교"인 자주학교는 학교 폐쇄 이전과 마찬가지로 조선말과 조선의 역사, 지리 등을 포함한 재일조선인의 독자적인 내용을 조선인 교원이 가르치는 교육 시설이었다. 자주학교는 아이치, 효고, 오사카를 중심으로 존재해 49년에 40여 학교가 있었다고 전해지는데[32], 총련 결성 55년이 되는 해까지 점차적으로 증가하는 추세였다.

폐쇄 조치를 과감히 무시하며 말 그대로 관청의 인허가 없이 운영되었던

---

31) 世界教員會議在日朝鮮人代表, 「在日朝鮮人の現狀に關する報告(日本文)」, 1953. 7, 18쪽.
32) 東京都立朝鮮学校教職員組合情報宣伝部 編, 「民族の子――朝鮮人学校問題」, 1954. 11. 30, 15쪽.

자주학교의 교육환경은 열악했다. 자지체로부터 보조금은 없었고, 극심한 궁핍 생활을 하던 재일조선인들로부터 자금 조달은 순조롭지 않았으며, 학교 비품과 설비의 부족, 교원 급료의 지연과 결급은 다반사였다[33]. 특히, 학교 시설은 형편없었는데 "학교 시설, 교재, 교구, 운동기구 등 제대로 된 것이 있을 리가 없었다. 그래서 걸게 지도는 조합원이 직접 수작업으로 만들었고 양동이조차 사지 못해 빈 깡통을 대신 쓰기도 했으며, 태풍으로 망가진 벽과 천정은 차마 손을 대지도 못했고 보건 위생에도 손을 쓰지 못하는" 상태였다[34].

두 번째 형태는 공립학교, 공립분교로 운영된 학교다. "공립 조선 학교"로도 불리는 이들 학교는 1도시 1부 5현에 합계 45개 설치됐다. 일본의 교육 과정에 따라 일본인 교사가 가르친다는 조건이었지만, 조선인 아이들이 집단으로 취학하였고, 자주학교와 달리 공적 자금에 의해 어느 정도 재정적 보장이 확보된 교육 형태가 공립조선학교였다. 재정적 보장과 내용적 제약이 공존하는 가운데 재일조선인들에게 공립조선학교가 안고 있는 교육 과제는 독자적인 민족교육으로서의 성격을 어떻게 확보해갈 수 있을 것인가라는 점이었다. 많은 공립조선학교에서 보호자와 학생들은 조선어로의 수업 진행과 학생들에 대한 조선 이름 호칭, 일본인 교사가 아닌 조선인 교사를 담임으로 해달라는 등의 요구를 해갔다.

공립 조선학교의 규모를 보면, 예컨대 오카야마현의 경우, 1949년 11월 현재 12개교의 공립분교가 있었으나 1950년 10개교가 폐교되었다[35]. 남은 2개교와 야마구치현의 1개교에는 조선인 교사가 시간 강사의 형태조차로도 채용되지 않았고 얼마 지나지 않아 공립으로 이관한 해(1949년) 학생들이 졸업하자 폐교되었다[36]. 그 후에도 공립조선학교는 도쿄, 가나가와, 아이치, 효

33) 李興烈, 「在日朝鮮人教育の当面の課題」, 『平和と教育』 3号, 1952. 12.
34) 앞의 글, 「在日朝鮮人の現状に關する報告(日本文)」, 20쪽.
35) マキー智子, 앞의 글, 2012, 46쪽의 표1을 참조.
36) 小沢, 앞의 글, 1973, 287쪽.

고, 오사카에 있었는데, 행정측이 말하는 폐지 또는 조선학교측이 말하는 "자
주화"의 시기는 지역마다 다양해서, 각각 도쿄도립 조선인학교는 1955년 3
월 31일[37], 오사카시립 혼죠(本庄)중학교 분교(후에 니시이마자토 중학교)는
1961년 8월 31일, 가나가와현과 아이치현, 효고현은 1966년 3~4월에 자주화
된 것으로 보인다. 1960년대 이후의 조선학교측의 자주화 촉진 배경에는 다
음 절에서 살펴볼 북으로부터의 교육 원조비로 안정된 학교 운영이 담보될
수 있었다는 점과 1958년부터 학습지도요령이 법적 구속력을 지니게 되면서
공립이라는 틀 안에서 민족교육을 실시하는 것이 매우 어려워질 것이라는 판
단이 있었던 것으로 보인다. 지역과 시기는 제한적이었으나 공립으로 운영되
는 외국인 학교가 존재했었다는 것은 세계적으로도 보기 드문 일로 주목할만
하다.

세 번째 형태는 민족학급이다. 민족학급이란 공립학교에 재학하고 있는 재
일조선인을 방과 후 등의 시간을 통해 별도로 조선어 등의 교육을 하는 교육
형태를 말한다. 조선학교 폐쇄에 따라 문부성이 내보낸 통달에서 말하는 "특
별한 학급"이 이에 해당하는데[38], 그 발단은 1948년의 「5.5 각서」를 바탕으로
한 「조선인학교에 관한 문제에 관하여」라는 통달이었다고 할 수 있다[39].

민족학급은 "조선인이 분산 거주하고 있기 때문에 공립분교를 만들 수 없
는 지방에서 일본 소·중학교 내에 특별히 설치되는 것을 일본의 시정촌 당국
이 인정한 것"으로[40], 오사카, 시가, 교토, 이바라기, 후쿠오카 등을 중심으로
설치되었고, 카가와, 야마가타, 기후와 같은 조선인 산재 지역에도 설치되었

---

37) 도립조선인학교의 설치와 폐지의 경위에 관해서는 小沢, 앞의 글, 1973; 梶井陟, 『朝鮮人学校の日本人教
師』, 亞紀書房, 1974 등을 참조.

38) 文部事務次官通達, 「公立学校における朝鮮語等の取扱いについて」(1949.11.1, 文庶第166号).

39) 동 통달에서는 "일반 소학교, 중학교에서 의무교육을 받게 하면서 방과 후 또는 휴일 등에 조선어 등의 교
육을 목적으로 설치된 각종학교에 재학하게 하여 조선인 독자의 교육을 받게 하는 것도 상관없다"라고 되
어 있다.

40) 앞의 글, 「在日朝鮮人の現状に關する報告(日本文)」, 17쪽.

다. 그 중 시가현에서는 공립학교 내에 재일조선인만으로 구성된 특설학급을 만들어 정규 수업도 이 단위에서 할 수 있는 성과를 쟁취한 경우도 있으나, 그 밖의 지역에서는 정규 수업으로 일본의 교육을 받는다는 것이 대전제여서 민족교육을 할 수 있는 시간이 제한되었을 뿐 아니라 방과 후의 수업 실시는 아동들에게 지나친 혹사가 될 수 있는 상황이었으므로 민족학급에 의한 민족교육은 "불충분한 교육"이라는 등의 평가가 많아 재일조선인 관계자들 안에서는 높은 평가를 받지 못했다[41]. 이러한 "불충분한" 민족교육 상황이 조선학교를 부활시켜야 한다는 움직임에 동력으로 작용한 곳도 적지 않다[42].

이처럼 1949년의 조련 해산 및 학교폐쇄령 이후, 재일조선인의 민족교육은 다양한 형태로 변모하면서 그 명맥을 유지해갔다. 1950년에는 조선전쟁이 발발해 재일조선인들과 한반도의 관계는 한층 복잡해졌으나, 1951년 1월 조련의 후계 단체로서 재일조선통일민주전선(약칭, 「민전」)이 결성되어 파괴되었던 조선학교 교육체계도 차츰 재정비되어 갔다. 전국통일시험, 전국음악대회, 전국미술대회가 실시되었고[43], 전국적으로 조선학교 간의 연계가 형성되어갔다. 각지에서는 교원 재교육의 장으로 강습회가 조직되어 제1회 전국중고교장·교무주임 회의(1953년 10월 21일)가 개최되었다[44]. 1952년에는 각지에서 공립조선학교를 중심으로 연합운동회가 열리기도 했다[45].

<hr />

41) 이진규, 「民主民族教育방위투쟁을 보다 높은 계단으로 前進시키기 위하여(上)」, 『해방신문』 1952.11.25.

42) 예를 들어, 1956년에 창립한 규슈조선중고급학교의 사례. 九州朝鮮中高級学校建設委員會 「九州朝鮮中高級学校建設概況」(1956.11.10.). 물론 필자는 재일조선인 아동학생들에게 있어서의 민족학급의 의미를 부정하는 것이 전혀 아니다. 당시의 재일조선인 교육 관계 활동가들에게 어떻게 평가되었는가와는 전혀 별개의 문제로서 오사카를 중심으로 전개된 민족학급은 오늘날에 이르기까지 연속선상에서 계속되고 있으며, 그 규모와 제도적 보장의 상황은 우여곡절을 거치면서 확대되고 있다. 민족학급의 역사적 전개나 교육적 실천, 관계한 사람들의 생각에 관해서는 朴正惠, 『この子らに民族の心を：大阪の学校文化と民族学級』, 新幹社, 2008이 상세하게 다루고 있다.

43) 민전3전대회준비위원회, 「각 단위조직의 활동보고와 제안─교육활동보고와 활동 방침」 1952.12. 18~19일. 2쪽.

44) 재일조선통일민주전선중앙위원회, 「민전 4전대회 교육부문 보고」, 1953. 11. 170쪽.

45) 앞의 글, 「각 단위조직의 활동보고와 제안·교육활동보고와 활동 방침」. 예를 들어, 도쿄에서는 1952년 10월 22일 도쿄연합대운동회가 메이지신궁 가이엔(外苑)경기장에서 열렸다. 여기서는 도쿄도립조선인학교 12개교와 요코하마 조선인소학교 학생 등 약 4천명이 참가했고 도쿄도 내의 일본 소중학교의 학생들이나

이런 가운데 1953년 7월, 조선민주주의인민공화국(이하 공화국)은 초급학교 및 중급학교 교과서 40여점을 보내왔다[46]. 이 후 이 교과서들을 활용해 재일조선인 출판사인 학우서방이 46종 8만부의 교과서를 간행 배포했다. 1950년대 초 재정난과 인재부족으로 새로운 교재를 편찬하거나 발행하지 못했던 문제는 조련이 해산되고 학교가 폐쇄된 이후 큰 과제 중 하나였으나, 공화국의 교과서를 사용함으로써 이 문제의 해결을 도모할 수 있었다.

이상 본 절에서 살펴본 것처럼, 1945년부터 1950년대 초반의 조선학교는 재일조선인의 힘으로 교육체계를 구축했으나, 일본정부에 의해 강제적으로 파괴되는 경험을 맛보아야했다. 그러나 재일조선인들은 민족교육의 길을 멈추지 않고 다양한 형태로 지속적인 교육 실시를 위해 노력했고, 1953년 초 무렵부터는 본격적으로 교육 체계를 재구축하기 시작했다. 이러한 재구축의 과정을 담보한 것이 공화국으로부터 물질적, 재정적 원조였다.

3. '이식'형 국민교육기 (1955년~1962년) : 조선학교의 갈등

3-1 총련의 결성과 공화국과의 유대 강화

1950년대 중반부터 후반에 걸쳐 조선학교에 세 번의 큰 전기가 마련된다. 첫째, 1955년 재일본조선인총련합회(약칭, 총련)의 결성, 둘째, 1957년부터 시작된 공화국의 교육원조비 및 장학금 송금, 셋째, 1959년부터 개시된 공화국으로의 귀국사업이 그것이었다. 이러한 전기를 거치며 조선학교와 조국으로서의 공화국과의 물질적, 심리적 연계는 한층 강화하게 된다.

일본의 시민단체도 초대되어 함께 경기를 펼치기도 했다. 총 참가자 수는 3만 명으로 기록되어 있다. 「躍動하는 靑春의 祭典――各地에서 豪華로운 大運動會」, 「十三連合大運動會에 三万同胞가 熱狂 東京」, 『해방신문』 1952. 11. 5.
46) 앞의 글, 「민전4전대회 교육부문 보고」, 174쪽.

1955년 5월 24~26일, 민전은 제6차 임시대회를 열어 민전을 발전적으로 해체하고 총련의 결성을 선언했다. 총련 정사에서는 이를 "재일조선인 운동의 노선 전환"이라고 부른다. 총련은 ①일본 내정에 대한 불간섭, ②합법적 운동 전개, ③공화국 정부, 조선노동당의 지도를 따른다는 세 가지 원칙을 운동의 기본노선으로 삼았다. 조선학교와의 관계에 있어서는, ①은 재일조선인의 민족교육에 필요한 비용은 일본정부의 국고로 지불되어야만 한다는 교육비 전액 국고 부담론에 대한 억제, ②는 각종학교인가취득운동의 매진, ③은 조선학교의 교육 내용에 대한 공화국의 영향을 의미했다.

총련의 활동 원칙이 제시되었다고는 하지만 학교 운영비 확보에 관한 문제가 즉시 해결된 것은 아니어서 조선학교는 계속적으로 만성적인 재정난을 겪고 있었다. 총련은 "현 단계에 있어서 학교를 정상적으로 운영하기 위하여서는 비학부형 조직이 결정적인 요인으로 됩니다"라는 인식 아래, 학구 내에 거주하는 모든 재일조선인의 역량을 기반으로 교육비 문제를 해결한다는 방침을 제시했다[47]. 즉 "공화국을 지지 안하고 총련을 리해 못하는 동포들 중에도 민족적 감정에서 민족교육만은 지지성원하는 동포들이 적지 않습니다. 우리는 이러한 동포들과 부단히 접촉하여 학교사업에 방조를" 이끌어낼 필요가 있다는 것이었다. 체제 지지와 민족단체의 소속 여부를 떠나 지역에 거주하는 모든 재일조선인을 대상으로 조선학교 운영비를 조달하겠다는 총련의 방침에서 민족교육의 정당성에 대한 자신감과 더불어 조선학교가 심각한 경영난에 직면하고 있었음을 엿볼 수 있다.

이러한 상황 속에서 1955년 12월 29일 발표된 남일 공화국 외무상의 성명은 "재일동포 자제들의 민족교육을 보장"하기 위해서는 "부족되는 교과서 및 교원을 보충하여주며 조국에서 교육을 받기 위하여 귀국하려는 학생들을 환

---

47) 재일본조선인총련합회중앙상임위원회, 「중앙위원회 제7차회의에 제출할 1956신학년도 준비사업 총괄보고와 1957신학년도 준비사업 방침 초안」 1956.10. 24~26, 46~47쪽.

영하여 일제 생활과 학업을 보장하여줄 것이며 일본에서 공부하고 있는 대학생들에게도 일정한 장학금을 보내줄" 의향이 있음을 분명히 하였다[48]. 성명이 발표된 이후, 공화국 정부의 노력과 총련의 국회 요청 등의 운동을 통해 이듬해인 1957년 4월, 조선적십자로부터 일본적십자를 통해 교육회 중앙의 윤덕곤 회장 앞으로 1억2,109만9,086엔의 교육원조비와 장학금이 송금되었다.

공화국으로부터 교육비 송금을 받은 조선학교 관계자들은 "금후 재일조선인 민족교육사업을 현재 공화국에서 실시하고 있는 전반적 초등의무교육제와도 관련하여 그의 체계, 질과 량의 모든 면에서 국가적 사업으로서 일대 비약을 이루게 할 것"을 결의하고, 재일조선인들이 해방 후 10여 년간 "갖은 곤난과 억압에도 굴하지 않고" 지속해온 "민족교육사업의 정당성"이 다시 한번 증명된 것이라며 기뻐했다[49].

북한으로부터 교육원조비가 보내졌다는 소식에 기뻐하는 학생들

---

48)「재일조선인 생활, 교육, 귀국문제 등 해결 위해 공화국 대표파견할 용의있다 – 남일 외무상이 성명」「해방신문」 1956년 1월 7일자. 「在日朝鮮人 生活, 敎育, 歸国問題 등 解決 爲해 共和国代表派遣할 用意있다--南日外務相이 聲明」「해방신문」 1956년 1월 7일자.
49)재일본조선인교육회중앙위원회, 재일본조선인교직원동맹상임위원회, 「교육회 제6차, 교동 제24차 중앙위원회에 제출하는 보고」 1957. 5. 8.

운영난을 겪는 조선학교에게 공화국으로부터의 교육원조비라는 존재는 매우 큰 것이었다. 예를 들어, 1958년에는 중고급학교 교과서가 종래의 반액 정도의 가격으로 판매되었고, 초급학교 교과서는 무상으로 지급될 수 있게 되었다[50]. 또한 1957년에는 자주학교, 공립학교, 민족학급, 오후야간학교 전체 수입의 약 33%를 교육원조비가 차지하고 있었고[51], 1958년에는 71% 이상을 차지하는 학교가 11개교나 있었다[52]. 1960년의 결산에서도, 20개 도도부현의 103개교의 자주학교와 공립학교에서 교육원조비가 총수입의 32.4%를 점유했다[53]. 교육원조비는 조선학교의 운영에 있어서 없어서는 안 될 경상적 수지로 점차 굳혀져갔다.

나아가 초급학교 수업료 인하, 성적 우수자 중 가정형편이 어려운 아동에 대해 경제적 지원을 하는 '급비생' 제도, 교원의 급여 기준과 정원제 규정 등의 시책이 차례로 실시되었다[54]. 교육원조비 송금을 통해 조선학교의 재정 기반이 안정화되면서 학교 교육의 조직과 유지에 있어서의 오랜 문제들이 개선되어갔다. 공화국의 교육원조비와 장학금을 두고 "민족교육의 생명수"로 부르게 된 이유이다.

한편, 1958년 중반부터 재일조선인들의 공화국으로의 귀국 요구가 고조되었는데, 각지 총련 분회 등에서는 집단귀국을 결의하고 그 취지를 밝힌 공화국 정부 앞으로의 편지가 채택되어갔다. 1958년 9월, 공화국 정부도 남일 외무상 성명을 발표해 귀국자들을 받아들이고 생활을 보장한다는 점을 재차 강조했다[55]. 조선적십자와 일본적십자는 재일조선인의 귀국문제를 협의하기 위

---

50) 총련중앙상임위원회, 「총련중앙위원회 제15차 회의에 제출할 교육사업총괄보고서」 1958. 10. 18쪽, 「교육체제의 확립에 관하여」 참조.

51) 재일본조선인교육회중앙위원회, 「재일본조선인교육회 제4차 정기대회일반방침(초안)」 1958. 4. 30~31쪽의 표에서 산출.

52) 재일본조선인교육회, 「재일본조선인교육회 제5차 정기대회 결정서」 1959. 6. 14.

53) 재일본조선인교육회 중앙상임리사회, 「재일본조선인교육회 제6차 정기대회 결정서」 1961. 6. 10쪽.

54) 예컨대 「就学奨励事業組織: 교육비와 同胞有志의 協力에 기초」, 『조선민보』 1959. 3. 19.

55) 「在日公民의 歸国實現에 特別한 配慮, 남일외무상성명: 귀국후의 생활은 전적으로 보장」, 『조선민보』

해 1959년 4월 제네바에서 회담을 시작해, 8월 13일 인도 카르카타에서 「조선 민주주의인민공화국접십자와 일본적십자사 간의 재일조선공민의 귀국에 관한 협정」을 조인함으로써 3개월 이내 귀국선을 배선한다는 등의 사항이 결정되었다. 그 결과, 공화국으로의 제1차 귀국선이 1959년 12월 11일 니이가타항에 입항하게 된다[56].

귀국운동이 고조하는 가운데 조선학교에 대한 재일조선인들의 관심도 높아져갔다. 1958년 재학생이 6,300명 증가하였고, 1959년 9월, 2학기에 약 5,000명, 1960년 1월에는 약 2,700명이 입학해 1960학년도 신입 및 편입학 신청자는 7,000여명을 기록했다[57]. 결과적으로 1959년 4월 23,947명이었던 재학생 수는 1960년 4월에는 36,516명이 증가해 151.2%의 증가율을 보였다[58]. 당시의 조선학교 아동의 약 3분의 1은 조선학교 신규 입(편입)학자이자 민족교육을 경험해보지 못한 아이들이었다.

입학자의 양적 증가 및 질적 변화는 조선학교에도 변화를 가져왔다. 급증하는 어린이들을 받아들이기 위한 교실 등을 확보하기 위해서 많은 학교는 교사의 신축, 증축, 개축을 서둘렀고[59], 요구되는 교원 수를 확보하기 위해서 조선대학교 교원양성소에서 학습 중인 학생들의 졸업시기를 3개월 앞당기는 등의 조치가 취해졌다[60].

물론 당시의 변화는 이러한 외적 틀의 변화에 멈추지 않았다. 보다 중요한

1958. 9. 20.

56) 일본정부가 '귀국사업'에 적극적으로 대응한 배경에는 냉전의 산물인 반공주의에 기초하여 재일조선인을 치안문제로 보는 시각과 사회보장제도에 소요되는 재정적 부담을 줄 수 있는 재일조선인을 문자 그대로 (제도적으로뿐만 아니라 물리적으로도) "배제'하려는 목적이 있었다는 견해가 있다. 테사 모리스 스즈키 저/한철호 역, 『북한행 엑소더스: 그들은 왜 북송선을 타야만 했는가』, 책과함께, 2008.

57) 재일본조선인교직원동맹중앙위원회, 「교동중앙위원회 제38차 회의 결정서」 1960. 3. 23~24.

58) 재일본조선인총련합회중앙상임위원회교육문화부, 「1959~60학년도 신학년도준비사업총괄 통계표」 1960. 5. 8.

59) 日本教育学會教育制度研究委員會, 外国人学校制度研究小委員會, 『在日朝鮮人とその教育』資料集第二集』, 1972, 26쪽.

60) 총련중앙교육문화부, 「1960~1961학년도 신학년도준비사업 조직요강」(작성시기 미상. 내용에서 1960년 1월~2월에 작성되는 것으로 추정됨).

것은 교육 내용 자체가 공화국의 교육 자원에 의해 재편되었다는 점이다. 본고에서는 이 과정을 공화국 교육의 '이식'으로 표현하고자 한다.

3-2 공화국 교육의 '이식'

그렇다면 1950년대 중반 이후, 구체적으로 공화국 교육으로부터 무엇이 '이식'되었을까. 여기서는 학교 규정, 교과서, 교육방침이라는 세 가지 측면에서 그 과정을 살펴보겠다.

1) 조선학교 관련 규정의 제정

1956년 총련은 공화국에서 보낸 「각종교육규정」을 사용해 조선학교의 교육 목적이나 학교의 설치, 수업 연한, 교육 내용 등에 관해 통일된 규정을 마련했다[61]. 공화국에서는 1950년 4월 8일 「각종교육규정」, 즉 「인민학교에 관한 규정」, 「초급중학교에 관한 규정」, 「고급중학교에 관한 규정」이 제정되어 실시되었다(인민학교, 초급중학교, 고급중학교는 각각 초등교육, 전기 중등교육, 후기 중등교육 기관에 해당). 각급학교규정은 각 단계의 학교의 목적, 학급 수, 학생 수, 학기, 수업 연수, 기구, 재정 등에 관해 정하고 있다. 국가에 의해 조직화되지 않고, 법에 의한 구체적 규정도 없는 조선학교는 공화국의 각급학교규정을 준용해 자신들의 규정을 만들어갔다.

1956년 2월 총련 제3차 중앙위원회에서 같은 해 4월부터 공화국의 각급학교규정을 일부 개정하여 작성한 「재일본조선인소학교에 관한 규정」의 사용이 결정되었다[62]. 주된 개정 부분은 첫째, 감독 주체에 관한 사항으로(제1, 5,

---

61) 일본조선인총련합회중앙본부교육 편, 『조선민주주의인민공화국 교육규정자료집(교육부자료제1집)』 1957, 참조. 위 자료에는 「각급학교규정」, 「학교평의회에 관한 규정」, 「인민학교 · 초급중학교 및 고급중학교 학부형위원회에 관한 규정」, 「각급학교 내부질서 규정(초안)」, 「학교방위사업(일직 · 수직임무)」, 「학급담임교원에 관한 규정」, 「학생규칙」, 「학생생활표준세칙」, 「학교설비서류목록」, 「각급학교학생신체검사규정」, 「학교위생규칙」, 「인민학교 · 초급중학교 · 고급중학교 졸업 및 진급시험에 관한 규정」, 「교육방법연구사업에 관한 규정」, 「교학 및 시학에 관한 규정」, 「조선소년단규정」, 「각급학교교과정안(1956~1957학년도)」, 「인민체력검정에 관한 규정 및 인민체력검정 실시요강」, 「인민학교교교편물 · 실험기구기준표」가 게재되어 있다.

62) 위의 책, 「간행의 말」, 참조.

6, 7, 48조) 조선학교의 설치 및 폐지, 교육 내용에 관해 총련 중앙이 결정 권한을 갖도록 규정했다. 또한, 운영비에 관해서 보호자와 지역 동포들이 거출할 것이 제시되었다. 둘째로, 수업 연수나 학기 개시 시기 등의 시간에 관한 사항(제4, 12조)은 공화국이 아니라 일본의 학제와 동일하게 운영될 것이 명시되었다. 1학년도의 흐름도 본국이 아닌 일본 사정에 맞춰 구성되었는데, 일본학교로 또는 일본학교로부터의 진학과 전입학과 일본의 직업 사회로의 진출을 고려한 것으로 조선학교가 일본의 사회적 시간의 흐름으로부터 독립하여 존재할 수 없다는 사실을 그대로 보여주고 있다고 할 수 있다.

셋째로, 교육 목적에 관한 사항(제2, 3조)으로 기본적으로 공화국과 동일한 목적이나, 단서 조항으로 ①"제국주의적 요소와 봉건적 잔재, 퇴폐적인 생활 양식을 철저히 배격"하고, ②"모국어를 생활용어로 하여 민족적인 자각을 가지도록 하며 민족의 력사, 지리, 문화, 풍습에 관한 올바른 지식을" 함양한다는 목적이 추가되었다. 재일조선인이 문자 그대로 재일(在日)하고 있다는 상황을 단적으로 보여주는 부분이라고 할 수 있다. 제1항은 공화국과는 달리 자본주의 사회인 일본에서 생활하고 있는 재일조선인에 대한 교육인 만큼 의식적으로 주목해야 하는 부분으로서 부언된 것이고, 제2항은 공화국의 규정에서는 당연한 것으로 성문화되어 있지 않은 것을 명기한 것이다. 모국어(조선말)를 생활용어로 하고, 이를 통해 민족적 자각을 일깨우며 민족의 역사와 문화를 가르친다는 것은 재일조선인에게 있어서는 성문화하여 강조해야만 하는 것으로서 결코 저절로 습득되는 것이 아니었다. 공화국에서 보면 해외공민이고 일본에서 보면 외국인이라는 지점에서 일반적인 국민과는 상이한 위치에 있는 재일조선인이 조직한, 재일조선인의 교육기관인 조선학교는 그 교육을 규정함에 있어서 국민국가가 조직하는 국민교육에서는 자명한 것을 굳이 문자화하여 명시할 필요가 있었던 것이다.

2) 공화국 교과서의 번각 사용

다음으로 교과서를 보자. 앞서 언급한 것처럼 1953년 7월 공화국으로부터 교과서가 도착했고, 학우서방이 이를 번각해 조선학교에서는 늦어도 1954학년도부터 공화국 교과서를 그대로 인쇄 출판한 번각판 교과서가 사용되었다. 번각 교과서의 내용은 민족교육의 핵심을 구성하는 국어, 역사, 지리에 관한 것이 많았고, 이과계 교과서도 순차적으로 번각 출판되었다. 단, 이 시기에는 일본어, 영어, 중국어의 경우는 일본 출판사가 발행한 교과서를 사용했다[63]. 미술과 음악 교과서는 발견할 수 없었지만[64], 체육과 기술계 과목은 원래부터 교과서를 사용하지 않았다.

번각판 교과서의 내용을 보면, 거의 수정없이 그대로 사용되었음을 알 수 있는데, 수정이 가해진 곳은 제1학기가 시작하는 시점이 다르므로 계절 단원의 순서를 뒤바꾸거나, 공화국과 다른 초등교육 연한을 다소 조정하는 정도로 내용적인 변경은 없었다. 공화국의 교과서를 번각 출판하게 되면서 교과서 편찬에 필요한 학습 내용의 선정, 배열의 결정, 집필, 삽화와 사진의 준비 등 방대한 작업에 힘을 들이지 않아도 되었으므로 주로 인쇄만 하면 되는 상황이 되었다. 국가적인 총력을 기울여 제작된 교과서를 원용하겠다는 선택은 조직적 역량이 피폐해지고 있던 재일조선인들에게 있어 매우 합리적인 선택이었다고 할 수 있다.

1956년에 작성된 『도꾜조선중고급학교 10년사』에서는 "몇가지 교과서를 제외하고 전부 조국 교과서를 사용하여 조국 학생들과 동등한 수준에서 교수하게 되었다", "조국 교과서를 전적으로 교수함에 따라 조국 과정안을 창조적

---

63) 재일본조선인총련합회중앙상임위원회, 「교과서 사용에 관한 해설: 주로 중고급학교에 관하여」 1956. 3. 2.

64) 1957년 2월 단계에서는 1957학년 4월에 초급학교 제1학년용 교과서와 중급학교 1학년용 교과서, 9월에는 제3학년용과 제5학년용 음악 교과서를 "조국에서 보내온 음악 교재와 기타 교재에 기초하여" 출판한다는 계획이었다. 총련교과서편찬위원회, 「교과서편찬월보」 제3호, 1957. 2. 28., 참조.

으로 적용함으로써 체계성 있는 과정안이 확립되였다"라며[65], 자주화 이후에 실시 가능해진 '이식'형 교육이 공화국과 '동등한 수준'의 형식을 확보한 것이라며 긍정적으로 평가했다. 공화국으로의 귀국을 상정했던 시기 동안 조선학교는 공화국 교과서를 사용함으로써 공화국과 '동등한 수준'의 교육 실시를 적극적으로 받아들여졌던 것이다.

3) 교육의 3대 중점 과업의 설정

당시 조선학교에 있어서 공화국 교육의 '이식'이 갖는 세 번째 측면은 교육 방침이다.

1958년 10월, 총련은 조선학교의 교육에 대해 ①애국주의 교육의 강화, ②국어 교육의 강화 - 국어 실력의 향상과 생활에서의 국어 상용, ③기본생산기술 교육의 실시 - 나라의 현실과 미래에 대처하기 위해 과학기술 교육을 한층 강화한다는 '3대 중점과업'을 당면 교육방침으로 결정했다[66]. 물론 여기서 말하는 '국어'는 조선어를, '나라'란 공화국을 가리킨다. 3대 중점과업은 1959년에 들어 한층 정식화되어 총련 5전대회(1959년 6월 10일~12일)의 결정에 따라 개최된 교직동 제12차 정기대회(1959년 6월 14~15일)에서 정식으로 주지되었다[67].

여기서 ①애국주의 교육의 강화는 애국 전통과 공화국에 대한 의식을 고양하고, 동시에 조국의 서적들을 읽혀 김일성 원수의 생애와 업적, 애국 투쟁을 연구하는 활동을 추진한다는 것으로 이해되었고, ②국어 교육의 강화를 위해서는 교원의 지도 능력을 높여 학생들이 자각적으로 국어를 애용하고 상호 지적하고, 이를 위해 '국어 상용 운동'이 제안되었다. 또한, ③기본생산기술교

---

65) 앞의 책, 『도꾜조선중고급학교 10년사』, 42쪽.

66) 재일본조선인총련합회중앙상임위원회, 「총련중앙위원회 제15차확대회의에서 결정된 1959년 신학년도 제 준비 사업에 관한 방침」 1958. 10, 3쪽, 참조.

67) 「교원들의 주체 확립과 교육의 질, 량 제고에」, 『조선민보』 1959. 6. 20.

육의 강화 목적에 관해서는 "선진적인 과학기술을 습득시켜 귀국하면 즉시 조국의 유능한 건설일군으로써 이바지할 수 있도록 교육 교양을 주어야 하겠습니다"라고 밝히고 있다[68].

총련 중앙교육문화부는 3대 중점 과업을 실천, 지도하기 위해 센터를 신설하여 3대 중점 과업에 있어 성과를 올린 학교를 모범학교로 표창하고 모든 학교에서 「김일성원수연구실」을 의무적으로 마련하게 하는 등 구체적인 대책을 세웠다[69]. 이러한 총련 중앙의 방침에 따라 각 학교에서도 아이들에게 공화국의 서적을 읽게 하고[70], 「김일성원수애국활동연구실」 또는 「조국연구실」을 교원들과 아이들이 함께 꾸리거나[71], 기본생산기술교육을 실시하기 위해서 목공실과 기계공작실을 정비해가기도 했다.

교육방침으로서의 애국주의 교양이라는 것은 재일조선인이 귀속하는 조선민족, 특히 그 국가인 조선민주주의인민공화국에 대한 애정을 갖게 하고, 이를 위한 지식의 습득에 주안점을 두었다. 원리적인 측면에서 본다면, 탈식민지화라는 것은 그 제국성을 부정할 때에 국민국가성의 동원을 필요로 하는 것으로[72], 조선학교의 경우에는 재일조선인의 탈식민지화를 촉진하기 위해 공화국의 국민국가성이 동원되었다. 태어나 자란 국가는 아니지만, 재일조선인의 권리 옹호를 주장하고 교육 물자를 보내오는 '조국'으로서의 공화국에 대한 정서적인 접근은 재일조선인의 공화국 국민화에 의한 탈식민지화를 지향하는 조선학교 교육에 있어서 교육의 실효성을 높이는 촉진제였다.

또한 국어강습소에서 시작한 조선학교에 있어서 국어=조선어가 교육의 핵심에 있다는 것은 두말할 나위도 없다. 수업은 물론 모든 교육 활동을 조선어

---

68) 재일본조선인교직원동맹, 「교동 제12차정기대회 문헌집」 1959. 6. 14.~15, 참조.
69) 총련중앙교육문화부, 「1960~1961학년도 신학년도 준비사업조직요강」, 11쪽, 참조.
70) 재일본조선인교직원동맹중앙위원회, 「교동중앙위원회 제39차 확대회의 결정서」 1960. 12. 3~4, 참조.
71) 송지학, 「애국주의 교양을 강화하기 위하여 김일성원수 애국활동연구실을 조직운영할데 대하여」, 『중앙교육연구』 제11호, 1960. 2. 1., 36~48쪽, 참조.
72) 山室信一, 「『国民帝国』論の射程」, 山本有造 編, 『帝国の研究: 原理·類型·關係』, 名古屋大学出版, 2003.

로 실시한 조선학교에서 조선어 실력이야말로 애국심의 정도로 해석되었고, 학교뿐만 아니라 생활면에서의 국어 상용 내지 모든 생활면에서(즉, 통학길이나 가정에서도) 국어를 사용하자는 '국어 생활화'가 목표가 되었다. 이를 통해 '참된 조선사람'이 되는 것이 지향되었던 것이다.

위의 ①, ②와 비교하면, 기본생산기술교육을 강화한다는 교육방침은 다소 거리감이 느껴진다. 원래 기본생산기술교육은 1950년대 중반 공화국에서 초등교육과 전기중등교육에 도입된 기초적인 직업교육, 기술교육을 말한다[73]. 공화국은 60년대 중반까지 「전반적 9년제 기술의무교육」의 완전 실시를 목표로 삼았기 때문에, 이를 본보기로 조선학교에서도 기본생산기술교육의 강화를 강조했다. 여기에서도 공화국으로의 귀국을 염두하고 있었다는 점과 공화국과 '동등한 수준'의 교육을 하고자 한 점과의 정합성을 발견할 수 있다.

이상과 같이, 학교규정, 교과서, 교육방침을 비롯해 1950년대 중반 이후의 조선학교는 공화국의 교육을 순차적으로 '이식'하면서 파괴된 교육체계를 재구축해갔다. 그러나 이 '이식'이 항상 순조롭게 기능했다고는 할 수 없다. 비유하자면, '이식'이라는 것은 항상 일종의 거절 반응이 발생할 가능성을 배제할 수 없다. 공화국 교육의 '이식'은 조선학교에 새로운 갈등과 모순을 일으키기도 했다.

3-3 드러난 모순: 선명해지는 공화국 교육과 조선학교 교육과의 차이

1954학년도부터 본격적으로 사용된 번각판 교과서에 대해 실제로 교과서를 사용하는 교원들로부터 그 내용에 대한 의문점이 제기 되었다. 예컨대, 1954년 12월 28일, 도쿄에서 열린 「신학년도 교과서 간행에 관한 토론회」에

---

73) 공화국에서의 기본 생산기술 교육 제도의 도입과 좌절에 관해서는 김지수, 「북한교육관료제의 변천에 관한 연구」, 서울대학교 교육학과 박사학위 논문, 2005, 187~225쪽이 자세하다.

서[74], 도쿄도 내의 조선학교(당시는 도립조선인학교) 1학년 담임들은 번각판 교과서에 관한 의견 교환을 통해, "①우리가 사는 일본이라는 구체적인 환경에 맞지 않는다. 일본생활과 ■ ■(해독 불명), 내용이 수준이 높아서 어렵고 량이 많아 다 가르칠 수 없다. ②국기와 초상화를 교과서에서 빼는 것이 좋다. 민단 계통의 학생들을 포섭하는데 방해가 될 수 있다. ③전쟁에 관한 삽화가 많다. 평화교육에 지장이 생길 수 있다. ④남북통일에 관한 염원을 가질 수 있게 하는 교재가 없다. 조국 호소문을 받드는 교재를 넣을 필요가 있다. ⑤교과서 내용이 일본노동계급이 승인할 수 있는 내용이여야 한다. 공화국 교과서로는 지지를 받을 수 없다"는 결론을 냈다.

또한 예컨대 가나가와에서도 초급학교 국어 교과서에 관해 "5, 6학년에서는 전투기가 전 단원의 약 20%, 페이지 수의 약 28%를 차지하며 우리가 놓인 조건과 결부하는데 있어서" 큰 지장이 있다는 지적이 있었고[75], 재일조선인 아이들의 생활 현실과 괴리된 교과서 내용이 문제시되지 않을 수 없었다. 식민지 시기의 항일무장 투쟁이나 조선전쟁에서의 공화국 인민군이나 민중의 투쟁은 민족적 정체성을 함양하는 데에 좋은 재료일 수 있으나, 현장의 교원은 전투 기록은 재일조선인 아이들을 위한 교재로서는 적절하지 않은 것으로 판단했다.

이러한 현장의 의견도 반영되어 번각판 교과서를 개편하자는 움직임이 1956년 11월부터 본격화한다. 같은 해 10월 24일~26일에 열린 총련중앙위원회 제7차 회의에서 교과서를 새롭게 편찬한다는 방침이 결정되었고[76], 이에

---

74) 「1955년도용 교과서편찬출판 및 당면한 그 사용에 관한 토의자료」라는 문서 자료에 첨부된 메모. 이 메모에는 「신학년도 교과서 간행에 관한 토론회」에서 나온 의견 등 토론회에 참가한 필자의 감상 등이 기록되어 있다. 이 문서자료의 작성자와 작성 년도는 미상이나 아마도 "조교조(朝教組)'와 같은 단어로 미루어볼 때 도립조선인학교 교원이 1955년 초반에 작성한 것으로 추측된다.

75) 츠루미교동분회, 「국어교과서의 실정과 학생이 가지는 능력 리해정도의 실정조사」 (1957년 6월에 열린 조선학교교원들의 제1회 가나가와교육연구대회의 실천보고), 참조.

76) 총련교과서출판위원회, 「교과서편찬월보」 제1호, 1956. 11.

따라 11월 2일에는 초급학교의 교과서편찬위원회가, 11월 8일에는 중고급학교의 교과서의 교과서편찬위원회가 열렸다. 회의에서는 "공화국의 교과서를 그대로 사용하는데 있어서는 학제, 계절의 차이, 학생들의 일어 상용과 사회 환경의 차이 등 고려할 점들이 많다"는 인식 아래, "조국 교과서를 일본의 현실에서 어떻게 창조적으로 리용할까 하는 문제가 토론"되었다[77].

이처럼 공화국 교과서를 기계적으로 조선학교 교육에 적용하는 데에 따르는 어려움들이 드러나자, 교육 실천의 영역에서도 비슷한 문제들이 제기되었다.

예컨대, 많은 재일조선인들에게 제1언어가 일본어이고 가정에서도 기본적으로는 일본어가 상용되고 일상적인 인사 정도만 조선어가 사용되고 있는 현실에서 '국어 상용'의 실천은 대단히 어려운 것이었다. 또한 앞서 서술한 것처럼 당시의 조선학교 교원들 중에는 체계적으로 민족교육을 받은 사람도 있으나 조선어를 충분히 습득하지 못한 사람도 있었다[78]. 이런 상황에서 조선학교 교원들 사이에서는 아이들이 "완전한 국어도 아니고 일본말도 아닌 말"을 사용하고 있다는 지적이 있었고[79], 이를 두고 '일본말식 우리 말', '일본어식 조선어'라고 했다. 아이들을 '참된 조선사람'으로 키워가는 데에 중추적인 역할을 하는 국어도 생활이라는 구체적인 상황의 개재로 인해 '올바른 국어'가 되지 못했던 것이다.

또한 기본생산기술교육의 실시에 있어서도 사회제도의 차이라는 환경 아래 공화국의 교육 방침을 매우 형식적으로 적용하는 것이라는 비판의 목소리가 일었고[80], 1960년대에 들어서는 공화국에서도 기술교육 강화 방침이 부분

---

77) 위의 글, 3~4쪽.
78) 예컨대 全源治·李淳馹, 『タックルせぇ！: 在日コリアンラグビーの父, 全源治が走り續けた人生』, 2011. 필자의 인터뷰 조사에 의하면 이러한 교원들은 학생들을 자신의 하숙집에 묵도록 해서 숙제를 도와주는 대신 자신에게 조선말을 가르쳐주게 하거나, 동료들에게 교과서를 일본어로 번역하도록 부탁해 조선어를 습득해갔다고 한다.
79) 『민족교육 : 재일조선인학교 제1차교연보고집』 1958. 5. 4쪽.
80) 류영빈, 「초급학교 기본생산기술교육의 방향성」, 『중앙교육연구』 제12호, 1960. 5. 25., 36~49쪽, 참조.

적으로 수정되어 조선학교에서의 기본생산기술교육 강화 방침도 1963년경에는 사라졌다. 이 방침의 철회를 정식 결정한 문건은 발굴되지 않았으나, 조선학교 커리큘럼에서 차지하는 기술계 교과의 비율이 격감했다는 부분에서이 사실을 엿볼 수 있다[81].

　요컨대 제2기에서는 공화국의 재정적, 물질적인 원조와 한층 강화된 심리적 연대를 기반으로 조선학교 교육체계가 재구축되어 갔고, 공화국 교육의 '이식'을 통해 성취되어간 과정은 많은 갈등을 내포하는 것이었지만, 역설적으로 이는 조선학교를 향해 조선학교의 교육이 어떠해야 하는가라는 질문을 던지는 것이기도 했다. 즉 조선학교에 있어서의 국민교육(공통의 기억과 문화를 창조함으로써 내셔널 아이덴티티를 부여하는 교육)을 통한 재일조선인의 탈식민지화의 모습은 어떠해야 하는가라는 조선학교의 근본적 문제를 조선학교는 직시하지 않을 수 없게 된 것이다.

　1950년대 중반 이후, 조선학교는 이러한 질의를 진지하게 고민하기 시작함으로써 '이식'형 국민교육이 아닌 재일조선인의 생활과 역사, 현실을 전제로하면서도, 제국 일본의 제국성을 불식하기 위한 국민교육을 모색해간다. 본고에서는 이렇게 만들어져간 조선학교 교육의 형태를 '재일'형 국민교육이라고 부르기로 한다. 이어 1960년대 초 이후의 조선학교사에 관해 살펴보자.

4. '재일'형 국민교육기 (1963~1969년) : 재일조선인의 생활을 기반으로

4-1 새로운 교과서의 탄생 - 재일조선인 현실의 반영

　1963년 4월부터 조선학교에서는 총련 교과서편찬위원회가 작성한 새로운

81) 총련 중앙상임위원회의 1957~1964학년도 과정안을 참조.

교과서가 사용되기 시작했다. 새롭게 편찬된 교과서는 그 취지를 설명한 「신판 교과서 취급에 대한 제강」(이하, 「취급제강」)에서 "조국에서 멀리 떨어진 이국에서 공부한다는 실정"을 고려한 것으로 그 성격을 시사했다[82]. 여기서 어떠한 것들이 고려되었는지 밝히는 것은 조선학교의 탈식민지화 교육의 전모를 파악하는 데에 중요할 것이다.

새 교과서에서의 첫 번째 변화는 재일조선인의 관점, 재일조선인의 생활이 반영된 점이다. 「취급제강」은 "조국의 건설 모습, 조국에서의 생활 내용을 교과서에 반영"했다고 설명하고 있고, 본국에 관한 내용을 중심적으로 다루지만, 어디까지나 일본에 살고 있는 재일조선인의 실정에 입각한 교과서 편찬을 지향하고 있다.

새롭게 편찬된 국어 교과서의 경우에는 아래의 세 가지를 교재의 주요 주제로 삼고 있다[83].

① 조국의 생활을 내용으로 한 교재(조국의 사회주의 건설 모습, 조국 인민들과 특히 재일동포의 생활을 반영하여 조국에 대한 사랑과 민족적 자부심을 배양한다)
② 일본에서의 동포들, 학생들의 생활을 내용으로 한 교재(재일동포, 학생들의 생활 가운데서 조국을 동경하며 조국을 사랑할 수 있는 내용의 교재를 선택하여 반영하였다)
③ 립지적 조건에 관계없이 공통적으로 배울 수 있는 교재(즉 우리나라의 력사와 문화, 자연, 지리에 관한 교재들을 념두에 둔 것이다)

예컨대, 번각판 국어 교과서의 「라지오」라는 과에서는 "어머니가 공장에서 일 잘 했다고 나라에서 상으로 준" 라디오에서 "멀고 먼 모쓰크바에서 보내오는 소식"을 듣고 "쏘련으로 공부 간 오빠가 더욱 보고싶어"지는 "나"가 묘사되

---

82) 재일본조선인총련합회중앙상임위원회교육부, 「1963~64학년도 신판 교과서 취급에 대한 제강」 1963. 4. 1쪽.
83) 위의 글. 1쪽.

어 있는데, 새 교과서에서는 같은 제목과 삽화이지만, '아버지'가 '백화점'에서 구입한 라디오에서 「평양중앙방송국」이 보내는 노랫소리를 듣고 "공부하여 라지오의 비밀"을 알아내겠다는 각오를 하는 '나'가 묘사되어 있다. '나'의 생활환경이 공화국에서 일본으로 바뀌었다는 것을 알 수 있다.

또한 재일조선인의 시점을 도입하고 생활을 반영한다는 편찬 방침은 교재의 주제나 내용뿐만이 아니라 삽화에 등장하는 건물과 사람들의 복장과 두발, 교재에서 다뤄지는 아이들의 놀이를 선정하는 데에도 영향을 미치고 있다.

두 번째 변화는 교과서를 기술하는 문자에서이다. 1950년대의 공화국에서는 한자 사용을 서서히 폐지하는 국가 방침으로 번각판 교과서에서는 한자가 전혀 등장하지 않는다. 조련기에 작성된 교과서에서는 한자가 사용되었으나, 번각판 교과서에서는 사라졌다가 제3기 교과서에서 새로운 개념이나 일본어 고유명사를 한자로 표기하는 기술 방식이 다시 도입되었다. 다시 한자 표기를 시작한 이유에 대해서 "재일동포들이 남반부와 편지 거래를 하며 실지 한자를 사용하고 있다는 것, 일본 교과서가 한자를 쓰고 있으며 일본어를 통하여 한자를 알고 있다는 사정과 관련한다"고 설명하고 있다[84].

한자를 폐지한 공화국으로의 '귀국'을 한편으로 감안하면서도 학교 이외의 일상생활에서 만나는 거의 모든 문자가 일본어 문자 체계이고, 대부분의 어린이들의 제1언어가 일본어라는 현실이 엄연히 존재하는 이상, 교과서 내용에 대한 이해를 촉진한다는 의미에서도 교과서를 한글만이 아니라 한자 표기를 섞어 기술하는 조련기 교과서의 기술 방식이 도입된 것이다. 이 또한 재일조선인의 실정에 입각한 교과서 편찬 방식이었다. 이로서 기본적으로는 한글로 기술되지만 곳곳에 한자가 기술되는 방식의 교과서가 부활했다.

세 번째 변화는 자연과학계 과목에서 다뤄지는 교육 내용이 일본의 학습지

---

84) 위의 글, 2~3쪽.

도요령에 나오는 내용과 거의 같아진 점이다. 예를 들어, 초급부 자연 교과서와 일본의 학습지도요령의 내용을 비교해보면 그 내용이 거의 일치하는 것을 알 수 있다. 이러한 경향은 중급, 고급 학교용의 자연과학계 과목에서도 나타나는데 새로운 자연과학계 교과서의 교재 선택에 있어서는 일본의 이과 교육 내용을 상당히 참고하였다고 볼 수 있다.

그러나 조선학교 교과서와 일본의 교과서가 내용에 있어 동일한 구성을 하고 있지는 않다. 새 교과서에서는 번각판과 달리 한반도의 산하와 동물뿐 아니라 일본의 자연도 담고 있다. 자연과학계 과목은 자칫하면 민족교육과 동떨어진 것으로 취급될 수 있지만, 탈식민지화의 중요한 요소인 산하와 풍경을 통한 국민으로서의 공통된 기억과 감성의 생성이라는 중요한 역할의 일부를 담당하는 과목으로 조선학교 자연과학계 교과서는 이러한 명확한 의도 아래 편찬되었다[85]. 즉, 자연과학계 교과서는 교육 내용과 배열이 일본 교과서에 크게 접근하고 있으나, 조선의 자연을 다루는 데에 소홀히 하지 않으면서 동시에 조선의 자연뿐 아니라 일본의 자연도 다룬 것이 그 변화라 할 수 있다.

이렇게 재일조선인 아이들의 실정에 맞춘 변화를 새 교과서는 반영하고 있었지만, 번각판 교과서로부터 계속성도 물론 있다.

가장 대표적인 예는 냉전과 분단 이데올로기일 것이다. 강성은이 지적한 것처럼[86], 이 시기에는 특히 역사 교과서와 지리 교과서에 냉전과 분단 이데올로기가 농후하게 나타난다. 역사 교육의 목적은 "유구한 력사와 문화를 가진 우리 조국에 대한 높은 긍지와 자부심 배양, 외래 침략자들을 반대하여 싸운 우리 인민의 영웅주의와 애국주의 교양, 온갖 착취와 착취계급을 반대하여 견실하게 싸운 조상들의 계급투쟁의 사상교양, 부강한 사회주의 조국에

---

85) 이 점은 특히 지리교과서에도 해당될 것이다. 또한 「취급제강」은 산수와 국어 교과서에 있어서도 게재되는 공화국의 삽화나 한반도의 명승지를 제대로 설명하는 취지를 강조하고 있다.
86) 康成銀, 「朝鮮学校での朝鮮史教科書の見直しと変化」, 『歴史地理教育』 662, 2003.

대항 긍지와 사랑, 사회주의 제도 우월성으로 교양하여 조선로동당과 김일성 원수의 령도의 현명성과 정당성"을 "교양"하는 것으로[87], 어디까지나 현대사가 목적하는 것은 사회주의 제도, 조선노동당의 정책, 김일성 지도의 정당성이었다. 그리고 이것이 조선사에서의 타율사관, 정체사관의 극복이라는 지향성과 함께 공진하도록 작동되었다. 지리 교과서에서도 재일조선인의 고향을 향한 심정에 맞닿아 '남반부'의 농지와 처참한 식량 상황을 보여주면서 한국 정부를 비판하고, 이와 대조적으로 공화국 정부의 경제 정책의 정당성을 구가하는 논법이 여러 군데에서 눈에 띤다.

또한 교과서에는 재일조선인으로서 안고 있는 난제도 기술되었다. 교과서 기술에서 등장하는 '우리'라는 것이 가리키는 범위와 내포의 문제였다. 「취급제강」에서는 교원이 교재에서 사용되는 '우리'가 조국에 있는 '우리'인지, 일본에 있는 '우리'인지 명시해서 가르쳐야 한다고 되어 있다[88].

재일조선인 아이들은 실제로는 일본에 거주하는 것이지 조국에 있는 것이 아니다. 그러나 조국의 사람들은 타자로서의 '그들'이 아니라 어디까지나 동일한 집단 내에 귀속을 가리키는 '우리'라는 말로 표현된다. 재일조선인인 '우리'는 일본에 있는 '우리'이기도 하고, 동시에 조국에 있는 '우리'이기도 한 것이다. 즉, 한편으로는 일본에 있는 재일조선인으로서의 '우리'를 조국에 있는 '우리'와 구별하지만(재일조선인의 생활과 역사에 관한 단원 신설), 동시에 '우리'가 조국의 일원이자 공화국의 해외공민이라는 것을 아이들에게 인식시켜야 했던 것이다.

이렇게 공화국 사람들과 재일조선인을 구별하면서도 동일시하는 방법은 아이들에게 자신들이 일본에 살면서도 공화국 국민임을 인식시키기 위한 조선학교의 독특한 교육 방법이다. 조선학교 교육에 요구되는 것이 단순히 조

---

87) 「취급제강」 19쪽.
88) 「취급제강」 8쪽.

선민주주의인민공화국에 관한 학습만은 아니다. 그 나라를 '조국'으로 부르는 우리들은 누구인가라는 질문에 항상 맞닥뜨리는 현실, 이러한 자기장 위에 조선학교의 교육은 놓여있다.

나아가 「취급제강」에서 밝힌 교과서 편찬의 취지에서 흥미로운 것은 교과 기술에 있어서 언어 선택에 신중을 기한다는 점이다. "우리의 당"은 "조선로동당"으로 표현하고, "공산주의 교양", "공산주의 건설", "당의 붉은 전사", "독재"와 같은 공화국에서 사용될법한 표현을 피하고 "사회주의"나 "애국주의"와 같은 '약한 표현'으로 기술한다는 것이었다[89]. 여기서 문제는 "사회주의" 또는 "애국주의"가 재일조선인 아이들에게 '약한 표현'으로 느껴지는가가 아니라, 왜 조선학교가 굳이 '약한 표현'을 사용했는가라는 점이다.

필자는 '약한 표현'이 사용된 이유는 재일조선인 아이들에게 익숙한 언어를 사용한다는 교육방법적인 배려뿐만이 아니라, 일본사회의 시선을 배려할 수밖에 없는 당시의 조선학교를 둘러싼 시대적, 사회적 환경이 있었던 것이 아닐까 생각한다.

그렇다면 제3기의 조선학교가 놓인 사회적 상황은 어떠했을까. 다시 조선학교 교육의 외부로 시선을 옮겨보자.

4-2 조선학교의 법적지위 문제 : 한일회담, 각종학교인가취득운동, 외국인학교제도 신설구상

공화국으로부터의 교육비 송금으로 학교 운영이 궤도에 오르는 한편 공화국으로의 귀국은 정체하는 가운데 조선학교는 법적지위의 안정화를 위해 1963년경부터 각종학교인가취득운동을 조직적으로 전개하기 시작했다[90].

---

89) 「취급제강」, 16~23쪽.

90) 예를 들어, 조선학교의 재정운영을 담당하는 재일본조선인중앙교육회의 제7차 정기대회(1964년 6월)에서는 "앞으로 우리는 미인가 자주학교들에 대하여 '학교설치인가'와 미인가 현 교육회의 '법인화'를 획득하는 사업을 강력히 전개할 것입니다. 학교설치인가와 현 교육회 법인화는 우리가 응당 가져야 할 신성한 권리이며 이는 교육사업에서 가장 중요한 사업의 하나입니다"라고 밝히고 있다. 재일본조선인중앙교육회 상

앞서 밝힌 바와 같이, 총련은 합법적 운동을 활동 원칙으로 하고 있어 일본행정으로부터 인가를 받지 못한 무인가 학교의 법적지위 문제를 개선할 필요가 있었다. 각종학교란 일본의 학교 교육법 제1조가 일컫는 소학교, 중학교, 고등학교 등 이른바 일반적인 학교(1조교)에 속하지 않는, 일본 학제에서는 주변부에 위치한 학교이다[91].

학교 폐쇄 조치 이후 사립학교법이 시행된 후, 문부성은 조선학교를 1조교로 인가하지 않는다는 방침이었기 때문에(즉, 사립학교로서는 인가하지 않는다)[92], 당면해서 조선학교가 요구할 수 있는 최고의 법적지위는 각종학교라는 지위였다. 물론 일본학교의 중심에 위치한 1조교와 제도적 보장 정도의 격차는 컸다.

한편, 일본정부 내에서도 조선학교의 법적 지위를 어떻게 할 것인가에 관해 명확히 정해진 바가 없었다. 주변부라고는 하지만, 조선학교를 일본의 각종학교로 인가한다는 것은 '일본의 학교'로서의 공익성을 인정하는 셈이 되어버리기 때문이었다. 이와 달리, 문부성의 감독 밖에서 치외법권적으로 이루어지는 조선학교의 교육에 대해 치안의 관점에서 역으로 그 법적지위를 명확히 함으로써 관리와 통제를 강화할 필요성이 있다는 의견도 있었다. 당시의 문부성 초등중등교육국장이었던 후쿠다 시게루(福田繁)는 "각종학교가 되면 폐쇄할 수 있다"고 말하기도 했다[93]. 어느 쪽 입장이든 조선학교를 적대시하고 통제하려는 의도는 공통된 것이었지만, 각종학교의 지위를 부여할 것인가의 문제에서는 의견이 갈렸다.

임리사회 「재일본조선인교육회 제7차 정기대회 문헌집」 1964년 6월, 26쪽.

91) 일본의 각종학교의 역사에 관해서는 土方苑子 編, 『各種学校の歴史的研究: 明治東京・私立学校の原風景』, 東京大学出版會, 2008, 참조.

92) 三重縣總務部總務課, 「㊲朝鮮人学校について」(작성년도 미상. 내용을 통해 1964년 8월경 작성된 것으로 판단) 내의 「文部省の態度(쇼와 38.5.20. 대신결재)」에서.

93) 1963년 7월 자민당 안보조사회에서의 발언. 日本教育学科教育制度研究委員會, 外国人学校制度研究小委員會, 『在日朝鮮人とその教育」資料集第一集』 1970.8, 참조.

일본정부의 조선학교 처우 방침을 결정짓게 한 것은 한일회담에서의 양 정부의 교섭이었다.

한일회담 관계문서를 통해 한일회담에서의 재일조선인 교육을 둘러싼 논의를 꼼꼼하게 정리한 마키 도모코에 따르며 관련 논점은 다음의 세 가지로 정리된다[94]. ①협정영주자의 공립 소·중학교 진학, ②협정영주자가 설립하는 사립학교에 대한 처우, ③사립 조선인 교육시설의 졸업자가 일본의 상급학교에 진학하기 위한 자격 등이 그것이다.

당초 일본정부측은 협정영주자의 범위가 확실하지 않은 상태에서 협정영주자에게 일본 국민과 동등한 의무교육을 보장하라는 한국측의 요구를 재정적 부담을 이유로 주저하고 있었으나, 한국측이 ③의 요구를 철회함에 따라, 이를 수용하기로 했다(1965년 6월 15일, 제7차 한일전면회담 재일한국인의 법적지위에 관한 위원회 회합).

②의 논점에 관해서는 제8회 비공식회담(1961년 3월 23일)과 제9회 비공식회담(1961년 3월 30일)에서 한국측이 "한국인의 학교 설립 인가를 약속하라"는 취지의 요구를 했으나, 일본측은 일본의 교육체계에 혼란을 야기하고, 외국인학교를 다닌다 해도 일본의 상급학교로의 진학은 불가능하므로 일본의 학교제도를 이용하면 된다는 입장이었다.

1965년 4월 23일, 제7차 한일전면회담 재일한국인의 법적지위에 관한 위원회 제26회 회합에 있어서 문부성대신 관방참사관 이시카와 지로(石川二郎)는 "현재, 일본에 있는 외국인 교육 전반에 대해 검토 중으로 새로운 인가를 내릴 생각은 없다"며, 외국인학교제도에 관한 구상을 내비치면서 "각종학교 문제는 북선계와 관련해 여러 문제가 있다"고 말했다. 이에 대해 한국측 대표 이경호는 "일본정부는 북선계의 편향적 교육을 방치하고 있다"며 불만을

---

94) マキー 智子, 앞의 논문, 2013.

표하고, "한국측이 교육 문제에 관해 여러 요구를 하는 것은 북선계와의 대결상 어쩔 수 없는 것으로 일본정부가 만약 북선계 학교를 모두 폐쇄한다면 한국측으로서는 각종학교 문제를 접어도 좋다"(밑줄은 필자)는 취지의 발언을 했다고 한다[95].

한국측은 정치적 대립 관계에 있는 공화국과의 연계가 강한 조선학교를 자신의 주장(여기서는 ①[96])을 성취하기 위한 교섭의 도구로 사용하겠다는 의도를 노골적으로 보였다. "북선계 학교를 모두 폐쇄한다면"이라는 표현은 거칠고도 현실적이지도 않은 요구였지만, 마키가 지적하는 것처럼, "한일회담을 통해 한일 양측은 공화국과 이를 지지하는 교육시설(조선학교:필자)을 통제해야만 한다는 인식이 강해져갔다"는 점은 강조할만하다.

이렇게 체결된 한일조약과 법적지위협정을 바탕으로 문부성은 1965년 12월 28일 두 통의 통달을 내보낸다. 그 하나는 '조선인'(영주허가를 받지 않은 조선인 포함)의 의무교육 학교로의 취학을 학령기 일본인과 동일하게 취급하라는 것이다[97]. 이는 제2절에서 언급한 1953년의 문부성 방침(외국인의 의무교육을 보장할 필요가 없다)이 부분적으로 철회된 것을 의미한다[98]. 또 하나는 「조선인만을 수용하는 교육시설의 취급에 관하여」(이하, 「12.28 통달」)이다.

「12.28 통달」은 크게 두 가지 내용으로 구성된다. 첫째는 공립 조선인학교에 관한 것으로 이 학교들은 "극히 비정상적인 상태에 있는 것으로 인식"되므로 시정 및 정상화 조치를 강구할 것, 시정하지 않을 경우 그 존속 여부를 검

---

95) 위의 글, 40~41쪽.

96) ①의 일본 국민과 동등한 공립학교 취학에 관한 요구가 최우선시 되고, ②③의 한국학교에 관한 요구가 파기된 배경에는 한국학교의 숫자가 많지 않을뿐더러 많은 한국적을 지닌 학령기 어린이들이 이미 일본의 공립학교에 취학하고 있는 현실이 있었던 것으로 생각된다.

97) 文部事務次官通達, 「日本国に居住する大韓民国国民の法的地位及び待遇に關する日本国と大韓民国との間の協定における教育關係事項の實施について」(文初財 第464号, 1965. 12. 28., 文部事務次官福田繁).

98) 그러나, 조선인의 의무교육학교 취학을 인정하는 논리는 그 교육권을 보장한다는 관점에서 등장한 것이 아니다. 그 논리는 조선인은 과거 일본인이었다는 역사적 사정이 있으므로 이 점을 고려해야 한다는 시혜적인 "구신민의 논리"와 조선인을 일본사회에서 조화적인 존재로 만들기위해서는 일본의 교육을 받게할 필요가 있다는 "동화의 논리"였다. 石川二郎, 「日韓協定と教育」, 『文部時報』 1965. 8.

토할 것, 또한 향후 공립 조선인학교 및 특설학급은 설치하지 않을 것을 분명히 했다. 둘째는 조선학교의 법적지위에 관한 것으로 조선학교를 사립학교로 인가하지 않음은 물론 "조선인으로서 민족성 또는 국민성을 함양하는 것을 목적으로 하는 조선인학교는 우리나라 사회에 있어서 각종학교의 지위를 부여하는 적극적 의의를 지닌 것으로는 인정되지 않는다"며 각종학교 인가도 하지 않겠다는 내용이다. 이로서 민족교육을 하는 조선학교에 대해 제도적 보장을 하지 않겠다는 문부성의 입장이 선명해졌다.

또한 「12.28 통달」에서는 "조선인을 포함해 일반적으로 우리나라에 체재하는 외국인만을 수용하는 교육시설의 취급"에 있어서 "새로운 제도를 검토"하고 있음을 표명했다.

이 '새로운 제도'라는 것은 그 전해부터 구체적인 입법 움직임이 시작된 이른바 '외국인학교제도'를 가리키는 것이었다. 외국인학교제도는 외국인학교의 "자주적인 교육이 우리나라의 이익과 조화를 유지하며 발전"하는 것을 목적으로 내걸었으나, 예컨대 68년 법안 제3조 2항은 "외국인학교는 우리나라와 외국과의 관계에 있어서 이해 및 우호관계를 현저하게 방해하거나 또한 우리나라의 헌법상 기관이 결정한 시책을 고의적으로 비난하는 교육 및 그 밖에 우리나라의 이익에 해를 끼치는 것으로 인정되는 교육을 해서는 안 된다"고 규정하고 있다. 또한 제9조에서는 법령을 위반할 경우, 해당 외국인학교에 대해 폐쇄를 명령할 수 있도록 했다. 즉, 제3조 2항에 묘사된 것과 같은 교육을 해당 외국인학교가 하고 있다고 판단될 경우, 폐쇄할 수 있다는 것이 명기되어 있는 것이다. 그리고 인가를 받지 않은 채 "오로지 외국인(일본 국적을 지니지 않은 자)을 대상으로" 조직적인 교육을 하고 있는 시설에 대해서는 설치 인가 신청을 권고할 수 있고, 권고를 거부하거나, 불인가의 결정에도 교육을 계속할 경우에는 교육 중지를 명령할 수 있는 것으로 했다. 각종학교와 달리 설치 인가는 문부성 대신의 관할이다.

일본의 '국익'을 기준으로, 보호를 해주는 외국인학교와 그렇지 않은 외국인학교를 준별하는 동 법안이 조선학교를 표적으로 삼고 있다는 것은 분명했다. 억압하려는 의도가 노골적으로 드러난 동 법안에 대해 당사자인 조선학교와 중화학교 관계자, 일본의 교육학자와 교육 관계자들은 물론 각계각층의 사람들이 대규모 반대운동을 전개하기 시작했다.

일본정부는 고도성장기에 들어서 직업교육에 대한 기대가 고조되는 가운데 각종학교의 지위 향상(전수학교의 신설)과[99] 외국인학교와의 차별화라는 두 가지 제도 변화를 동시에 단행하고, 각종학교를 '전수학교-각종학교-외국인학교'로 계층화할 구상이었으나, 외국인학교법안에 반대하는 강한 여론에 부딪쳐, 결과적으로는 전수학교제도의 신설에도 많은 시간이 소요되었다. 결국, 외국인학교법안은 1966년 이후 국회에 제출될 때마다 폐안 처리되었고 1970년 이후에는 국회에 더 이상 제출되지 않았고, 그 구상은 중단되었다.

그러나 1975년에 제정된 전수학교제도에는 전수학교 규정에 있어서 "우리나라에 거주하는 외국인만을 대상으로 하는 곳을 제외한다"는 문구가 들어있어, 여타 각종학교와 달리 외국인학교는 전수학교로서의 요건을 갖추고 있더라도 각종학교보다 더 나은 제도적 보장을 받을 수 있는 전수학교로 '승격'할 수 없도록 규정되어 있다는 점을 간과해서는 안 된다. 외국인학교는 각종학교에 포함되었지만, 외국인학교에 주어지는 최고의 법적지위는 주변 학교로서의 각종학교로 규정지어진 것이다.

이처럼 1960년대 중반의 문부성은 조선인만을 수용하는 공립학교(공립 조선학교)의 계속적인 운영을 부정하고, 한편으로 조선학교에 대해 각종학교 인가를 내리지 않음으로써 최소한의 제도적 보장에서 제외시켰고, 다른 한편

---

99) 韓民, 『現代日本の專門学校: 高等職業敎育の意義と課題』, 玉川大学出版部, 1996.

으로는 외국인학교제도를 신설해 조선학교의 교육 내용에 대한 통제를 강화하는 매우 강압적인 조선학교 정책을 펼쳤다.

이와는 대조적으로 현실에 있어서는 1966년 이후 각 도도부현에서 각종학교로서의 인가 취득은 오히려 진척이 있었다. 재일조선인들은 각종학교 인가 권한을 갖고 있는 도도부현의 수장에게 진정과 면담을 요청하는가 하면 서명 활동도 끈질기게 이어갔다. 지방행정으로서도 각종학교 인가의 요건을 갖춘 조선학교의 신청을 불허할 합리적 이유가 없었다. 특히, 1968년 4월, 도쿄도의 미노베(美濃部) 혁신 도정이 조선학교 체계의 정점이라 할 수 있는 조선대학교를 인가한 것이 전국 각지에서의 인가 취득에 큰 영향을 주었다. 이리하여 1975년 시점까지 모든 조선학교가 각종학교 인가를 취득하게 된다.

당시 조선학교는 이러한 운동의 한가운데 있었다. 각종학교 설치 인가 기준에 교과서 내용에 관한 사항은 없었지만, 예컨대, '공산주의'나 '당의 붉은 전사'와 같은 교과서 기술이 알려져 조선학교 인가를 거부하는 여론이 형성되는 사태는 조선학교로서 바라는 바가 아니었다. 조직적으로 추진하는 인가 취득운동이 교과서 기술상의 문제로 발목 잡힐 가능성이 조금이라도 있다면 그러한 기술은 일부 변경해 위험성을 미연에 방지하는 것이 바람직하다고 판단했을 가능성이 충분히 있다. 이러한 이유로 1963년에 개편된 새 교과서에서는 "약한 표현"이 채용된 것으로 보인다.

조선학교의 교육 내용은 공화국, 한국, 일본이라는 국가들 간의 관계로부터 영향을 받으면서 만들어져갔던 것이다.

4-3 재일조선인의 현실에 뿌리를 둔 교육 실천의 모색

1950년대 후반에 설정된 조선학교 교육의 3대 중점과업 중에서 기본생산기술교육의 강화 방침은 사라졌으나, 국어교육 및 애국주의 교양 강화의 방침은 오히려 제3기에서 강화되었다.

1964년 5월 25일~27일에 걸쳐 열린 총련 제7차 전체대회에서 "특히 각급 학교에서는 우리의 교육사업에 있어서 모국어교육이 지니는 중요한 의의를 깊이 인식하고 전체 학생이 우리 말과 글을 옳바르게 사용하도록 국어교육을 결정적으로 강화하여야 할 것"이라는 방침이 결정된 이후[100], 국어교육을 강화하기 위한 다양한 시책이 채택되었다.

총련 중앙은 위 대회 이후, "우리 말과 글을 더 잘 배우며 옳바르게 쓰자!"라는 주제로 각지에서 강연회를 개최해[101], 총련 활동가와 전체 동포들에게 우리말 사용을 독려했다. 또한 같은 해 10월부터는 조선학교 전체 학생과 교원들에 대해서 국어 등급제 시험이 실시되어 학년마다 통과해야하는 급수가 설정되었다[102]. 나아가 1966년 2월부터는 「중앙국어교육방법연구회의」라는 국어 교육에 특화한 교육연구회도 개최해[103], 중앙 차원에서 국어 교육에 힘을 쏟았던 것을 알 수 있다.

당시 교원들의 실천보고서를 보면, 앞 절에서 본 '일본말식 우리 말'이 '다듬기'해야 할 대상이 되었다는 것을 알 수 있다. 국어 교원들은 교육연구회 등의 장에서 '일본말식 우리 말'의 문제점 - 종성의 구별이나 일본어로부터의 직역에 의한 잘못된 조선어 표현, 억양, 잘못된 조사 사용, 철자의 오류, 조선어와 일본어의 합성어 사용, 일본어 방언의 접미어를 조선어에 붙이는 등의 문제점을 찾아내고 이를 극복하기 위한 논의를 거듭했지만, 이러한 현상이 전면적으로 해결되지는 못하였다.

---

100)「총련 제7차 전체대회에서 한 중앙위원회 사업보고」,『조선신보』1964. 5. 26.
101) 재일본조선인총련합회중앙상임위원회선전부,「강연제강(간부강연용) 1964년 제10호 우리 말과 글을 더 잘 배우며 옳바르게 쓰자!」1964. 7. 참조.
102) 재일본조선인총련합회중앙상임위원회,「각급학교 교원 및 학생들의 국어습득운동과 등급제 시험 실시에 관한 조직요강」1964. 10. 1.
103)「모국어 교육을 결정적으로 강화하자! : 중앙국어교육방법연구회의진행, 도꾜에서 2월 26, 27 량일에 걸쳐」,『조선신보』1966. 3. 1.

그렇다고 해서 '다듬기'된 '올바른 국어'를 지향하는 조선학교의 노력이 멈춰진 것은 아니었다. 조선학교 교원들은 일본어 발음을 사용해 조선어 발음을 가르치는 등 지속적으로 온갖 방법을 동원해 어디까지나 순수한 '올바른 국어' 사용을 목표로 국어교육을 이어갔다. 조선학교가 공화국의 국민화를 통해 재일조선인의 탈식민지화를 지향하는 이상, 이러한 노력을 그만둘 수는 없었던 것이다.

애국주의 교양에서도 마찬가지였다. 조선학교에서의 애국주의 교양에는 치마저고리 입기 운동, 조선어 사용 운동, 일본식 이름 개명 운동이 있는가 하면, 사회과 수업에는 공화국 역사의 정당성을 가르치고 '부르주아식 생활양식'을 바르게 고치는 활동, 쉬는 시간에 야구하는 아이들을 '시정하는' 활동 등 다양한 내용이 포함되어 있었다.

그러나 일상적으로 착용하는 옷과 일상적으로 부르는 이름 등은 학교에서만의 노력으로 해결될 수 있는 일이 아니다. 1960년대 조선학교에 다녔던 사람들 중에는 이 때 조선식 이름으로 바꾸거나, 여성 교원이나 여학생 중에는 치마저고리를 착용하기 시작한 사람도 분명 적지 않았지만[104], 교원들이 작성한 실천보고서를 보면 실제로는 많은 교원들이 가정에서의 생활 논리와 운동이 충돌하고 있음을 느끼고 있었다는 것을 알 수 있다. 예컨대, 아무리 학교에서의 운동이라고 하지만 그것이 비록 일본식 이름이라고 하더라도 부모의 마음이 담긴 이름을 왜 개명해야만 하는가라는 의문이 제기되기도 했다. 실천보고서에 등장하는 보호자 중에는 모친이 일본인인 경우도 적지 않아 가정에서의 반발은 당연한 것이었다.

이러한 현실 앞에서 조선학교 교원들은 교과서에 나오는 추상적인 역사와 가보지도 않은 공화국 이야기를 아이들 앞에서 집요하게 꺼내는 것이 아니

---

104) 韓東賢, 『チマ・チョゴリ制服の民族誌: その誕生と朝鮮学校の女性たち』, 双風舎, 2006.

라, 어디까지나 재일조선인의 역사에 바탕을 두는 방법으로 애국심을 교양하고자 했다. 재일조선인이 강제노동하게 된 탄광을 학생들과 함께 직접 방문해 인터뷰 조사를 하거나, 인근에 있는 절에서 조선인 유골이 허술하게 다뤄지고 있는 것을 직접 보게 하거나, 1세 어르신을 학교에 초빙해 생활 체험담을 들을 수 있는 기회를 만드는 노력 등이 그것이었다. 이러한 과정 속에서 자신의 존재와 역사를 자각하게 하고, 이로부터 조국에 대한 애국심을 육성하려 했다.

교과서와 마찬가지로 교육 실천에 있어서도 재일조선인의 생활과 현실, 역사에 바탕한 교육이 전개되었던 것이다.

이처럼 제3기에서 조선학교 나름의 탈식민지화 교육 - '재일'형 국민교육의 골격이 형성되었다고 할 수 있는데, 이는 조선학교가 공화국의 영향을 거부한다거나 받지 않게 되었다는 것을 의미하지 않고, 오히려 1960년대 후반 공화국 정책에 의해 미치는 영향은 증대했다고도 볼 수 있다.

공화국에서는 1967년경부터 '유일사상 체계의 확립'이라는 방침 아래 사상의 일치가 강력하게 요구되기 시작했다. 공화국의 최고 중요 국가 정책으로 발표된 유일사상 체계의 확립은 총련 조직에도 요구되었고, 조선학교에서는 그 영향이 특히, 사회과 과목(역사, 지리, 사회, 공민 등)에서 나타났다.

전후 일본에서는 신교육을 상징하는 교과로서 사회과가 신설되었지만[105], 조선학교에서는 공화국에 존재하지 않는 과목인 사회 과목의 위치가 매우 애매했다. 총련 중앙은 사회 과목에 대해 "일본이라는 조건 속에서 생긴 과목"으로 그 목적은 "조국에 대한 정확한 사정, 정세 등의 정치교양사업을 주는" 것이라고 했지만[106], 50년대~60년대 중반에 걸쳐서는 교과서도 존재하지 않

---

105) 中內敏夫·竹內常一·中野光·藤岡貞彦, 『日本敎育の戰後史』, 三省堂, 1987, 75~86쪽.
106) 재일본조선인총련합회중앙상임위원회, 「과정안 실시에 관하여」 1956.3.2. 덧붙여 1955년 이전에도 사회라는 과목은 있었는데 「사회공부」라는 교과서가 사회 과목에 사용되었다.

아 현장의 교원들을 곤란하게 하는 "성가신" 과목이었다.

그런데 유일사상 체계 확립 방침이 제시된 다음해인 1968학년도 교과안은 조선학교 교육이 무엇보다도 우선해야 할 것이 "학생들을 김일성원수의 혁명 사상과 그의 구현인 조선로동당과 공화국 정부의 정책, 영광스런 혁명전통, 사회주의적 애국주의 사상으로 무장"시키는 것으로 사회 과목은 그 중에서도 전 과목의 중심에 놓이게 되었다[107].

사회 과목에 김일성의 혁명 사상, 혁명 역사를 교육하는 과목으로서의 역할이 주어진 가운데, 1970년에는 위와 같은 목적을 위해 「사상 교양 과목」으로 사회과에서 독립한 「김일성원수 혁명 활동」이 전 학교, 전 학년에 신설되었다[108]. 이 과목은 초급학교에서는 1977년에 「김일성원수 어린 시절」, 중급학교와 고급학교에서는 각각 1977년과 1974년에 「김일성원수 혁명 력사」로 바뀌었다. 초급학교에서는 사회 과목이 이전과 같이 도덕 교육적인 위치였으나, 중고급학교에서는 1920년대까지의 조선사가 조선 역사라는 과목으로 다뤄졌고, 이후의 시기에 관해서는 김일성원수 혁명 역사가 다루어지기 시작했다[109]. 김일성을 중심으로 한 조선근현대사의 서술과 파악이 시도되었고 이것이 교육을 통해 널리 퍼지게 되었다고 할 수 있다.

이러한 교육이 구체적으로 어떻게 전개되었는지에 관해서는 실증적인 연구가 필요하겠지만, 당시의 교육을 부정적으로 회고하는 조선학교 출신자가 적지 않다. 김일성이라는 이름을 과목명으로 하는 과목은 1993~94년 교과안 개정 과정에서 폐지되었다.

이상과 같이 제3기는 '이식'형 국민교육기에 축적된 교육 경험을 토대로 재일조선인의 생활을 기반으로 하는 공화국 국민화를 통한 재일조선인의 탈식

---

107) 재일본조선인총련합회중앙상임위원회, 「1968~69학년도 총련 각급학교 과정안 실시요강」 1968. 3.
108) 재일본조선인총련합회중앙상임위원회, 「1970~71학년도 총련 각급학교 과정안을 정확히 집햅할데 대하여」 1970. 3.
109) 재일본조선인총련합회중앙상임위원회, 「총련 각급학교 과정안을 정확히 집행할데 대한 요강」 1974. 3.

민지화를 지향하는 '재일'형 국민교육이 창조되어갔다. 조선학교에서의 재일조선인의 탈식민지화는 공화국의 국민국가성의 동원뿐만이 아니라 재일조선인이 구식민지 종주국인 일본에서 생활하는 현실 그 자체를 실현의 요소로서 요구하는 것이었다. 때문에 조선학교 교육에서의 탈식민지화는 '일본말식 우리 말'로 대표되는 불식되고 단절되어야할 대상조차도 내포하며 전개되었던 것이다. 이는 당초 상정했던 '참된 조선사람'으로의 회귀와도, 본국에서의 탈식민지화 과정과도 상이한 재일조선인의 생활 논리가 반영된 조선학교의 독특한 탈식민지화의 한 양태였다.

당시에 전개된 각종학교인가취득운동도 이러한 과정에 적지 않은 영향을 끼쳤다. 일본사회의 시선을 의식한 교과서 편찬이 그러했고, 각종학교가 된 후 통학 철도 이용권의 학생 할인 신청이 가능해지자 신청 시 요구되는 학칙을 이에 맞춰 만들기도 했다[110]. 각종학교라고는 하지만, 일본의 교육제도 틀 안에서의 지위를 요구하는 운동을 전개하는 이상, 그 기준에 모순되거나 저촉되는 일들을 초래하거나 방치할 수는 없는 일이었다. 조선학교는 이러한 운동 과정에서 형식적으로는 '일본학교'의 체제를 정비해갔다. 제3기에 완성된 조선학교 교육의 형태는 현재에도 기본적으로 계속되고 있다고 볼 수 있다.

5. 맺으며 : 투쟁과 창조

이상으로 본고는 해방에서 1960년대까지의 조선학교의 교육사를 개괄해보았다. 한마디로 정리하면 재일조선인에 의한 투쟁과 창조의 역사라고 할 수 있을 것이다. 보호받았던 역사도, 누군가가 만들어준 역사도 아닌, 재일조

---

110) 예컨대 1966년 3월 3일 각종학교 인가를 받은 오사카의 조선학교는 같은 날 실시되는 학칙을 작성했다. 「히가시오사카제4급초급학교 학칙」, 1966, 참조.

선인 스스로의 주체적인 운영에 의한, 즉 재일조선인 스스로가 지켜오고 만들어온 역사이다.

재일조선인들이 이렇듯 투쟁을 통해 지킬 수밖에 없었던 이유는 식민주의와 반공주의를 바탕으로 한 일본정부의 정책과 일본 교육제도의 주변부에 위치함으로써 동반되는 조선학교에 대한 제도적 제약이 조선사람으로 키우고 싶은, 키우고 싶은 재일조선인들의 희망과 대립하고 있었기 때문이다. 재일조선인은 해방 전은 물론이고, 해방 후에도 식민시기를 방불케 하는 일본사회에서의 폭력의 체험과 이에 대한 불안감에 늘상 맞선채로 다음 세대를 키워내는 교육 작업을 해 나아가야만 했었다.

또한, 재일조선인들이 조선학교 교육을 만들어내지 않을 수 없었던 것은 세계 어디에도 재일조선인을 위한 학교 교육이 존재하지 않았기 때문이다. 총련의 첫 의장인 한덕수는 조선학교의 교직원들의 모임에서 "(교원들은) 부단히 조국을 아는 노력을 함으로써 그것을 일본에 창조적으로 적용할 줄 아는 능수가 되어야 한다. 우리 앞에는 선배가 없으므로 우리가 창조자로 되어야 한다"고 했다[111]. 이 말은 조선학교 교육의 성격을 오롯이 보여준다. 학교 교육 그 자체가 언제 탄압의 표적이 될지 모르는 긴장 상태 속에서 시행착오를 거듭하며 재일조선인 아이들을 위한 교육을 만들어 나아갔던 것이다.

조선학교의 역사를 관통하는 투쟁과 창조의 두 키워드는 70년대 이후의 조선학교는 물론 지금의 조선학교의 실정을 이해하는 데에도 중요하다. 구김살 없는 조선학교 아이들의 웃음 뒤에 있는 재일조선인들의 투쟁과 창조의 역사에 대한 상상을 통해서 비로소 '잊혀진 존재'와 자신을 이어주는 회로가 그 모습을 드러내지 않을까.

---

111) 재일본조선인교직원동맹중앙위원회, 「중앙위원회제37차회의에 제출하는 사업총괄보고 및 당면임무」 1959. 11. 6~7.

제2장

GHQ의 재일조선인 정책과 민족교육 투쟁[1]

김태기(金太基)

1. 들어가며

1948년 4월에 발생한 한신교육투쟁이 여전히 세간의 관심을 모으고 있는 것은 해방 이후 재일조선인이 자발적으로 민족교육을 시작하였고, 이에 대하여 미점령군과 일본정부가 이를 강경하게 탄압하였으나, 많은 재일조선인이 이에 굴하지 않고 민족학교를 지키기 위해 대항하였으며, 마침내 점령군이 고베지역에 비상사태를 선언하는 지경에 이르면서, 관계자를 점령군이 가혹하게 처분했기 때문일 것이다. 그야말로 지배 집단의 탄압과 피지배 민족의 저항이라는 대립관계의 전형적인 사례이다.

아무튼 이 사건 이후 재일조선인의 민족교육은 큰 타격을 입었으나, 일본정부는 1949년 10월 19일 이른바 '제2차 조선인학교 폐쇄조치'를 또다시 강행하였다. GHQ의 지원을 받아 일본정부가 강행한 이 조치에 의해 재일조선인의 민족교육이 다시 한 번 큰 타격을 입은 것은 말할 나위 없다. 이렇듯 해방된 재일조선인의 민족교육은 두 번에 걸쳐 큰 탄압을 받았으며, 이를 계기로 많은 재일조선인 아동들은 이른바 조선인학교(초등학교 및 중학교)에서 일본인학교에 강제로 편입되어 일본인 교육을 받게 되었다.

---

1) 이 장은 김태기, 「전후 동북아 국제관계와 재일조선인 : 미국의 대한반도정책과 한신(阪神)교육사건」, 『韓日民族問題研究』제15호, 2008.12 및 김태기, 「GHQ의 반공정책과 재일조선인의 민족교육 : 제2차 조선인학교 폐쇄조치를 중심으로」, 『일본비평』통권제1호, 2009.8, 의 내용을 정리한 것임.

2. GHQ에 의한 대일점령통치의 구조와 성격

일본이 패망한 1945년 8월부터 대일평화조약이 발효되어 일본의 주권이
회복되는 1952년 4월까지 일본을 현지에서 통치한 것은 연합국군최고사령관
총사령부(General Headquarters, Supreme Commander for the Allied Powers,
이하 GHQ)였다. 이를 흔히 GHQ라 불렀으며, 맥아더 사령부라고 부르기도
하였다. 더글라스 맥아더(Douglas MacArthur) 원수가 1945년 8월부터 1951
년 4월까지 최고사령관으로 재임하였기 때문이다. 1951년 4월에 최고사령관
으로 부임한 매튜 B. 리지웨이(Matthew Bunker Ridgeway) 대장은 대일평화
조약이 발효되는 1952년 4월까지 1년간 재임하였다.

미군에 의한 일본 점령기의 재일조선인의 교육 문제를 제대로 이해하기 위
해서는 대일 점령통치의 구조에 대한 이해가 필요하며, 점령군 내의 상하 관
계 및 정책 결정 과정에 대해서 알아야 한다.

우선 대일 점령의 최고기관은 극동위원회(Far Eastern Commission)였다. 이
위원회는 미국, 영국, 중국, 소련, 프랑스, 오스트레일리아 등 11개국(1949년에
는 13국)에 의해 워싱턴 D.C.에 설치되었다. 이 극동위원회가 대일 점령정책
에 대한 기본정책을 정하고 미국정부를 통해 GHQ에 시달하면, GHQ가 일본
현지에서 이를 집행하는 구조로 되어 있었다. 나아가 극동위원회는 연합국대
일이사회(Allied Council for Japan, 이하 대일이사회)를 도쿄 현지에 설치하
여 GHQ가 점령정책을 집행해 나가는 데 있어 조언자의 역할을 하게 하였다.

이렇게 형식적으로는 연합국으로 구성된 극동위원회가 대일 점령통치의
최고기관이었지만, 미국정부는 GHQ에 대하여 극동위원회의 허가 없이 잠정
적인 지령을 발할 수가 있었고, 또한 극동위원회의 결정에 대한 거부권도 가
지고 있었다. 그 결과 실질적인 대일 점령통치의 최고기관은 미국정부였으

며, 미국정부의 지령에 따라 GHQ는 점령통치를 집행해 나갔다. GHQ에 대한 미국정부의 지령은 최우선 과제였지만, 미국정부가 모든 내용을 구체적으로 지시한 것은 아니었다.

따라서 GHQ는 미국정부의 지시를 가이드라인으로 해서, 실무적인 차원에서 현안에 대하여 자체적으로 판단해서 일본정부에 대하여 지시를 내려 집행하도록 시켰다. 특히 재일조선인 문제는 미국정부의 대일 점령통치에 있어서 중요한 위치에 있지 않았기 때문에, 재일조선인 문제는 GHQ의 판단 여부에 따라 실질적으로 정책 방향이 설정되었다고 보아도 과언이 아니다.

이렇듯 재일조선인에 있어 중요한 위치에 있었던 GHQ의 조직은 일반참모부(General Staff Section)와 특별참모부(Special Staff Section)로 나뉘었다. 전자는 군사적인 성격이 강한 참모 1부(G-1 기획, 인사, 서무), 2부(G-2 정보, 보안, 검열), 3부(작전, 훈련), 4부(G-4 예산, 후방지원)로 구성되었다. 후자는 민정국, 경제과학국, 민간정보교육국, 천연자원국, 공중위생(보건)복지국, 법무국, 민간통신국, 민간재산관리부, 민간운유국, 회계검사국, 통계자료국, 민간첩보국, 일반조달부, 외교국 등 일본 점령을 관장하기 위한 전문 부국으로 구성되어 있었다.

이들 부서 중에서 재일조선인 문제에 가장 중요한 역할을 한 것은 외교국(Diplomatic Section, 이하 DS)으로 미 국무부 직원들로 구성되었으며, DS 국장은 맥아더사령관에 대한 정치자문의 역할을 겸임하고 있었다. 재일조선인 문제와 관련해서는 재일조선인의 법적지위를 미 국무부와 협의하여 결정하는 위치에 있었다. 그리고 재일조선인의 민족교육과 관련해서는 민간정보교육국(Civil Information and Education Section, 이하 CIE)이 담당하였다. 즉 이들 부서의 정책 방향에 따라 재일조선인의 법적지위와 민족교육이 좌지우지되는 그런 상황이었다.

둘째로 이해하고 넘어가야 하는 것은 대일 점령통치의 구조에 대한 이해이다. 연합군이 일본을 점령하고, GHQ라는 통치기구가 만들어졌으나, 일본에 대해서는 연합국에 의한 독일 점령통치와는 달리 간접 통치 방식을 취하게 되었다. 즉 일본은 패전 이후에 주권을 상실하고, 모든 권한은 GHQ에 종속되었으나, GHQ의 지령을 받아 일본을 통치하는 권리는 여전히 가지고 있었다. 그리고 GHQ 및 지방 현지에 주둔한 점령군은 GHQ의 지령을 일본정부 및 지방정부가 성실히 집행하는지 감시하고 있었다.

3. 재일조선인 민족교육에 대한 CIE의 입장

미국정부의 일본에 대한 기본적인 점령정책은 「일본점령 및 관리를 위한 연합국최고사령관에 대한 항복 후 초기 기본지령」(1945년 11월 1일자)이며, 재일외국인에 대한 기본정책은 「재일난민」(JCS 1550, 1945년 12월 7일자)이다. 이들 지령은 각각 11월 8일과 12월 8일에 맥아더 총사령관에 전달되었다.

이들 지령 중에서 미국정부의 재일조선인에 대한 정책만 추려 보면, 우선 해방된 재일조선인의 법적지위와 관련해, 총사령관은 재일조선인을 "군사상 안전이 허락하는 한 해방민족"으로 취급하되, 필요한 경우에는 적국민(=일본국민)으로 취급해도 된다고 지시하였다. 그리고 재일조선인이 조국으로 귀환하기 전까지 그들을 보호하라고 지시하였다.

그 외에 자세한 지시 내용은 없었다. 즉 일본통치의 임무를 맡은 GHQ는 스스로 재일조선인에 대한 구체적인 정책을 세우고 집행해 나가야 했다. 앞서 설명했듯이 GHQ 내에서 재일조선인의 교육 문제를 담당한 것은 CIE였다. 결국 재일조선인의 교육문제에 대한 정책은 CIE의 판단 여부에 따라 정책 방향이 결정되는 운명에 있었다. CIE의 재일조선인 민족교육을 살펴보기 전에, 당시 재일조선인 민족학교 상황과 일본정부의 정책에 대하여 살펴보고자 한다.

해방 직후 재일조선인들은 일본의 동화정책에 의해 민족성을 상실한 자녀들을 위해 귀환을 앞두고 서둘러 민족교육을 하였다. 민가나 허름한 건물, 간이 시설 그리고 소개(疏開)로 비어있는 일본인학교를 빌려 국어강습소를 개설하였다. 이들 국어강습소는 조련(재일본조선인련맹, 이하 조련)을 중심으로 운영되었다. 조련은 당시 재일조선인을 대표하는 민족단체로 공산당 계열이 장악하고 있었다. 보수계 재일조선인단체와 학교도 있었지만, 전체적인 영향력이 미약하였다. 재일조선인들의 귀환이 지체되면서 국어강습소는 점차 규모가 확대되어 조선초등학원 그리고 조선소학교(이하, 조선인학교)[2]의 형태로 확산되었다.

해방 직후 많은 재일조선인들은 서둘러 귀환을 서둘렀지만, 재일조선인의 귀환에 대한 일본정부의 소극적인 대처로 귀환은 지체되었고, GHQ에 의한 귀환 지참금 제한 그리고 남한의 사회적 불안과 신탁통치를 둘러싼 갈등 속에서 1946년에 들어서자 재일조선인은 점차 귀환을 주저하게 되었다. 그 결과 1946년 중반 이후 약 50여만 명의 재일조선인이 일본에 여전히 체류하게 된 것이다. 민족교육은 재일조선인의 조국 귀환이 완전히 정체하는 1946년 여름부터 더욱더 본격적으로 이루어지게 되었다.

조련은 1946년 중반 이후 장기적인 민족교육을 계획하고 중학교 설립 등 상급학교도 개설하기 시작하였다. 그 결과 1946년 10월 현재, 초등학교 525개교(아동수 42,182명, 교원수 1,032명), 각종 청년학교 12개교(학생수 724명, 교원수 54명)가 운영되었다. 한편 재일본조선인거류민단(이하 민단)과 건국촉진청년동맹(이하 건청) 계열의 조선인학교도 있었지만 그 수는 소수였다.

---

2) 당시 조선인학교 명칭은 국민학교, 초등학원, 초등학교, 소학교 등 지역에 따라 다양하게 사용되었다.

일본의 식민지배에서 해방된 재일조선인이 자신들의 학교를 세워 민족교육을 하는 것은 당연한 권리였다. 하지만 당시 일본 문부성은 재일조선인이 세운 학교를 어떻게 처리해야 할 지 고심하고 있었다. 재일조선인의 법적지위가 확실하지 않았기 때문이다. 문부성의 입장에서는 만약 GHQ가 재일조선인을 일본 내의 외국인으로 취급한다고 지령을 내렸으면 외국인으로 취급하면 되고, 일본국민으로 취급하라고 지령을 내렸으면 일본국민으로 취급하면 되었다. 만약 전자의 경우라면 조선인학교는 각종학교로서 자유롭게 민족교육이 허용되는 것이고, 후자라면 일본의 교육관계법을 적용받아야 하므로 민족교육을 할 수 없는 상황에 놓이게 된다.

하지만 앞서 설명했듯이 미국정부는 GHQ에게 재일조선인을 해방민족으로 취급하되, 경우에 따라서는 적국민(=일본국민)으로 취급해도 되는 것으로 지시하였는데, 재일조선인을 해방민족으로 취급해야 할지 일본국민으로 취급해야 할지 당시 GHQ가 공식적인 지령을 발표하지 않았기 때문이다[3].

재일조선인의 법적지위에 대한 GHQ의 공식적인 입장 표명이 늦어지는 상황에서, 지방에 주둔하고 있던 점령군도 조선인학교 문제를 어떻게 처리해야 할지 방향을 잡지 못하고 있었다. 일본 남부의 나고야 근처인 기후현을 점령하고 있던 군정부는 6월 중순 상부기관인 제8군에, 일본정부가 조선인학교를 설립하여 운영해야 하는지 혹은 재일조선인에 의한 조선인학교 설립과 운영에 대하여 어떻게 대처해야 하는지 의견을 요청하였다.

GHQ 내 담당 부서인 CIE는 이에 대한 답변을 준비해야 했는데, 이

---

3) 사실은 1946년 5월 단계에서 대한민국정부가 수립될 때까지 재일조선인을 일본국민으로 취급하자는 DS의 제안을 국무부가 결재하였다. 그리고 GHQ도 당연히 이를 알고 있었는데, 당시 재일조선인의 귀환이 진행되고 있는 상황에서 이러한 결정에 대한 발표를 미루고 있었다. 그리고 애당초 DS는 미국의 대한반도정책을 고려하여 재일조선인(=외국인)을 해방민족으로 취급해야 한다고 제안하였으나, 재일조선인과 일본정부 사이에 다양한 갈등이 발생하는 속에서 일본정부의 재일조선인에 대한 통제를 강화하기 위해, 한국정부가 수립될 때까지 재일조선인을 일본국민으로 취급할 것을 국무부에 건의하였고 국무부도 이를 받아 들여 재일조선인의 법적지위가 결정되었다.

를 담당했던 것은 CIE 교육과 직원이었던 에드윈 F 위글레워스(Edwin F. Wigglesworth)였다. 그는 히다카 다이시로우(日高第四郞) 문부성 학교교육 국장을 면담한 이후 종합적인 의견을 8월 28일자로 교육과 과장인 M. T. 오어(M. T. Orr) 대위에게 보고하였다.

그 내용은 첫째, 일본정부가 재일조선인을 위해 조선인 학교를 설립하고 운영하는 것에 대하여 반대한다. 둘째, 재일조선인에 의한 조선인학교의 설립과 운영은 교육 환경 등을 고려하여 인허가를 하되, 일본 내의 소수민족을 육성하는 위험성이 있으므로, 이를 부정적으로 보아야 한다고 주장하였다.

일본의 민주화를 추진하기 위해 일본을 점령한 GHQ의 CIE 담당자는 해방된 재일조선인의 민족적 권리는 전혀 고려하지 않고, 일본 사회의 안정을 이유로 이를 부정하는 입장을 가지고 있었던 것이다. 그리고 여기서 한 가지 고려해야할 것은 당시 이러한 문서가 작성된 것은 재일조선인에 대한 일본정부와 보수정치가들의 비난이 집중된 시기였다는 것이다[4].

CIE로부터 보고를 받은 GHQ는 8월 31일자로 기후현의 군정단에 대하여, 일본정부가 조선인학교를 설립하여 운영하는 것에 반대하며, 사립학교 설립을 희망하는 조선인 단체에 의한 사립학교 설립에는 반대하지 않으나, 다른 단체와 동일하게 취급하라고 답변하였다.

그런데 여기서 짚고 넘어가야 하는 것은 앞서 설명했듯이 GHQ가 당시의 재일조선인의 국적을 어떻게 간주하느냐에 따라 사립학교의 설립과 운영에 요구되는 조건이 달라진다는 것이다. 예컨대, 재일조선인이 초등학교를 설립하려고 문부성에 인가를 신청했을 때, 재일조선인을 일본국민으로 간주한다고 한다면, 일본 교육관계법이 규정하는 교원 자격 및 교과목 편성 등이 조건

---

4) 해방 이후 일부 재일조선인들은 일본의 법질서를 무너뜨리는 행동을 하거나, 민족단체간에 무력 충돌이 빈번히 일어났다. 또한 전쟁 직후의 혼란 속에서 불법상행위가 일본 전역에서 이루어졌는데, 일본인과 달리 일본경찰의 단속을 거부하는 재일조선인들이 있어, 양자간에 갈등이 빚어졌다. 이러한 상황에 대해 당시 일본의 보수세력들은 재일조선인을 마치 일본사회 혼란의 주범인 것처럼 몰고 갔다.

으로 요구된다. 하지만 재일조선인을 외국인으로 간주한다면 국제학교처럼 각종학교에 대한 규정만이 그 설립 요건으로 요구된다.

따라서 당시 CIE의 입장에서는 재일조선인의 법적지위에 따라 그 실질적인 의미가 달라지는데, 이들 문서가 만들어지는 8월 시점에서는 해방민족인 재일조선인의 법적지위에 대하여 GHQ가 공식적인 입장을 표명한 적이 없었다. 따라서 GHQ의 이러한 방침을 문부성과 지방 행정당국이 알고 있었다고 하더라도, 실질적으로 이를 확실히 적용할 수 있는 법적 기준이 마련되지 않은 것이다.

재일조선인의 법적지위에 대하여 공식적인 입장을 밝히지 않고 있던 GHQ는 마침내 재일조선인의 집단 귀환 종료가 가까워온 11월 중순 재일조선인의 법적지위에 대하여 공식적으로 입장을 밝혔다. CIE와 DS는 귀환을 하지 않고 일본에 잔류하는 재일조선인은 "합법적으로 수립된 한국정부가 한국국민으로서 승인할 때까지 일본국적을 보유하고 있는 것으로 간주한다"고 발표하였다.

이에 대하여 재일조선인은 물론 남조선 미군정청도 반대 의사를 표명했지만, 이에 아랑곳 않고 GHQ는 1947년부터 재일조선인을 일본국민으로 취급하고, 재일조선인에 대하여 일본국민으로서 법령을 적용하였다[5]. 아무튼 GHQ는 1947년부터 재일조선인을 일본국민으로 취급하기 시작하였으며, 그것은 재일조선인의 민족교육을 근본적으로 부정하는 결과를 가져왔다.

---

5) 일본정부는 1947년부터 재일조선인을 공식적으로 일본국민으로 취급하기 시작하였으나, 국정 선거나 외국인등록령 등에 있어서는 '당분간'이라는 단서 하에 외국인으로 취급하는 편법적인 방법을 취하였다. 물론 이러한 편법적인 법적용에 대해서는 GHQ도 용인하고 있었다.

4. 1.24 통첩

일본을 점령한 GHQ는 초기 일본의 민주화를 적극 추진하였고, 특히 CIE 는 천황 중심의 군국주의 교육을 일소하고 민주교육 체계를 잡아나갔다. 그 결과 1947년 3월 새로운 일본의 교육기본법과 학교교육법이 공포되었다. 의 무교육 기간은 초등학교와 중학교를 합쳐 9년간으로 규정되었다. 민주교육 이 새롭게 시작되는 것이었기에 GHQ나 지방의 점령군 또한 일본정부가 잘 집행하는지 관심을 가지고 지켜보았다.

한편, 일본 문부성 히다카 교육국장은 4월 재일조선인 아동 및 조선인학교 와 관련해 다음과 같은 입장을 밝혔다. 첫째, "현재 일본에 재류하는 조선인은 일본의 법령에 따르지 않으면 안 된다. 따라서 일단 조선인 아동에 대해서도 일본인과 똑같이 취학 시킬 의무가 있으며", 단지 "의무 취학을 강제하는 것이 곤란한 사정이 한편으로 있을 수 있으니 실정을 고려해서 적절히 조치 할 것". 둘째, 조선인학교의 신설을 인허가 해도 됨.

즉 일본정부는 GHQ가 1946년 말 재일조선인을 일본국민으로 취급한다고 발표한 이후, 이를 근거로 새로운 일본의 교육관련법의 적용과 관련해 재일 조선인도 일본의 의무교육을 받아야 한다는 방침을 확실히 세운 것이다. 그 러나 재일조선인의 거센 반발이 예상되었기 때문에 문부성은 "실정을 고려해 서 적절히 조치"하도록 지시한 것이다. 또한 조선인학교의 인허가를 허가해 도 좋다고 하였으나, 앞서 설명했듯이 재일조선인을 해방민족(=외국인)으로 취급한다면 조선인학교는 각종학교 설립 및 운영과 관련된 조건을 충족하면 되지만, 일본국민으로 취급한다면 일본의 교육관계법에 따른 조건을 충족해 야 했다. 여하튼 일본정부는 4월에 재일조선인에 대한 교육 방침을 결정하고 그 집행 시기를 기다리고 있었다.

문부성의 지시를 받은 지방 교육당국은 조선인학교 관계자에게 학교 인허가를 받고, 교직원들 또한 적격 심사를 받도록 통보하였다. 하지만 재일조선인들은 해방된 자신들이 일본 관청의 인허가와 교직원들 또한 적격 심사를 받아야 한다는 현실을 받아들일 수 없었다. 따라서 대부분의 조선인학교 관계자들은 지방 행정당국의 통보를 무시하였다.

예를 들어, 시모노세키(下關) 항구가 위치한 야마구치현(山口縣)의 교육부는 34개 조선인학교에 대하여 인허가를 받고 교원 적격심사를 받도록 통보하였으나, 9월초까지 조선인학교 관계자는 이를 받아들이지 않았다. 이후 여러차례 독촉을 하였으나, 인허가를 신청한 학교는 10개교에 지나지 않았다.

이를 지켜보고 있던 야마구치현에 주둔하고 있던 야마구치 미군 군정팀은 12월 상부기관인 제8군에, 문부성이 보다 강력한 정책을 시달하여야 하고, 이를 무시하는 조선인학교 관계자를 일본 경찰이 체포하는데 점령군의 지원이 필요하다고 판단하였을 때, 해당 지역 사령부가 점령군을 동원할 수 있도록 권한을 부여해야 한다며 강력한 대응을 요구하였다.

재일조선인이 가장 많이 거주하는 오사카부(大坂府)의 경우에도 1947년 6월경 오사카 군정팀과 오사카 교육행정관이 조선인학교에 대한 실태조사를 하고, 조선인학교의 운영방식이나 법적절차 준수 등에 대하여 부정적인 결론을 내렸다. 나아가 오사카부는 정식학교가 아닌 조련의 청년 정치교육기관인 8.15정치학원이 공산주의 교육을 시키는 학교로 보고 문부성에 대하여 조치를 요구하였다. 하지만 문부성은 각종학교에 대해서는 처벌할 수 없다는 입장을 취했다. 또한 당시 GHQ에 의해 일본의 민주화가 진행되는 속에서 학원에서 공산주의 교육을 한다고 하여 단속할 수 있는 법적 근거도 전혀 없었다. 그러자 오사카부 교육과는 공산주의 교육을 하고 있는 학교를 문부성[6]이 방

---

6) 당시 문부성 장관은 가타야마(片山) 내각의 모리토 타쓰오(森戶辰男)였다. 가타야마 내각은 일본자유당과 일본진보당의 연립내각인 요시다 내각이 물러난 이후, 일본사회당, 민주당 그리고 국민협동당이 연합하여

치하고 있다고 현지 점령군에게 전한 것이다. 결국 오사카 군정팀의 지휘관 말콤 E. 크레이그(Malcolm E. Craig)대령은 상부기관인 교토의 제1군단에 9월 12일자 보고서를 제출하여, 첫째, 8.15정치학원은 공산주의 교육기관이며, 둘째, 일본법에 의하면 학교를 운영하는 사람은 인가 신청을 해야 하며, 이를 어기면 일본 행정기관은 학교 운영을 정지 시킬 수 있다는 것, 셋째, 문부성의 미온적 태도가 결국 재일조선인에게 일본의 법률 적용을 어렵게 한다고 주장하였다.

히로시마시(廣島市)에 주둔하고 있던 군정팀도 10월 상부기관에, 히로시마의 조선인학교 초등학생과 일본인 학생 사이에 충돌이 발생하자, 조선인학교의 교육 여건이 좋지 않으니, 이들을 모두 일본인학교에 집어넣고, 과외로 조선어 교육을 받는 것을 허용하는 것이 좋겠다고 제언하였다.

조선인학교에 대하여 강력한 법집행을 요구하는 지방 점령군의 보고는 제8군을 통해 GHQ에 전달되었고, CIE의 뉴젠트(D. R. Nugent) 국장 및 교육과장 오어 중령 등은 행정문제를 담당하는 민정국(Government Section) 지방행정과 (Local Government Division)와 협의하여 GHQ의 입장을 정리하였다.

GHQ는 11월 19일자 제8군에 대하여, 재일조선인은 일본국민으로서 일본의 법률에 따라야 하며, 문부성의 지시 없이 지방 행정당국은 일본 법률을 집행할 권리가 있으며, 문부성은 조선인학교의 법적지위를 명확히 할 필요가 있다고 답장하였다.

이와 같은 회신을 받았음에도 불구하고 지방의 점령군은 만족하지 않았다. 즉 앞서 소개한 야마구치 군정팀이나 도쿄 가나가와(神奈川) 군정 관구사령부는 12월 일본의 법률에 복종하라는 문부성의 통지는 강제성이 없기 때문에 보다 강력한 조치가 필요하다고 주장하였다.

1947년 5월 입각하였다.

이에 CIE 교육과는 1947년 말 야마구치 군정팀 및 도쿄 가나가와 군정 관구사령부의 권고대로 문부성에 지시하였다. 그리고 문부성 학교교육청은 CIE 교육과 오어 과장과 협의하여, 조선인학교에 대한 강력한 법적용을 지시하는 「조선인 설립학교의 취급에 대해서」(관학5호, 1948년 1월 24일 이하 1.24통첩)라는 통첩을 작성하여 도도부현 지사 앞으로 발송하였다.

> 1. 현재 일본에 재류하는 재일조선인은, 1946년 11월 20일부 총사령부 발표에 의해 일본의 법령에 복종하지 않으면 안 된다. 따라서 조선인의 자녀라고 해도, 학령에 해당하는 사람은 일본인처럼, 시정촌립(市町村立) 또는 사립의 초등학교 또는 중학교에 취학하지 않으면 안 된다. 또 사립 초등학교 또는 중학교의 설치는 학교교육법이 정하는 바에 따라, 도도부현 감독청(지사)의 인가를 받지 않으면 안 된다. 학령아동 또는 학령 생도의 교육에 대해서는 각종학교의 설치는 인정되지 않는다. 사립의 초등학교 및 중학교에는 교육기본법 제8조(정치교육) 뿐만 아니라, 설치폐지, 교과서, 교과내용 등에 대해서는, 학교교육법의 모든 총칙과 초등학교 및 중학교에 관한 규정이 적용된다. 또한 조선어 등의 교육을 과외로 행하는 것은 지장이 없다.
> 2. 학령아동 및 학령아동 외의 자(者)의 교육에 대해서는, 각종학교의 설치가 인정되고, 학교교육법 제83조 및 제84조의 규정이 적용된다.
> 3. 앞의 2항의 취의를 실시하기 위해 적절한 조치를 강구하기 바란다.

이 통첩은 재일조선인 초등학생 및 중학생은 일본의 국공립학교에 들어가든지, 아니면 일본의 교육기본법 및 학교교육법의 규정에 따라 운영되는 사립학교에 들어가지 않으면 안 된다는 것을 지시하는 것이었다. 그리고 민족교육과 관련해서는 과외수업으로 한국어 교육을 하는 것만이 허용되었다. 문부성은 1.24통첩에 이어서 1월 26일부로 "조선인을 교육하는 학교의 교원"도 "교직원의 적격심사를 하지 않으면 안 된다"는 통첩을 도도부현 지사 앞으로 시달하였다.

문부성으로부터 1.24 및 1.26통첩을 받은 도도부현 교육부는 2월에 조선인학교 대표들에게 이를 통지하고, 명시한 기한까지 문부성 지방사무소에서 학교 허가 수속과 학교 교원의 적격심사를 받도록 통지하였다. 그리고 이들 통첩과 함께 당시 재일조선인이 빌려 사용하고 있던 일본인학교를 명도하도록 통보하기 시작하였다[7].

5. 한신교육투쟁

새로운 교육법이 시행되기 시작한 1947년 4월 이후 지방행정 기관이 조선인학교 관계자에게 인허가를 받도록 통보하였으나, 대부분의 조선인학교는 이를 거부하였다. 1947년 10월 조련 제4회 전체회의에서는 점령당국 및 일본정부가 조선인학교에 대하여 인허가 신청을 지시하는 등 민족교육에 간섭하려는 움직임이 있다는 지적이 있었지만, 민족교육을 해방된 민족으로서의 당연한 권리로 생각하고 있었기에, 당시 상황을 심각하게 받아들이지 않았다.

하지만 12월 초 사태의 심각성을 느끼기 시작한 조련은 조련 문교부장, 학교 책임자 회의를 열어 대책을 논의하였으나, 일본의 교육기본법과 학교교육법 적용을 받게 되면 결국 조선인학교의 민족적 자주성은 상실되고, 일본인화 시키는 동화교육이 되고마니 받아들일 수 없다는 것이 그들의 입장이었다.

그래서 조련측은 조선인학교를 특수학교인 각종학교로 인정하여 그 독자성을 인정하도록 문부성에 요구하였으나, 문부성은 이를 무시하는 태도로 일관하였다. 문부성은 "GHQ는 조선인학교도 일본정부의 인가를 받고 일본 교과서를 사용하며, 조선어 교육은 과외시간에 하라고 했다"는 입장을 재일조

---

7) 해방 이후 재일조선인들은 소개(疏開)로 비어있던 일본인학교를 빌려서 많이 사용하였는데, 지방이나 해외에 있던 일본인들의 귀환에 의해 일본인들도 학교가 필요하게 되었고, 이들 통첩과 함께 학교 명도를 요구하기 시작한 것이다.

선인 측에 전할 뿐이었다. 즉 문부성은 GHQ가 그렇게 지시하고 있기 때문에 자신들도 어쩔 수 없다는 입장이었다.

이런 상황에서 조선인학교는 1948년 초에 1.24통첩, 1.26통첩 그리고 일본인학교를 명도하라는 통지를 받은 것이다. 이에 조련측 관계자는 문부성측과 여러 차례 협상을 하였으나, 양자는 팽팽히 맞섰다.

2월 말부터 오사카, 고베, 야마구치 등 대부분의 조련계 조선인학교는 전국적으로 민족교육 옹호 인민대회를 개최하였다. 마침 3.1절도 겹쳐있어, 민족교육 옹호 운동의 분위기는 더욱 고조되었다. 당시 조련은 점령군과 일본정부라는 절대권력 앞에서 타협적인 입장을 취하면서 재일조선인의 민족교육을 지키는 방법도 있었다. 그러나 식민통치 하에서 동화교육을 강요당했던 그들은 문부성의 인허가를 받는 것 자체가 민족교육의 자주성을 망가뜨리게 된다고 인식하고 있었다.

교토부(京都府), 오사카부, 효고현(兵庫縣), 오카야마현(岡山縣), 야마구치현 당국은 3월 초~4월 중순에 걸쳐 조선인학교 관계자에 대해, 재일조선인 자녀를 일본 공립학교 혹은 인가 받은 사립학교에 넣을 것, 인가 받지 않은 조선인학교를 폐쇄하고, 임차해 사용하고 있는 일본인학교를 명도하라고 독촉하였다. 이러한 지방행정 기관의 조치는 모두 현지 점령당국의 엄격한 지시 하에서 이루어졌다.

이에 대해 중립 및 민단계 등 일부 조선인학교들은 인허가를 신청하거나, 일본인학교를 명도하고 자주적으로 폐쇄하는 움직임을 보였다. 하지만 조련은 조선인학교 관계자에 대하여 학교를 넘겨주지 말고, 수업을 계속하라는 지시를 내리고, 지방 당국에 대해서는 집단 데모를 확대해 나가는 등 사태는 점차 악화되어갔다. 저항하는 조련계 조선인학교와 일본법을 강요하는 점령군 및 일본 지방 당국은 마치 치킨 게임을 하는 양상을 보였다.

그리고 당시 관서지방에 재일조선인들이 집중하여 살고 있었고, 특히 관서지방의 점령군이 조선인학교에 대하여 보다 철저한 대응에 나섰다. 그 이유는 오사카지역 일본 공산주의자들이 점령군을 곤란에 빠지게 할 목적으로 시위를 하고 폭동을 일으킬지 모른다는 최악의 사태까지도 염두에 두고 있었다. 당시 점령군은 관서지방의 재일조선인을 치안대책 상의 요주의 대상으로 보고 있었다[8]. 당시 남한에서는 4.3 제주 사태가 발생하였고, 남한 단독정부 수립을 위한 5.10 총선거를 앞두고 단독정부 수립 찬반을 둘러싼 혼란이 가중되던 시기였다.

아무튼 일본 지방 행정당국은 점령군의 관여 속에서 조선인학교에 대한 조치를 강화해 나갔다. 도쿄도는 4월 20일 학교교육법에 따라 인허가를 신청한 YMCA계열 1개교를 제외한 14개 조선인학교의 폐쇄를 명령하였다. 오사카부의 경우, 4월 12일 일본인학교 교사를 사용하던 19개 조선인학교에 대한 폐쇄 조치를 명령하고, 기타 조선인학교의 인허가 신청을 독촉하였다. 이에 조선인학교측이 반발하였으나 21일 오사카부는 경고를 하고, 폐쇄를 집행하기 시작하였다. 이에 23일 오사카 현청(縣廳)에 7,000명의 재일조선인이 몰려가 항의를 하는 이른바 오사카교육투쟁이 발생하였다.

오카야마현에서는 오카야마 군정팀이 오카야마현 당국에 대하여 법률에 따르지 않는 조선인학교를 4월 15일까지 폐쇄하도록 지시하였지만, 조선인학교측이 응하지 않았기 때문에, 일본경찰이 조련 오카야마현본부 위원장을 체포하였으나, 조련측이 집단 데모를 하자 석방하는 사태가 벌어졌다.

한편 효고현의 경우, 효고현 군정팀은 현내의 고베시(神戶市) 당국에 대하여 일본인학교로부터 조선인학교를 퇴거 시키고 학생들은 일본 공립학교 및 인가 받은 사립학교로 전학시키도록 지시하였다. 하지만 조선인학교 관계자

---

8) 당시 점령군은 일본 법무청 특별심사국 등 일본정부 관계자로부터의 정보에 많이 의존하고 있었다. 즉 당시 점령군의 판단에는 일본정부 관계자가 영향을 많이 미쳤다.

는 고베시 당국의 통보를 받아들이지 않았다. 그러자 일본경찰은 3월 15일 효고현청에 학교 문제로 교섭하려 온 재일조선인 68명을 검거하였다. 결국 효고현 군정팀의 압력 하에 효고현 행정당국은 4월 중순 일부 조선인학교를 강제로 폐쇄하였으나 일부 학교는 학부모들이 나서서 강력히 저항하였다.

효고현이 조선인학교에 대하여 강경조치로 나서자 조련 및 조선인학교 관계자 그리고 학부형 등 수백 명이 4월 24일 효고현청으로 들이닥쳤다. 이들은 효고현의 지사(知事)실에 들어가 민족교육의 자율성을 요구하며, 효고현 관계자와 담판을 벌렸다. 재일조선인의 집단행동을 제지하기 위해 미군 헌병 3명이 현장에 출동하였지만, 재일조선인들의 기세는 꺾이지 않았다.

마침내 GHQ는 사태를 심각하게 받아들였다. GHQ는 재일조선인들의 교육투쟁을 "점령에 유해한 행위"로 간주하고, 제8군 아이켈버거(R. L. Eichelberger) 사령관에게 점령군의 직접 개입을 지시하였다. 이에 제8군은 4월 24일 오후 10시를 기해 고베지역에 비상사태를 선언하였다. 다음 날, 점령군은 데모에 참가한 재일조선인과 이를 지원한 일본인에 대한 일제 검거를 단행하여, 사건 관계자 732(일본인 74명 포함)명을 검거했다. 비상사태 발령은 일본 점령 이래 처음 일어난 것이었다. 동종의 데모가 4월 23일 이어, 24일과 26일에 오사카시에서도 전개되어 많은 사람이 검거 되었다. 특히 오사카에서는 26일에 16세 조선인 소년이 후두부에 일본 경찰의 총탄을 맞고 사망하는 사태까지 발생하였다. 민족교육을 지키기 위해 일어선 고베와 오사카지역을 중심으로 한 재일조선인의 교육투쟁은 점령당국과 일본경찰의 강경한 조치에 의해 탄압되었다.

아이켈버거 제8군 사령관은 4월 26일 기자회견에서, 고베사건과 관련해 사건 관계자를 군사재판을 통해 엄벌에 처할 것이라고 표명하였다. 그리고 고베와 오사카에서의 일련의 사태는 분명히 공산당의 선동에 의한 것이며, "조선인의 태도는 폭동 그 자체이며, 그야말로 무질서한 행동이다. 이들을 뿌리 채 뽑아 조선에 송환하기 위해 퀸엘리자베스 호와 같은 배가 있었으면 좋겠다고 생각할 정도이다"라고 발언하였다(『朝日新聞』1948년 4월 27일).

스즈키 요시오(鈴木義男)법무장관은 4월 26일, GHQ 민정국(Government Section, 이하 GS) 지방행정과와의 회담에서, 고베사건은 조선인학교의 공산주의 교육과 재일조선인의 폭력성이 원인이라고 말하였다. 이후에도 스즈키 법무장관은 재일조선인들은 폭력적이고 흉기로 무장하고 있으며, 공산주의와 북한을 지지하는 사람들이 많아 일본의 치안 경찰력을 강화해야한다고 공공연히 발언하였다.

참모 2부(General Staff 2, 이하 G2)는 한신교육사건은 오사카를 중심으로 한 일본공산당 관서위원회가 조련의 공산당원과 계획하여 일으킨 것이라고 단정하였다. 하지만 당시 상황으로 보았을 때, 한신교육투쟁은 공산주의자들이 공산주의운동을 달성하려고 일으킨 것이 아니었다. 조련은 자신들의 방식으로 민족교육을 지키려고 하였고, 조련의 활동에 대하여 오사카 지역 일본인 공산당원들이 협조를 한 것이라고 보아야 할 것이다.

한편, 5.10총선거를 앞둔 남한에서도 조선인학교 문제는 사람들의 주목을 끌었다. 반일 감정이 거세지고, 신문도 연일 이를 보도했다. 하지만 남조선 미군정청 윌리암 F. 딘(William F. Dean) 소장은 4월 22일 기자회견에서 조선인학교는 정치성 때문에 폐쇄조치 되었다고 발표하였다. 4월 23일자 『동아일보』는 조선인학교 문제는 공산주의 교육에 원인이 있었다는 민단의 박열 단장 비서 박성진의 발언을 소개하였다. 그리고 그 직후 발생한 한신교육사건이 신문의 지면을 채웠는데, 공산주의자의 소행이라는 아이켈버거 장군의 성명이 그대로 소개되거나, 공산주의자가 5.10총선거를 교란하기 위해 발생시킨 것이라고 하는 미국의 신문기사가 그대로 소개되기도 하였다. 물론 5.10총선거에 반대하는 학생 집단이 한신교육사건에서 가해진 탄압을 비판하는 학생 데모를 열기도 하였으나 여론을 형성하기에는 역부족이었다.

한편 남조선 미군정청 하에서 행정을 담당하고 있던 남조선 과도정부의 안재홍 민정장관은 남조선 미군정청 딘 소장에게 재일조선인의 민족교육을 보장해 달라고 제안은 했지만, 남조선 미군정청은 GHQ에 영향력을 미칠 수 있는 위치에 있지 않았고, 조선인학교에 대한 입장은 일본을 점령하는 미점령군의 입장을 그대로 따랐다.

조선인학교는 한신교육사건 이후 더 이상 버틸 수 없게 되었다. 조련측과 문부성은 협의를 한 결과, 5월 5일 "1, 조선인의 교육에 관해서는 교육기본법 및 학교교육법에 따를 것. 2, 조선인학교 문제에 대해서는 사립학교로서 자주성이 인정되는 범위 내에서 조선인 독자의 교육을 행하는 것을 전제로 해서 사립학교로서의 인가를 신청할 것"(이하 5·5각서)에 합의하였다. 1.24통첩에서는 과외 시간 이외에는 이른바 조선어에 의한 민족교육을 인정하지 않았지만, 5·5각서에서는 선택교과와 자유연구 시간에는 그것이 허가 되었다.

GHQ도 5·5각서를 용인하였다. 당시 중국을 비롯해 많은 국가들이 점령군의 일방적인 탄압에 의해 한신사건이 발생하였다며, 미국정부와 점령군을 비난하였고, 그로 인해 점령군도 미국정부로부터 질책을 당하는 상황이었다. 사립학교에서의 한정된 시간에 민족교육이 허용되었지만, 당시 재일조선인의 우리말 수준을 고려하면, 선택교육, 자유연구 시간 및 과외시간만으로 민족교육의 효과를 기대하는 것은 어려웠다.

아이켈버거 중장은 한신교육투쟁에 관여한 관계자에 대해 가혹한 처벌을 부가하였다. 고베사건에서 연행된 사람 가운데, 최종적으로는 A급(고베 군사위원회 재판) 9명, B급(고베 일반군사재판) 12명, C급(고베 지방재판소 재판) 52명이 재판에 회부 되었다. 그리고 1948년 6월 30일 A급범 9명 가운데 5명은 구금 15년, 1명은 구금 12년, 1명(일본인)은 구금 10년이라는 지극히 가혹한 처벌을 받았다(2명은 무죄). 이들 가운데 재일조선인 6명은 1949년에 남한으로 강제송환 되었다. 게다가 오사카 사건에서 검거된 사람 가운데 42명이 기소되어, 군사재판 결과 18명(일본인 10명)이 구금 1년에서 4년의 형을 선고받았다. 이처럼 가혹한 처벌에 대해서는 점령당국 내부에서도 반대 의견이 있었지만 전혀 반영되지 않았다. 아이켈버거 중장은 9월 미국으로 귀국하였다.

6. 제2차 조선인학교 폐쇄조치

5 · 5 각서를 체결한 이후 조련은 일본학교교육법을 기본적으로 지킬 것을 약속하였다. 그러나 민족교육을 지키고자 했던 조선인학교는 이 약속을 엄격하게 이행하지 않았고, 점령군도 문부성도 그것을 알고 있었지만 굳이 간섭하지 않고 상황을 지켜보고 있었다.

그런데 야마구치 현지사 다나카 다츠오(田中龍夫)는 1948년 12월 중순 경 GHQ와 문부성을 직접 방문하여 조선인초등학교에서 공산주의 교육을 한다며 교육 내용을 문제 삼기 시작하였고, 히다카 다이시로(日高第四郎) 문부성 학교교육국장은 12월 20일 이를 CIE에 보고하였다. 이에 대해 CIE 담당자는 적극적인 관심을 보이지 않고 일본정부가 조련측과 원만히 해결할 것을 지시하였다.

하지만 CIE의 입장에서 보면 1948년 말부터 1949년 초에 걸쳐, 지방 주둔 점령군이 입수한 조선인학교에 대해 부정적인 정보가 G2를 통해 CIE에 직접 보고되었다. 그 정보를 요약하면, 북한과 가까운 니이가타현(新潟縣)이나 남한과 가까운 야마구치 등의 조선인초등학교에 북한의 인공기가 게양되어 있다는 것, 모든 수업이 조선어로 행해지고 있다는 것, 일본의 의무교육이 실시되고 있지 않다는 것, 조선인학교에서 공산주의 선전이 이루어지고 있다는 것, 점령통치에 대해 유해한 선전을 하고 있다는 것, 교원으로서 부적격한 사람이 고용되어 있다는 것 등이었다.

미국의 대일 점령정책이 반공으로 확실히 선회한 이후 GHQ 내부에서는 정보 부서인 G2의 영향력이 커지고 있었고, G2가 조선인학교에 대한 관심을 직접 표명하자, CIE로서도 움직이지 않을 수 없는 상황이 되었다. 냉전으로 치닫는 당시의 국제정세 속에서 미국의 대일 점령정책은 반공을 지상 과제로 삼았고, 일본 국내에서의 공산주의 활동을 철저히 견제하면서, 일본의 안정된 자본주의 자립 경제를 확립하는 것이 GHQ의 최우선 과제로 부상하기 시작하였다. GHQ는 모든 사안을 반공이라는 잣대로 가늠하였으며, 이에 대항할 수 있는 존재는 아무도 없었다. 그리고 GHQ의 입장에서 보면 당시 조련의 공산주의자는 일본공산당의 선봉적인 활동가로 여겨지고 있었으며, 조련의 활동을 어떻게 통제하느냐 하는 것이 반공정책을 수행하기 위한 중요한 과제로 부상되고 있었다.

CIE 내의 연락조사계 소속의 지방연락관이었던 포크너(Theodore A. Faulkner)는 특히 야마구치현이 문제를 삼은 야마구치의 조선인학교에 대하여 관계 부국에 조사를 의뢰하는 등 조사를 시작하였다. 그리고 2월 상순 약 10일간 야마구치를 직접 방문하여 조선인학교 현황을 조사하였다. 그리고 2월 17일 CIE 뉴젠트(D. R. Nugent)국장에게 장문의 보고서를 제출하였다.

포크너는 우선 야마구치의 조선인학교가 일본 및 남한에 대한 반감과 공산주의 사상을 주입하여 혁명을 조장하고 북한에 대한 충성심을 갖게 하는 교육을 하고 있다고 현황 보고를 하였다. 그리고 현지의 조련계 조선인학교 2개 교는 가능한 한 빨리 폐쇄하고, 조선인 아동 2,223명은 일본 공립학교에 전학시키고, 조련 간부와 교사는 일본 법률 및 점령군 지령 위반으로 강제 송환해야 한다고 주장하였다. 더불어 다른 지역의 조선인학교에 대한 대대적인 단속을 제안하였다.

이와 같은 보고를 받은 CIE는 G2측과 회의 결과, 우선 제8군의 의견을 비공식적으로 받아보기로 하였다. CIE 관계자는 아이켈버거의 후임으로 제8군 사령관으로 부임한 세퍼드(W. P. Shepard) 대장을 만나러 갔다. 세퍼드 사령관은 야마구치 현지 점령군으로부터 조선인학교의 심각성에 대해서 보고가 올라오고 있으며, 수하 부대를 통해 현지 사정을 확인하여 조치를 취하기로 하였다.

제8군의 수하부대인 제1군단의 제24보병사단은 제8군 사령관의 지시에 따라 3월 하순부터 4월 상순에 걸쳐 야마구치 현지조사를 하였다. 그리고 제24보병사단 히긴스(Gerald J. Higgins) 준장은 제1군단에 대한 보고서에서, 야마구치현의 조선인학교는 분명히 일본 법률과 점령당국의 지령을 위반하고 있지만, '현시점에서는' 군정재판은 물론, 일본의 재판에 회부할 만큼 법적으로 '충분한 증거'가 없고, 재판에 회부하기 위해서는 보다 충분한 증거가 확보될 때까지 기다려야 한다고 썼다. 그리고 야마구치현에는 인가를 받지 않은 조선인학교는 없다고 보고하였다.

그렇다고 당시 제24보병사단의 히긴스 사단장이 조선인학교에 대한 강경조치를 반대한 것은 아니었다. 오히려 자신들의 조치를 정당화해 줄 증거를 만들 것이니, 상부의 지시가 있으면 당장이라도 점령군의 지원 하에 일본정부가 강경한 조치를 취할 수 있도록 준비하겠다고 보고하였다.

이와 같은 보고를 받은 제1군단장인 컬터(John B. Coulter) 소장은 제24보병사단의 계획에는 모두 동의하나, 현시점에서 조선인학교를 폐쇄하는 것은 바람직하지 않다고 판단한다고 제8군 사령관에게 보고를 하였다. 보고를 받은 제8군 세퍼드 사령관은 조선인학교를 폐쇄할 수 있을 정도의 충분한 법적 증거가 마련될 때까지 조선인학교의 운영을 인정하고, 현상대로 유지하는 것이 좋을 것이라고 CIE에 의견을 제시하였다.

조선인학교에 대한 폐쇄조치를 강력히 주장하고 나섰던 포크너의 입장에서 보면 제8군의 의견은 받아들이기 힘든 것이었다. 그는 자신의 주장을 굽히려 하지 않았다. 포크너는 4월 12일 뉴젠트 CIE국장에게 다시 야마구치 출장 보고서를 제출하였다. 이 보고서에서 그는 제8군이 법적 근거 운운 하나, 조선인학교에서 조련이 공산주의 교육을 하고 있는 것이 문제이며, 일본인학교는 조선인학교 학생을 받아들일 준비가 되어 있고, 방과 후 한글학교를 지사가 약속했으니, 조선인학교를 즉시 폐쇄해야 한다고 주장하였다.

이에 그치지 않고 포크너는 자신의 의견을 G2 관계자에게도 전했다. 그 결과 4월 15일경, CIE와 G2 관계자는 조선인학교에 대한 대책회의를 가졌다. 이 회의에서 CIE와 G2 관계자는 제24보병사단의 보고에 의하면 법적인 증거는 불충분하지만, 야마구치 현지사가 조선인 학교를 폐쇄하고 관계자를 처벌하는 것을 정당화할 수 있는 증거를 확보할 수 있다는 결론을 내렸다. 그리고 현지사가 이들 조치를 취하면 소란이 발생할 수 있는데, 만약 일본경찰력이 부족하면 점령 병력을 동원한다는 대책까지 세웠다.

이 시점에서 조선인학교에 대한 강경조치가 GHQ 내에서 결정되었다고 할 수 있다. 즉 교육문제를 담당하는 CIE와 당시 영향력을 발휘하고 있던 G2의 결정은 GHQ의 정책결정 시스템과 분위기로 보았을 때 결정적인 것이었다. 이후 그들의 과제는 자신들의 결정을 어떠한 방법으로 실행에 옮기느냐 하는 것만 남았다.

CIE는 4월 16일자로 아몬드(Edward M. Armond) 참모장[9]에게 자신들의 결

---

9) 참모장은 GHQ의 부국을 통괄하고 있었으며, 맥아더 최고사령관의 직속 부관이다.

정에 대한 승인을 요청하였다. 그리고 이후 GHQ 내부에서는 어떠한 형태로 조선인학교에 대한 조치를 집행할지 둘러싸고 CIE, G2, DS 등 관련 부국이 모여 회의를 열었다. 관계부국회의에서 결정된 것은 조선인학교에 대한 강경 조치를 일본정부 주도 하에 추진하되, 일본정부의 조치를 정당화하기 위해 GHQ가 나서서 조선인학교의 불법성에 대하여 성명 등을 발표하고, 만일의 사태에 대비하여 점령군이 대기한다는 것이었다.

관계자 부국회의의 결정에 대하여 GHQ 아몬드 참모장은 외교적인 문제를 염려하여 DS의 입장을 문의하였다. 이에 DS는 4월 20일, 재일조선인을 일본 법률에 복종시키고, 공산주의에 대항하고 일본경찰을 강화하기 위한 첫걸음 이라는 의미에서 관계 부국회의의 결정에 동의하며, 나아가 이를 위해 주일 한국대사로 하여금 재일조선인들이 일본법에 따라야 한다는 성명을 발표하 게 해야 한다고 조언하였다. 이를 받아들여 5월 초 아몬드 참모장은 DS에 대 하여 주일한국대표부와 협의를 하도록 지시하였다.

하지만 당시 정환범 대사는 재일조선인은 일본국민이 아니고 연합국민(= 한국국민)으로써 취급해야만 한다는 입장을 가지고 있었는데, 정 대사가 재 일조선인에게 일본국민의 위치에서 일본의 법률에 복종하라고 성명을 내는 것은 있을 수 없는 일이었다. DS는 정 대사의 협조를 얻고 싶었으나, 그게 여 의치 않자 시간만 흘러갔다. 이런 상황에서 CIE의 뉴젠트 국장은 6월 13일자 로 부참모장에게 DS가 주장하듯이, 한국대사의 입장 표명을 기대하지 말고, 관계 부국회의에서 결정된 내용을 그대로 집행하자고 주장하였다.

하지만 뉴젠트의 요구는 부참모장의 입장에서 보면 현실적으로 받아들이 기 어려운 것이었다. 왜냐하면 조선인학교의 불법성을 대외적으로 주장하기 위해서는 일본국민의 법적지위를 가지고 있는 재일조선인이 일본의 학교교 육법 등을 위반하였다고 주장을 해야 하나, 한국정부가 수립되고 일본에 주일한국대표부가 개설된 상황에서 재일조선인을 일본국민이라고 과거와 같이 간단히 주장할 수 없는 상황이 되어 버린 것이다. 따라서 당시 한국정부 수립과 주일한국대표부의 개설이라는 상황 속에서, 재일조선인의 국적을 어떻게 취급하느냐를 둘러싸고 GHQ 내에서는 논의가 진행되고 있었으며, 회의를 거듭한 결과 GHQ 내부에서 재일조선인의 법적지위에 대한 정책이 결정된 것은 8월이 되어서이고, 한국정부 수립에 관계없이 여전히 재일조선인을 일본국민으로 취급한다는 방침을 결정하였다[10].

한편 GS는 7월 상순 CIE 뉴젠트 국장이 조선인학교에 대한 조치에 점령군이 적극 개입해야 한다는 방침에 대하여 반대하고, 일본정부가 전적으로 진행해야 한다고 주장하고 나섰다. 당시 미국의 입장에서 보면 일본의 전략적인 가치가 높아졌고, 일본 독립의 분위기가 강화되는 속에서 GS는 일본정부가 점령군에게 의지하지 않고 독자적으로 일본 국내를 통제할 수 있는 능력을 갖추어야 한다고 생각하고 있었다. 이러한 차원에서 GS는 일본정부가 독자적으로 조선인학교에 대한 조치를 주도해야 하고 재일조선인을 관리 통제해 나아가야 한다고 주장한 것이다. GS는 만약 일본정부의 손으로는 통제할 수 없는 혼란이 발생한다면, 그 시점에서 점령당국이 개입해야만 한다고 하였다. 결국 그 이후의 추이는 GS가 제안한 방식으로 흘러갔다.

GHQ는 조선인학교에 대한 조치를 7월 경에 이미 그 구체적인 방법까지 결정하였지만 바로 집행되지 않았다. 왜냐하면 조선인학교의 실질적인 운영자인 조련에 대한 해산을 GS가 준비하고 있었기 때문이다. 당시 조련의 주요 인물들은 일본공산당 당원이었으며, 일본공산당 운동의 선봉대 역할을 하고 있

---

10) 미국무부와 GHQ가 1946년 5월 결정한 대로라면 새로운 한국정부가 재일조선인을 국민으로 인정하면, 재일조선인을 외국인(=대한민국국민)으로 인정해야 했지만, 담당 부서인 DS는 이러한 결정을 멋대로 번복하여 재일조선인을 여전히 일본국민으로 취급해야 한다고 주장하였고, 이를 가지고 관계 부국간에 협의가 길어졌다. 결국 우여곡절 끝에 GHQ는 1949년 8월에 재일조선인을 점령기간 동안 한국정부 수립에 관계없이 일본국민으로 취급하기로 결정하였다.

었다. 반공정책을 주도한 점령군은 이를 좌시하지 않았고, 조련 해산을 준비하고 있었다. 그리고 조련해산의 시기를 노리고 있던 GS는 8월에 조련해산을 일본 법무부에 지시하고, 법무부는 GS와의 세밀한 협의를 거쳐 마침내 9월 8일 조련을 강제로 해산시켰다. 주요 조련 관계자들은 공직에서 추방되어 공개적인 활동을 할 수 없게 되었고, 조련의 재산은 일본정부가 몰수하였다.

그 직후부터 GS와 일본문부성 관계자는 조선인학교에 대한 구체적인 조치를 결정해 나갔다. 그 내용은 조련계 만이 아니라 모든 조선인학교를 대상으

조련(재일본조선인연맹) 중앙본부 입구에 버티고 서있는 일본경찰들. 1949년 9월 조련 강제해산 당시의 사진으로 추정됨.

로 하며, 조련계 학교는 무조건 폐쇄시키고, 기타 학교에 대해서도 일본의 학교교육법을 적용한다는 것이었다. 애당초 야마구치현의 조선인학교가 문제가 되었으나, 전국의 조선인학교로 그 대상도 확대되었다.

요시다(吉田茂)내각은 10월 12일, 조선인학교를 일본의 법률에 복종시킨다는 결정을 하였다. 이 결정을 받아 문부성과 법

무부는 10월 13일, 「조선인학교에 대한 조치에 대해서」라는 통첩을 도도부현(都道府縣) 지사 앞으로 발송하였다. 그 내용은 조련계 조선인학교는 폐교시키고, 조련 관계자를 학교에서 추방해야 하며, 기타 학교에 대해서는 일본 교육관계법을 준수시켜야 한다는 것이었다.

마침내 문부성은 10월 19일, 조선인학교에 대한 폐쇄 조치를 시작하였고, 기타 학교에 대해서는 일본 교육관계법에 따른 개조를 지시하였다. 이른바

이 제1차 조치는 조련계로 간주되는 92교(초등학교 86교, 중학교 4교, 고교 2교)에 대해서 폐쇄를 통고하고, 다른 245교(초등학교 223교, 중학교 16교, 고교 6교)에 대해서는 학교 개조, 즉 2주 이내에 사립학교 신청수속을 받으라고 요구하였다.

정 대사는 10월 20일 서둘러 시볼드 DS국장을 방문해 항의를 하였다. 정 대사는 한국대표부에 사전 통보 없이 일본정부가 조선인학교에 대한 조치를 취했고, 2주간 동안 학교를 개조하라는 것은 현실적으로 어려운 것이며, 나아가 폐쇄되는 조련계 조선인학교는 주일한국대표부가 접수해 새롭게 개교해야 한다고 요구하였다. 하지만 정 대사의 항의와 요구는 아무런 의미가 없었다[11].

한편 국내 언론들은 조선인학교 폐쇄에 대하여 별로 관심을 보이지 않았다. 조련계 조선인학교가 그 대상이었기 때문이었을 것이다. 한편 10월 29일 열린 제5회 임시국회(제27차회의)에서 문교사회위원회 위원장 이영준 의원(한국민주당→민주국민당), 동 위원회의 권태희 의원(무소속) 그리고 조헌영 의원(한국민주당→무소속) 등은 재일조선인에게 일본교육법을 적용하는 것은 부당하다거나, 재일조선인의 민족교육이 방치되고 있다고 발언하면서 일본 현지에 조사위원단을 파견해야 한다고 주장하였다.

그러나 이승만계의 친일 경력이 있는 윤치영 의원(한국민주당→대한국민당)은 국제법상 재일조선인은 일본교육법에 따라야 하고 과외 시간에만 민족교육을 할 수 있다며, 조사위원단을 파견하는 것은 국회의 무지를 노출하는 것과 같다고 공격하였다. 독립운동가 출신인 신익희 국회의장(민주국민당)도 조사위원단 파견에는 소극적인 입장을 표명하였다.

결국, 강경파와 온건파의 의견이 대립되는 속에서 국회 조사위원단을 파견하지 않고, 외무부에 실태조사를 의뢰하는 형태로 매듭을 지었다. 당시 해방

---

11) 당시 정 대사는 조련계 조선인학교에 대한 폐쇄조치에 대하여 항의하지 않았다.

된 재일조선인들이 일본인 교육을 받는 것이 당연하다고 공공연히 발언하는 국회의원이 있었다는 것은 민족적으로 참으로 안타까운 일이다.

문부성의 조선인학교에 대한 조치에 대해 일본 여론은 이를 당연시하였다. 노동조합 등의 진보단체도 적극적으로 나서지 않았다. 한편 한신교육투쟁에 많은 오사카 지역 공산당원들이 관여하였는데, 이 조치에 대해서 일본공산당 관서지방위원회의는 조선인학교를 폐쇄하고 일본인학교에 전학시킬 것을 구조련 공산주의자들에게 지시하였다. 재일조선인 학생들이 일본인학교에 들어가 혁명의 주체가 되고, 인민정권이 수립되면 민족성을 지킬 수 있다는 것이 그들의 논리였다[12].

일본정부는 10월 19일에 조선인학교에 통고한 대로 2주 후인 11월 4일, 개조 권고에 응하지 않는 120여개의 학교는 자동적으로 폐쇄시키고, 인허가를 신청한 128개교에 대해서는 문부성에서 일괄 심사하겠다고 발표하였다[13].

이후 조선인학교, 특히 조련계 학교에 대한 강제 폐쇄조치가 집행되었지만, 조련이 해산되고 주요 간부들이 공직추방 된 상황인데다 일본공산당의 지시도 있어 학교 관계자들이 이에 저항할 수 있는 상황이 아니었다. 특히재일조선인이 가장 많이 거주하는 오사카의 구조련계 조선인학교는 학교를 폐쇄하고 학생을 일본학교로 전학시켰다. 문제의 발단이 된 야마구치현 조선인학교의 경우도 폐쇄되었다. 폐쇄 당시 야마구치현에 재일조선인은 초등학생 4,739명, 중학생 830명이 있었다. 이 가운데 일본의 공립 초, 중학교 재학생은 초등학생 2,114명, 중학생 277명이었다. 따라서 그들을 제외한 초등학생 2,625명, 중학생 553명이 일본 공립학교로 전학하게 되었다.

그렇다고 해서, 일본정부의 지시에 따라 모든 조선인학교가 폐쇄하고, 학

---

12) 한신교육투쟁 당시 관서지역 일본인 공산당원들이 조련측에 도움을 주기는 하였으나, 일본공산당은 조직의 단합을 강조하며 조직 내에서도 민족성을 부각시키는 것에 대하여 항상 부정적인 입장을 가지고 있었다.

13) 이후 문부성이 공식적으로 사립학교로 인가를 한 것은 백두학원(오사카, '중립'계)이 경영하는 초ㆍ중ㆍ고 3교뿐이었다.

생들을 무작정 일본학교에 보낸 것은 아니다. 일본의 공립학교도 조선인학교 학생을 집단으로 받아들일 준비가 되지 않았고, 이를 반대하는 일본인 학부모도 많았다. 전학한 재일조선인 학생들이 일본인 교원에 의한 수업을 거부하는 사태가 벌어지기도 하였다.

이상과 같은 상황 때문에, 조선인학교 관계자와 일본 지방 교육당국이 어떻게 타협을 보느냐에 따라 조선인학교의 향방이 갈리는 결과가 나타났다. 폐쇄된 조선인학교를 제외하면, 재일조선인의 민족교육은 이후 다음 세 가지의 형태로 진행되었다.

첫째는 학교를 폐쇄하지 않고 자주학교 형태로 조선인학교의 모양새를 유지한 사례이다. 효고(兵庫 17개교), 아이치(愛知 10개교), 히로시마(廣島 4개교) 등 44개교(1952년 4월 현재)가 이에 해당한다. 둘째는 조선인학교가 일본 공립학교 또는 그 분교로써 인가된 사례이다. 도립 조선인학교 14개교, 기타 공립분교 19개교(1952년 4월 현재)가 운영 되었다. 이들 학교는 일본의 학교교육법에 따라 운영되었지만, 재일조선인 학생이 따로 모여 수업을 받을 수 있었다. 제3의 유형은 일본인학교 안에 정식으로 조선인 학급이 설치되거나 과외시간만 민족학급이 따로 구성된 예이다. 전자는 시가(滋賀 18개 학급)를 비롯해 전국에 77개 학급(1952년 4월 현재)이 있었고, 후자는 이바라키(茨城 11개 학급), 교토(京都 8개 학급) 등 전국에 설치되었다. 전자의 경우는 일본 교육법 하에서 조선인 교원을 중심으로 교육이 행해졌고, 후자의 경우는 과외시간만 민족교육이 이루어졌다.

1948년 4월 현재 약 48,930명의 조선인학교 초등학생은 한신교육사건 이후 급격히 줄어 1949년 5월 시점에 32,368명이 되었다. 그리고 제2차 조선인학교 폐쇄 이후 다시 급격히 줄어 1952년 4월 시점에 14,144명이 남은 것을 확인할 수 있다. 물론 이들도 온전히 민족교육을 받을 수 있던 것은 아니었다.

7. 맺으며

　일본을 점령통치한 GHQ의 교육문제 담당부서였던 CIE는 재일조선인의 민족교육에 대하여 기본적으로 부정적인 입장을 가지고 있었다. 해방된 민족으로서의 재일조선인의 민족적 권리를 존중하려는 의식은 없고 일본사회의 질서유지에 관심을 가지고 있었다. 또한 민족교육이 소수민족을 형성하고, 소수민족이라는 존재가 사회적 불안을 야기한다는 인식을 가지고 있었기 때문에, CIE는 재일조선인의 민족교육을 부정적으로 보고 있었으며, 이를 저지해야 한다고 생각하고 있었다.

　한편 일본정부는 재일조선인의 법적지위가 명확하지 않은 상황에서 민족교육에 대해 확실한 방침을 세우지 못하고 있었다. 즉 문부성과 지방행정 당국은 재일조선인의 민족교육에 대하여 부정적인 입장을 취하고 있어도 그들에게 일본인교육을 강요할 수 있는 상황이 아니었다.

　한편 재일조선인의 법적지위와 관련해 GHQ는 해방된 재일조선인의 법적지위에 대하여 명백한 입장을 가지고 있지 못했다. 하지만 GHQ는 재일조선인이라는 해방민족의 권리보다는 일본사회의 질서유지를 우선하게 되었으며, 그러한 의도에서 1947년부터 재일조선인을 일본국민으로 취급하기 시작하였다. 이미 충분히 알려진 것처럼, GHQ와 일본정부의 이와 같은 정책은 일관성이 있는 것은 아니었다. 즉 사법권과 경찰행정권, 교육법 그리고 세금 등에 관련해서는 일본국민으로 취급하고, 참정권, 외국인등록령 등에 관련해서는 외국인으로 취급하는 부당한 처우를 적용하였다. 아무튼 재일조선인에게 일본인 교육을 강요하기 위해 GHQ와 일본정부는 교육법과 관련해 재일조선인을 일본국민으로 취급하기 시작하였으며, 자신들의 교육기본법과 학교교육법의 테두리에 재일조선인을 강제로 편입시키려 하였다.

민족교육을 부정하는 일본의 교육법 적용에 대하여 재일조선인은 당연히 저항하였으며, 일본의 지방행정 당국은 재일조선인을 복종시킬 수 없었다. 결국, 1948년에 GHQ가 관여하고, 일본문부성은 1.24통첩을 발했다. 그럼에도 조련관계자를 중심으로 한 조선인학교 관계자는 격렬하게 저항했다. 남한에서 5.10총선거가 다가오고, 이에 부정적인 영향을 미칠 것을 염려한 미 점령군은 자신들의 행위를 정당화하기 위해 조선인학교와 공산주의자가 결부되어 있으며, 조선인학교에서 공산주의교육이 행해지고 있다고 문제삼기 시작했다. 그리고 결국 한신(阪神)교육사건이 발생하자 그 책임을 전부 공산주의자에게 돌렸다.

　제2차 조선인학교 폐쇄조치는 점령군의 지나친 반공정책의 결과였다. 물론 여기에 일본정부가 일조했던 것은 말할 나위가 없다. 재일조선인은 일본정부에 의한 동화정책 그리고 GHQ에 의한 반공정책의 희생양이 되었다. GHQ는 해방된 민족의 권리를 이해할 수 있는 입장에 있었지만, 일본을 점령하는 통치자의 입장에서 그리고 반공이라는 미국의 정책을 방패삼아 재일조선인의 민족교육을 탄압하였다. 그들은 반공이라는 정책 목표를 자신들의 절대권력으로 강력히 추진하였고, 그 과정에서 냉정함을 상실하여 소수민족에 대한 배려를 보이지 못했다.

　당시 일본정부는 해방된 재일조선인의 민족교육을 인정할 수도 있었지만, 재일조선인의 특수한 상황을 알면서도 이를 무시하고, 자신들의 의도를 점령군이라는 절대권력을 통해 달성하였다. 일본정부는 GHQ라는 절대권력에 대해 자신들도 어쩔 수 없다는 태도를 조선인학교 관계자에게는 표면적으로 보이면서도, 내면적으로는 GHQ를 자신들의 의도대로 움직이게 하는 데에 성공하였다. 한신교육사건에서도 그러했고, 제2차 조선인학교 폐쇄조치에서도 그러했다.

식민지배라는 아픈 상처를 가진 재일조선인이 해방 이후 일본사회와 새로운 관계를 맺으며 그 속에서 상처가 서서히 치유되어 가기보다는 이들 사건을 통해 새로운 상처가 만들어지고 과거의 아픈 역사를 되새기게 되고, 결국 반목은 재생산되게 되었다. 또한 당시의 탄압에 의해 민족교육의 기반이 큰 타격을 입었고, 재일조선인의 일본사회로의 동화가 가속화되었다.

하지만 다른 한편으로는 GHQ와 일본정부의 탄압에 대한 저항의 정신과 역사는 그 후의 세대에게로 이어져 많은 재일조선인들이 여전히 일본국적을 취득하지 않고 외국인으로서의 삶을 유지하는, 특이한 '소수민족'을 형성하게 하는 하나의 중요한 요인이 되었다. 일본정부가 의도했던대로 많은 재일조선인들이 일본국적을 취득하여 마치 일본인인 것처럼 살고 있지만, 과거의 역사 속에서 민족적인 정체성을 찾으려는 재일조선인들은 여전히 재일조선인 사회의 하나의 축으로 존재할 것이다.

이념적 대립은 민족교육이라는 공동의 민족적 과제에 대해서도 서로 등을 돌리게 하는 결과를 가져왔다. 한신교육사건 당시, 그 주요 대상이 조련계가 운영하는 조선인학교라는 이유로 국내에서는 미 점령군과 일본정부의 민족교육 탄압에 동조하는 보수 세력이 많이 있었다. 제2차 조선인학교 폐쇄에 대한 보수 세력의 입장 또한 변함이 없었다. 민족교육이 엄연한 재일조선인의 권리임에도 불구하고, 일본의 동화교육을 당연시하는 의견이 아무런 거리낌 없이 표출되었다. 개인이나 단체나 생사를 걸고 대립하게 되면 냉정함을 잃게 마련이다. 하지만, 왜곡된 사실을 마치 사실인 양 공공연히 말하고 자민족의 민족적 권리가 탄압받는 것조차 당연한 귀결로 인정하는 어리석은 행동은 더 이상 없어야 할 것이다.

조선인학교를 둘러싼 과거의 역사는 남북한 정부나 재일조선인 그리고 일본정부에게 여러 가지 교훈을 던져 준다. 현재의 조선학교의 위기를 남북한

정부 및 일본정부, 민단 그리고 총련(재일본조선인총련합회)이 어떠한 자세로 대처해 나아가야 하는지 과거의 역사가 시사하는 바가 크다.

"우리 선생님을 때리지 말라!"
땅을 치며 분개했던 4월 24일*

오형진**

■ 아오야마(青山) '무명전사의 묘'에 백 명의 동포들의 이름이…

김숙자(이후, 김) 아오야마영원(青山靈園)에 있는 '해방운동 무명전사의 묘'에 '4.24 한신교육투쟁'으로 희생된 김태일(金太一) 소년이 합사되어 있다고 들었습니다.

오형진(이후, 오) 원래 그 묘는 비석에도 새겨있듯이 '여공애사(女工哀史)'라는 책을 쓰고 이듬해 타계한 프롤레타리아 작가 호소이 와키조(細井和喜蔵)를 기리기위해 그 친구들이 보관하던 책 인세수입으로 특별고등경찰의 눈을 피해 조성한 묘이지요. 그 후, 태평양전쟁이 끝나고 호소이씨 뿐만 아니라 해방운동에 생애를 바친 사람들을 위한 공동묘지로 만들어가기로 하고 일본국민구원회가 묘지를 이어받아 '무명전사의 묘' 앞에 '해방운동'이라는 글자를 넣어 지금에 이르고 있는 것입니다.

매해 파리코뮌기념일인 3월 18일, 일본 전국에서 유족들이 모여 집회를 한 다음 묘지까지 행진해서 그곳에서 추도식을 하지요. 하지만 유족들도 세월이 지나면서 거기에 조선인들이 합사되어 있다는 걸 거의 모르는 것 같

---

* 역주 : 이 글은 재일조선인 3세 기자 김숙자(金淑子)씨가 2013년 6월 재일조선인 1세인 오형진(吳享鎭)씨와 나눈 인터뷰(『先生を殴るな』地団駄踏んだ4.24 植民地時代への回帰が怖かった」, 『우리학교가 있는 풍경』 20, 一粒出版, 2013)를 번역한 것이다.

** 역주 : 오형진(吳享鎭) : 1938년 충청북도 출생. 1940년 어머니와 함께 일본에 건너가 나고야, 교토를 거쳐 효고현 니시와키로. 1945년 8.15 해방을 계기로 공립일본소학교에서 조선학교로 편입하여 1948년에 한신교육투쟁을 경험함. 현재 재일조선인역사연구소와 공익재단법인 조선장학회 고문.

아요. 저도 6년 전에 1949년 3월 21일자『조련중앙시보』를 보고 처음으로 여기에 11명의 조선인 열사가 묻혀 있다는 것을 알고 깜짝 놀랐습니다.

여기『해방의 초석』(구판)이라는 후세 타츠지(布施辰治) 변호사 등이 중심이 되어 출판한 책에 '해방운동 무명전사의 묘'에 등록된 희생자 이름이 수록되어 있습니다. 김태일 소년도 그 중 한 사람이지요.

김 김태일 소년 외에도 조선인들이 많이 묻혀 있군요.

오 이번 '4.24 교육투쟁' 65주년에 앞서 효고현에 사는 동포들 사이에서 '대통령'이라 불리며 존경받았던, 재일조선인연맹 효고현 본부 위원장 박주범(朴柱範) 선생도 여기에 묻혀 있지 않을까 하는 생각에 일본국민구원회 등에 문의하고 조선문제 연구가인 이노우에 마나부(井上学) 선생의 도움을 받아『해방의 초석』신판을 구했는데, 여러 조사를 하다가 출처는 확실하지 않지만 동포 열사들의 명단이 들어있는 50년 당시의 등사판 A4 인쇄용지 한 장이 나왔어요.『해방의 초석』구판과 신판, 등사판을 비교해보니 제2회(1948년)부터 제24회(1970년)까지 100여명(총 3만 명 이상)의 조선인 이름이 발견되었습니다. 그 중 30여명은 해방 이전에 희생된 사람들이고, 나머지는 해방 후인 조련 시대, 민전 시대, 그리고 총련 초기 즉, 총련이 주체적 노선을 주창하기 전까지의 기간 중에 희생된 사람들이었습니다.

박주범 선생님은 제3회째인 50년에 이름이 나와 있더군요. 조련 효고 본부 위원장이었던 박 선생님은 4.24 교육투쟁으로 체포, 투옥되어 군사재판에서 4년 9개월의 형을 언도받았는데, 옥중에서 고문으로 병세가 악화되어 가석방된 지 4시간 만에 돌아가셨습니다. 1949년 11월 30일, 니시코베(西神戸)조련초등학교에서 성대한 인민장으로 보내드렸지요. 동포들이 "대통령이 돌아가셨다"며 탄식하던 모습이 지금도 눈 앞에 선합니다.

김 아오야마묘지에 동포 단체들도 관여되어 있다는 말씀이신가요?

오 11명의 열사들이 매장되어 있다는 것이『조련중앙시보』에 발표되었지요. 이 기사를 잘 읽어보면, 당시의 조련중앙 신홍식(申鴻湜) 의장이 추도식에 와서 인사하고, 치마저고리를 곱게 입은 여성동맹 김은순(金恩順) 중앙위원장이 출석하고 그 따님이 꽃다발을 증정했다고 쓰여 있어요. 당시 동포 단체 중에 4.24 교육투쟁 등으로 체포된 사람들을 구원하는 활동을 하던 해방구원회라는 조직이 있었는데, 여기 사무국장을 하던 고 씨라는 사람도 참가했다고 나옵니다. 이런 사실들을 보면 동포 단체들이 관계하고 있었다는 것은 분명하지요. 당시는 일본 공산당과의 관계가 깊기도 했고, 국민구원회와도 관계가 있었기 때문에 그런 곳에 합사되는 것을 영광이라고 생각했던 것 같습니다.

김 박주범 선생님이나 김태일 소년 외에 귀에 익숙한 이름이 있었는지요?

오 예, 예컨대 일제 강점기에 돌아가신 박용진(朴龍鎭)이라는 분도 있었습니다. 재일조선인역사연구소가 발족(2004년)한 이듬해 공화국*에 계신 박 선생님의 유족으로부터 해방 전에 숙부가 일본에서 조선독립운동과 공산주의운동을 하다가 경찰에 잡혀 희생되었다는데, 북한의 애국열사릉으로 모시고 싶으니 찾아줄 수 없겠냐는 연락이 왔어요. 그래서 국회도서관에 가서 일본 공산당 자료실에 문의도 하고, 국민구원회에도 연락해서 자료를 봤는데, 찾지 못했어요. 당시엔 비합법적인 활동이었으니까요. 가명을 사용하는 일도 많았던 것 같습니다. 그러다가 우연히 조영우(趙永佑)라는 사람이 실은 박용진이라는 것을 확인하게 되었고 더 조사를 해보니 『해방의 초석』에도 나오고, 박경식(朴慶植)의 『재일조선인운동사-8.15 해방 전』에서도 그 이름을 확인할 수 있었지요. 내용을 정리해 조국에 보냈는데 유족들이 정말 기뻐했다고 합니다.

제13회에는 김대삼(金台三)이라는 이름이 있어요. 이분은 제 동급생의 아버지이신데, 4.24 교육투쟁 때 체포되어 군사위원회 재판에 넘겨져 15년의 중노동 징역형을 받은 분이었습니다. 그 후 총련 효고현 본부 위원장도 지내셨지요. 저도 효고현 출신이어서 많은 가르침을 받았습니다. 가

*역주 : 조선민주주의인민공화국을 줄여 지칭하는 표현.

족을 공화국에 먼저 보내시고 당신도 귀국을 목전에 두고 계셨는데, 옥살이 후유증으로 그만 일본에서 돌아가셨습니다. 1960년 초반이었죠. 금테 안경을 쓴, 인텔리이자 훌륭한 활동가였습니다.

■ "고향으로 돌아간다" … 어른들도 "가, 갸, 거, 겨"

김 효고현 출신이라고 하셨는데 효고의 어디에 사셨는지요?

오 세 살이 넘었을 즈음, 먼저 일본에 와 있던 아버지를 찾아 어머니와 함께 고향인 충청북도를 떠나 일본으로 건너왔습니다. 나고야, 교토를 지나 효고의 니시와키(西脇)라는 시골의 조선인 마을에서 살았습니다. 함바를 중심으로 형성된 마을이 다섯 군데 정도 있었는데 그 중 하나였죠. 여기서 가까운 일본의 소학교에 다녔고요.

그런데 1945년 8월 해방을 맞이하게 되자, 고향으로 돌아가자는 기운이 동포들 사이에서 일거에 고조되었습니다. 저도 할아버지, 할머니가 계신 충청북도로 돌아가자고 아버지에게 졸랐다고 해요. 어른들은 누구 눈치 볼 것 없이 우리말을 하기 시작했고, 여성들은 치마저고리 봉제나 우리 글을 배우러 어머니를 찾아왔지요.

9월에는 '조선어 강습소'가 개설되었는데 얼마 지나지 않아서 '조련초등학교'로 바뀌었어요. 일본학교에 다니던 저는 늦가을 무렵 이 학교로 편입했어요. 이름이 학교지, 오래된 공장 터에 남은 건물을 네 군데로 나누어 급조한 참 초라한 교실이었지요. 여기에 1, 2학년생들과 3, 4학년생들은 합동으로 수업을 받았습니다. 선생님은 두 분이 계셨고, 학생은 60명 정도였던 것 같아요. 저 같은 어린이도 있었지만 결혼한 어른들도 있었지요. 일본에 건너온 뒤 글 배울 기회가 없었던 어른들이었지요. 이제 고향으로 돌아가기 위해서라도 조선의 말과 글을 배워야 했고, 일본 사회에서 살아가기 위해서도 해방된 조선민족으로 조선의 말과 글은 물론이고 일본의 글도 확실하게 배워둬야 한다고 생각했던 것입니다. 같은 건물에서 저녁에는 청년학교도 열렸는데 제 아버지도 여기서 강의를 하셨습니다.

김 일본학교에서 받은 인상을 말씀해주세요.

오 어렸기 때문에 이지메를 당했던 기억은 남아있지 않지만, 5, 6학년 선배들이, 군관이나 몇몇 선생님들이 차별적인 말로 심하게 욕하자 분개해 하던 모습은 기억에 있습니다. 요즘 말하는 헤이트스피치였던 것이죠. 선배들은 언젠간 되갚아줄 거라고 종종 우리들 앞에서 말했었는데, 정말 해방 후에 복수하는 장면을 목격했습니다. 대여섯 명의 선배들이 남자 선생님 한 명과 여자 선생님 한 명을 손을 뒤로 묶고서는 산으로 데려가서 때렸습니다. 선생님들은 울면서 "잘못했다. 용서해 달라"고 외쳤어요. 우리들은 너무 무서워서 벌벌 떨었지요. 정말 마음에 쌓인 한이 컸었던 게죠.

김 조선학교는 즐겁게 다니셨나요?

오 즐거웠어요. 아버지, 어머니 같은 분들도 계시고 모두가 다 함께 앉아서 공부하는 겁니다. "가, 겨, 거 겨"…. 친구들도 좋았고, 선배들도 우리들을 귀여워해줬어요. 조선인 마을 안에 학교를 만든 거라서 공부하는 중에도 부모님들이 엿보러 오시곤 했는데, 우리 아버지 어머니도 들리시곤 했죠. 어떻게 공부하고 있는지 신경이 쓰이셨겠지요. 평화롭고 따뜻한 분위기의 학교였습니다.

김 과목은 어땠는지요?

오 다섯 과목 정도 있었던 것 같습니다. 국어, 일본어, 산수와 주산, 그리고 천자문과 음악 과목이 있었지요. 체육은 별도로 쳐야겠죠.

김 천자문이요?

오 조선 서당에서 공부했던 선생님이 계셨는데 어린 우리들은 전혀 의미도 모르는 채 "하늘 천, 따지" 읊으면서 한자를 외웠지요. 안 선생님이라고 동급생의 아버지였는데 수염을 기른 선생님이셨어요. 외우지 못하면 바지를 걷으라 하시고 버드나무 가지로 만든 회초리로 찰싹찰싹. 보통 아픈 게 아니었어요. 수십 년이 지났어도 잊을 수가 없네요.

조광 선생님이라고, 교장 선생님은 우리말 발음에 아주 엄격하셨지요. 지금도 그 분이 그렇게 엄격히 가르쳐주신 것에 감사해 하고 있죠. 후배인 제 아내도 그 분한테 배운 사람 중 한 명인데 감사한 마음이지요. 저는 특히 이 분한테 사랑을 많이 받았던 것 같아요. 당시 인기 있었던 〈쿠라마 텐구(鞍馬天狗)〉라는 영화를 보러 극장에도 데려가 주셨고 돌아오는 길에 오므라이스도 사주셨죠. 태어나 처음 먹어보는 오므라이스였어요. 지금도 잊을 수가 없습니다.

지금처럼 교과서가 제대로 있었던 것도 아니고, 제대로 된 학용품이 있었던 것도 아니었어요. 책상과 의자는 있었지만, 지금처럼 규격에 맞는 것이 아니라 아버지, 어머니들이 직접 손으로 만들어주신 것들이었습니다. 널판 끄트러기에 칠판을 겨우 걸었고, 분필로 글을 쓰시지만 글자가 보일 듯 말 듯 한 품질이었죠. 학년 진급하는 것도 선생님들이 "너는 3학년이다", "너는 2학년이다"라고 하시면 학년을 건너뛰기도 하고. 저 같은 경우도 1년 정도 지나자 갑자기 3학년이 되었지요.

■ 가난했지만 즐거웠던 소년 시절

김 동포들의 생활 형편은 어떠했나요?

오 모두 비슷하게 가난했고 제대로 된 직업이 있는 것도 아니었지요. 니시와키는 직물을 많이 하는 곳이었는데, 공장 등에서 자투리들을 가져와서는 분류해서 도매상에 파는 그런 일을 하는 사람들이 극히 소수 있긴 했는데 우리들이 볼 때는 그저 생활수준이 조금 나은 것으로 보였습니다. 하지만 토목 일을 하는 사람들은 모두 비슷한 수준이었지요.

제 아버지는 선반 위에서 젓가락을 만드는 일을 하셨는데, 해방 직후에는 읽고 쓰기를 할 줄 안다는 해서 조련 활동가가 되었습니다. 지금도 활동가들은 가난하게 살지만, 당시에도 월급이 제대로 나오지 않았어요. 열심히 일하는 아버지를 보고 이웃 조선사람들이 쌀, 보리를 갖다 주시고, 밭이 있는 사람은 오이라든지 가지, 무를 주시면 아버지가 집에 가져오시곤 했습니다. 하지만 가정을 책임져야 하는 어머니는 제 아래 동생들이 다섯이나 있었으니 그것으로는 어떻게 해 나아갈 길이 없었겠지요. 그래서 생계 문제로 두 분이 다투시곤 했어요. "우리가족 모두 죽어버리자"는 소리까지 나오는 지경이었죠. 장남으로서 생활고에 대한 이야기를 듣는 것이 정말 괴로웠습니다. 어머니가 정말 고생하셨어요. 우리 집만이 아니라 당시 동포들은 모두 비슷한 생활수준이었습니다.

김 당시 인상 깊었던 일이 있었다면?

오 당시 자전거는 지금의 벤츠만큼 가치가 있는 것이었는데, 아버지는 짐받이가 있는 자전거를 한 대 사서 활동하셨어요. 그런데 활동 차 동포 집에 들르면, "밥 먹고 가라"고 하고, 밥을 먹다보면 "막걸리 한 잔 하고 가라"가 되죠. 저희 아버지도 술을 좋아하시는 편이어서 밤에 집에 돌아올 때면 곤드레만드레가 되시곤 했죠. 그런데 자전거를 어딘가에 팽겨 치고 오실 때도 있었어요. 그럴 땐 어머니가 화를 내시고, 자식들이 한밤중에 일어나 자전거를 찾으러 돌아다니는 거죠. 그런 일이 몇 번이나 있었습니다. 자전거를 찾으면 다행이었지만.

김 친구들과의 기억에 대해서 얘기해주세요.

오 제가 살았던 마을은 20세대 정도 동포 가족들이 살았던 것 같은데, 또래 아이가 예닐곱 명 있었죠. 항상 배가 고팠으니까 밭에 가서 완두콩을 생으로 먹었어요. 그리고 수박이 익었으면 수박을, 감이 열리면 감을, 참외가 열리면 참외를 훔쳐 먹었죠. 그러던 어느 날, 밭 주인한테 예닐곱 명이 모두 잡혀 줄줄이 묶여서 도망치지 못하도록 모두 벌거벗겨서 경찰한테 가든지 부모님한테 가서 배상을 받아내야 한다고 난리가 났었지요. 악동 예닐곱 명에게 그런 일도 있었습니다. 소학교 2학년인가, 3학년 때였던 것 같아요.

하루는 어른들이 술을 마시니까 그렇게 맛있는 건가 호기심이 생겨서, 마을에 술집 비슷한 집에 가서 맥주를 몇 병 빼내서 마셔봤는데 이렇게 쓴

걸 뭐가 맛있다고 마시나 했던 기억도 있습니다. 또 어른들의 담배를 훔쳐서 산에 올라가 아이들끼리 피워보다가 어지러워서 쓰러졌던 그런 장난 끼 어린 기억들도 있지요.

항상 함께 하던 친구들 중에 심재열이라는 막역한 친구가 있었는데 집이 화투집이라고 할까, 술집 같은 것을 했었어요. 그런데 이 친구가 손님한테 받은 팁으로 자기 것을 사면서 종종 나에게도 신발, 양말을 사줬어요. 야간 중학교까지 같이 다녔는데, 이 나이가 되니 어린 시절의 그 때 그 친구가 보고 싶어 백방으로 알아봤지만 행방을 알 수가 없어요. 아쉽습니다.

김 배고픈 어린 시절 기억에 특히 남는 장면이 있다면 들려주세요.

오 배부르게 먹어보는 것이 첫 번째 소원이었습니다. 세끼를 제대로 먹어 본 기억이 없어요. 밥상에는 보리밥과 어머니들이 야산에서 캐온 산채나 쑥. 쑥으로 떡을 만들거나 국을 만들기도 했어요. 고기나 생선은 별로 기억에 없지만, 고래고기를 억지로 먹었던 기억이 납니다. 지금은 고래고기가 고급음식이어서 냄새도 나지 않지만, 당시는 고약한 냄새 때문에 억지로 참고 먹기도 했었죠. 또 하나는 말린 정어리. 그리고 가끔 고등어를 굽거나 쪄주신 기억이 납니다.

닭고기나 돼지껍질이 나오면 진수성찬이죠. 돼지껍질은 창자처럼 고기가게에서 버린 것이었다고 합니다. 어머니가 그걸 사가지고 오라고 하시면 친구들과 함께 사러 가는데, 좀 창피했어요. 고기는 사지 않고 "아저씨, 돼지껍질 있나요?"라고 묻는 것이. 그러면 게 중에 한 친구가 나름 기치를 발휘해 "아저씨, 개한테 줄 먹이에요. 저거 주세요."라고 말하죠. 그렇게 사온 돼지껍질을 잘 양념해서 구우면 아주 냄새도 고소하고 맛도 좋지요. 지금 생각해보면 당시 우리에겐 최고의 요리였죠.

김 아이들의 모습은 어땠는지요?

오 일본학교에 다니는 아이들은 교복을 입었고 그렇지 않은 아이들은 사복을 입었어요. 바지는 겨울에도 반바지였지요. 학용품은 보자기에 싸고, 조금 여유 있는 집 아이는 고무신이나 게타*를 신었죠. 우리 아이들은 거의가 자기가 짠 짚신을 신었어요. 어렸을 땐 우리들도 짚신을 짰었죠. 비가 오거나 날이 추우면 힘들었어요. 양말 같은 것 살 여유가 없었으니까. 그러던 어느 날, 마침 뒤에 서있던 선배 한 명이 자기가 신고 있던 게타 한 쪽을 저에게 내밀며 신으라고 했죠. 정말 추운 날이었는데. 차마 신지는 못했지만 선배의 마음이 너무 고마워서 눈물이 나더군요.

■ 한 장의 사진에 되살아나는 원통함과 눈물

김 '4.24 교육투쟁'은 조선학교 2학년 때 즈음이셨나요?

오 1948년 4월 10일, 효고현 기시다 사치오(岸田幸雄) 지사가 조선학교에 폐쇄명령을 내고나서 며칠 뒤였는데, 갑자기 경관들이 대거 들이닥쳐서는 곤봉을 휘두르며 저항하는 선생님들과 부모님, 형들을 때렸지요. 선생님들, 아버지, 어머니들이 피범벅이가 되었고, 우리들은 너무 놀라서 어찌 할 바를 몰랐어요. "우리 선생님을 때리지 말라"고 울면서 경관들에게 덤비며 매달리기도 했지만 상대가 되지 않죠. 한편에선 우리들을 내쫓은 교실 문에 못질을 해서 교실을 폐쇄하고 있었고. 피범벅이가 된 선생님들, 아버지, 형들은 손에 수갑이 채워져 끌려 갔습니다. 우리들은 "선생님 되돌려 줘! 선생님을 되돌려 달라고!"라며 발을 동동 구르며 울부짖었지만, 소용이 없었습니다. 그런 와중에 경관들 뒤로 지프에 탄 채로 히죽히죽 웃으며 지나가는 헌병의 모습이 보였습니다.

김 니시와키에도 주둔군 기지가 있었던가요?

오 니시와키 같은 시골에도 연합군은 들어와 있었어요. 우리들은 선생님들에게서 이 미군들은 조선의 해방군이라고 배웠어요. 우리나라를 일본의 식민지배에서 해방시켜준 좋은 군대라고 말이죠. 그렇게 배웠기 때문에 친근감을 갖고 있었습니다. 그래서 그들을 보게 되면, 목소리 높여서 "땡큐, 땡큐", "오케이, 오케이"라고 말을 걸곤 했지요. 미군들은 껌이

---

* 역주 : 일본의 나막신.

나 초콜릿을 주는데, 직접 손으로 건네지 않고 지프를 탄 채로 달리면서 던집니다. 아이들은 달려가 그걸 주워서는 또 "땡큐, 땡큐" 했지만, 그래도 좋은 이미지였지요. 그런데, '4.24 교육투쟁'에서 학교를 탄압하는 그 현장에, 그 헌병이 일본 경관들 뒤에서 웃고 있었던 거죠. 큰 충격이었습니다.

하루 만에 모든 것이 바뀌고 말았죠. 우리 어린이들은 정치에 대해 아무것도 모르지만, 뭔가 대단히 잘못되어가고 있다는 것을 온몸으로 느끼고 있었습니다.

김 그리고 학교는 폐쇄되었는지요?

오 그 사건 이후, 어머니와 아버지들이 만들어준 우리 학교는 폐쇄되었습니다. 그래서 아이들끼리 산이나 하천가에 가서 공부해야만 했지요. 이른바 '푸른 하늘 학교'입니다. 선생님들이 안계시니 상급생들이 하급생들을 가르치는 '작은 선생' 운동을 전개했지요. 비가 오는 날에는 그조차 할 수가 없었어요. 지금도 돌이켜보면 눈물이 나고, 분노가 치밀어 오릅니다. 지방 관공서 앞에서, 경찰서 앞에서 앉은 채 농성하기도 하고, 서명운동을 하기도 했어요. 또 다시 일본학교로 돌아가야 하나 싶어 두려웠습니다. 그래서 가만히 있을 수 없다, 싸워서 어떻게든 학교를 열어야 하고, 선생님들을 돌아오시게 해야 한다며 아이들은 아이들 나름대로 필사적이었습니다.

아버지와 어른들은 트럭을 타고 편도 두세 시간 걸리는 고베현청까지 농성을 지원하러 갔습니다. 제 아버지도 마을 동포들과 함께 미군과 경관들의 '조선인 사냥'에 걸려 며칠간 구속되기도 했습니다. 어머니는 아버지가 총에 맞아 죽는 건 아닌가 걱정이 이만저만이 아니었죠. 조국이 해방되었으니 이제부터 가슴 펴고 당당하게 살아가자고 했는데, 하룻밤새 체포되고 탄압받으니. 해방군이라고 믿었던 미군마저도…. 보통 일이 아니었지요. 모두가 해방 전의 식민지 시대로 되돌아가는 것이 아닌가 하고 두려워했습니다. 어른들도, 아이들도 모두 일제 강점기로 다시 돌아가는 것 아니냐 하고요.

김 아이들조차도 가만히 있을 수가 없었군요.

오 그런 상황에서 선생님들로부터 배운 것이 탄압의 최고책임자는 맥아더 장군이니 그에게 우리들의 마음을 전달하는 엽서를 쓰자는 것이었습니다. 지금은 아이들이 어렸을 때부터 연하장이나 크리스마스카드를 쓰는 습관이 있지만, 우리들 시대는 그렇지 않았죠. 누군가에게 편지를 쓴다는 것은 생각해본 적도 없고, 태어나 처음 경험하는 일이었지요. 저는 그 때 4학년이었는데, 열심히 연필에 침을 묻혀가며 써내려갔죠. 그리고 엽서를 보낸 후에는 이 일을 완전히 잊고 있었는데, 어느 날 인터넷을 보다가 당시 아이들이 맥아더 장군에게 보낸 엽서가 미국의 국립공문서보관소에서 발견되었다는 기사를 우연히 봤습니다.

그래서 오덕수(吳德洙)씨(〈재일(자이니치)〉 감독. 와코대학 강사)에게 전화를 걸어 꼭 좀 그 복사본을 보여 달라고 부탁해 세타가야에 있는 찻집에서 만났습니다. 효고현 부분의 복사본을 뒤지다가 내가 몸이 얼어붙었어요. 소름이 돋았지요. 다시 한 번 보니 틀림없이 내 이름 '오형진'이었습니다. "맥아더 대원수님, 우리들의 선생님이 아직 석방되지 않았습니다. 빨리 선생님을 석방해주세요. 그러면 정말 열심히 공부하겠습니다." 나도 모르게 눈물이 뚝뚝 떨어지더니 그 자리에서 대성통곡하며 울었습니다. 그 때 있었던 일들이 주마등처럼 눈앞을 스쳐지나가더군요. 당시의 동무들에게 가지고 가서 보여줬는데, 저처럼 모두 새까맣게 잊고 있었습니다. 복사본을 보자 모두 놀라고는 곧 눈물을 주룩주룩 흘리더군요. 몸집이 이렇게 크고 문신까지 새긴 친구도 있었는데, 그 친구도 눈물을 뚝뚝 흘렸어요.

김 왜 눈물이 나왔을까요?

오 그 때의 고통이랄까, 학교를 빼앗기고, 친구들이 하나둘 일본학교로 끌려가듯 전학 가야하는 억울함, 선생님들이 두들겨 맞아 피를 흘리면서 수갑이 채워져 끌려가는 장면들이 순간적으로 떠올랐던 것 같습니다. 그 억울함과 괴로웠던 기억이 어디에선가 한꺼번에 북받쳐 올라오는 느낌이었지요. 그리움 같은 것이라기보다는 다큐멘터리처럼 당시의 장면들이 또렷이 머릿속에 떠오르는 것이죠. 친구들도 그렇게 말하더군요.

김 투쟁의 결과는 어떠했나요?

오 도쿄의 조선학교가 도립이 된 것처럼 니시와키에서도 학교가 폐쇄된 지 1년 반 정도가 지나자 한 때는 일본인 선생님을 받아들여 니시와키조선소학교라는 이름으로 다시 문을 열었습니다. 가타야마 선생님이라는 남자 선생님과 마츠야마라는 여성 선생님이 부임해왔지요. 지금 생각해보면 선생님들은 교육학적으로는 수준이 높은 분들이었죠. 주판이나 습자 같은 것을 확실하게 가르쳐줬습니다. 그건 그것대로 즐거웠지만, 조선인 선생님이 아니어서 느껴지는 위화감이 왠지 있었습니다. 선생님이니까 조선어 가르쳐달라며 심술을 부리는 아이도 있었고. "선생님, 오또오상을 뭐라고 하는지 알아요? 아버지라고 해요. 오까아상은 어머니라고 한다고요"라고 말하면, 선생님은 "아, 그래"라고 대답해주기도 하고. 교류하면서 사이좋게 지냈어요. 그래도 언젠간 이 선생님들은 가고 조선인 선생님들과 공부하고 싶다는 생각이 어린 마음에도 있었습니다. 하지만 소학교 4학년 때부터 졸업할 때까지 일본 선생님과 지냈지요.

■ 야간중학교에서 고베의 조선중학교로

김 졸업 후, 중학교는 어떻게 되었는지요?

오 중학교가 또 문제였죠. 시골에는 조선중학교가 없으니까. 조선중학교에 다니기 위해서는 편도 2시간 반 거리인 고베까지 기차를 타고 다녀야 했어요. 일부 동급생 중에는 고베까지 다니는 아이도 있었죠. 아침 6시경에 전차를 타고 말이죠. 그래도 우리 아버지, 어머니의 생활수준으로는 고베까지 저를 학교에 보내기는 어려웠습니다. 당시 조선학교 학생에게는 철도 학생할인정기권도 없었고, 형편이 안 되는 아이들을 위해서 니시와키조선야간중학교라는 것을 선생님들이 만들어주셨지요.

그래서 낮에는 고철을 줍는 아르바이트 같은 것을 하고, 저녁에는 공부했습니다. 야간중학이라고 해도 한계가 있었죠. 일하면서 공부를 해야 하니 길어봤자 3시간이었죠. 야간중학교여도 우리들은 조선학교에서 배운다, 조선학교를 지키고 있다는 자부심을 느낄 수 있어서 그건 그 나름대로 즐거웠습니다.

그래도 아버지는 생활고 때문에 저를 조선중학교에 보내지 못하는 것을 가슴 아파했던 것 같아요. 그래서 조금 생활에 여유가 있는 친구 분에게 "우리 장남을 고베에 있는 학교에 보내고 싶은데…"라며 상담을 하신 것 같고, 결국 저는 중학교 3학년부터 고베의 조선중학교로 편입했습니다.

김 야간중학에서 편입해 가셨는데, 공부가 어렵지 않으셨나요?

오 야간중학이라고는 하지만 정규 과목이 있는 것도 아니어서 편입해서 따라가자니 공부가 힘들었지요. 물리에, 외국어에, 당시는 러시아였는데, 수학도 있죠. 따라 가는데 정말 고생했습니다. 더구나 통학시간도 길어서.

김 이른 아침부터 서둘러야 했겠군요.

오 6시 전후에 전차를 타야 하는데, 어머니는 저에게 따뜻한 밥을 먹여서 보내야 한다는 마음에 매일 아침 4시 반에 일어나셔서, 제 아침밥과 도시락의 분량만큼 불을 지펴 밥을 지으시고, 도시락을 싸주셨습니다. 귀국하신지 십 수 년 만에 신의주에서 어머니를 다시 만났을 때에도, 당시의 습관이 몸에 배어 지금도 매일 아침 4시 반이면 눈이 떠지신다고 하시더군요.

활동가이니 월급이 제대로 없었던 아버지는 소주나 막걸리를 만들어 그걸 쌀로 교환해서 저에게 주셨습니다. 저는 그 쌀을 학교 근처의 식당에 가져가 돈으로 바꿔서 학교에 월사금을 내었지요. 고교 3학년 때까지 그렇게 다녔습니다. 여름방학은 아르바이트를 했고요.

김 고베의 중학교 생활은 어땠나요?

오 어떻게든 따라잡으려고 오가는 전차 안에서도 공부했지만 이른 아침이라 졸음이 몰려왔어요. 그래도 두세 명이 같이 다니면서 공부도 하고, 통학 길 전차에서 알게 된 암시장에서 일하는 아주머니들과 친해져서 어떤 날은 떡을 얻어먹기도 하고. 그런 것도 즐거움이었죠.

괴로웠던 것은 정기권을 살 때였어요. 학생 할인을 해주지 않아서 어른용 정기권을 사야하는데 부모님에게는 큰 부담이었지요. 조금이라도 이 부담을 경감시켜드릴 수 없을까 고민했죠. 부모님에게 큰 부담이니까 소학생 정기권을 사서 바늘로 '소인'이라는 글씨를 지워서 사용하는 동무도 있었습니다. 결국 그 친구, 들통이 나서 부모님이나 그 친구나 큰 고생을 했지요. 그래도 그것은 그것대로 또 하나의 희로애락의 드라마였죠.

■ **삼대가 남, 북, 일본으로 갈라져.. "달이 거울이라면…"**

김 고향과의 관계는…?

오 저희 집의 경우에는 남쪽 고향에 계신 할아버지와 일본에 있는 아버지 사이에 편지 왕래가 있었습니다. 1959년 12월 첫 귀국선으로 가족이 귀국할 때까지는. 그 편지를 제가 읽어본 적은 없지만, 항상 할아버지가 종손인 저를 걱정하고 계셨던 것 같습니다. 언제 돌아오는가, 종손만이라도 먼저 돌아오게 할 수는 없는가, 그런 편지가 왔다 갔다 했던 것 같습니다.

그걸 제가 알게 된 것은 아버지가 귀국하게 되었을 때, 충청북도에 계신 할아버지 댁으로 경찰들이 찾아와서 "당신 아들과 손자들이 북으로 돌아간다고 한다. 어떻게든 막아야 한다"고 협박을 했고, 북으로 간다는 것을 안 할아버지는 "가지 말라, 가면 영원히 만날 수 없게 될 수도 있지 않은가"라며 편지를 보내왔다고 아버지께서 말씀해주셨을 때였습니다. 저도 함께 귀국할 예정이었지만 조고를 졸업하고 대학에 가야할지, 일자리를 찾아야할지 고민하고 있던 때였지요.

당시 귀국선이 항해하기 전에 밀선을 타고 공화국에 유학하는 제도가 있었습니다. 시험을 봐서요. 그렇게 함께 돌아가자는 친구들도 있었습니다. 하지만 저는 다섯 명이나 되는 여동생과 남동생이 있었고 너무도 가난했기 때문에 일본의 대학에 갈지, 공화국의 대학에 갈지, 아니면 일자리를 찾아 일본에서 기술을 익혀 귀국해야 할지 고민했던 시기였습니다. 어떤 선택이 되든지 간에 동생들이 귀국하기 전까지는 학교에 보내야 하니 학비에 보탬이 될 수 있도록 일을 해야 해서 조선소 하청 공장에 전기 용접공으로 취직했지요. 공장은 고베에 있었습니다. 자격증 없이 들어갔는데, 들어가서 전기 용접사 3급 시험부터 봐서 2급까지 시험을 봤지요.

그런 와중에 효고의 조청 조직이 귀국하는 젊은이들을 위해서 청년학교를 만들려하니 이를 담당해달라는 요청이 왔고, 고민 끝에 돕기로 결정했습니다. 관서조선청년학원이라 해서 관서지방, 중부, 서부, 동해지방에 걸쳐 청년들을 모아 공부하는 학교였습니다. 처음에는 돕는 정도로 시작한 일이었지만 얼마 지나 공장을 그만두었고, 그 사이에 가족들은 먼저 귀국했습니다.

그 즈음에 할아버지로부터 편지가 왔습니다. "삼대가 세 나라에 찢겨져 만나지 못하니 이보다 더한 슬픔이 있겠는가. 하늘에 떠있는 달이 거울이면 좋으련만 하는 생각에 달을 올려다보곤 한다. 달이 거울이라면 북의 아들 가족도, 일본의 손자도 볼 수 있으련만. 그럴 수 없는 것이 한스럽다. 나는 이제 늙었지만 삼대가 다시 만날 날까지 돌을 씹으면서라도 살아 버틸 것이다." 할아버지의 절실한 심정이 담긴 편지였습니다. 잊을 수 없습니다. 그러나 끝내 만나지 못한 채 할아버지도, 귀국한 부모님도 모두 돌아가셨습니다.

아버지는 원래 충청도에서 학교에 다니다가 일본으로 건너왔습니다. 어머니도 충청남도 사람인데 배운 분이었지요. 일본에 있을 때, 조선 마을에는 오락거리가 없으니까 어머니가 어디에선가 구해오신 『춘향전』이나 『심청전』을 마을 여성들을 모아 읽어주고 해설해주시던 모습을 옆에서 지켜보던 기억이 납니다.

김 그러면 할아버지와는 세 살 때 이후 한 번도 만나지 못하신 것인가요?

오 1972년에 기자 신분으로 남북적십자회담이 열렸을 때, 서울에 갔었지요. 본토의 음식을 먹고, 본토의 물을 마시고, 친척들과 지내던 기억은 서너 살 때 일이지만 어렴풋이 머릿속에 남아있어요. 정을 치는 모습, 우물가에서 김치를 담그는 여성들의 모습, 그 옆을 지나갈라치면 먹어보라고 한 조각 입에 넣어주시는데 매워서 울어버렸던 기억. 아버지가 충북 청원이고 어머니가 충남 대전이어서 어머니 친정에 갈 때는 배로 금강이라는 큰 강을 건너야 했는데, 그 배의 뱃사공이 나막신을 신고 있던 모습. 강의 풍경. 그리고 어머니와 일본으로 떠날 때 기차에 탄 우리들에게 어머니 가족들이 사과를 건네주던 모습. 일본으로 향하는 관부연락선 안에서 누나들이 귀여워해줬던 일들이 어렴풋하나마 기억에 남아 있습니다.

남북적십자회담으로 서울에 갔을 때에는 고향에 가고 싶은 마음을 억누를 수가 없었지요. 그렇지만 그렇게 할 수 있는 시간적 여유가 없었습니다. 상황이 그렇지 못했지요. 서울에서 적십자회담만 취재한 뒤 그대로 일본으로 돌아왔습니다. 지금도 너무나 아쉽습니다.

김 고향방문단이 몇 번 있었는데 가지 않으셨나요?

오 총련에서 고향방문단이 꾸려졌지만, 아직 그 때는 젊었기 때문에 여생이 얼마 남지 않은 어르신들을 먼저 보내야한다고 삼갔지요.

제 아버지는 외아들이었으니까, 일본에는 친척이 한사람도 없었습니다. 혈혈단신으로 일본에 계셨지요. 고향에 숙모가 계셨는데 지금은 돌아가시고, 사촌 여동생이 할아버지의 묘지를 지키고 있다고 들었습니다. 통일이 이렇게 늦어질 것이라고는 생각하지 못했습니다. 하루라도 빨리 모두가 더 자유롭게 고향에 왕래할 수 있게 해야 합니다.

■ '4.24'의 연장선상에 있는 '고교무상화문제'

김 마지막으로 아오야마영원 65주년을 기념하는 행사에 참가하셨던 소감을 들려주세요.

오 65주년을 꼭 기념해야한다고 생각하고 있었지요. 그것은 당시를 상기하는 것과 동시에 그 투쟁의 연장선상에 '고교무상화 문제' 등 현재의 문제가 있다는 것을 일본정부와 사회 곳곳에 호소해야 한다고 생각했기 때문입니다.

'4.24 한신교육투쟁'으로 희생된 김태일 소년이 지금 살아있다면, 여든한 살이 되니 저보다도 나이 많은 할아버지입니다. 만약 김태일 할아버지가 살아계신다면, "여러분, 목숨보다도 중요한 민족교육을 지키기 위해, 고교무상화문제를 해결하기 위해, 더욱 더 단호히 싸워야 합니다!"라고 외쳤을 겁니다.

내년에는 아오야마묘지의 '무명전사' 앞에 더 많은 사람들이 모여 기념하고, 민족교육의 권리를 획득하자는 결의를 새롭게 다질 수 있길 바랍니다.

분단 조국과
일본 사이에서

제3장

한일회담과 민족학교 문제

이 성(李誠)

1. 들어가며

　해방 이전부터 일본에 사는 조선인과 그 자손으로 구성되는 재일조선인 중
일본에 귀화하지 않고 한국 국적을 간직했던 사람들의 법적지위는 1965년 한
일 국교 정상화와 동시에 맺어진 법적지위 협정(정식명칭은「일본에 거주하
는 대한민국 국민의 법적지위와 대우에 관한 대한민국과 일본국간의 협정」)
으로 해방 20년 만에 비로소 결정됐다.[1] 협정의 정식명칭이 보여주듯이 이 협
정 체결에 이르는 교섭 과정에서 쟁점이 된 것은 '법적지위'와 '대우'의 두 가
지였다. 법적지위는 어떤 재류자격을 주느냐가 초점이고, 대우는 사회보장의
적용 범위나 재일조선인 자제들의 교육을 어떻게 하느냐가 초점이었다.

　가장 난항을 겪은 재류자격 교섭은 다른 외국인보다 우대된 내용을 담은
영주권 자격을 주는 것으로 합의를 보았다. 일본의 출입국관리령(입관령) 속
에는 외국인의 재류자격의 하나로 '영주'가 규정되어 있었는데 재일조선인에
게 주어진 것은 법적지위 협정으로 새로 만들어진 영주권으로 흔히 '협정영
주권'으로 불렸다. 입관령에는 범죄를 저지르고 실형을 받거나 빈곤이나 정
신병 등으로 경제적으로 일본의 부담이 되는 외국인을 국외로 추방할 수 있
는 강제퇴거 제도가 규정되어 있고 입관령상의 영주권을 얻어도 이 제도의

---

[1] 해방 이전부터 일본에 거주하는 한반도 출신자와 그 자손으로 구성되는 집단에 대한 호칭은 여러 가지가
있지만 본고에서는 '재일조선인'이라는 말을 사용한다. 한일 양국의 외교 문서에서는 '한인' '한국인' '조선
인' 이라는 말이 혼재하고 있는데 직접 인용할 때에는 호칭을 고치지 않고 그대로 인용했다.

적용을 면할 수 없었다. 빈곤층과 생활보호 수급자가 많았던 당시 재일조선인에게 이 강제퇴거 제도는 큰 위협이었다. 일본은 영주권 부여에는 일찍부터 동의했지만 그것은 어디까지나 이 입관령상의 영주권이어야 한다는 입장이었고, 한국은 재일조선인의 역사적인 특수성을 감안할 때 그것은 너무나 불합리하다며 강제퇴거의 위협이 없는 안정된 영주권 부여를 주장했다. 타협 끝에 신설된 협정영주권은 강제퇴거를 완전히 면할 수는 없지만 적용될 강제퇴거 사유가 상당히 제한된 것으로 다른 외국인보다는 안정도가 훨씬 높은 것이었다.

대우 문제는 생활보호의 지급 여부와 일본의 의무교육을 받을 권리를 재일조선인 자제들에 인정할지 여부가 주된 쟁점이었다. 이 두 가지는 그들이 인간다운 생활을 영위하기 위해서는 불가결한 요건이었다. 한국은 일본 국민 고유의 권리인 참정권과 공무원 취임권만 빼고 나머지 여러 제도에 관해서는 내국민 대우 내지 내국민에 가까운 대우를 해줄 것을 요구하며 생활보호와 의무교육도 당연한 권리로 인정하도록 요청했다. 이 두 가지는 재일조선인이 해방으로 외국인이 되기 전부터 누려온 기득권이기도 했다. 일본은 이 기득권을 박탈하는 처사에는 나서지 않았지만 둘 다 법률상 일본 '국민'만이 대상이라는 원칙을 내세워 그 혜택을 줄 의무를 일본정부가 질 것 같은 조항을 협정 안에 두는 것에 난색을 보였다. 교섭 끝에 법적지위 협정에서는 일본정부가 이 두 가지에 "타당한 고려를 한다"는 말이 사용됐다(막바지 단계에서 국민건강보험도 포함됐다). 혜택은 계속 주겠지만 그것은 어디까지나 일본정부의 행정적인 재량에 의한 것이라는 뜻을 명시한 것이다.

대우에 관한 두 가지 쟁점 중 일본은 생활보호에 대해 더 강경했다. 제도상 외국인에게 지급하지 못한데다 재정 부담이 너무 크다는 후생성의 반대가 강경했기 때문이다. 일본정부 안에서는 한국정부가 일본 대신 돈을 지불하거나 일본이 지원금을 주어 빈곤자의 한국 귀국을 장려하는 등 지급 회피를 위한 여러 방안이 검토됐다. 하지만 이것들은 다 실현되지 못하고 지급은 계속됐다. 여기에는 지급 중지에 대한 야당과 재일조선인의 반발이 커 사실상 실시가 불가능했다는 사정도 있었지만 지불 중지로 빈곤이 확대되면 재일조선인 사회가 좌익사상의 온상이 될 우려가 있다는 치안상의 판단도 작용했다.

이에 비해 의무교육에 대해서 일본은 당연한 권리인 양 명기하는 것에 반대했을 뿐 일본학교 통학 자체를 부정하는 자세는 보이지 않았다. 재일조선인이 세운 민족학교에 다니는 아이들도 있었지만 대부분이 이미 일본학교에 다니고 있는 상황에서 그것을 저지하는 것은 인도적으로 불가능했다. 오히려 교섭 후반기가 되면 그들의 일본 동화를 위해서는 일본학교에 보내는 것이 득책이라는 생각이 일본정부 안에서 자리 잡았다. 그러므로 일본학교 통학을 허용한다는 점에서 한일간에 근본적인 의견 대립은 없었다.

이렇듯 생활보호 지급에 일본이 한 때 강경자세를 보인 적은 있었지만 전체적으로 보았을 때 대우에 관한 이 두 가지 문제가 야기한 갈등은 풀리지 못할 만큼의 근본적인 대립이라기보다 협정상의 표현을 둘러싼 힘겨루기의 성격이 짙었다.

하지만 그런 속에서도 교육과 관련해서 근본적인 대립을 야기한 문제가 하나 있었다. 그것은 한국계 재일조선인이 설립한 민족학교의 대우 개선 문제다. 이들 민족학교는 졸업해도 일본의 상급학교 진학자격이 주어지지 않는 등 제도면에서 여러 어려움을 겪고 있었고, 그 해소를 갈망하는 재일본대한민국거류민단(민단)의 요청을 받은 한국이 대우 개선 요구를 교섭 자리에서 제기했다. 그러나 일본은 이를 완강하게 거절했다. 만족교육의 활성화가 재일조선인의 동화라는 목표를 저해할 것을 우려한 것이다. 이에 대해 민단으로부터 강한 압력을 받고 있던 한국 측도 쉽게 물러서지 않아 찬반 논쟁은 회담 막바지까지 이어졌다.

이 논의는 북한 지지 성향의 재일본조선인총련합회 산하 조선학교의 취급을 둘러싼 논란으로 확산됐다. 일본은 한국의 요구를 받아들이지 못하는 이유의 하나로 조선학교로부터 같은 대우 개선을 요구 받을 가능성에 대한 우려를 들었다. 총련과 조선학교를 눈엣가시로 여기던 일본으로서는 조선학교 활성화로 이어질 가능성이 있는 대우 개선 조치는 절대로 피해야 할 일이었다. 한국은 조선학교를 억누르려는 점에서 일본과 입장을 공유하면서도 그것을 빌미로 한국의 요구를 거부하려는 태도에 대해서는 크게 반발하며 조선학교 폐쇄야말로 일본이 해야 할 우선 과제라고 비난했다. 이 논쟁은 일본이 그 때까지 손을 대지 못했던 조선학교에 대한 본격적인 대책에 나서게 되는 계기가 됐다.

이리하여 한국계 민족학교의 대우 개선 요구를 계기로 벌어진 논쟁 과정에서는 재일조선인의 일본 동화 및 북한계 조선인에 대한 대처라는 재일조선인 정책의 핵심적인 논점에 대한 한일 양국의 본심이 여실히 드러나게 됐다.

본고에서는 지금까지 거의 알려지지 않았던 이 민족교육 문제에 관한 논의 과정을 2005년 이후 한일 양국에서 공개된 한일회담 외교 문서를 활용해 밝히고자 한다. 이하 먼저 일본정부 안에서 동화정책이 대두해 그것이 민족교육 활성화에 대한 경계심이라는 형태로 구체화하는 과정을 살피고, 다음으로 그것을 전제로 한일회담에서 어떤 구체적인 논의가 이루어졌는지 그 실상을 밝히는 순서로 고찰을 진행하기로 한다.

2. 일본 동화 정책의 확립

한일회담은 예비회담(1951. 10-1952. 2) 형태로 시작된 후 1차회담(1952.

2-1952. 4), 2차회담(1953. 4-1953. 7), 3차회담(1953. 10), 4차회담(1958. 4-1960. 4), 5차회담 예비회담(1960. 10-1961. 5), 6차회담(1961. 10-1964. 4), 7차회담(1964. 12-1965. 6)의 7 차례에 걸쳐 단속적으로 교섭이 진행되었으며 각 회담 때마다 법적지위에 관한 위원회가 설치되어 재일조선인 문제가 토의됐다. 이승만 정권 아래 진행된 4차회담까지는 한일관계가 험악했던 탓에 법적지위도 포함한 모든 주제가 진전을 보지 못했지만 이승만 정권 붕괴로 한일관계가 호전된 후에 재개된 제5차회담 때부터 교섭이 진전하기 시작했고, 한일 수교에 적극적인 군사 정권과 박정희 정권아래 치러진 제6, 7차 회담에서 급진전 끝에 타결에 이르렀다.

회담의 초기 단계에서 법적지위 교섭의 대상으로 상정되어 있었던 것은 일본 패전 이전부터 거주하는 세대였다. 1951년 10월 예비회담에서 시작된 법적지위 교섭은 다음 제1차회담에서도 멤버 교체 없이 논의를 이어가 1952년 4월 「재일조선인의 국적 및 처우에 관한 한일협정안」을 작성하기에 이르렀다. 그 제1조는 "이 협정에서 재일조선인이란 태평양전쟁 전투 중지 날 이전부터 계속하여 일본국에 거주하는 조선인을 말한다"라고 되어 있었고 후반기 교섭에서 최대 초점으로 부상하는 자손의 법적지위에 대한 언급은 없다. 이 시점에서는 한일 양국 다 일본 패전 이전부터의 거주자에 관심을 집중하고 있었다.

1965년 한일기본조약 체결 당시 모습

자손 문제가 본격적으로 부상한 것은 제4차회담이다. 일본은 교섭이 시작되자 법적지위 협정의 대상은 어디까지나 패전 이전부터의 거주자라고 못을 박았다.[2] 이에 대해 한국은 새로 제시한 법적지위 협정안 제1조에 "본 협정에서는 재일조선인이라는 말은 태평양전쟁 전투행위의 종결의 날 내지 그 이전부터 계속 거주하는 조선인을 의미하고 거기에는 그들 조선인의 자손도 포함된다"라는 내용을 담아 자손까지 부모와 같은 영주권을 요구하는 자세를 선명히 했다.[3] 이후 양국은 자손의 취급을 둘러싸고 대립을 거듭하게 됐다. 이 시기 자손 문제가 부상한 배경에는 해방 후 다수 태어난 재일조선인의 자식들이 성장해 그들의 법적지위에 재일조선인 사회의 관심이 쏠리고 있던 상황이 있었다.

4월혁명으로 이승만 정권이 무너진 후 경제제일주의를 내걸고 등장한 장면 정권과 역시 경제성장을 추구하는 일본 이케다(池田) 정권 사이에서 1960년 10월 제5차회담 예비회담이 시작되자 양국은 타협을 모색하기 시작했다. 그러나 영주권의 부여 대상을 패전 이전부터의 거주자에 한정하려는 일본과 자자손손까지 부여를 요구하는 한국간의 견해 차이가 너무나 커 타협의 실마리를 찾기가 쉽지 않았다. 이 때 일본정부안에서 자손의 법적지위는 귀화를 통해 일본 국적을 취득시켜 해결하는 것이 낫다는 구상이 대두했다.

귀화 촉진 전략을 주도한 것은 외무성이었다. 외무성은 평화조약 발효 때 재일조선인은 국적선택권이 주어지지 않은 채 일방적으로 일본 국적을 상실했으므로 이제야 국적 선택의 권리를 주자고 주장했다. 여기 와서 새삼 선택

2) 「第4次日韓全面會談における在日韓人の法益地位に關する委員會の第四回會合」, 1958. 6. 9, アジア局 北東アジア課, 문서번호1074 ; 「The Gist of Talks 4th Session, The Meeting of The Committee on Legal Status of Korean Residents in Japan, June 12, 1958」『제4차 한일회담(1958. 4. 15~60. 4. 19) 재일조선인의 법적지위 위원회 회의록, 1~22차, 1958. 5. 19~59. 11. 2』분류번호723. 1JA, 등록번호 107(이하 『제4차회담 법지위』).
3) 「第4次日韓全面會談における在日韓人の法的地位に關する委員會の第九回會合」, 1958. 10. 20, 北東アジア課, 문서번호1079. 이 협정초안은 영문원문을 필자가 한국어로 번역했다.

권을 주는 것이 어렵다고 법무성이 이에 난색을 보이자 외무성은 국적 선택이 어려우면 귀화 요건을 가능한 한 완화해 귀화를 적극 선택할 수 있게 하자고 제안했다. 귀화 요건의 대폭 완화는 사실상 국적선택에 가까운 것이었다. 법무성은 요건 완화에 신중한 자세를 보이면서도 귀화에 의한 문제해결이라는 기본 방침에는 동참했다. 이로써 귀화 촉진이 일본의 기본방침으로 자리 잡았다.

한국은 아직 자자손손 영주권 부여라는 기존의 주장을 접지 않았지만 일본이 교섭 자리에서 위의 자손 귀화안을 제시한 것을 계기로 타협을 시야에 넣은 내부검토에 들어갔다. 거기서는 '국적 선택'이나 '30년 후 재협의' 등의 안이 검토됐다. 국적선택 방안은 일본이 비공식 회의에서 이미 한국 측에 시사한 적이 있었고 한국정부 안에서도 그것을 선호하는 세력이 적지 않았다. 30년 후 재협의안은 문제를 뒤로 미루며 타결을 성사시키려는 고육지책이었다.

이렇게 싹 튼 타협의 움직임은 한일 수교를 서두르는 군사정권의 등장으로 가속도가 붙었다. 6차회담에서는 전에 일본이 제시했던 자손의 귀화 구상을 살려 구체화하는 방향으로 논의가 진전됐다. 먼저 일본은 자손이 성인이 됐을 때 '귀화', '영주', '통상의 재류' 의 세 가지 중 하나를 선택하게 하는 방안을 내놓았다. 선택지는 세 가지 제시되어 있지만 일본이 원한 것은 대부분이 귀화하는 것이었다. 한국은 이 '선택' 방식을 받아들여 '본국으로 영주 귀국', '일본 귀화', '한국인으로서 일본 영주' 의 세 가지로 구성된 안을 마련했다. 이리하여 양국 사이에서는 영주권 부여는 일정 세대까지 한정해 그 후 태어날 자손은 선택을 통해 귀화로 유도하려는 선에서 공감대가 형성되어 갔다.

뿐만 아니라 6차회담에서는 자손 세대를 기다리지 않고 현존 세대를 대상으로 귀화 요건을 대폭 완화하자는 과감한 귀화 촉진책이 한일 양쪽에서 검토됐다.

한국의 군사정권은 일본 못지않게 귀화에 적극적이었고 회담 개시 전에는 현존 세대부터 '집단귀화권'을 부여하려는 과감한 방안까지 검토했다. 그리고 교섭이 시작되자 자손에게 선택지를 주는 안과는 별도로 귀화 요건을 당장 완화할 것을 집요하게 요구했다. 이 때 한국측은 집단귀화라는 말은 사용하지 않았지만 이는 사실상 집단귀화권 요구의 구체화로 볼 수 있다.

일본정부 안에서는 외무성이 법무성보다 급진적이었다. 상술한 자손의 세 가지 선택 방안은 법무성 입국관리국이 작성한 것이었는데, 외무성은 자손 세대까지 기다리고 있다간 귀화 촉진은 어렵다고 판단해 귀화를 무조건 허용하는 특별입법을 당장 실시하자고 주장했다.

그러나 자손에게 세 가지 선택지 중 하나를 고르게 하는 안도 현존 세대를 겨냥해 귀화 촉진을 노리는 안도 다 실현되지 못했다. 6차회담 막바지인 1964년 2월 영주권의 부여 범위에서 자손을 제외하는 방향으로 교섭이 진행되고 있는 사실을 알게 된 민단이 반대 목소리를 내어 한국 교섭단의 타협 자세에 제동이 걸렸기 때문이다. 귀화에 대한 재일조선인의 저항감이 아직 강했던 당시 분위기 속에서 귀화로 몰아가는 듯한 조항을 명기하는 것은 불가능했다. 결국 자손의 법적지위는 25년 후 재협의하는 것으로 합의를 보아 그 내용이 법적지위 협정에 담겨졌다. 문제를 뒤로 미루는 것으로 타협한 것이다.[4]

이렇듯 일본이 주도하고 그에 한국도 호응하는 형태로 자손(때로는 현존 세대)의 법적지위 문제를 귀화로 해결하려는 구상이 구체화됐는데 유의해야

---

4) 자손의 법적지위가 초점이 됨에 따라 귀화=동화로 문제를 해결하려는 구상이 대두했다가 결국 25년 후 재협의라는 타협으로 교섭이 끝나는 자세한 과정에 대해서는 필자가 2012년 성균관대학교에 제출한 박사학위논문 「한일회담에서의 재일조선인의 법적지위 교섭(1951~1965년)」및 吉澤文壽, 「日韓會談における'在日韓国人'法的地位交渉-国籍・永住許可・退去強制問題を中心に」(『朝鮮史研究會論文集』 49호, 2011.10) 를 참조. 그 중에서도 군사 정권과 박정희 정권의 교섭 태도에 대해서는 졸고 「한일회담으로 보는 박정희 정권의 재일동포정책: 귀화와 영주권을 중심으로」(『사림』 33호, 2009. 6) 및 서영희, 「1960년대 한국정부의 재일동포에 대한 입장 연구: 한일회담 과정에서 제기된 논점을 중심으로」(서울대학교 석사학위논문, 2006)를, 일본 외무성이 국적선택론을 활용해 귀화 촉진론을 일본정부 안에서 확립해나가는 과정에 대해서는 졸고 「한일회담(1951~65)과 재일조선인의 국적 문제-국적선택론에서 귀화론으로 -」(『사림』 45호, 2013. 6)를 각각 참조.

할 것은 일본이 귀화라는 방법으로 노린 것은 단순한 법적지위 문제의 해결이라기보다 재일조선인 집단 자체의 일본 동화였다는 점이다. 다시 말해 귀화한 후에도 민족성을 유지해 조선계 일본인으로 존속하는 것이 아니라 민족성을 상실한 완전한 일본인이 될 것을 일본은 원한 것이다.

재일조선인이 이질적인 집단으로 남는 것에 대한 경계심을 일본은 이미 초기 회담 때부터 드러내고 있었다. 예비회담 시작된 지 얼마 안 된 1951년 11월 열린 교섭에서 일본은 재일조선인만에게만 특별한 대우를 주면 "일본은 소수민족 문제를 인수하게 되며 강제퇴거도 못시키고 자국민도 아닌 수십만의 사람을 인수하는 것은 중대한 문제다."[5] "재일조선인에게 일반외국인과 다른 특정한 권리를 인정하는 것은 일본으로서 장래 두 종류의 외국인을 가지게 되어 국제적으로도 예가 없다"[6] 등의 표현으로 특별한 대우라는 한국 측 요구에 대해 난색을 보인 적이 있었다. 1960년 11월 5차회담의 일환으로 열린 교섭 자리에서도 일본은 "외국인인데 내국민의 권리를 유하는 수십만 명이 영원히 존재하는 것은 정치적 사회적으로 곤란한 문제를 야기한다"[7] 고 같은 견해를 반복했다.

"소수민족 문제를 안게 된다", "두 종류의 외국인이 생긴다"는 등의 말들이 보여주듯이 일본은 다른 외국인보다 우대된 법적지위를 가진 집단이 생기는 것을 극도로 싫어하고 있었다. 다만 교섭 초기 단계에서 일본의 경계심은 법적인 면에서 이질적인 집단이 생기는 것에 집중되어 있었다. 그것이 5차회담 이후가 되면 더 직접적으로 '동화'를 노리는 태도로 표면화된다. 법적인 측면보다 '민족성' 자체를 겨냥하게 된 것이다.

---

5) 「在日韓僑法的地位分科委員會經過第三次會談」, 1951. 11. 2,『제1차한일회담(1952.2.15-4.21)재일조선인의 법적지위위원회 회의록, 제1-36차, 1951. 10. 30-1952. 4. 1』분류번호723. 1JA, 등록번호81.

6) 「日韓會談處遇小委員會(第三次)」, 1951. 11. 2, 문서번호222.

7) 「第5次日韓全面會談予備會談における在日韓人の法的地位に關する委員會の第3回會合」, 1960. 11. 25, 北東アジア課, 문서번호1095.

그 필연적인 결과로 일본은 교육 문제에 대한 관심을 높였다. 동화의 성공 여부를 좌우하는 관건은 교육이었기 때문이다. 예컨대 5차회담이 진행 중이던 1960년 12월 23일 외무성과 법무성이 가진 내부협의 자리에서 외무성 보쿠베(卜部) 사무관은 "재일조선인의 자제는 일본인으로 동화를 위해 가능한 한 일본학교에 입학시키는 것이 좋다"고 발언했는데[8] 이 생각은 이후 일본정부안에서 주류가 됐다. 그리고 일본의 이러한 자세는 남북을 막론하고 민족교육에 힘을 쏟고자 했던 재일조선인 단체와의 마찰을 빚었다. 그 도화선이 된 것은 법적지위 교섭에서 한국이 제기한 한국계 민족학교의 대우 개선 요구였다.

3. 민족학교를 둘러싼 논쟁

3-1 민족학교 문제의 부상

한국은 제4차회담 때 재일조선인이 독자적으로 학교를 설립해 운영할 수 있도록 허용해달라는 요구를 처음으로 제기했다. 1959년 9월 11일 열린 교섭 자리에서 한국은 "교육, 경제활동, 사회보장을 포함한 사회복지에 대해서도 일본인과 동등한 대우를 받아야 한다"고 한 뒤 "특히 교육 문제에 관해서는 재일조선인 자제가 일본학교에 다니는 것에 대해 일본인과 동일한 처우가 주어지는 것은 물론 만약 그들이 희망한다면 한국인의 손으로 각급학교(소학교, 중학교, 고등학교, 대학)를 설립, 경영하는 것이 인정되어야 한다"고 주장했다.[9] 이 날 한국 교섭단은 일본에 제안하기 위해 새로 작성한 법적지위 협

---

8) 「法的地位問題に關し法務省と打ち合わせの件」, 1960. 12. 23, 北東アジア課, 문서번호1152.

9) 「第4次日韓全面會談における在日韓人の法的地位に關する委員會の第十八回(再開第三回)會合」, 1959. 9. 11,北東アジア課, 문서번호1088, ;「The Gist of Talks 18th Session, The Meeting of The Committee on Legal Status of Korean Residents in Japan, September15, 1958」,「제4차회담 법지위」.

정안을 본국 정부에 제시해 재가를 요청했는데 이 협정안 속에는 "재일조선인은 교육, 경제활동 그리고 사회보장 면에서 일본 국민과 동일한 대우가 주어진다. 재일조선인은 각급각종 교육기관을 설립하고 운영해도 된다" 는 조항이 처음으로 삽입됐다.[10]

학교의 설립 경영권 인정이라는 이 요구에 대해 일본은 새로 제안된 문제라 관계 각 기관과 상의 검토한 뒤 의견을 말하겠다고 즉답을 피했다.[11] 일본 학교에 다니는 권리만이 쟁점이었던 교육 문제에서 돌연 새로운 문제가 거론됐으므로 즉답할 수 있는 통일된 견해를 일본정부가 가지고 있지 않았던 것이 분명하다.

한국의 요구는 재일조선인이 학교를 설립 경영할 수 있다는 일반적인 표현으로 되어 있지만 당연히 재일조선인 자제 교육을 위한 학교의 설립을 염두에 둔 것이고, 또 후술하듯이 한국이 나중에 민족학교를 일본의 소·중·고등학교와 똑같은 정규 학교로 인정해달라는 요구를 제기하게 되는 것을 생각한다면 이 요구도 그러한 정규 학교 자격을 가진 학교의 설립과 경영이라는 뜻이 담겨져 있었던 것으로 볼 수 있다.

한국이 새로운 요구를 내놓은 것은 민단의 요청이 있었기 때문으로 보인다. 한국계 민족학교는 일본 점령기 오사카와 교토에 세 개 설립됐는데 일본정부는 평화조약 발효로 독립한 후 북한계든 남한계든 민족학교가 늘어나는 것에 난색을 보이며 학교법인으로 인가하지 않으려는 태도를 취해왔다. 그런 속에서도 민단은 1954년 도쿄에도 한국학교를 새로 건설하는 등 민족교육에

---

10)「Draft Agreement Between the Republic of Korea and Japan Governing the Repatriation to the Republic of Korea of Korean Residents in Japan and Their Legal Status and Treatment in Japan」, 허정수석대표가 이승만대통령에게, No.003,『재일조선인 북한송환 및 한일양국억류자 상호석방 관계철, 1955-60(V.3 재일조선인 북한송환, 1959. 9-60. 1)』분류번호723. 1JA, 등록번호767.

11)「第4次日韓全面會談における在日韓人の法的地位に關する委員會の第十八回(再開第三回)會合」, 1959. 9. 11. 北東アジア課, 문서번호1088 ;「The Gist of Talks 18th Session, The Meeting of The Committee on Legal Status of Korean Residents in Japan, September15,1958」,『제4차회담 법지위』.

주력하려 했다. 그 원동력은 일본에서 태어난 자제들에게 민족교육을 시키고 싶다는 절실한 염원이었는데 동시에 총련의 지도 아래 급속히 확대되고 있던 조선학교에 대항하려는 의도가 있었던 것도 분명하다.

다만 한국이 이 요구를 제기한 1959년 9월은 지난 달 8월에 북한의 조선적 십자사와 적십자국제위원회 사이에서 재일조선인의 북한 귀환 협정이 정식으로 조인되어 북한 귀국 사업(북송)의 실현 가능성이 높아진 시기였다. 그리고 이 북송을 저지하기 위해 한국이 이승만 대통령 주도로 한국 집단귀환 협정 체결을 일본에 제안하는 바람에 법적지위 교섭 논의가 이 한국 귀환 문제에 집중됐다. 그 결과 한국이 제기한 민족학교 문제는 한 번도 논의되지 않은 채 회담 자체가 이승만 정권 붕괴로 중단되고 말았다.

일본은 5차회담이 시작되어 교섭 진전의 기미가 보임에 따라 민족학교 문제를 내부에서 본격적으로 검토했고 그 결과를 토대로 한국 측에 일본 측의 견해를 제시했다. 일본의 외무성과 법무성사이에서 이루어진 내부협의 과정에서 나온 발언과 일본이 한국과의 교섭 자리에서 한 발언을 정리한 것이 〈표1〉이다.

〈표1〉 민족교육 문제에 관한 일본의 발언과 견해

날짜	발언 또는 문서 내용	발언자 또는 문서 작성자	장소 또는 문서명
1960. 11.4	조선인에게 적극적으로 일본의 교육을 받게 하는 것이 좋지 않을까.	하세가와(長谷川) 법무성 민사국 제5과장	일본정부 각 성 협의회
12.23	재일조선인의 자제는 일본인으로의 동화를 위해 가능한 한 일본학교에 입학시키는 것이 좋다.	보쿠베(卜部) 외무성 사무관	외무성과 법무성의 내부협의회
12.27	그들(재일조선인의 자손)에게는 오히려 적극적으로 일본의 교육을 받게 하고 싶다. 일본에 영주하는 사람이 조선의 교육을 받는 것은 적절치 않다. 조선의 교육을 받은 사람에게는 입관국이 영주허가를 부여할 때 일본에 영주할 의사가 없는 것으로 취급하면 된다.	이세키(伊關) 외무성 아시아국장	외무성과 법무성의 내부협의회
	조선인학교는 허용하지 않는 것이 좋다.	하세가와(長谷川) 법무성 민사국 제5과장	

1961. 1.19	재일한국인이 영원히 일본 국내에서 외국인으로서의 집단콜러니를 형성하는 것을 방지하기 위해 귀화나 교육의 면에서 하루빨리 그들 한국인을 일본인으로 동화시키고 싶다고 생각하고 있다.	다카세(高瀬) 입관국장	일본정부 각 성 협의회
3.23	외국인이 자국 내에서 함부로 학교를 만드는 것을 허용하는 나라는 어디에도 없다.	다카세(高瀬) 입관국장	한일 비공식회의
3.25	재일한국인의 일본인화(귀화를 전제로 해서)를 촉진하기 위해 그들로 하여금 자진하여 일본의 교육을 받게 하거나 아니면 그것을 의무화해야 한다는 의견도 있다.	외무성	「일한예비회담의 법적지위위의 앞으로 진행방법에 관한 기본방침」
3.30	일본 영역 내에 외국 학교가 있는 것은 바람직하지 않다.	다카세(高瀬) 입국관리국장	한일 비공식회의
	문부성도 소중고등학교에 해당하는 각종학교는 일본의 교육체계를 어지럽히므로 절대 반대한다고 말했다.	이케가미(池上) 검사	

　이를 보면 내부 협의에서 나온 발언에 일본의 본심이 뚜렷이 나타나 있음을 알 수 있다. 이세키(伊關) 아시아국장은 재일조선인이 조선의 교육을 받는 것은 적절하지 않고 조선학교에서 교육을 받은 사람을 일본 영주 의사가 없는 것으로 취급하자고 극단적인 의견을 내놓았다.[12] 다카세(高瀬) 입관국장은 "재일한국인이 영원히 일본 국내에서 외국인으로서의 집단콜로니를 형성하는 것을 방지하기 위해 귀화나 교육의 면에서 하루빨리 그들 한국인을 일본인으로 동화시키고 싶다"[13]고 말했다. 동화를 위해서는 민족학교의 증가는 바람직하지 않고 일본학교에서 일본인 교육을 시켜야 한다는 것이 일본정부의 일치된 견해였다.

　일본은 한국과의 교섭 자리에서는 외국인 학교가 존재하는 것 자체가 바람직하지 않다는 견해를 밝히고 그러한 학교의 존재가 일본의 교육 체계를 문란하게 한다는 문부성의 견해도 전했다. 이 시점에서는 동화라는 본심을 노골적

12) 「法的地位問題に關する法務省との打ち合わせの件」, 1965. 12. 27, 北東アジア課, 문서번호1152.
13) 「法的地位(生活保護)問題に關する日本側打合會議槪要」, 1961. 1. 19, 北東アジア課, 문서번호1154.

으로 드러내는 것은 자제하고 법체계상 허용할 수 없다는 논리로 한국의 요구를 차단하려 한 것이다. 이후 일본은 회담 기간 내내 이 논리를 밀고 나갔다.

이상과 같이 민족학교의 설립·운영 문제는 4차회담에서 한국 측이 처음으로 제기한 뒤 5차회담에서 일본이 그것이 일본의 교육 제도를 문란하게 한다는 논리로 반대 의사를 분명히 함으로써 양국 간의 대립 구도가 선명해졌다. 그러나 군사쿠데타로 회담이 중단되는 바람에 더 구체적인 논의는 다음 6, 7차회담으로 넘어갔다.

3-2 진학 자격 논쟁

6차회담이 시작되자 한국은 1961년 11월 27일 열린 비공식회담에서 한국계 학교들이 각종학교이므로 실질적으로는 1조교와 비슷한 교육을 하고 있어도 상급학교 진학에 지장이 생기고 있다며 1조교로 인정해줄 것을 처음으로 요청했다.[14] 일본의 소·중·고등학교 및 대학교는 국립·공립·사립을 막론하고 모두 학교교육법 제1조에 의해 '학교'로 규정되어 있으며 이것은 보통 '정규' 학교 내지 '1조교'로 불린다. 1조교는 졸업하면 같은 1조교에 속하는 상급학교로의 진학 자격이 자동적으로 주어지지만 '각종학교'는 그러한 권리가 없다.[15] 대부분이 각종학교였던 한국계 민족학교는 그러한 불이익을 당하고 있었고, 특히 고등학교를 졸업해도 대학교 진학 자격이 없는 것은 민족학교 활성화에 큰 걸림돌이 되어 있었다. 사립대 중에는 독자 판단으로 입학 자격을 인정해주는 사례도 있었지만 국립학교는 아예 진학 자격이 없어 졸업생들은 일본 고등학교에 다시 다니거나 대학 입학자격 시험을 따로 보거나 해서 진학 자격을 취득하는 부담을 져야 했다. 1조교 인가라는 한국의 요구는 바로

---

14) 「在日韓国人の法的地位に關する委員會第4回非公式會談」, 1961. 11. 27, 北東アジア課, 문서번호943.

15) 각종학교는 학교교육법 제134조에 "제1조에 제시된 것 이외의 것으로 학교 교육에 유사한 교육을 하는 것"으로 규정된 학교로 각종 직업학교나 어학원, 입시학원 등 특수한 목적을 위해 설립된 학교가 주로 이 범주에 속한다.

이러한 어려움의 해소가 목적이었다. 또 거기에는 앞으로 설립될지도 모르는 민족학교가 1조교로 출발할 수 있도록 미리 일본정부로부터 인가 보장을 받아두려는 의도도 있었다.

다만 한국계 학교 중에는 이미 1조교도 존재했다. 앞에서 언급했듯이 민단 산하 한국계 학교는 도쿄와 오사카, 교토의 세 도시에서 네 개 학교법인이 운영되고 있었다. 그 자세한 상황은 〈표2〉와 같다. 재일조선인의 최대 집중거주 지역인 오사카에 백두학원과 금강학원의 두 개 학교가 해방 직후 1946년에 설립됐고, 이듬해 교토에 교토한국학원, 일본 독립 후 1954년 도쿄에 도쿄한국학원이 각각 설립됐다. 한일회담 당시 이들 학교 중 백두학원의 소·중·고등학교와 금강학원의 소학교가 1조교 자격을 갖추고 있었고 나머지는 각종학교였다.

〈표2〉 한국계 민족학교 현황

학교명 (창립년도)	백두학원 (1946)	금강학원 (1946)	교토한국학원 (1947)	도쿄한국학원 (1954)
학교 구성 (창립년)	건국 소학교(1949) 건국 중학교(1947) 건국고등학교(1948)	소학교(1950) 중학교(1954) 고등학교(1960)	중학교(1947) 고등학교(1947)	초등학교(1954) 중등학교(1954) 고등학교(1956)
기타	* 학교법인의 명칭은 '백두학원', 그 산하 각 학교의 명칭은 '건국'학교다. * 1951년 모든 학교가 1조교 인가. * 백두학원은 남북 어느 쪽에도 치우치지 않는 중립계로 출발해 훗날 '한국계'가 된 역사를 갖고 있다.	* 1950년 소학교가 1조교 인가. * 1985년 금강학원 중·고등학교가 1조교 인가.	* 2004년 1조교 인가. 학교명을 '교토국제학원'으로 변경.	

백두학원과 금강학원이 1조교 인가를 받은 배경에는 당시 일본정부가 평화조약 발효까지 재일조선인은 일본 국적을 유지한다는 입장을 취하고 있었다는 사정이 있었다. 이 견해에 따르면 재일조선인이 설립한 민족학교도 형식상 '일본 국민'이 설립한 학교로 간주하지 않을 수 없었고, 1조교 신청을 거

부하는 근거가 일본정부에게는 없었다.[16] 그러나 평화조약 발효와 동시에 일본은 재일조선인의 일본 국적을 상실시켜 이후 설립된 민족학교를 '외국인' 학교로 간주했기 때문에 새로 설립된 학교는 1조교 인가를 받지 못하게 됐다. 한국학교 가운데 1조교와 각종학교가 혼재하게 된 데에는 이러한 역사적인 경위가 있었다.

따라서 한국의 요구는 아직 1조교 자격이 없는 학교들을 염두에 둔 것이었는데 1조교 인가가 가장 시급한 대상으로 한국이 중요시하고 있던 것은 도쿄한국학원이었다. 이 학교는 일본 독립 후 처음으로 설립된 한국계 학교로 민단 중앙이 주도하며 한국정부의 전면적인 지원도 받고 있었다. 그런 점에서 한국계 민족교육의 상징적인 존재였는데 일본정부의 방침 탓에 1조교 인가를 받지 못하는 상태였다.

한국의 요구에 대한 일본의 반응은 냉담했다. 교섭에 참석한 문부성 담당자는 학교교육법은 일본 국민의 교육을 규정한 법률이며 외국인 학교를 정규학교로 인정하면 일본의 학교 제도가 흔들릴 수 있기 때문에 외국인만을 대상으로 교육을 하려 할 것이라면 각종학교 형태 밖에 없다고 단호한 거부 자세를 보였다.[17] 학교 체계를 문란하게 한다는 논리는 이미 5차회담 때 등장했었는데 1조교 인가라는 구체적인 요구가 나오자 일본은 이 논리를 새삼 전면에 내세웠다.

한국은 백두학원이 이미 소·중·고등학교가 다 1조교로 인정됐지 않냐고 백두학원의 예를 들이댔다.[18] 그러나 일본은 백두학원과 금강학원은 평화조약

---

16) 1조교 인가를 받은 두 개 학교 중 주목할 만한 것은 역시 소·중·고등학교를 모두 갖추어(학교 이름은 '건국'학교) 그 학교 모두가 1조교 자격을 가지고 있던 백두학원이다. 이는 초대 교장을 맡은 재일코리안 교육자 이경태가 제자들의 장래를 생각하면 1교조 인가를 받아두는 것이 득책이라고 판단해 그 실현을 위해 노력한 결과였다. 또 백두학원은 남북 어느 쪽에도 치우치지 않는 중립계 학교로 출발했다는 점에서도 주목할 만한 존재였다. 이 방침 역시 이경태 교장의 생각에 의한 것이었다.

17) 「在日韓国人の法的地位に關する委員會第4回非公式會談」, 1961. 11. 27, 北東アジア課, 문서번호943.

18) 「在日韓国人の法的地位に關する委員會第5回非公式會談」, 1961. 12. 14, 北東アジア課, 문서번호944.

발효 이전이라는 특수한 상황에서 인가된 것이라 전례로 삼을 수 없다고 한국의 주장을 일축했다.[19] 일본은 나아가 평화조약 발효 이전에 설립되고 지금도 그대로 존속되어 있는 백두학원 같은 한 둘의 예외적인 학교를 이후 늘릴 생각은 없다고 단언했고,[20] 입관국의 쓰루타(鶴田) 차장은 백두학원은 평화조약 이전에 일본인이 설립한 학교로 간주해 인정했지만 원칙적으로는 평화조약 발효로 재일조선인이 일본 국적을 이탈했으므로 그 인가를 취소했어야 했다는 견해까지 내놓았다.[21] 한국은 재일조선인은 평화조약 발효 이전에 이미 한국 국적을 가지고 있었고 일본정부도 그들에게 참정권을 주지 않고 외국인 등록을 시키는 등 외국인 취급을 하고 있었다고 반론하며 백두학원은 외국인이 설립한 학교를 1조교로 인정한 선례가 된다고 맞섰지만[22] 일본은 자기 주장을 굽히지 않았다.

일본의 완강한 거부 자세에 직면한 한국은 1조교 인가 요구를 접고 상급학교 진학자격만 요구하는 전략으로 나섰다. 1963년 5월 8일 열린 교섭 자리에서 한국은 일본의 학교교육법은 외국에서 12년의 교육 과정을 마치고 귀국한 사람을 일본 고등학교 졸업생과 동등한 학력의 보유자로 간주하여 대학 진학 자격을 인정하고 있다고 지적하며 한국계 민족학교 졸업생도 한국 국내의 고등학교 졸업생과 동일한 것으로 간주하여 진학 자격을 인정해달라고 새로운 방식을 제안했다.[23] 귀국 자녀에게 특별한 배려를 하는 일본의 제도를 재일조선인에게도 원용하자는 것이다.

그러나 이 요구에 대해서도 문부성 담당자는 어떤 이유든 각종학교 졸업생

19)「在日韓国人の法的地位に關する委員會第8回非公式會談」, 1962. 3. 2, 北東アジア課, 문서번호947.
20)「日韓予備交涉法的地位關係會合第27回會合」, 1963. 5. 8, 北東アジア課, 문서번호674.
21)「제7차 한일회담 법적지위 위원회 제3차 회의 회의록」,『제7차 한일회담. 법적지위위원회 회의록 및 훈령, 1964-65. 전2권(V.1 제1-24차, 1964. 12. 7-65. 4. 16)』분류번호723. 1JA, 등록번호1457(이하『제7차회담 법지위 V.1』)
22) 앞의 문서.
23)「日韓予備交涉法的地位關係會合第27回會合」, 1963. 5. 8, 北東アジア課, 문서번호674.

에게 진학 자격을 인정하는 것은 일본의 교육제도를 문란하게 하는 것이고 외국학교 졸업생에게 진학자격을 인정하는 일본의 제도는 일본인 자제가 귀국했을 경우와 외국인 유학생의 인수를 염두에 둔 것이므로 재일조선인 자제에게는 해당하지 않는다고 역시 냉담한 반응을 보였다.[24)

그 후에도 한국은 진학자격 인정을 집요하게 요구했고, 회담 막바지인 1965년 3월 일본 측에 제시한 법적지위 협정안 속에 협정영주권을 얻은 자가 "설립하는 사립학교로 대한민국 정부의 지정을 받았을 경우에는 동교 수료자에 대하여는 일본국 정부의 상급학교 진학에 있어 외국의 동급학교 수료자와 동등한 자격을 인정하기로 한다" 는 조항을 두었다.[25) 그러나 절대로 양보하지 않으려는 일본의 완고한 태도 앞에 마지막에는 요구를 접었다. 그 결과 최종 합의된 법적지위 협정에는 민족학교에 관한 규정은 들어가지 않았다.

이상의 교섭 과정에서 일본은 법체계상 허용하지 못한다는 형식적인 논의를 넘어 재일조선인의 일본 동화를 위해서는 민족교육 활성화는 곤란하고 오히려 적극적으로 일본학교에 보내려 하는 본심을 드러냈다. 이 생각 역시 5차 회담 때 일본정부 안에서 대두했던 것이었는데 양국의 공방이 치열해짐에 따라 대놓고 한국 측에 토로하게 된 것이다.

다카세 입관국장은 1961년 11월 한국이 1조교 인가를 처음 요청했을 때 소수민족 문제를 배제하려는 일본정부의 근본방침에 반하므로 그러한 요청은 재고해달라고 말했다.[26) 1963년 4월에 열린 교섭에서 일본은 한국학교를 졸업하면 취직에서 불리하니 길게 보면 일본의 정규학교에서 공부하는 것이 재일조선인 자제를 위해서는 낫지 않겠냐고 말했다.[27) 7차회담이 시작된 후

<hr>

24) 앞의 문서.

25) 「第7次日韓全面會談在日韓国人の法的地位に關する委員會第16回會合」, 1965. 3. 4, 北東アジア課, 문서번호100 ; 「제7차 전면회담 법적지위 위원회 제16차 회의록」, 1965. 3. 4, 『제7차회담 법지위 V.1』.

26) 「在日韓国人の法的地位に關する委員會第4回非公式會談」, 1961. 11. 27, 北東アジア課, 문서번호943.

27) 「제6차 한일회담 예비 교섭 법적 지위관계회담 제21차 회의요록」, 1963. 4. 23, 『제6차 한·일회담. 재일조선인의 법적지위 관계회의, 1961. 10~64. 3』분류번호 723. 1JA, 등록번호 724(이하 『제6차회담 법지위』)

1964년 12월 열린 교섭에서 일본의 쓰루타 입관국 차장은 "일본에 장기재류하는 이상 일본학교에 들어가는 것인 당연한 일이다"[28] 라고 발언했고, 1965년 4월의 교섭에서는 문부성 담당자도 "일본에는 일본의 교육제도가 있는 것이고, 이것을 이용해 달라"[29] "(상급학교 진학자격을 얻고 싶으면) 일본학교에 취학하여 입학자격을 인정받는 것이 낫다고 생각한다"[30]는 등 일본학교 진학을 권장했다.

이를 보면 일본학교 통학을 권장하는 일본의 자세가 두드러진다. 6차회담 이후 자손의 취급이 초점이 되어 그것을 귀화=동화로 해결하려는 방침이 일본정부 안에서 확립된 상황을 생각할 때 자제를 일본학교에 보내려는 생각 역시 이 시기 일본정부 안에서 대세가 된 것으로 보인다. 이는 일본정부의 내부 문서에서도 확인할 수 있다. 입관국이 1962년 3월 작성한 문서에는 "영주 한국인의 자제를 일본의 소·중학교에 입학시키는 것은 우리나라에게도 소수민족 문제의 회피책인 일본동화(귀화)책 상 유리하고, 실제로 대다수의 한국인 자제는 일본이름으로 입학하고 있는 것 같다"라고 기록되어 있다.[31] 같은 해 9월 외무성이 작성한 문서에서도 "일본에서 한국식 교육을 하는 것보다 오히려 적극적으로 일본의 교육을 받게 하는 것이 바람직하다고 생각된다"는 기술이 나온다.[32]

이상과 같은 경위를 거쳐 최종 합의된 법적지위 협정에서는 영주권을 얻은 사람의 "일본국에 있어서의 교육"에 대해 일본정부가 "타당한 고려를 한다"

---

28)「제7차 한일회담 법적지위 위원회 제3차 회의 회의록」,「제7차회담 법지위 V.1」.

29)「第7次日韓全面會談在日韓国人の法的地位に關する委員會第26回會合」, 1965. 4. 23, 北東アジア課, 문서번호103.

30)「제7차 전면회담 법적지위 위원회 제26차 회의록」, 1965. 4. 26,「제7차 한일회담. 법적지위위원회 회의록 및 훈령, 1964-65. 전2권(V.2 제25-40차, 1965. 4. 21-65. 6. 15)」분류번호 723. 1JA, 등록번호 1458(이하「제7차회담 법지위 V.2」).

31)「(省議資料)在日韓国人の法的地位に關する委員會討議中の問題点について」, 1962. 3. 6, 入国管理局, 문서번호1580..

32)「在日韓国人の法的地位に關する委員會の今後の進め方について(試案)」, 1962. 9. 1, 北東アジア課, 문서번호1575.

는 규정이 제4조에 담겨졌고, '타당한 고려'의 구체적인 내용은 합의의사록 속에서 협정영주권을 얻은 재일조선인의 일본 공립 소·중학교 입학 및 중학교 졸업생의 상급학교 입학자격을 인정한다고 규정됐다. 협정 본문에 '타당한 고려'라는 추상적인 말만 두고 구체적인 내용을 합의의사록에 규정하는 우회적 방식이 취해진 것은 일본학교 입학은 일본정부의 재량에 의한 것이라는 일본의 입장을 관철시키기 위해서였다. 그렇지만 일본이 재일조선인 자제를 일본학교에 적극 보내려 하고 있었다는 사정을 생각하면 이 조항 내용은 일본에게 유익한 것이었다. 일본은 원래라면 안되는 일본학교 통학을 허용해 준다고 생색내면서 실질적으로는 재일조선인 자제의 동화라는 목적을 실현하기 위한 발판을 마련하는데 성공했다고 할 수 있다.

그것은 이 사항의 구체적인 실시 방법을 지시한 1965년 12월 28일자 문부차관 명의의 행정 지령을 보면 잘 알 수 있다. 이 지령은 협정영주권을 얻은 사람의 일본 공립 소·중학교 입학을 허용하고 모든 면에서 일본인과 동일한 취급을 한다는 내용이었다. 구체적으로는 수업료를 징수하지 않고 교과서도 무상 제공하고 취학 원조 조치도 일본인 자제와 동일한 취급을 한다 등의 방침이 제시됐다. 가장 중요한 것은 교육 내용에 대하여 "일본인 자제와 똑같이 취급하는 것으로 하고 교육과정의 편성, 실시에 관해서 특별한 취급을 해서는 안 된다"라고 지시한 부분이다. 공립학교에서 민족적인 교육을 해서는 안 된다고 못을 박은 이 지시가 일본 동화를 위한 조치임은 두말 할 나위가 없다.

3-3 조선학교를 둘러싼 공방

1조교 인가와 진학자격 인정 요구를 둘러싼 논의가 진행되는 가운데 그 연장선상에서 총련 산하 조선학교를 어떻게 취급할 것이냐는 문제가 초점으로 떠올랐다.

발단은 일본이 한국의 요구를 거절하는 이유로 조선학교의 존재를 든 것이었다. 이세키 아시아국장은 1962년 9월 6일 열린 교섭 자리에서 한국계 학교를 정규학교로 인정하면 총련계 민족학교도 똑같이 인정해야 한다는 난점이 생긴다고 말했다.[33] 법무성의 이케가미(池上) 검사도 1965년 12월 열린 교섭에서 "조선인 학교를 인가하면 총련 학교도 인가해주어야 하는 것이 아니냐"고 한국에 반문했다.[34] 일본은 한국계 학교를 1조교로 인정하면 똑같은 취급을 조선학교 측으로부터 요구받을 가능성이 있다는 논리로 한국의 요구를 거절하려 했다.

한국계 민족학교와는 달리 조선학교는 모두 각종학교 내지 법적 인가가 없는 사설학원이었으며 1조교는 한 곳도 없었다. 조선학교의 기원은 연합군 점령기 재일본조선인련맹(조련) 산하 세워졌던 민족학교인데 이 학교는 1949년 점령정책에 반한 공산주의 교육을 하고 있다는 이유로 강제폐쇄를 당해 백두학원처럼 1조교 인가를 받을 기회는 없었다. 조련의 흐름을 계승해 1955년 창립된 총련은 폐쇄됐던 민족학교의 재건을 추진했는데 이때는 이미 일본이 1조교 인가 불허 방침을 세운 후라 1조교 인가 가능성은 아예 없었다. 다만 조선학교에 1조교가 없는 것은 조선학교 측의 주체적인 판단의 결과이기도 했다. 조선학교는 1조교 인가는 아예 요구하지 않고 각종학교로서의 인가를 목표로 삼고 있었다.

민족 교육이라는 관점에서 볼 때 1조교와 각종학교는 각각 장단점이 있었다. 1조교는 상급학교 진학 자격이 자동적으로 주어지는 이점이 있지만 학교 운영과 교육 내용에 관해서는 일본정부가 정한 학습지도요령에 무조건 따라야 하므로 민족교육에 중점을 두기에는 제약이 많았다. 반대로 각종학교는

---

33)「한일 예비 절충 제4차 회의 회의록 송부」, 주일대사가 외무부장관에게, 1962. 9. 6, 『제6차 한일회담. 제2차 정치회담 예비절충-본회의, 1~65차 1962. 8. 21~64. 2. 6 전5권(V.2 4~21차 1962. 9. 3-12. 26)』분류번호723.1.JA, 등록번호737.

34)「제7차 한일회담 법적지위 위원회 제3차 회의 회의록」, 『제7차회담 법지위 V.1』.

수업 내용을 자유롭게 짤 수 있어 민족교육에 대한 제약이 없지만 상급학교 진학자격이 없는 불이익을 감수해야 했다. 일본 독립 후에 설립된 민족학교는 북한계든 남한계든 진학자격이 없다는 점에서는 공통된 불이익을 당하고 있었지만 한국 학교가 1조교 인가로 그 곤경에서 벗어나려 한 데 대해 조선학교는 그러한 불이익을 감수해서라도 민족교육을 관철시키는 길을 택했다.

일본이 조선학교 문제를 거론하자 한국은 조선학교에 대한 규제 요구를 들고 나왔다. 1963년 5월 8일 열린 회의에서 한국은 "외국인이 일본에서 학교를 설치하고 독재적인 내용의 교육을 실시할 경우 이에 대해 일본정부는 무엇인가 법적인 조치를 취할 수 없느냐"고 타진했다. 이는 조선학교를 염두에 둔 발언이었으며, 이에 일본 측은 할 수는 있지만 이 문제로 매우 고민하고 있다고 대답했다.[35]

1964년 12월 제7차회담이 시작되어 교섭이 막바지 단계에 접어들자 한국은 조선학교 폐쇄를 요구하고 나섰다. 1965년 4월 21일 열린 교섭에서 한국은 지금까지 일본 문부성 담당자는 한국계 학교에 진학자격을 주는 것은 일본의 교육 체계를 문란하게 한다고 일관되게 말해왔지만 "총련계 학교에서는 개인숭배 사상이나 프롤레타리아트독재의 찬양을 통해 한일 양국 나아가서는 세계 적화를 노리는 공산주의 교육이 이루어지고 있는데도 그러한 학교를 폐쇄하지도 않고 그냥 방치하고 있는 것은 이해가 가지 않는다"고 일본을 비난했다. 그리고 "(그러한 일본의 태도는)당연히 해야 할 일을 하지 않고 한국인이 설립한 정당한 학교를 그러한 학교와 동일시하는 것이고, 게다가 상급학교 진학 자격조차 인정하지 않는다는 것은 이해가 가지 않는다" 고 조선학교의 존재를 빌미로 한국의 요구를 거절하는 일본의 태도에 대해 불만을 터뜨렸다.[36]

---

35) 「제6차 한일회담 예비교섭 법적지위 관계회합 제22차 회의 요록」, 1963. 5. 8, 『제6차회담 법지위』.
36) 「제7차 전면회담 법적지위 위원회 제25차 회의록」, 1965. 4. 23, 『제7차회담 법지위 V.2』.

3일 후 4월 23일 열린 회의에서 한국은 한국이 교육 문제와 관련해서 여러 요구를 제기하는 것은 북한계와의 대항 상 할 수 없이 하는 것이고 일본정부가 북한계 학교를 모두 폐쇄하면 지금까지 내놓았던 요구를 접어도 된다는 태도를 보였다.[37] 뿐만 아니라 더 이상 한국인 학교를 설립할 일이 없을 것이라고 단언했고,[38] 조선인 아이들의 80%가 일본학교에 다니고 있으므로 총련계 학교만 정리되면 한국계 학교에 대한 한국 측의 요구는 문제시할 정도의 것이 아니라는 인식을 보이기도 했다.[39]

일본 측도 이시카와(石川) 대신관방참사관이 "총련계 학교가 표면상 민족교육 운운하면서 실제로는 반일, 반미적인 교육을 실시하고 있는데 재일조선인의 성분을 확실히 구분하기는 어렵고, 그 학교가 총련계가 되지 않는다는 보장도 없으므로 영주권자가 설립할 학교에 대해 설립 인가를 할 수 없는 것이다"라고 말하는 등 일본의 속마음을 드러냈다.[40]

이 일련의 한일 양국의 발언을 보면 한국계 민족학교에 관한 논의는 불가피하게 조선학교의 취급 문제로 연결되지 않을 수 없는 구조를 가지고 있었음을 알 수 있다.

일본은 한국계 학교에 준 혜택을 조선학교에게도 똑같이 주어야할 사태를 초래할 것을 우려하고 있었다. 그렇게 되지 않더라도 한국이 민족교육에 주력하는 것 자체가 남북간 경쟁의 상승작용을 통한 민족교육 전체의 확대로 이어질 가능성이 있어 이것 역시 재일조선인의 동화를 지상목표로 하는 일본에게는 바람직하지 않은 사태였다. 앞에서 살펴본 바와 같이 외무성은 1962년 9월 자손 세대를 기다리지 말고 현존 세대에게 무조건 귀화를 허용하는 특

37)「第7次日韓全面會談在日韓国人の法的地位に關する委員會第26回會合」, 1965. 4. 23, 北東アジア課, 문서번호103.
38) 앞의 문서 ;「제7차 전면회담 법적지위 위원회 제26회 회의록」, 1965. 4. 26,「제7차회담 법지위 V.2」.
39)「제7차 전면회담 법적지위 위원회 제26회 회의록」, 1965. 4. 26,「제7차회담 법지위 V.2」.
40) 앞의 문서.

별입법을 하자고 일본정부 안에서 제안했는데 그러한 입법의 필요성을 호소한 다음과 같은 외무성의 당시 설명은 민족교육의 확대를 경계하는 일본의 본심을 잘 보여준다.

"지금 당장 특별입법 같은 과감한 조치에 나서는 것은 시기상조라는 의견도 있겠지만 북선(北鮮)계에 맞서 한국 측도 민족교육에 힘을 들이고 있는 현재, 되도록 이른 시기에 재일조선인의 귀화를 위해 적극적인 조치를 취하며 그들의 자제로 하여금 일본인으로서 일본 교육을 의무로 지게 하지 않는다면 남북간의 대항의식이 더더욱 각각 자기 입장에 의한 민족교육을 만연하게 하고 장래 그들을 동화시키기가 지극히 어려워질 것이라고 생각된다."[41]

한국이 1조교 인가나 진학자격 인정을 요구한 것도 조선학교에 대한 대항의식에서 비롯된 바가 컸다. 조선학교에 대해 강경조치에 나서지 못한다고 일본을 비난한 발언에 그러한 의도가 잘 드러나 있다. 다만 민단과 한국 교섭단 사이에는 민족교육에 대한 열의라는 점에서 온도차가 있었다. 민단은 북한에 대항하려 하면서도 그 밑에는 자제들에게 민족적인 교육을 받게 하고 싶다는 민족심이 깔려 있었다. 그러나 본국에서 온 교섭단 멤버들은 북한에 맞서려는 반공적인 시각에서만 문제를 바라보고 있었고 자손의 일본인화를 우려하는 재일조선인에 대한 공감은 희박했다. 북한계 학교를 패쇄 해주면 요구를 접겠다든지 더 이상 한국학교 설립은 없다든지 하는 그들의 발언에 그러한 의식이 모습을 드러내고 있다.

교섭이 타결을 보아 법적지위 협정이 조인된 후 일본은 1965년 12월 28일 재일조선인의 일본학교 입학과 일본인과 동일한 취급을 지시한 상술한 행정지령과 동시에 「조선인만을 수용하는 교육시설의 취급에 대하여」라는 행정지령을 내렸다. 이것은 "조선인만을 수용하는 공립소학교 분교의 취급에 대

---

41) 「歸化による在日朝鮮人の同化政策について」, 1962. 9. 26, 北東アジア課, 문서번호1577.

하여" 및 "조선인만을 수용하는 사립 교육기관의 취급에 대하여"라는 두 가지 항목으로 되어 있다.

첫째 항목은 전국에 16개 있는 조선인만을 수용한 공립학교 분교가 '지극히 비정상적인 상태'에 있다는 판단 아래 정상화를 위해 필요한 조치를 강구하고 그래도 정상화가 되지 않을 경우에는 분교 존속(여부)에 대해서 검토할 것을 지시했고, 이후 그러한 학교를 설치하지 말아야 한다고 명령했다. 1949년에 폐쇄 당한 조련 산하 민족학교의 일부는 통합되어 공립학교(와 그 분교)로 탈바꿈했다. 이로 인해 조선인 학생만 다니는 공립학교라는 일본의 전후 역사상 특이한 학교가 출현했다. 이곳에서는 수업은 일본식으로 이루어졌지만 총련의 영향을 받은 교사들에 의해 민족교육도 상당히 실시되고 있었다. 이 학교는 50년대에 폐쇄됐지만 조선인 집중지역에 있던 분교는 그 후에도 존속됐다. 이 상황을 일본은 '비정상적인' 것으로 문제시한 것이다.

둘째 항목에서 언급한 '조선인만을 수용하는 사립교육기관'은 바로 남북을 막론하고 재일조선인이 설립한 민족학교를 가리킨다. 이 항목에서는 이러한 학교들을 1조교로도 각종학교로도 인가해서는 안 된다고 명령했고, 이미 인가된 학교에 대해서는 적정한 운영이 이루어지도록 유의하는 동시에 실태 파악에 노력하겠다는 방침을 제시했다. 민족학교를 억제하려는 일본정부의 강한 의도를 읽을 수 있는 내용이다.

일본정부가 이러한 지시를 일부러 내린 것은 현실이 자기 뜻대로 진행되고 있지 않다는 위기감의 발로였다. 일본정부는 1조교 인가는 물론 각종학교로도 인가하지 않으려는 자세를 취해왔지만 각종학교의 인가권은 광역지자체장(도도부현 지사)의 권한이었고, 일본정부의 의도에 반해 조선학교가 각종학교로 인가되는 사례가 속출했다.

다만 이 행정지시를 내리기 훨씬 전, 한일회담에서 막바지 교섭이 진행되고 있던 단계에서 일본은 이미 민족학교 전체를 일본정부가 중앙집권적으로 통제하는 제도를 만들고 그것을 통해 조선학교를 무력화하려는 시도에 착수했었다. 그러한 일본의 움직임을 촉발시킨 것은 한국의 요구로 시작된 민족교육을 둘러싼 한일회담에서의 논의였다.

4) 외국인학교 제도 구상

한일회담이 막바지에 접어들고 상급학교 진학자격 인정을 한국이 강하게 요구하고 있던 1965년 3월 여당 자민당은 당내 조사기관의 하나인 문교조사회에 외인교육소위원회를 설치하여 외국인 학교 제도 창설을 목표로 검토 작업에 들어갔다. 이 위원회는 자민당 의원 15명으로 구성되어 문부성, 외무성, 경찰청, 공안조사청의 담당자들도 참여했다. 연구 주제는 재일조선인 교육의 현황과 그 문제점, 외국에 거주하는 일본인 교육의 현황과 외국 각국의 외국인학교 정책이었다. 이동원 외무부장관과 시이나(椎名) 외상이 막바지 교섭을 벌이고 있던 1965년 3월 26일 첫 회의를 열어 8차례에 걸쳐 회의를 거듭한 끝에 5월 26일 중간보고서를 작성했다. 한일 간의 모든 조약과 협정이 정식 조인되기 약 한달 전의 일이다.

보고서는 (1)일한회담에서의 교육관계 사항 (2)영주를 허가된 한국인 이외의 조선인의 교육상의 처우 (3)일본인, 조선인의 상호이해와 친화의 촉진 (4)재일외국인 교육의 기본방침이라는 4항목으로 구성되어 있다.

제(1)항에서는 4월 3일 가조인된 법적지위 협정으로 영주권 부여 대상자가 향후 100년 이상 존재하게 된 만큼 그들이 일본사회에 적응한 조화적인 존재가 될지 말지가 일본사회의 안정을 좌우하는 중대문제라는 인식을 보이며, 그러기 위해서는 그들을 일본학교교육에 기꺼이 받아들이고 어렸을 때부터 일본인 자제와 생활을 같이 하게 하여 친화적인 관계를 맺도록 하는 것이 중요하다고 지적했다. 그리고 그런 목표에 비추어 볼 때 재일조선인의 일본 학교 입학과 상급학교 진학을 허용한 가조인 내용은 타당한 것이고, 교과서 무상 배포 등 각종 편의 제공을 일본인과 차별 없이 실시해야 한다고 강조했다.[42] 반면 한국인 학교 졸업생에 대한 일본 상급학교 진학자격 인정 등 한국 측의 요구에는 안이하게 타협해서는 안 된다고 경고했다. 아직 진행 중이던 한일회담의 논의를 염두에 두고 못을 박은 것이다.

제(2)항에서는 영주권을 신청하지 않을 것으로 예상되는 총련계 조선인에 대한 대응을 고찰했다. 보고서는 그들이 귀국할 공산이 없는 이상 일본사회의 이질적인 존재가 아니라 조화적인 존재로 하기 위해서 역시 적극적으로 일본의 교육 체계 안으로 수용해야 한다고 주장했다. 그러지 못하면 그들을 "편협한 배일적 민족교육"으로 기울게 할 위험이 있으므로 영주권을 신청하지 않아 법적지위 협정의 대상에서 벗어난 북한계 사람도 영주권자와 똑같이 일본학교에 적극적으로 받아들여 일본사회에 "조화적인 존재"로 만들어야 한다는 것이다.

제(3)항에서는 재일조선인을 조화적인 존재로 만들기 위한 일반적인 시책의 필요성을 호소했다. "일본인 및 조선인에 현존하는 차별감이나 불신감을 없애고 상호이해를 깊이 하여 친화적인 감정을 키워나가야 한다"고 지적하며, 그러기 위해서는 학교교육, 사회교육, 유네스코 활동 등이 하는 역할이 중요하나 아쉽게도 지금까지 그러한 시도가 충분히 이루어지지 못했으므로 한일회담 타결을 계기로 정부와 교육관계자가 그러한 활동을 활발하게 할 것을 희망한다고 일본정부의 노력을 촉구했다.

---

42) 1965년 6월에 본조인된 법적지위 협정의 기본 내용은 방일한 이동원 외무부 장관과 시이나 외상 사이에서 4월 3일 가조인됐던 협정에 이미 그대로 담겨져 있었다. 교육에 '타당한 교려'를 한다는 표현도 이 가조인 내용에 이미 포함됐었다. 초점이던 영주권의 부여 범위도 (a) 종전이전부터 계속 일본에 거주하는 자, (b) (a)의 직계비속으로서 협정 발효 5년 이내에 일본에서 출생하여 계속 거주하는 자, (c) (a) 및 (b)의 자(子)로서 협정 발효 5년 이후에 일본에서 출생한 자 - 로 하는 것으로 가조인 단계에서 최종 합의를 보았다. 중간보고서가 영주권 부여 대상자가 향후 100년 이상 존재하게 됐다고 한 것은 합의된 이 부여 범위를 전제로 계산하면 (c)에 해당하는 사람이 최장 100년 이상 후까지 생존하게 된다는 의미다.

마지막의 제(4)항은 향후의 재일조선인 교육에 관한 기본방침을 제시한 부분으로 보고서 중 가장 핵심적인 내용이 담겨 있다. 여기서 보고서는 한일회담을 계기로 재일조선인의 교육 문제를 외국인이라는 일반적 시야에서 검토해 올바른 방향을 확립하는 것이 요구되어 있다는 인식을 보인 다음 "일부 조선인의 지나친 민족교육 시정에 도움이 되는" 기본원칙으로 다음과 가은 세 가지를 제시했다.

첫째, 일본의 학교교육을 희망하는 외국인에게는 일본인과 같은 기회를 주어야 한다. 이는 이미 보고서 전반부에서 거듭 강조된 내용이다.

둘째, 1조교에서는 외국인을 위한 외국어나 역사교육을 해서는 안된다. 외국인이 자국의 언어나 역사를 배우고 싶으면 가정이나 사설학원에서 배우면 된다.

셋째, 외국인교육제도를 확립한다. 이것과 관련해서 보고서는 먼저 민족학교를 각종학교로 인정해 온 인가체도를 문제 삼았다. 일본학교교육 체계의 일부를 이루는 각종학교를 외국인교육의 장소로 인정한 것 자체가 문제이며 인가 여부가 도도부현 지사의 판단에만 맡겨져 있는 현행 제도가 그러한 문제를 낳은 원인이다. 게다가 각종학교의 경우 학교에 대한 감독관청의 현장조사권이나 시정명령권이 없는 데다 학교 폐쇄명령의 요건도 지극히 제한되어 있어 "우려스러운 교육"에 대한 시정조치를 취할 수 없게 되어 있다. 이러한 분석을 토대로 보고서는 기존의 일본 교육체계와는 별도로 외국인만을 대상으로 한 새로운 교육제도를 수립할 필요가 있다는 판단을 내려 다음과 같은 안을 제시했다.[43]

「외국인교육제도의 골자(안)」
1. 외국인학교의 학교교육은 일본의 안정과 이익을 해치면 안 될 뿐만 아니

43)「外人敎育小委員會中間報告(案)」, 1965. 5. 26, 自民党政調文敎調査會外人敎育小委員會, 문서번호565.

라 자진해서 일본 및 일본 국민에 대하여 이해를 깊게 하여 친선과 우정을 촉진하는 것이어야 할 것.

2. 우리나라의 평화주의, 국제협조주의 입장에서 외국인학교 교육에서는 특정한 나라를 비난 배척하는 것을 삼가하게 할 것.

3. 외국인학교 인가는 문부대신이 할 것.

4. 문부대신의 인가는 교육시설의 기준과 통칙에 기초해서 할 것. 다만 상호주의 원칙에 입각해서 상대국에서의 일본인 교육의 취급을 고려하여 탄력적으로 운용할 수 있도록 할 것.

5. 기준, 통칙에는 다음과 같은 사항을 포함시킬 것.
   (1) 교육과정, 교과서, 교사의 이력·자격 신고제
   (2) 각종 보고 의무
   (3) 정부의 현장 조사권, 변경 명령, 폐쇄 명령
   (4) 일정시간의 일본어 교수.

6. 외교관계가 없는 민족에 대해서도 통칙에 의함을 원칙으로 한다. 단 상황에 따라 문부대신이 인가 조건을 추가할 수 있을 것.

7. 인가된 자에게는 다음과 같은 공적인 보호와 지원을 할 것.
   단 상황에 따라 탄력적으로 운용할 것. (1) 면세 조치 (2) 학할(学割)제도의 적용 (3) 보조 또는 융자 (4) 육영(育英)장학금의 제공 (5) 직원에 대한 복지제도 (6) 기타.

8. 현존하는 외국인을 위한 교육시설은 그 종류 여하를 막론하고 일정기간 내에 외국인교육시설로 전환시킨다. 전환에 응하지 않는 외국인시설은 일정기간을 두고 폐쇄한다. 본 제도의 대상이 되지 않는 사설학원도 전기 1, 2의 취지에 반하는 것은 인가하지 말 것. 또한 이와 동시에 북선계 민족교육의 장(場)인 공립학교 분교를 정상화할 것.[44]

위 외국인교육제도를 보면 민족학교에 대한 강력한 통제를 가능케 하는 내용이 담겨 있음을 알 수 있다. 먼저 1과 2항에서 외국인 학교에서는 일본의 안정을 해치거나 일본을 비난하는 교육을 해서는 안 된다는 기본 방침을 제시했고, 3항에서 외국인학교의 인가권을 문부대신이 가지도록 했다. 종래 도도

---

44) 앞의 문서.

부현 지사가 기지고 있었던 인가권을 정부 권한으로 이관함으로써 학교 인가 여부를 정부가 중앙집권적으로 통제할 수 있게 하자는 것이다. 4와 5항에서는 구체적인 인가기준을 제시했는데 교육과정이나 사용하는 교과서, 교원의 이력에 이르기까지 모두 정부에 신고해야 하는데다 정부가 현장 조사권과 변경 명령 권한을 가지는 등 정부에 의한 강력한 통제와 감시가 가능토록 되어 있다.

반면 인가된 학교에 대해서는 각종 혜택을 제공할 것을 7항에서 규정했다. 외교관계가 없는 민족에 대해서도 같은 원칙을 적용한다는 6항은 국교가 없는 북한을 염두에 둔 것이 분명하다. 마지막의 8항은 기존의 민족교육 시설을 모두 강제적으로 새로운 외국인학교 제도로 전환시킨다는 매우 강압적인 내용을 담고 있다. 즉 새로운 제도 하의 외국인학교로의 전환을 거부하는 학교는 폐쇄하고 사설학원도 이 외국인교육제도의 취지에 맞지 않는 것은 인가하지 않고 일본공립학교의 분교도 '정상화'시킨다는 것이다.

여기서 제시된 외국인교육제도는 1967년 이후 일본정부에 의해 구체적인 법안으로 국회에 여러 번 제출됐다. 그러나 이 시도는 총련과 일본 혁신세력의 강렬한 반대로 모두 무산됐다.

4. 맺으며

한일회담 법적지위 교섭의 주제였던 교육 문제는 해방으로 외국인이 된 재일조선인에게 일본의 의무교육을 받을 수 있는 권리를 인정하느냐 마느냐를 쟁점으로 논의가 시작됐는데 5차회담 이후 교섭이 후반기에 접어들면서 한국계 민족학교에 대한 대우가 초점으로 부상했다. 총련 산하 조선학교와는 달리 한국계 민족학교는 기본적으로 일본학교와 동일하게 수업을 편성하고 민족교육은 방과 후 시간에 실시하는 경우가 많았는데도 1조교 자격이 없는 탓에 졸업해도 일본의 상급학교 진학 자격이 인정되지 않아 그것이 학교 활성화에 대한 장애 요인으로 작용하고 있었다. 이 어려움을 해소하기 위해 한국이 1조교 인가를 요구한 것을 계기로 민족학교의 대우 개선 문제가 쟁점으로 부상했는데 일본의 학교교육 체계를 문란하게 한다는 이유로 일본은 한국의 요구를 들어주려 하지 않았다. 1조교 인가가 안 된다면 외국에서 고등학교를 졸업한 귀국자녀에게 대학 진학자격을 인정하는 일본의 제도를 재일조선인에게도 원용해 상급학교 진학자격만이라도 인정하라고 한국은 요구했지만 이 요구조차 일본은 거절했다. 그 결과 법적지위 협정에 명기된 것은 재일조선인 자제의 일본학교 입학과 상급학교 진학자격을 인정하도록 일본정부가 '타당한 고려'를 한다는 조항뿐이었다.

일본이 거부 자세를 굽히지 않았던 것은 한국의 요구가 재일조선인 문제를 일본으로의 동화로 해결하려는 일본의 구상과 상충했기 때문이다. 한국계 학교에 1조교나 상급학교 진학자격을 인정하면 북한계 조선학교에도 같은 혜택을 인정해야 한다는 목소리가 총련과 일본 혁신세력으로부터 나올 가능성이 있었고, 만의 하나라도 그런 요구가 실현되는 사태가 일어나면 일본정부가 눈엣가시로 여기던 조선학교가 활성화되고 이것이 남북을 포함한 민족교육 전체의 활성화로 이어질 가능성이 있었다. 일본정부에게 이는 반드시 차단해야 할 '악순환'이었다. 한국은 한일 공통의 '적'인 조선학교를 폐쇄하지도 않고 오히려 그 존재를 빌미로 한국의 요구를 거절하는 것은 어불성설이라고 반발했다. 물론 일본도 될 수 있으면 조선학교를 당장 폐쇄하고 싶다는 생각을 가지고 있었지만 그러한 조치를 강행하면 총련과 혁신세력의 거센 반발로 대혼란을 일으킬 것이 뻔해 일본정부로서는 너무나 리스크가 컸다. 그런 상황에서 일본정부가 타개책으로 고안한 방법이 전반적인 외국인학교제도를 만든다는 명분 아래 민족학교를 강력히 통제할 수 있는 권한을 일본정부에 부여해 그 제도의 틀 안에 민족학교를 편입함으로써 사실상 조선학교를 무력화시키는 것이었다.

패전 후 일본정부는 최대의 외국인=이민족 집단으로 일본 땅에 남게 된 재일조선인을 어떻게 다루느냐에 대해서 뚜렷한 정책을 세우지 못하다가 한일회담에서 그들의 법적지위를 논의하는 과정에서 귀화를 통한 일본으로의 동화로 문제를 해결하는 정책을 확립해나갔다. 동화의 성공 여부를 결정하는 가장 중요한 요소는 교육이므로 일본은 민족교육, 특히 조선학교의 활성화를 막고 재일조선인 자제의 일본학교 입학을 추진하려 했다. 이러한 일본정부의 자세는 한일회담에서 이루어진 민족교육을 둘러싼 논쟁 과정에서 뚜렷이 그 모습을 드러냈다. 한일회담은 일본정부로 하여금 동화 정책의 중요성을 새삼 자각하게 하고 그 방향으로 정책을 추진하게 하는 결정적인 계기를 제공한 것이다.

제4장

1970년대 오사카 공립학교의 재일조선인 민족교육 운동[1]

유승창(俞承昌)

1. 들어가며

패전 이후, 전후일본은 새로운 전후민주주의 체제로의 전환을 모색하지만, 공교육 체제 안에서는 일본민족의 단일성에 바탕을 둔 동화교육을 지속하였다. 근대일본의 공교육이 국민국가형성을 위한 제도적 장치[2]였으며 그 연장선상에서 황국신민화교육이 이루어졌다는 점에서, 전후에도 재일조선인[3]에 대한 배타적인 민족차별정책이 공교육의 틀 안에서 지속되었다고 할 수 있다.

한편 일본에 의한 강압적인 제국주의 식민지배체제 하에서 황국신민화교육에 의해 민족적인 정체성이 말살되고 있었던 재일조선인들은 해방을 맞이하여 자신들의 민족적 정체성을 강고히 할 필요성을 절감하게 되었고 일본 내에 민족학교를 설립하기에 이른다. 그러나 이를 냉전체제하의 적대적인 행위로 간주한 점령군 미군 총사령부(GHQ)[4]의 정책과 이러한 정책에 반대했던 1948년의 한신교육투쟁[5]을 계기로 많은 민족학교들은 일본의 학교로 편

---

1) 이 글은 「재일조선인에 대한 오사카 공립학교의 민족교육 운동과 문학교육」, 『일본문화학보』 제63집, 2014. 11의 내용을 바탕으로 본서의 취지에 맞추어 수정·가필하였다.
2) 佐野通夫, 「敎育の支配と植民地の支配」, 『近代日本の敎育と朝鮮』, 社會評論社, 1993, 7쪽.
3) 이 글에서는 해방이후 일본에 거주하게 된 교포들이 일제에 의한 식민지배의 피차별적 역사성에 근거해 스스로를 재일조선인으로 규정하고 있다는 점에서 '재일' 혹은 '재일조선인'이라는 명칭을 사용하기로 한다.
4) 일본의 패전 직후, 일본에 진주한 미군 총사령부(GHQ)의 민간교육국(CIE)은 "조선인이 학교를 운영하는 것은 좋지 않다.… 조선어교육을 할 경우 과외로 하는 것이 좋다.… 조선학교가 있다 해도 일본의 법률을 따르는 것이 좋다"라는 지령을 내렸다. 김명식, 「재일동포 한의 44년」, 『월간 말』 통권27호, 1988. 9, 116쪽.
5) 1948년 1월 24일, 일본 문부성은 학교교육국과장 통달 「조선인 설립학교의 처리에 관하여(朝鮮人設立学

입되거나 폐쇄조치 당하였다.

이후 한신교육투쟁의 수습방안의 일환으로 일본의 공립 초·중학교 33개교에 민족학급을 설치하고 36명의 재일조선인 강사를 배치하였지만, 샌프란시스코 강화조약 발효(1952.4.28)를 계기로 일본의 공교육 체제에 편입되었던 재일조선인 학생들은 일본국적을 상실하게 되어 교육적인 측면에서 더욱 더 차별적인 위치에 놓이게 되었다[6]. 더욱이 일본교육당국은 1965년 한일조약 체결 이후, 동년 11월 29일 문부성차관 통달을 통해 기존의 일본학교에 설치되어져 있던 민족학급조차도 폐지시켜나가는 정책을 취하였다. 문부성이 내세운 '일본인과 구별하지 않는 교육'이라는 명분[7]은 재일조선인들의 민족적 정체성을 부정하는 동화교육의 전면적인 실시를 의미하는 것이었다.

1971년부터 시작된 오사카의 일본 공립학교 일본인 교사들의 민족교육 운동(日本の学校に在籍する朝鮮人兒童·生徒の敎育を考える會)은 이러한 전후일본의 교육당국의 동화교육정책과는 정면으로 대치되는 것이었다. 특히 이 민족교육 운동은 동화교육정책으로 인해 민족적인 주체성을 상실하고 인간성마저 왜곡되는 현실을 낳고 있는 전후일본의 교육정책을 되묻고 이를 타개하기 위해 공교육 체재 안에서 다양한 교육적 활동을 실시한 주체가 일본인 교사들 이었다는 점에서[8] 주목된다. 당시 오사카에는 재일조선인 약66만 명 중 약19만 명이 거주하고 있었으며, 이중 16,340 명의 아동들이 오사카 초·중학교에 재적하고 있었다. 이 수치는 전체 학생들의 4.7%에 해당할 정도였

校の取り扱いについて)」를 통해 조선인의 자제라고 하더라도 취학연령에 해당하는 자는 일본의 공립 및 사립학교에 취학시켜야 한다는 포고를 내린다. 이에 반발해 일어난 것이 오사카와 고베를 중심으로 하는 교육투쟁 즉 한신교육사건으로, 이듬 해 각의결정에 의해 재일조선인 민족학교는 폐쇄조치 된다. 內山一雄,「在日朝鮮人と敎育」三一書房, 1982, 105~110쪽.

6) 샌프란시스코 강화조약을 앞둔 1948년 4월 19일 일본 법무부(현 법무성)는 민사국장 통달을 통해 재일조선인은 샌프란시스코 강화조약 발효와 동시에 일본국적을 상실한다고 시행령을 제정하였다. 김근오,「재일한국인의 국적을 둘러싼 제문제」「비교민속학」제22집, 비교민속학회, 2002. 2, 409~411쪽.

7) 金泰泳,「在日コリアン敎育と民族アイデンティティー」「한국민족문화」제27호, 2006. 4, 239쪽.

8) 杉谷依子,「『考える會』の歩み」「むくげ-復刻版」, 亞紀書房, 1981, 21쪽.

으며, 일부 학교의 경우 재일조선인 학생의 비율이 과반수를 넘는 경우도 있었다[9].

민족교육 운동을 추진한 교사들은 재일조선인 학생들이 처한 민족차별의 교육현실을 누구보다도 가까운 곳에서 접하고 있던 교육 당사자였다. 이들은 재일조선인에 대한 민족차별을 철폐하기 위해 재일조선인 학생과 일본인 학생 간의 자립과 연대를 만들어 간다는 교육방침을 세우고 재일조선인 학생들뿐만 아니라, 일본인 학생들도 그 대상으로 하고자 하였다[10]. 그리고 이러한 교육방침을 수행하기 위한 방법의 일환으로 '본명호명운동'과 연계된 다양한 교육적 활동을 실시하였다.

재일조선인의 민족교육과 관련된 시점에는 식민지배와 피차별의 역사성의 재생산이라는 문제인식이 기저에 깔려 있다. 특히 전후일본사회의 민족적 차별에 의한 주체성 상실과 자각이라는 문제는 재일조선인의 민족적인 자기 정체성의 규정과 관련된 차원에서 논의되어 진다[11]. 그러나 이러한 논의에는 차별의 당사자이기도 한 전후일본인들의 문제인식과 이에 대한 대처과정이 상당부분 누락되어 있다. 따라서 본 글에서는 1970년대 오사카 지역에서 이루어진 공립학교 민족교육 운동의 성립과정과 그 활동을 중심으로 재일조선인의 민족차별문제와 관련된 전후일본사회의 인식과 그 대처방안을 살펴보고자 한다.

오사카 공립학교의 민족교육 운동의 교육적 활동에는 '본명호명운동'과 연

---

9) 이쿠노쿠(生野區) 미유키모리(御幸森)소학교의 경우 전교생의 68%, 같은 지역의 오이케(大池)중학교의 경우 전교생의 45%가 재일조선인 학생들일 정도였으며, 전체 424개 학교 중 413개 학교에 재일조선인 학생들이 재적하고 있었다. 杉谷依子, 「大阪市公立学の朝鮮人生徒」, 『むくげ-復刻版』亞紀書房, 1981, 16~17쪽.

10) 오사카 공립학교 민족교육 운동의 교육방침은 「재일조선인 문제는 일본인 스스로의 과제이며, 재일조선인 학생들에 대한 교육문제는 일본인의 문제이다」라는 인식에서 출발하고 있었다. 岸野淳子, 「自立と共存の教育-朝鮮人になること・日本人になること」, 柏樹社, 1985, 61쪽.

11) 재일조선인의 자기정체성에 대한 규정은 민족적 혈통이나 전통이라는 의식이 아닌 일본사회의 뿌리 깊은 민족적 차별에 의한 것으로 논의되고 있으며, 이러한 차별에 의해 재일조선인의 민족의식이 말살되어가거나 혹은 반대로 오히려 조장되어졌다. 尹健次, 「不遇の意識からの出發」, 『「在日」を考える』, 平凡社, 2001, 182쪽.

계된 체험수기와 일기, 문집, 그리고 부교재로 활용되었던 조선민화와 함께 다양한 문학작품들이 포함되어 있다. 그리고 이러한 다양한 교육적 활동에는 재일조선인 학생과 일본인 학생 간의 자립과 연대를 만들어 간다는 교육방침이 반영되어 있다. 본 글에서는 이러한 민족교육 운동과 관련된 자료들을 토대로 재일조선인 학생들의 민족적인 자기정체성 형성과 관련된 다양한 교육적 활동의 성과와 그 한계도 조망해 볼 것이다.

2. 민족교육과 본명호명운동

오사카 공립학교의 민족교육 운동은 1971년(4.22)의 '오사카시립중학교교장회'의 「연구부의 발걸음(研究部のあゆみ)」이라는 문서에 의해서 촉발되었다. 이 문서는 재일조선인 학생들은 죄악감이 결여된 비행그룹으로 성적조숙 혹은 난폭한 자기 방어적 성향이 있으며, 외국인임에도 불구하고 일본인처럼 구는 골치 아픈 존재로 일본인 학생들에게 악영향을 미치고 있다는 내용을 담고 있었다[12]. 이 문서에 담겨있는 재일조선인에 대한 부정적인 시선은 '조선인 민폐론(朝鮮人迷惑論)'이라는 식민지배와 피차별의 역사성을 배제한 전후일본사회의 민족차별의 전형적인 유형이었다.

당시 '오사카시립중학교장회'의 차별적인 문서공표에 대해 민단과 총련에서 항의문을 발표하고 각 신문지상에 차별사건으로 보도가 되면서 재일조선인 학생들에 대한 공교육체제 안에서의 차별문제가 사회적으로 부각되었다. 이에 오사카시 교직원조합 조호쿠(城北)지부 대회에서 당시 오사카 조요(城陽)중학교에 재직 중이던 이나도메 스스무(稲富進)가 재일조선인 학생들에

---

12) 日本の学校に在籍する朝鮮人兒童・生徒の教育を考える會,「大阪市立中学校長會研究部『研究部のあゆみ』,『むくげ 復刻版』, 亞紀書房, 1981, 36~40쪽.

대한 공교육 체제 안에서의 민족차별 문제를 제기하였다. 그리고 이를 계기로 '공립학교에 재적하는 조선인 자제의 교육을 생각하는 모임(이후 '일본의 학교에 재적하는 조선인 아동, 생도의 교육을 생각하는 모임'으로 개칭)'이 발족되어 본격적인 민족교육 운동이 시작되었다[13].

민족교육 운동을 위한 모임의 창립집회(동년, 9.24)에서는 기조보고를 통해 공교육 체제 안에서 민족차별을 극복하고 일본인 학생과 재일조선인 학생 간의 우호와 연대를 모색하고자 하는 교육방침이 제시되었다[14]. 창립집회의 의제는 공교육 체제 안에서의 민족차별 극복을 위한 우호와 연대를 강조하는 것으로 공교육 체제 안에서의 민족차별 문제를 교육당사자인 교사들이 공식적으로 문제시했다는 점에서 의의를 갖는다. 그러나 민족차별의 피해자로서의 재일조선인 학생들을 문제시하면서도 가해자로서의 일본인 학생 혹은 전후일본사회의 구조적인 민족차별의 역사성에 대해서는 적극적인 문제제기를 하지 못하고 있다는 한계도 동시에 내포하고 있다. 이러한 점은 재일조선인에 대한 민족차별 문제를 식민지배의 피차별적 역사성과는 분절된 인간실존의 문제로 파악하고자 했던 전후일본사회의 지식인들의 특징적인 성향[15]과 궤를 같이하는 것으로 재일조선인에 대한 민족차별을 문제시 한 전후일본사회의 특징적인 유형이라고 할 수 있다.

---

13) 稲富進,「在日朝鮮人教育にかかわる私の原点」,『むくげ』71号, 日本の学校に在籍する朝鮮人兒童生徒の教育を考える會, 1980.12.

14) 총회의 분과 의제로 제시된 것은 첫 째 "교장회의 차별문서를 낳은 교육회의 체질을 생각한다.", 둘 째 "일본과 조선의 우호·연대를 생각한다.", 셋 째 "민족차별을 극복하는 교육내용을 생각한다.", 넷 째 "조선인 자제의 진로보장을 생각한다.", 다섯 째 "조선인 자제의 교육을 추진할 교육조건의 과제를 생각한다." 이었다. 稲富進編,『むくげ』1号, 公立学校に在籍する朝鮮人子弟の教育を考える會, 1971. 11.

15) 1958년에 발생한 고마츠가와 사건(小松川事件)의 재일조선인 학생 이진우를 둘러싼 전후일본 지식인들의 문제제기와 구명운동은 전후일본사회 안에서의 재일조선인에 대한 민족차별 문제를 표면화시키는 계기가 되었지만, 식민지배의 차별적 언설의 재생산을 지적한 재일조선인 지식인들과는 달리, 대부분의 일본 지식인들은 차별받는 재일조선인들을 민족적인 주체성 상실이라는 측면보다 인간실존이라는 측면에서 문제시하고자 하였다. 이후 이러한 경향은 60년대에 접어들어 재일조선인 민족차별 문제를 바라보는 전후일본 지식인 사회의 전형적인 유형으로 정착되어 간다. 졸고,「小松川事件의「表象」과 大江健三郎의「叫び聲」」,『日本近代文学』第74集, 日本近代文学會. 2006. 5, 240-243쪽.

민족교육 운동에 참여한 일본인 교사들은 자신들이 설정한 의제를 구체화시키기 위해 동년 10월에 '오사카시외국인자제교육연구협의회(市外協)(75년 오사카시외국인교육연구협의회(市外敎)로 개칭)'와의 협의를 거쳐 1972년 4월에 '오사카시교육위원회'의 '재일조선인교육방침'[16]의 형태로 오사카시의 재일조선인 교육체제를 확립해 갔다. 그리고 실천적인 교육목표로 '본명 호명(本名を呼び·名のる) 운동'을 핵심사항으로 내세우고 재일조선인 학생들의 민족적인 자각과 자긍심을 키우고자 하였다.

1970년대 당시, 일본의 공교육 현장에서의 조선에 대한 교육과 인식은 '오사카시립중학교장회'의 차별문서와 마찬가지로 왜곡되고 편향된 내용들이 많았다. 조선은 무력한 나라로 조선인은 난폭하고 가난하며, 무섭다는 인식이 교육현장에서 공공연하게 확산되고 있었으며, 이러한 공교육 현장에서 이루어진 왜곡된 교육으로 인해 일본인 학생들은 재일조선인에 대한 멸시와 차별을 당연시하고 있었다[17]. 재일조선인 학생들은 민족적인 자긍심에 상처를 입고 스스로의 본명을 감추고 일본인의 이름으로 자칭하거나 귀화를 선택할 수밖에 없었다.

오사카 공립학교의 민족교육 운동이 실천적인 교육목표로 '본명호명운동'을 내세웠던 것은 이러한 교육적 현실을 감안한 것이었다. 또한 교육현장에서 바라본 민족 차별적 동화교육정책에 대한 성찰과 개혁운동을 통해 교육당국과 교육현장의 일본인 교사들의 각성을 유도하고 국민국가적 동화교육정책의 기만성을 폭로·해체하고자 하는 의도를 담고 있었다. '본명호명운동'은 재일조선인 학생들의 민족적인 자각과 자긍심 회복이라는 점에서는 유효한

---

16) 주된 교육방침으로는, 첫 째 "재일외국인 아이들이 민족적인 자각과 자긍심을 키울 수 있도록 본명사용을 철저하게 한다.", 둘 째 "진로차별을 극복한다.", 셋 째 "일본인 아이들의 민족적인 편견과 차별의식을 배제한다."의 3가지 항목이 명시되었다. 岸野淳子, 『自立と共存の教育 朝鮮人になること·日本人になること』柏樹社, 1985, 61쪽.

17) 杉谷依子, 「大阪市公立学の朝鮮人生徒」, 『むくげー復刻版』, 亞紀書房, 1981, 15-16쪽.

교육적 방법론이 될 수는 있었다. 그러나 현존하는 식민지배의 피차별적 역사성이라는 전후일본사회의 구조적인 민족차별 문제라는 시점에서 볼 때, 재일조선인 학생들이 자신들의 이름을 되찾는 '본명호명운동'을 민족차별의 해소로 귀결시키려 했던 인식의 안일함도 지적하지 않을 수 없다. '본명 호명운동'은 식민지배의 피차별적 역사의 현존성이라는 전후일본사회의 구조적인 민족차별 문제를 도외시하고 민족적인 주체성 회복이라는 측면만을 강조하는 한계도 내포하고 있었던 것이다.

오사카 공립학교의 민족교육 운동을 주도한 이나도메는 '본명호명운동'의 취지에 대해 재일조선인 학생들이 단절되고 고립된 자의식에서 벗어나 민족적인 소속감과 역사성 속에서 자신의 정체성을 획득하는 것이라고 말한다. 또한 일본인 학생이 재일조선인 학생의 본명을 호명하고 부르는 것은 재일조선인을 인정하고 받아들이고자 하는 일본인 스스로의 인간관계의 회복을 의미하는 것으로 보고 있다[18]. 즉 재일조선인에 대한 민족차별 문제를 일본인 학생들을 포함한 공통의 문제로 인식하고 있는 것으로, '생각하는 모임'의 교사들은 수업시간에 조선의 역사를 바르게 가르치고 이를 통해 '본명 호명'을 자신의 조국과 역사에 대한 자긍심으로 연계시키고자 하였다[19].

그러나 이러한 인식에는 재일조선인 학생들이 전후일본사회 안에서 단절되고 고립된 자의식을 가질 수밖에 없었던 민족차별에 대한 총체적인 문제인식과 그 대처방안이 누락되어 있다. 즉 '본명호명운동'의 긍정적인 면만을 강조하고 이를 영웅적인 실례를 통해 설파하는 방법의 이면에는 '본명호명운동'에 참여한 재일조선인 학생들이 역으로 차별에 노출될 수도 있다는 점이 간과되어 있는 것이다.

---

18) 稲富進, 「本名を呼び名のるとりくみを具体的にどうすすめるか」, 『むくげ』 4号 公立学校に在籍する朝鮮人子弟の教育を考える會, 1973. 9, 3쪽.

19) 杉谷依子, 「『考える會』の歩み」 『むくげ-復刻版』, 亞紀書房, 1981, 25쪽.

1학년 때는 자신이 조선인이라는 것을 감추고 있었습니다. (중략) 그러던 중에 A군이 본명을 자칭했습니다. 저는 본명을 자칭하는 것은 창피했었고, 자신이 조선인이라는 것이 부끄러웠습니다. (중략) / 2학년이 되어 반 배정 벽보를 보았더니 자신의 이름이 본명이었습니다. 저는 정말로 부끄러웠고 조선인이 싫었습니다. 그러나 이제는 본명을 자칭하고 본명으로 불리더라도 부끄럽지가 않습니다. 오히려 통칭(通稱)으로 불리면 "누구지?"라고 생각할 정도가 되었습니다. (중략) / 우리들의 나라는 오천년의 역사, 뛰어난 문화, 많은 문화를 일본에 전해주었습니다. 우리들은 민족의 자긍심을 가지고 조선인으로서 살아가기 위해 노력하고 있습니다.[20]

재일조선인 학생이 자신의 본명을 찾아가는 과정을 보여주는 실례[21]로 소개된 내용으로 자신의 이름을 찾는 것이 재일조선인으로서의 정체성의 회복이자 민족 혹은 조국과의 관계형성을 의미하는 것으로 설명되고 있다. 그리고 이와 같은 '본명호명운동'은 재일조선인 사회에도 부모와 자식이 스스로의 자기정체성을 각성하고 이를 통해 일본인의 의식을 바꾸어 일본사회 안에서 자신들의 존재 장소를 요구하는 움직임으로 받아들여졌다[22].

그러나 오사카 공립학교의 '본명호명운동'을 통해 자신의 본명을 회복한 성공적인 모델로 소개되던 대다수의 재일조선인 학생들은 졸업 이후 공무원 채용에 적용되는 국적조항이나 차별적인 취업현실과 같은 전후일본사회의 구조적인 차별상황에 노출되어 악전고투할 수밖에 없었다. 그리고 이러한 현실 세계의 구조적인 차별적 상황에서 정신적인 분열상태를 경험하며 스스로 통명(일본식 호칭)을 자칭하거나 귀화를 선택하는 상황도 벌어졌다. 오사카 공립학교의 민족교육 운동에 참여했던 가미야 시게키(神谷重章)는 자신이 지도한 다섯 명의 재일조선인 제자들이 졸업 후에 겪었던 일본사회의 구조적인 차별적 현실에 대해 다음과 같이 말한다.

20) 內山一雄, 『在日朝鮮人と教育』, 三一書房, 1982, 172-173쪽.
21) 1974년 11월 16일, 오사카시 야타미나미(矢田南)중학교 5주년 기념집회.
22) 宋英子, 「在日朝鮮人教育と国際理解教育のはざま」 『環―歴史の中の在日』vol11, 藤原書店, 2002, 296-297쪽.

가을, 다섯 명의 남자가 나란히 서서 전교생 앞에 등장, 본명선언. 체육관에 모여 있던 생도들에게 무대에서 한 사람 한 사람 인사하고 대표로 김 군이 어필. (중략) 모두가 각각의 장소를 얻어 77년 3월 졸업해 나갔다. 다섯 남자는 본명으로.

　하지만. 79년 9월, 다카사고(高砂)시청, 국적조항을 신설. 어처구니없게도 국적조항을 신설했던 것이다. 지금 일하고 있는 박 군을 기만하듯이 마치 그에게 그만두라는 듯이.(중략) / 고베학원대에서 임상검사관과 관리영양사 자격을 취득한 신 군은 담당교수에게 "귀화한다면 취직을 알선하마"라는 말을 듣고 어쩔 수 없이 가업인 골재운반 일을 이어받아 덤프트럭을 탄다. / 세쓰난(攝南)대학에서 건축사 자격을 딴 강 군은 10여 군데 회사에 취업응모를 했지만 한 곳에서도 면접일 지정을 받지 못하고, 본명으로 서류를 내서 퇴짜 맞았나 라는 생각에 통명으로 응모한 결과 맥도날드에 취직 결정.[23]

　이 외에도 가미야는 또 다른 제자인 서 군이 간사이외대에서 교원 자격을 취득했지만 국적조항으로 인해 좌절하는 모습을 보고 효고현(兵庫縣) 교원채용 국적조항폐지운동을 시작해 이를 철폐했지만 7년이 지난 1986년까지도 단 한명도 채용되지 못하는 현실을 지적하며 강고한 일본사회의 구조적인 차별적 현실을 고발한다.

　이와 같이 초창기의 오사카 공립학교 민족교육 운동은 전후일본사회의 구조적인 민족차별 문제를 도외시하고 오사카라는 지역성과 공립학교의 교육적인 측면만을 강조한 나머지 재일조선인 학생들에게 또 다른 좌절감을 안겨주는 한계성도 노출하고 있었다. 오사카 공립학교 민족교육 운동이 재일조선인 민족교육 운동의 실천과제로서의 '본명호명운동'의 성과와 한계를 직시하고 '일본육영회'의 국적조항의 폐지운동과 재일조선인 학생들의 차별없는 진로보장으로 운동으로 영역을 확대시켜 갈 필요성을 절감하게 된 것은 어찌보면 당연한 일이라고 할 수 있다[24].

23) 神谷重章, 「共に生き, 共に闘う長い道行きを」 『ムグンファの香り』 亞紀書房, 1988, 317~321쪽.
24) 稲富進編, 「在日朝鮮人兒童·生徒の進路保障をいかにすすめるか」 『「日本育英會」 国籍條項の廢止へ』 『むくげ』 9号, 日本の学校に在籍する朝鮮人兒童·生徒の教育を考える會, 1974. 10. 1~3쪽.

3. 민족교육 운동의 교육적 실천

오사카 공립학교의 민족교육 운동의 활동 초기, 교육현장에서는 민족교육 운동의 교육방법과 내용에 관한 요구가 강하게 대두되었고, 민족차별 문제를 가르치기 위한 교재개발이 시작되었다. 이러한 움직임의 배경에는 "자신의 주위에는 재일조선인이 존재하지 않는다. 나 자신 그들을 차별한 적이 없다. 때문에 배울 필요가 없다"라는 민족적인 차별과 존재 자체를 부정하고자 하는 일본인 학생들의 현실적인 세태[25]가 자리하고 있었다. 이에 따라 민족교육 운동에 참여한 교사들은 민족적인 차별의 역사성과 현존성을 가르치기 위해 36년간에 걸친 식민지배나 관동대지진과 관련된 내용을 교재내용에 포함시키고자 하였다. '오사카시외국인교육연구협의회(市外敎)'에서 만든 최초의 교재(1975.9)도 '관동대지진과 조선인 학살'이었다[26].

그러나 민족적인 차별의 역사성을 교육하고자 했던 민족교육 운동의 교육적 의도와는 달리 교육현장에서는 가해자로서의 일본인의 역사성만이 부각된다는 점 때문에 일본인 학생들에게 수업내용이 무겁게만 받아들여져 오히려 거부감을 나타냈다. 이러한 시행착오를 거치며 민족교육 운동의 실무자들은 조선의 자연과 문화, 풍속 등 사람들의 삶에 바탕을 둔 부교재인『사람(サラム)』시리즈[27]를 만들게 되었고, 76년에 민화집의 형태로『사람-민화편』(1)과 (2)가 간행되었다. 민족교육 운동에 참여한 일본인 교사들에 의해 만들어진『사람』시리즈는 일본의 공교육에서 사용하는 정규수업의 부교재라는 점에서 의의가 있다. 이중『사람-민화편』(1)은 저학년용으로 특히 인기가 있었

---

25) 田渕五十生,『在日韓国・朝鮮人理解の教材』明石書店, 1991, 13쪽.

26) 岸野淳子,『自立と共存の教育 朝鮮人になること・日本人になること』, 柏樹社, 1985, 224쪽.

27)『사람』시리즈는『사람-민화편(1)』(76),『사람-민화편(2)』(76),『사람-음악편』(77),『사람-음악편 테잎』(79),『사람-생활편』(검토본,77),『사람-생활편(1)』(완성본,78),『사람-그림책(1)』(81),『사람-그림책(2)』(85),『사람-희극편』(85),『사람-역사편』(86),『사람-생활편(2)』(86),『사람-놀이』(86),『사람-민화편(3)』(86)의 순으로 간행되었다.

던 '도깨비'와 '호랑이'를 소재로 6편의 민화[28]가 실려 있었고, 『사람-민화편』(2)는 고등학교용으로 '사랑'과 '용기'를 테마로 5편의 민화[29]가 편집되었다.

조선의 민화를 소재로 한 수업은 교육적인 측면에서 어느 정도 효과를 거두었다. 당시 일본의 국어 교과서에는 유럽과 미국, 중국의 민화가 실려 있었지만, 조선의 민화는 1편도 실려 있지 않았다. 조선의 민화를 접한 학생들은 조선의 민화가 일본의 민화와 유사하다는 점에 관심을 보이며 고대부터 평화롭고 우호적인 관계였다는 점과 일본문화의 원류에 조선의 문화가 있었다는 점을 알게 되었다[30]. 수업의 부교재로 활용된 민화집을 통해 학생들은 민족차별과 역사교육의 무거운 주제에서 벗어나 조선의 문화나 풍속, 인문과 자연에 흥미를 나타내게 되었던 것이다. 그리고 이후 간행된 『사람-생활편』(완성본, 78)의 내용에 역사적 사실이 기술되면서 학생들의 관심은 조선의 인문에서 역사로 확대되어 갔다[31].

그러나 이와 같은 일련의 과정에서 알 수 있듯이, 민족적인 차별과 존재자체를 부정하는 일본인 학생들의 태도는 전후 일본인들의 식민침략의 역사성을 봉인하고자 하는 기억상기(역사인식)의 연장선상에 있는 것이라고 할 수 있다. 따라서 조선민화를 소재로 한 교재와 수업이 가해자로서의 일본인의 역사성이 부각되어 부담된다는 이유로 회피된 결과라는 점에서는 재고의 여지가 있다. 민화와 같은 문화적인 소재를 통한 교육적 실천은 문화적 다양성 교육이라는 측면에서는 일정부분 효과를 거두었다고 할 수 있지만, 재일조선

---

28) 「とらよりこわいくしがき」, 「おばあさんのとらたいじ」, 「氣のいいとら」, 「トケビとけちけちじいさ」, 「トケビにかったバウィ」, 「おとうさんのかたみ」

29) 「四人の巨人物語」, 「金剛山の虎退治」, 「にれの木の誓い」, 「樂浪の太鼓とラッパ」, 「ネギを植えた人」

30) 花峰千惠子, 「朝鮮民話の指導をとおして」, 『むくげ』 69号, 1980. 8, 6쪽.

31) 오사카 공립학교 민족교육 운동에 참여한 교사들은 역사교육에 상당히 신중히 접근하고자 하였다. 이들은 『사람-민화편(1)/(2)』를 간행한 후, 역사교재 개발에 착수하여 77년도에 『사람-생활편』(검토본)을 통해 학생들의 반응을 확인하였다. 이후 그 결과를 토대로 대폭적인 수정·보완을 통해 만들어진 부교재가 『사람-생활편』(완성본,78)이다. 岸野淳子, 「在日を朝鮮人として生きる」, 『自立と共存の教育 朝鮮人になること·日本人になること』, 柏樹社, 1985, 224쪽.

인에 대한 민족적인 차별의 역사성과 현존성을 교육하기 위한 목표에는 한참 미치지 못하는 것이었기 때문이다.

민족교육 운동을 주도한 오사카 공립학교 교사들은 정규수업 외에도 다양한 교육적 활동을 통해 재일조선인 학생들과 일본인 학생들의 상호이해와 유대감을 형성시키고자 하였다. 학생들 또한 이러한 활동에 적극적으로 참여하게 되면서 민족교육 운동의 활성화로 이어졌다. 민족교육 운동이 추진한 다양한 교육적 활동에는 민족교육 운동과 관련된 체험수기와 일기, 문집과 함께 재일조선인 학생들과 일본인 학생들이 함께 참여하는 창작극과 같은 형태도 있었다. 이중 창작극은 '본명호명운동'과 민족교육 운동을 체험한 학생들의 자주적인 참여를 통해 상호이해와 공존의 계기와 인식의 전환을 마련하고 있다는 점에서 주목된다.

(1)【조선인】오늘도 친구들에게 놀림을 받았다. 「조센징! 조센징!」이라고…. 나는 창피해서 '조센징'이라고 말할 수 없다. 부모님께 말하자니, 내가 또 혼날 것 같았다. 어머니! 왜 날 '조선 사람'으로 낳은 거예요!!

【일본인】오늘도 그 아이는 울고 있다. 왜? 그 아이의 등에 차가운 '조센징'이라는 말이. 나는 위로해 줄 수 없었다. 왜냐하면 나는 아무것도 모른 채 모두와 함께 '조센징'이라고 놀려댔기 때문에 ….

(8)【조선인】오늘 어떤 사람을 만났다. 놀랍게도 본명을 호칭하고 있었다. 일본에서 본명을 호칭하는 것은 상당한 용기가 필요하다. 그 사람이 너무 멋있어 보였다.

【일본인】왜 조선인은 두 개의 이름이 있는 걸까? 왜 일본에는 이렇게 조선인이 많은 걸까? 아버지, 어머니에게 물어봐도 대답이 없다.

(11)【조선인】누군가가 의견을 말했다. "조선인은 일본에 살고 있기 때문에 일본이름도 좋잖아"라는 의견. (중략) 나는 먼저 내가 조선인이라는 사실을 반의 모두에게 밝혔다. 그리고 조선인으로서 그 아이의 의견을 정정한 다음, 내 기분이 맑게 게이는 것 같은 기분이 들었다. 그 뒤, 모두들 내 이름을 뭐라고 부를지 불안해서 견딜 수 없었다. 다음날부터 반의 모두가 나를 본명으로 부르게 되었을 때는 놀라웠다.

【일본인】조선인 학생이 당당하게 가슴을 펴고 큰소리로 "나는 본명으로 졸업하겠습니다."라고 선언했다. 눈물이 나올 것 같았다. 나는 본명을 말할 때 웃던 사람을 용서할 수 없었다. 그리고 나 자신도 용서할 수 없었다. 어디론가 도망가고 싶었다. 부끄러웠다.[32]

오사카시 요도(淀)중학교 문화제 참가 작품인『어느 두 사람의 일기에서(ある二人の日記から)』라는 창작극이다. 재일조선인 학생은 친구들에게 놀림을 받으며 민족적인 차별에 직면해 있는 재일조선인으로서의 자신의 존재성을 인식하지만, 스스로의 존재의미를 직시하지 못한 채 회피하고 있다. 일본인 학생 역시 '조센징'이라는 말이 갖는 차별성을 인식하지 못하고 있으며, 이러한 두 사람의 거리는 전후일본사회의 기만적인 차별구조의 현재성을 그대로 보여주고 있다.

이 작품은 재일조선인 학생과 일본인 학생이 소학교에서 중학교에 이르기까지 자신이 직접 경험한 체험담을 창작극의 대본으로 만든 것으로 학생들 스스로 작업하고 출연하였다. 작품에 보이는 재일조선인 학생과 일본인 학생의 차별적 언설과 거리감은 일본사회 안의 재일조선인의 존재성을 투영하는 내용으로 전개된다. 특히 재일조선인 학생이 자신의 본명을 되찾아가는 과정은 일본인 학생이 재일조선인 학생을 차별해온 자신의 잘못된 인식을 깨우치고 거리를 좁혀가는 과정과 교차되며 시간의 추이에 따라 그 변화과정이 묘사되어 있다[33]. 즉『어느 두 사람의 일기에서』는 재일조선인 학생이 자신의 본명을 회복해 가는 과정을 통해 민족차별 문제를 되묻고, 재일조선인 학생과 일본인 학생이 서로에 대해 이해를 넓혀가며 공존과 공생을 모색하는 내용으

---

32) 稻富進 編,「淀中における敎育實踐-「ある二人の日記から」」『むくげ』14号, 公立学校に在籍する朝鮮人 兒童·生徒の敎育を考える會, 1975.3, 10-15쪽.

33) 미요시 게이코(三好圭子)는 작품의 기획의도와 관련해 재일조선인이 차별을 받는 이유를 시간적으로 추적하는 형식은 학생들이 스스로 그 답을 찾아가게 하기 위해서 였다 라고 말한다. 三好圭子,「「ある二人の日記から」を生み出すまで」『むくげ』15号, 公立学校に在籍する朝鮮人兒童·生徒の敎育を考える會, 1975.4, 4쪽.

로 구성되어 있다고 할 수 있다.

이러한 작품의 성격은 민족교육 운동이 추진한 '본명호명운동'의 교육적 목표, 즉 재일조선인으로서의 주체성 회복 및 민족적인 자긍심 회복이라는 취지와 그 궤를 같이하고 있는 것으로, 작품의 두 주인공이 서로의 존재를 인정하며 서로 친구가 되어 갈 수 있다는 것을 보여준다. 즉 이 창작극이 보여주는 공존과 공생의 논리는 재일조선인과 일본인 학생이 서로의 존재에 대한 이해와 존중에 바탕을 두고 있다는 점에서 민족교육 운동의 취지에 부합한다고 할 수 있다.

한편 창작극 중에는 재일조선인 학생들이 주체적으로 참여하여 활동한 조문연(朝文研, 조선문화연구부)의 활동과 그 성과를 보여주는 것도 있다. 조문연은 조선(한국)의 말과 문화, 역사를 배우자는 취지로 만들어진 동아리 모임으로 민족교육 운동에 재일조선인 학생들이 자주적으로 참여할 수 있는 토대와 구심점 역할을 하였다. 이러한 조문연의 활동상과 성과를 "본명호명운동"과 연계시켜 문화제 행사에서 공연한 것이 1978년의 동오사카시립닛신(日新)고등학교의 『사람』이라는 창작극이다.

창작극 『사람』은 자신의 본명을 감추고 생활하던 재일조선인 학생이 조문연 부원들의 활동에 감응하고 조금씩 자신의 마음을 열어가 입부 후 조선의 문화나 언어, 역사를 배워가는 과정에서 부모를 원망하던 과거를 떨쳐내고 자신의 존재의의를 긍정하게 된다는 내용이다. 극의 클라이맥스에서는 재일조선인 학생들이 처한 차별적 상황을 정확하게 지적하고 조선의 역사와 문화를 긍정하며 일본인 학생들이 차별과 무관하다는 스스로의 가면을 벗고 서로 마주보며 함께 할 것을 호소하고 있다. 6명의 학생들이 통명을 버리고 본명선언을 하는 장면과 함께 조문연의 활동을 전시한 2층의 전시실에서 일본인 학생들과 허심탄회한 대화를 하고 싶다는 진솔한 마음을 담은 말로 극은 마무리 된다[34].

닛신고등학교의 조문연의 고문으로 창작극『사람』의 지도교사였던 니시노 히데카즈(西野榮和)는 재일조선인이라는 그 자체만으로 차별에 노출될 수밖에 없었던 학생들이 조문연 활동을 통해 자신의 존재의의를 긍정하고 일본사회의 차별적 현실을 넘어 함께 할 것을 호소하자 극을 관람하던 많은 학생들의 호응이 이어졌다고 한다. 특히 극의 대단원에서 단원들이 본명선언을 하자 이에 호응해 한 반에 2-3명의 학생들이 본명선언에 동참하거나 일본인 학생들이 조선인 문제에 관해 이야기를 나누기 위해 이들을 찾기 시작했다고 하며 미약하지만 교육에 종사하는 자로서 이들과 함께 차별에 맞서 싸워나가야 된다는 각오를 밝히고 있다[35].

이와 같이 창작극은 '본명호명운동'에 참여한 학생들의 변화과정과 민족적인 자긍심 고취를 효과적으로 유도해 나가는 교육적 실천의 성격이 강하였다. 그러나 자신의 이름을 상실할 수밖에 없었던 재일조선인 학생의 현실적인 상황, 즉 식민지배의 피차별적인 역사성이 재생산되는 전후 일본사회의 구조적인 차별적 언설과 그 기만성에 대한 비판으로 이어지지 못하고 공존과 공생의 논리로 귀결되고 있다는 점은 지적해 두고 싶다. 과거의 식민지배의 역사적 체험에 바탕을 둔 자기인식이 전후일본의 재일조선인에 대한 차별의식과 억압에 의해 민족적인 정체성의 자각으로 이어지고 있다고 본 김달수(金達壽)의 지적처럼[36], 재일조선인의 민족적인 자기정체성에는 전후 일본사회의 차별에 대한 저항과 갈등이 근본적인 요인으로 작용하고 있기 때문이다.

---

34) 日新朝文研,「創作劇『사람(人間)』」,『むくげ』54・55号, 公立学校に在籍する朝鮮人兒童・生徒の教育を考える會, 1978.12, 3-17쪽.

35) 西野榮和,「朝文研創作劇のあとさき」,『むくげ』54・55号, 公立学校に在籍する朝鮮人兒童・生徒の教育を考える會, 1978.12, 1-2쪽.

36) 金達壽,「人間差別と文学」,『金達壽評論集下』, 筑摩書房, 1976, 78-86쪽.

4. 민족교육 운동과 문학교육

조선의 민화를 소재로 한 수업은 민족차별의 역사성이나 현존성을 이해하기 어려운 소학교 저학년 학생들에게 조선 혹은 조선의 문화에 대해 흥미를 유발시키는 계기로서는 유효한 교육적 방법이었다. 그러나 식민침략의 역사와 민족차별 문제가 배제된 민화수업은 민족에 대한 차별과 억압의 현 상황을 극복하고, 재일조선인으로서의 주체성과 민족적인 자긍심을 배양한다는 민족교육 운동의 취지와는 거리감이 있었다.

이러한 점을 보완하고 있는 것이 고학년 학생들을 대상으로 한 문학 텍스트를 활용한 수업이었다. 민족교육 운동에 참여한 오사카 공립학교 교사들은 민족교육 운동에 적합한 교재로 몇몇 작품들을 예시하고 그 이유와 교육적인 효과를 설명하고 있다. 우선 소학교용으로 적합한 교재로 제시된 『미운오리새끼(みにくいアヒルの子)』를 보면, 안데르센 동화라는 점에서 조선의 민화수업과 마찬가지로 학생들의 흥미를 유발할 수 있다는 점이 장점이며, 재일조선인 학생들의 자기정체성의 각성과 일본사회 안에서의 피차별적인 현실을 직시하고 인식의 전환을 유도할 수 있다는 점이 고려되고 있다.

> 추한 오리새끼(사실은 백조)는 바로 재일조선인의 모습 그 자체이지 않나라고 생각했다. 오리의 미적가치에서 본다면 백조는 추한 모습으로, 오리의 세계에 부조리하게도 존재할 수밖에 없었던 백조는 자신의 진정한 모습에 백조 자체의 미를 가지고 있다는 인식을 강탈당해 있기 때문에 오리들의 시선에 따라 자신도 추하다고 생각하고 있다. 일반적으로 우리들은 백조는 아름다운 새라고 생각하고 있기 때문에 객관적으로 본다면 백조를 추하다고 생각하고 있는 오리들이 얼마나 우스꽝스러운지 알 수 있을 것이다.[37]

『미운오리새끼』의 교육적인 효과로는 "타자에 의해 존재를 부정당한 자가

---

37) 田宮美智子,「文学と在日朝鮮人教育―美しく描かれた白鳥のめざめ」『むくげ』67号, 1980.4, 12쪽.

자신의 가치에 눈을 뜨게 될 때는 강하게, 타자가 보더라도 눈부신 아름다움을 발휘하게 된다."라고 언급되어 있다[38].『미운오리새끼』가 말하고자 하는 것은 오리보다 백조가 아름답다는 것이 아니라, 각자의 아름다움을 서로 인식해야 한다는 스스로의 미적가치를 긍정하는 자세일 것이다. 이 점에서『미운오리새끼』에는 학생들이 친숙한 동화의 내용을 통해 타자를 부정하고 배제하고자 하는 민족차별의 부조리를 자각하고, 각자의 존재성과 아름다움을 서로 인식함으로서 자연스럽게 자신의 주체성을 바탕으로 한 공존과 공생을 할 수 있다는 교육적인 취지가 반영되어 있다는 점을 알 수 있다. 즉 문학작품을 통한 민족교육은 조선의 문화에 대한 흥미를 유발시키기 위한『사람』시리즈의 조선의 민화수업에서 한 걸음 더 나아가 '생각하는 모임'이 추진한 '본명호명운동'의 교육적인 취지와 민족적인 주체성 인식을 보다 적극적으로 가르치기 위한 교육방법론의 일환으로 실시되고 있다는 특징이 있다.

한편 세익스피어의『베니스의 상인』은 민족문제와 관련된 법체계의 모순을 지적하기 위한 작품으로 언급되어 있다[39].『베니스의 상인』은 유대인 고리대금업자인 샤일로크에게 돈을 빌린 안토니오가 기일까지 돈을 갚지 못해 약속대로 살 1폰드를 잘라내야 되지만, 친구인 포샤가 재판관으로 변장하여 증서의 법률적인 효력을 파기하고 오히려 기독교도에 위해를 가한 혐의로 샤일로크의 전 재산을 몰수한다는 내용이다. '생각하는 모임'은 탐욕스럽고 잔인하게 묘사된 유대인 샤일로크의 모습이 실은 기독교인들의 민족적인 편견에 의한 것으로, 법정에서 재산을 몰수당한 샤일로크가 기독교인들의 이익을 대변하는 불평등한 법률에 의해 불이익을 당한 것이라는 점을 들어 일본 사회 안에서 외국인으로 치부되어 법률적인 보호에서 배제되어 있는 재일조선인들의 존재성과 결부시키고 있다.

---

38) 위의 글, 13쪽.

39) 田宮美智子,「文学と在日朝鮮人教育－怒るユダヤ人 シャイロックの賭」『むくげ』68号, 1980. 6, 14쪽.

그러나 이들 작품은 자신의 존재성에 대한 주체적인 인식과 민족적인 편견에 대한 학생들의 관심을 유도할 수는 있었지만 일본적인 현실을 직접적으로 반영하지 못하고 있다는 점에서, 재일조선인이 처한 민족차별의 현실을 투영하는 작품이라고는 할 수 없다. 이 점에서 김 사량과 나카지마 아쓰시(中島敦)의 작품은 재일조선인의 민족차별의 역사성과 일본인의 시선을 반영하고 있다는 점에서 주목된다.

우선 김 사량의『빛 속에서(光の中に)』(1939)는 식민지배의 역사성과 그 차별성을 보여줌과 동시에 주체의 분열상태에 놓인 주인공이 인간으로서의 자기정체성을 회복하고 다른 조선인 청년들도 조선인으로 자각시킨다는 내용으로, 인간의 실존적인 주체성을 식민지배의 역사성과 결부시켜 되묻고 있다. 특히 이 작품은 일본어로 쓰인 소설이라는 점에서 작가자신의 언어적인 측면에서의 양가성, 즉 조국과 일본으로 양분되어 있는 자기정체성이 고려되었다. 또한 교육적인 측면에서는 "일본 민중의 조선에 대한 인식구조는 어떻게 변하였고, 혹은 변하지 않았는가. 재일조선인의 아이들을 둘러싼 환경은 어떠한가"를 살펴보는데 필요한 문학적 모티브가 고려되었다[40].

또한 나카지마 아츠시(中島 敦)의『순사가 있는 풍경(巡査のある風景)』(1929)은 일본인의 시선에 투영된 식민지배의 현실이 교육적 측면에서 고려되어 있다. 식민지 조선의 경성을 무대로 하고 있는『순사가 있는 풍경』은 조선 땅에서 타인에 불과한 일본인이 식민지배자로서의 민족적인 우월감을 나타내며 피식민자로서의 조선인을 멸시하거나 모욕하는 모습이 조선인 순사 조교영(趙敎英)의 시선을 통해 투영되고 있는 작품이다.

나카지마가 그리고 있는「순사가 있는 풍경」속 경성의 모습은 문명과 야만, 근대와 전근대로 이분화되어 있는 식민도시 경성의 공간에 구조에 바탕을 두

---

40) 岸野淳子,「文学と在日朝鮮人教育－40年前この作品は、なお…」『むくげ』69号, 1980.8, 20쪽.

고 있다. 식민침략에 의해 경성은 철저하게 조선왕조의 상징적 공간구조가 해체되어 근대적인 건축물과 문물, 교통망으로 연결된 일본적 공간의 상징으로 대체되어 갔으며, 재경 일본인들에게는 문명적인 식민자로서의 자기동일성을 확인하는 공간성으로 기능하였다. 그러나 자신의 존재장소를 상실한 채 문명적 공간의 외부로 배제된 조선인들에게 있어서 식민도시 경성은 낡고 황폐한 얼어붙은 오욕의 공간으로, 조교영은 문명적인 공간을 지향하고자 하더라도 조선인이라는 피식민자의 현실에서 벗어나지 못하고 문명적인 공간의 타자라는 좌절감과 내면적인 분열을 야기하고 만다. 문명적인 공간, 혹은 비문명적인 공간에서 혼종한다고 하더라도 경성이라는 식민도시의 공간성이 근대와 전근대, 문명과 야만이라는 문명론적 세계관에 의해 식민자와 피식민자로 이항대립적으로 구조화된 이상, 조교영은 피차별적 현실에서 도피할 수 없는 것이다.

이 작품이 민족교육 운동을 위한 교재로 선택된 이유는 나카지마가 식민지배의 피해자로서의 조선인에 대해 동정적인 시선에서 작품을 서술하지 않고, 가해자로서의 일본인을 비판적으로 그리고 있다는 점에서 "작자의 자신에 대한 엄격한 태도는 조선 문제를 생각하는데 있어서 우리들이 배워야하는 점이 상당히 크다"[41]라고 언급되고 있다. 또한 상기한 바와 같이 일본인과 조선인이 공존하는 장소에서 발현하는 구조적인 차별성과 함께 관동대지진 당시의 조선인 학살사건도 거론되고 있다는 점도 작품선택의 배경에 자리하고 있다.

이 외에도 다수의 작품들이 민족교육 운동의 자료로 활용되었다. 한 예로 오사카시립 다시마(田島)소학교의 경우 저학년을 대상으로는 조선의 민화를 수업교재로 활용하고 있었지만, 고학년을 대상으로는 문학작품의 감상을 통해 민족차별에 대한 인식전환과 민족적인 자긍심 회복을 유도하고자 하였다[42].

---

41) 田宮美智子,「文学と在日朝鮮人教育－中島敦『巡査のある風景』」『むくげ』70号, 1980.10.18., 16쪽.
42) 稲富進 編『在日外国人教育のとりくみの年間計画』『むくげ』69号, 1980.8.25., 14-15쪽.

선별된 문학텍스트와 국어과 학습지도요강을 살펴보면, 우선 5학년을 대상으로 하는 문학작품으로는 한 구용(韓丘庸)의 『해변의 동화(海べの童話)』와 사이토 나오코(齋藤尚子)의 『착각(ひとちがい)』이 선정되어 있다. 학습지도요강을 보면, 『해변의 동화』는 "이 승희의 삶을 통해 조선인으로서의 자긍심과 자각의 소중함을 일깨움과 동시에 가네무라 히데코의 삶을 통해서 재일조선인 아동의 고뇌와 아픔의 이유를 생각하게 한다. 나아가 히데코가 김영란이라고 본명을 자칭하게 되는 과정을 통해 각자의 삶을 생각하게 한다."라고 되어 있으며 재일조선인의 민족적인 자긍심 회복이 본명의 회복과 결부되어 있는 특징을 보이고 있다. 또한 『착각』의 경우 "1935년의 이야기를 통해 인간의 가치를 서로 인정할 수 있는 국제우호의 정신을 키운다. 나아가 당시 일본인의 조선인에 대한 의식을 읽어내고, 앞으로의 자신의 생활·삶을 생각하게 한다."라는 교육적 내용과 목표를 명시하고 조선인과 일본인의 연대와 우호를 내세우고 있다는 특징이 있다.

6학년을 대상으로 하는 문학작품으로는 『마지막 수업(最後の授業)』 『니가타항의 어느 날(新潟港のある日)』 『북풍은 새싹을(北風は芽を)』 『사라진 국기(消えた国旗)』 등 4개의 작품이 선정되어 있다. 이들 중 특히 눈에 띄는 작품은 프랑스 작가 알퐁스 도네의 『마지막 수업』이다. 1871년에 발표된 이 작품은 독일과 접한 프랑스의 알자스주를 무대로 프랑스가 독일과의 전쟁에 패하게 되자 프랑스어 교육이 금지되고 대신 독일어를 가르치게 되었던 역사적 사실이 전쟁과 침략의 역사적 배경과 함께 모국어를 빼앗긴 민족적 슬픔과 고통으로 형상화되고 있는 작품이다. 다시마 소학교에서는 이 작품을 통해 식민침략과 모국어를 빼앗긴 민족적 슬픔을 재일조선인의 피차별적 역사성과 결부시키고 "수업 후, 조선말을 사용하지 못하게 했던 일을 이야기하고, 민족의 문화·언어의 소중함을 이해시켜 민족문화를 키워가는 마음을 갖게 한

다.”와 같이 민족적 자긍심을 고취시키고자 하는 교육내용과 목표를 명시하고 있다.

한편, 스키 미키코(杉みき子)의 『니가타항의 어느 날』은 “조선인! 이라고 당당하게 말하는 오야마의 마음과 삶을 통해 선생으로 대표되는 당시의 일본인의 생각을 재해석해, 현재의 우리들 한 사람 한 사람의 삶을 생각한다.”라고 되어 있으며, 쓰쓰이 게스케(筒井敬介)의 『북풍은 새싹을』은 “조선인에 대한 박해·강제노동의 가혹함·조선인 소년들의 고통과 슬픔을 읽어냄과 동시에 친절함 마음으로 조선인을 대한 일본인의 모습도 이해시켜 우호란 무엇인가를 생각하게 한다.”라는 교육내용과 목표가 제시되고 있다. 두 작품 모두 식민 침략과 피차별민족의 가혹한 삶을 반영한 텍스트라는 공통점이 있다.

마지막으로 사이토 나오코(齋藤尙子)의 『사라진 국기』는 “한국·조선인 아동에게 두영이나 박종률의 삶을 통해 조선민족의 일원으로서의 자각을 가진 삶을 생각하게 한다. 일본인 아동에게는 주인공의 조선인에 대한 견해, 생각의 변화과정을 통해 일본인으로서의 삶을 생각하게 한다.”라는 교육내용과 목표가 설정되어 있다. 즉 작품의 감상을 통해 민족적인 자긍심 회복이 단순히 재일조선인 학생에게 국한되는 문제가 아닌, 일본인 학생들과도 연계되어 민족차별 극복을 위한 우호와 연대가 강조되고 있다는 것을 알 수 있다.

이와 같이 다시마 소학교의 문학 텍스트를 활용한 민족교육 운동은 “조선에 대한 친근감을 갖게 한다.”, “본명을 가르친다.”, “조선의 풍속·습관에 관해 깊이 이해시킨다.”, “조선민족의 생활을 알게 한다.”, “본명으로 살아가는 의의를 되묻게 하고 일본인이 어떻게 받아드려야 하는지 생각하게 한다.” 등 재일조선인 학생들이 본명의 소중함을 일깨우고 상호이해를 바탕으로 유대감을 형성할 수 있도록 교육지침이 설정되어 있다[43]. 즉 조선인에 대한 박해와 강제노

---

43) 稻富進 編, 「在日外国人教育のとりくみの年間計畫」, 『むくげ』 69号. 1980. 8. 25., 9쪽.

동과 같은 식민침략의 역사성과 피차별 민족으로서 겪어야 했던 재일조선인들의 삶의 반영이라는 텍스트적 관점에서 작품을 선별하였으며, 구체적인 국어과 학습지도요강에 보이듯이 작품 감상을 통해 민족차별에 대한 일본인 학생들의 인식의 전환을 유도하고 우호와 연대를 모색하고자 했던 것이다.

이와 같이 저학년을 대상으로 한 조선의 민화수업과는 달리 '본명 호명'과 모국어(조선어)의 박탈, 민족적인 자긍심을 내보이는 주인공을 모델로 한 고학년의 문학교육은 학습자의 인지적 발달수준을 고려한 위계화라는 측면에서는 효과적인 교육방법론이었다고 할 수 있다. 교사에 의한 지식과 감상방법의 전달이라는 점에서는 전후일본의 다양한 민족차별의 현실을 반영하지 못한다는 한계가 있지만, 수업에 참여한 학생들이 주체적으로 감상하고 의미 도출을 할 수 있는 학습자적인 관점이 제시되고 있다는 점은 평가할 만하다.

민족교육 운동과 관련된 문학작품들은 재일조선인 학생의 민족교육을 위한 교육방법론의 다양화라는 관점에서 보았을 때, 재일조선인 학생들의 자기 정체성에 대한 자각을 위한 모형과 실례라는 교육적인 측면이 고려되고 있었다. 또한 문학작품을 통한 교육이 일본인 학생들의 인식의 전환을 위해 제한적이지만 민족차별 문제와 관련해 식민침략의 역사성을 반영하고 있다는 점도 긍정적이다. 이러한 점은 재일조선인에 대한 민족차별 문제를 전후일본사회의 총체적인 문제로 바라보려고 했던 오사카 공립학교 민족교육 운동의 취지가 적극적으로 반영된 결과라고 할 수 있다.

5. 맺으며

오사카 공립학교의 재일조선인 민족교육 운동은 일본의 공교육 체재 안에서의 동화교육의 피차별성을 문제시하고 적극적으로 재일조선인 학생들의 자기정체성의 회복과 민족의식 고취를 모색한 운동이라는 의의를 갖고 있다. 민족교육 운동에 참여한 오사카 공립학교 교사들은 재일조선인 문제는 타민족의 문제가 아니라 전후일본사회의 총제적인 문제라는 인식을 가지고 있었다. 그리고 이러한 인식을 바탕으로 일본인 교사들은 재일조선인 학생들과 일본인 학생들 모두를 대상으로 민족교육 운동을 추진해 나갔다.

특히 '본명호명운동'과 연계된 다양한 교육적 활동은 재일조선인에 대한 민족차별 문제와 함께 조선의 문화에 대한 흥미유발 등 다양성 교육이라는 측면에서는 일정부분 효과를 거두었다고 할 수 있다. 그러나 '본명호명운동'의 주안점이 된 교육방법은 재일조선인에 대한 민족적인 차별의 역사성과 현존성의 교육으로 확대되지 못하고 '본명 호명'만이 재일조선인으로서의 주체성의 확보로 언설화되는 한계도 노출하고 있다. '본명호명운동'과 연계된 교육적 활동은 전후일본사회에 만연한 재일조선인에 대한 민족적인 차별의식의 해소로는 이어지지 못했던 것이다.

이에 반해 민족교육 운동의 문학교육은 문학적 모티브를 통한 재일조선인의 자기정체성과 민족적인 자긍심의 회복 및 일본인 학생들의 인식의 전환을 위한 교육방법론이었다는 점에서 모형과 실례라는 교육적인 측면이 고려되고 있었다. 전후일본의 다양한 민족차별의 현실을 반영하지 못한다는 한계에도 불구하고 학습자의 인지적 발달수준을 고려한 위계화라는 측면과 학습 참여자의 관점을 유도하고 있다는 점은 효과적이었다고 할 수 있다.

오사카 공립학교 재일조선인 민족교육 운동은 일본의 공교육 체제에서 민족차별 문제에 대해 적극적으로 대처하고자 했다는 점에서는 높게 평가할 만하다. 그러나 민족교육 운동이 재일조선인의 거주비율이 높았던 오사카라는 공간적 특수성에 국한되어 일본사회 전체로 확대되지 못했다는 점은 민족교육 운동의 성과를 제한하는 요소 중 하나였다. 오사카 공립학교 민족교육 운동은 일본인 학생들까지도 교육의 대상으로 삼고 있지만, 재일조선인 학생들의 비율이 높았던 오사카라는 제한된 지역의 재일조선인 학생들이 주 대상이 될 수밖에 없었던 한계로 인해 공교육 전체, 전후 일본사회 전체의 총체적인 민족차별의 현실을 반영하지 못하였던 것이다. 뿐만 아니라 재일조선인 학생들이 처한 민족차별의 현실을 인간실존의 문제로 보고 안일하게 '본명 호명'으로 귀결시키려고 하는 등 민족차별 문제에 대한 일본인들의 인식의 한계도 명확히 노출하고 있다.

민족차별 문제를 바라본 재일조선인 지식인들은 민족적인 차별과 자기정체성의 혼란은 과거 식민지배의 역사성에서 유래된다고 보고 그 연장선상에 있는 현재의 피압박·피차별적 상황에 대한 저항의식을 민족적인 정체성의 명분으로 내세우고자 하였다[44]. 이와 달리 민족교육 운동의 인간실존이 강조된 '본명호명운동'은 60년대의 전후일본 지식인들의 인간실존을 강조한 시선에도 전형적으로 나타나고 있듯이, 식민지배와 피차별의 역사성의 재생산이라는 인식이 현저히 결락되어져 있다.

현재 한·일 간의 관계는 일본의 우경화와 함께 시작된 역사인식을 둘러싼 첨예한 대립으로 인해 자민족중심의 내셔널리즘이 강화되고 있으며, 그 경계에 서있는 재일조선인들에 대한 민족적 차별의 배타성이 한층 더 심화되고 있다. 우리의 재일조선인에 대한 시선 역시 민족담론에 근거한 자민족중심주의의 속박에서 벗어나지 못한 채, 일본사회의 피차별적 현실 속에서 재일조선인으로서의 자기정체성을 획득해 간 과정에 대한 이해가 결여되어 있다.

---

44)예를 들어 재일조선인 작가인 이회성의 경우, 일본 땅에서 태어났지만 조선인으로 성장하면서 겪을 수밖에 없었던 자기정체성의 혼란이 반쪽바리라는 정신적인 외상으로 나타나고 있으며, 이러한 과거 역사의 연장선상에서 유래되는 자기정체성의 혼란상황을 해결하지 않고는 과거, 현재, 미래 그 어디로부터도 자유로울 수 없다는 운명의식이 작품에 투영되고 있다. 이러한 특징은 재일조선인의 자기정체성을 피차별에 대한 저항의식으로 파악하고자 했던 김석범의 인식과도 상통하는 것이다. 김병구, 「이산고 '재일'적 삶의 기원에 대한 탐색」, 『한국문학이론과 비평』, 2009. 6, 342-343쪽.

그런 점에서 오사카 공립학교 교사들이 추진했던 민족교육 운동의 가능성과 한계는 우리에게 시사하는 바가 크다. 특히 문학 텍스트를 활용한 교육방법은 '역사'라는 틀에 국한시켜 접근했을 때의 거리감과 거부감에서 벗어나 인간의 삶을 담아내는 문학을 통해 상호이해와 공존, 나아가 민족적인 차별과 침략의 역사적 사실에 대한 반성과 성찰을 유도할 수 있다는 것을 보여준다.

제5장

조선학교 여학생들의
'치마저고리 교복'의 의미

한동현(韓東賢)

1. 들어가며

독자 여러분들은 조선학교 중고급부 여학생들의 치마저고리 교복을 본 적이 있을까. 보았다면 한국에서 한 때 반향을 일으켰던 〈GO〉와 〈박치기!〉 같은 조선학교를 무대로 한 재일조선인 소재의 영화 또는 한국인 다큐멘터리 감독들이 찍은 〈우리학교〉와 〈60만 번의 트라이〉 등의 다큐멘터리 영상을 통해서였으리라.

치마저고리는 전국적으로 거의 같은 디자인으로 1920~30년대의 '신여성'들과 여학생이 입었던 것과 같은 주름이 들어간 통치마의 개량 한복이다. 기본적인 구조, 형태, 제조공정 등은 전통 의상인 한복, 조선옷─일본에서는 치마저고리라고 불리는 것이 일반적─을 답습한 것이지만, 치마에 주름이 가공되고 여미는 데에 금속제 후크

현재 조선중고급학교 여학생 제복. 왼쪽에서 순서대로 1999년도에 도입된 제2교복, 치마저고리 여름복, 겨울복. 이 사진은 1999년 당시 도쿄조선중고급학교 고급부 교복으로 디자인은 지역이나 학교마다 차이가 있다.

를 사용하는 등 서양의복의 요소가 가미되어 개량된 점이 특징이다. 색상이나 소재, 치마의 길이도 현대의 한반도나 일본을 포함한 해외 코리안 사회에서 명절시에 입는 전통적인 민족의상으로서의 치마저고리와는 사뭇 다르다.

여름 교복은 흰색 마 또는 마와 화학섬유를 혼방한 적삼이고 치마는 군청색이나 검정색의 얇은 소재의 화학섬유로 속감을 대는 것이 통례이다. 겨울 교복은 상하 모두 검정색(일부 학교에서는 군청색도 가능) 울 소재로 만들어진다. 학교 교복임에도 불구하고 지금도 기성복은 존재하지 않는다. 즉, 공업제품으로 생산되지 않고 재일조선인이 운영하는 민간의 민족 의상점이나 재단사에게 개별적으로 또는 학교 단위로 주문한다. 여름 교복은 학생운동 세대라면 1987년 평양에서 열린 제13회 세계청년학생축전에 참가했던 임수경 씨가 체재 중에 입었던 흰 저고리와 검정 치마의 한복이나 2002년 부산아시아게임, 2003년 대구 유니버시아드대회, 2005년 인천 아시아육상선수권대회에 평양에서 참가한 여성 응원단이 입고 있던 조선옷을 떠올리는 사람도 있을 것이다.

이처럼 북한의 여대생은 지금의 조선학교의 여학생 교복과 비슷한 디자인의 치마저고리 교복을 착용한다. 이전에 입던 서양식 교복과 치마저고리 교복 중 하나를 선택하는 선택제라고 하는데, 이 스타일은 여대생들의 교복으로서만이 아니라 다양한 계층의 여성들에게 널리 보급되어 있는 것 같다. 한편, 한국에서는 일부 예술계 고등학교 등에서 생활한복을 학교 교복으로 도입하는 경우가 눈에 띤다. 그 중에는 전원 기숙학교 제도로 남녀 불문하고 학생들에게 고전적인 민족의상 착용을 의무화하는 민족사관고등학교(강원도)와 같은 극단적인 경우도 있다. 그러나 해방 후 한반도에서 민족의상과 학교교복이 연계되기 시작한 것은 80~90년대에 걸쳐 왕성해진 민족문화와 전통에 대한 재평가 또는 회귀 풍조에 영향을 받으면서이다. 그 때까지 치마저고리나 바지저고리를 교복으로 입는 일은 없었다.

각종 기록과 자료를 참조해보면, 조선학교에서 치마저고리가 교복으로서 도입된 것은 1960년대 초이다. 이후 치마저고리 교복은 싫든 좋든 조선학교를 상징하는 존재가 되었다.[1] 그러나 80년대 후반부터 빈번하게 발생한 '치마저고리 사건'[2]을 계기로 "여학생에게만 입히는 것은 차별"이라는 의견이 많아 이에 대한 재검토가 시작되었고, 1999년 4월에는 주로 안전상의 배려에서 블레이저(겨울철), 블라우스, 치마로 이루어진 새로운 제2교복이 도입되어, 통학 시 이 새로운 제2교복을 선택할 수 있게 되었다. 그 후에도 2007년 9월 17일 북일정상회담 후, 납치

치마저고리 교복이 생긴지 수년후인 1966년 조선민주주의인민공화국으로의 귀국선을 환영하기 위해 수학여행으로 니이가타(新潟)항을 방문한 도쿄조선중고급학교 고급부3학년생의 모습.

1) 재일조선인 사회에 있어서 특징적인 것은 조선학교 여학생의 교복을 비롯해 총련 커뮤니티의 치마저고리 착용률이 높다는 점이다. 재일본조선인조총련합회(총련) 중앙본부 등 일부 기관과 관련한 신용조합의 여자 직원들의 제복으로도 치마저고리가 도입되었다. 또한, 교복으로 친숙해졌기 때문인지 조선학교에 다녔던 여성들은 다른 재일조선인에 비해 졸업 후에도 성인식이나 결혼식 등의 행사에서 치마저고리를 착용하는 경우가 많은 것으로 보인다. 특히, 최근 2000년의 남북공동선언과 2003년 한류붐이 일어난 이후 재일조선인들의 한국 방문이 증가하는 가운데 이전보다 손쉽게 구할 수 있게 된 치마저고리나 생활한복이 한국적인 문맥 안에서 새롭게 해석되고 착용되고 있는 듯하다. 한편, 총련 커뮤니티 이외의 곳에서도 민족학급이나 민족써클 등 학교 밖에서의 민족교육의 장에서 나아가 민족문화제 등에서 장고 등 민족 악기나 무용과 더불어 민족성을 키우고 인간적 존엄과 정체성을 회복하기 위한 도구의 하나로서 치마저고리나 바지저고리가 활용되는 장면을 목격할 수 있다. 최근 몇 년 사이에는 혐한이나 인종차별주의에 반대하는 의사를 표명하는 자리에서 착용하는 경우도 있다. 그러나 일상적인 착용은 그다지 볼 수 없어 역시 상징적인 존재라고 할 수 있다.

2) 1987년 대한항공기 폭파사건, 89년 이른바 '파칭코사건'(일본주간지가 주도한 캠페인을 계기로 북한과 조선총련, 그리고 재일조선인 전체의 이미지 악화를 노린 "총련계 파칭코점이 탈세하여 북한에 송금하고 있다"는 허위선전이 대량 유포되어 국회집중심의로까지 이어진 사건), 94년 북한 핵 의혹, 98년 미사일 의혹 등 80~90년대 일본사회와 매스컴에서 "북한 때리기"가 있을 때마다 치마저고리 교복을 입은 여학생이 누군가로부터 치마저고리를 칼로 찢기는 사건이 일어났다. 예를 들어, 1994년의 경우, 4~7월 4개월 동안에 154건의 폭언, 폭행 사건이 발생했는 데 도쿄조선중고급학교만을 예로 들면, 6월 말까지 일어난 29건 모두 피해자가 여학생으로 그 중 12건이 치마저고리를 칼이나 가위등으로 긋는 사건이었다.

사건과 연관된 북한 비방 보도와 이에 따른 협박, 폭언, 폭행사건 등이 단속적으로 발생하면서 현재는 대부분의 학생들이 제2교복을 입고 통학한다.

2. 치마저고리 디자인의 원류는 '신여성' 패션

조선학교 여학생 교복의 뿌리는 한반도의 민족의상이다. 그러나 구조적으로 근대화, 서양화된 지금 스타일의 원형을 낳은 것은 1920년대 식민지 조선에서 봉건 유산과 싸왔던 '신여성'들이었다. 신여성은 당시 조선에서 상반된 가치를 내포하면서 수용된 모더니티를 체현하고 상징하는 존재였다.

1876년 일본이 강행한 강화도조약에 의한 개국과 1894년 일본의 후원으로 정권을 잡은 개화파에 의한 갑오개혁에서 시작한 것으로 여겨지는 조선의 근대화는 그 시작부터 식민지화와 뗄 수 없는 관계여서(이후 1910년 8월에 한일 '병합') 복잡성과 모순에 넘친 것이었다. 식민지 시대 조선의 모습을 형성한 식민주의, 근대성, 민족주의 사이의 복잡한 교차는 여성들의 의복의 변천에도 영향을 주었다.

1920년대에 들어 대두한 신여성은 의식 개혁과 생활 개선의 일환으로 활발한 의복 개량 논쟁을 펼쳤는데 그 중심 과제는 직접적인 양장의 도입이 아니라 치마저고리의 개량 문제였다. 지배자 일본이 '문화', '진보'라는 이름 아래 양장화를 추진하고 조선인의 민족성을 말살하려 했기 때문에 이에 반발한 여성들은 치마저고리를 '진보'시킴으로써 민족주의와 근대성을 일치시키고자 했던 것이다.

그러나 치마저고리의 '진보'란 그 구조나 색채의 변화를 보면 틀림없는 양장화였다. 갑오개혁 후 외출이 허락된 여성들은 이전에 비해 활동성이 증대함에 따라 서서히 저고리의 길이는 길어지고 치마의 길이는 짧아진 치마저고리는 여학교에서 확산된 통치마의 고안과 보급을 거쳐, 신여성들의 의복 개량논쟁이 한창이었던 1920년대에 이르러 어느덧 양장이라고 해도 좋을 정도로 구조적 변화를 이뤘다.

그 특징을 정리해보면, ①저고리 길이는 길어지고 치마는 짧아졌으며 ②치마는 원통형이고 양 어깨 걸기식으로 가슴가리개가 붙은 점퍼 스커트형의 통치마로 ③치마에는 주름이 들어가 홀쭉해진 실루엣에 ④소재 제한은 없으며 검정 등 비교적 어두운 색상을 사용하고, 상하 같은 색도 선택하게 되었다. 긴 저고리와 짧은 치마는 걷기 등 활동에 편하다. 주름이 들어간 홀쭉해진 실루엣은 학교나 직장, 카페 등 의자 생활에 적합하다. 그 모양새와 실루엣의 변화는 세운 한쪽 무릎을 펑퍼짐한 두르기식 치마로 덮고 바닥에 앉던 전통적인 생활에서의 전환을 의미했다.

이 같은 개량 치마저고리, 특히 유학생 스타일로서 유행한 흰 저고리와 검은 치마의 조합이 여학교에 정착해갔다. "대부분 특정 교복이 없었던 여학교 학생들의 복장은 1920년대에는 대부분 검정 통치마에 흰 저고리로 통일되었다. (중략) 헤어스타일은 댕기머리나 트레머리가 일반적이었고, 버선에 구두를 신었다"[3]. 이 모습을 조선학교 치마저고리 교복의 원형으로 간주해도 좋을 것이다.

일정 기간 동안 치마저고리와 양장이 서로 영향을 미치면서 혼재해 있었지만, 1930년대에 들어서자 양장의 비율이 증가해갔다. 여학생 교복도 30년대에 들어와서는 세일러복이나 블라우스, 스커트 등 양장이 수많이 등장하기 시작했다. "이는 개화에 대한 의식이 많이 작용한 것으로 해석될 수도 있으나, 다른 한편으로는 일제가 교복을 양장으로 바꾸도록 강요했기 때문이기도 하다"[4]. 그리고 1938년 드디어 총독부는 여학생의 양장 착용을 명령한다.

---

3) 현대패션100년편찬위원회, 『현대패션 1900~2000』, 교문사, 2002, 101쪽.
4) 현대패션100년편찬위원회, 『현대패션 1900~2000』, 교문사, 2002, 129쪽.

근대라는 새로운 시대의 도래는 의복을 통한 아이덴티티의 표현을 가능하게 했다. 그 과정에서 신여성이 입은 개량 치마저고리는 식민지에서의 근대화의 수용이라는 복잡성의 산물이었다고 할 수 있다. 근대화 과정에 있어서 '새로운 좋은 것(현대, 서구)'과 '낡은 나쁜 것(봉건, 전통)'[5]이라는 이항대립의 구조는 식민지 지배의 정당화에 이용되었다. 당시 지배자인 일본을 통하는 형태로밖에 '새로운 좋은 것'에 접근할 수 없었던 조선의 여성들은 지배자에 저항하기 위한 전략으로 스스로의 손으로 전통을 '재해석=근대화'해서 입겠다는 표현을 선택했던 것이다. 그러나 남성들의 경우는 이 때 이미 양장화가 완료되어 이러한 표현을 선택하는 일은 없었다. 근대화는 그 과정 자체가 남녀 간의 시간차를 내포하고 있었다.

이렇게 '신여성'들이 잉태한 개량 치마저고리는 전통의 표상이기도 하고 근대화의 표상이기도 한 양면적인 상반성을 이른바 숙명적으로 떠안게 되었고, 의복의 '기호로서의 기능'에 있어서의 전통성과 '물건으로서의 기능'에 있어서의 실용성을 양립시킨 의상이 되었던 것이다. 또한 이것은 다음 절에서 서술한 것처럼 1960년대 초 조선학교에서 치마저고리 교복을 탄생시키는 중요한 요소 중 하나가 되었다.

3. "우리에게도 조국이 있다!"

치마저고리 교복이 생겨난 1960년대 전반은 한국전쟁을 전후로 한 GHQ 및 일본당국에 의한 조선학교 탄압과 총련 결성을 거쳐 조선학교가 자연발생적인 서당으로부터의 연장선 상에서 북한의 해외공민화, 즉 '국민화'의 장치

---

5) 김진송, 『서울에 딴스홀을 許하라―현대성의 형성』, 현실문화연구, 1999, 13쪽.

로서의 근대적 학교로 변천을 완료해가는 시기라고 할 수 있다.

재일조선인의 '국민화'—그것은 본국으로부터 강제된 것이 아니었다. 식민지 지배의 결과로 일본에 살게 되어 '국민화'를 스스로 경험할 수 없었던 그들이 애타게 기다리고 바랐던 것이었다. 재일조선인들에게 비춰진 당시의 북한 또한 그들의 열망에 부응하는 빛을 발하고 있었다. 북이 한국전쟁의 잿더미로부터 불사조와 같이 다시 살아나 눈부신 경제성장을 이루고 있다는 소식은 재일조선인들의 가슴을 뛰게 했다. 북한 정부로부터 재일조선인에게 첫 교육 원조비와 장학금이 보내진 것은 이러한 시기에 해당하는 1957년이었다.

1955년 9월 평양으로 건너간 조국해방10주년경축 재일조선인 대표단과의 회견 석상에서 김일성 수상(당시)은 재일조선인 어린이들의 민족교육을 위한 교육 원조비와 일본의 대학에서 공부하는 조선인 학생들을 위해 장학금을 보낼 것이고, 조국에서 공부하기를 희망하는 재일조선인 학생들은 받아들이겠다는 의향을 표명했다. 이에 대해 재일조선인들은 일본정부에 대해 북한으로부터의 교육 원조비, 장학금을 받아들이고 북한으로의 진학을 인정하도록 요구하는 운동을 전개했다. 북한 정부의 요구도 계속되어 일본정부는 교육 원조비와 장학금을 인정하게 되었다.

그리하여 1957년 4월 8일과 15일 두 차례에 걸쳐 북한 정부로부터 교육 원조비와 장학금이 처음으로 보내졌다. 해외동포원호위원회가 위임하도 조선적십자사 중앙위원회 명의로 재일본조선인중앙교육회에 일본 엔으로 1억 219만 9,068엔이라는 막대한 금액이 송금되었다. 당시 일본사회 저변에서 생활고에 시달리면서도 필사적인 각오로 학교를 유지해온 재일조선인들에게 있어 이 금액이 얼마나 큰 의미를 갖는 것이었는지는 상상하기 어렵지 않다.

교육 원조비와 장학금 송금은 그 후에도 매년 1회에서 5회 가량 지속적으로 이어졌다. 1959년 3월 19일자 『조선민보』에 의하면 58년도 1학기 수지결

산에서 조선학교 운영비 중 북한 정부의 교육 원조비가 차지하는 비율은 전국 평균 약 35%였다. 아동 학생 수가 100명 미만인 소규모 학교에서는 그 비율이 50%에서 80% 수준에 달했다. 1957년 10월 보내진 제2차 교육 원조비(일본엔 1억 51만 엔)는 전액이 1959년 6월 13일 준공한 조선대학교의 이전과 새 학교 건설 자금으로 쓰였다.

재일조선인은 조국의 지원에 힘입어 민족교육 발전에 한층 힘을 쏟게 된다. 이 송금이 그들에게 경제적인 버팀목이 된 것은 두말할 나위도 없지만, 경제적 의미 이상으로, 당시 재일조선인들이 품게 되었다는 "우리에게도 조국이 있다!"는 뜨거운 감정이 대변하듯 정신적 버팀목으로서의 상징적인 의미가 컸다고 할 수 있다.

이 시기 유사한 의미를 지닌 또 하나의 큰 사건이 조국으로의 '귀국사업'이었다. 무권리 상태와 민족 차별 속에서 생활고에 허덕이던 많은 재일조선인들은 주로 총련을 통해 전쟁 후의 부흥 건설을 힘차게 추진하는 사회주의 조국의 발전 모습을 접하고 동경심을 품게 되었다. 1957년에 처음으로 보내진 교육 원조비와 장학금도 재일조선인들의 그러한 심경을 북돋았다.

이러한 상황 속에서 재일조선인 대부분이 한반도 남부 출신임에도 불구하고 총련 커뮤니티 일부에서 북한으로의 '귀국'을 희망하는 열기가 고조되었다고 한다. 그들에게 '조국'은 북한이었다. 해방 전의 '친일파'가 정권의 중추를 담당하고 미국의 반식민지 상태로 여겨진, 당시에는 경제적으로 뒤쳐져있던 한국은 그들에게 있어 돌아가야 할 곳이 아니었다. 또한 당시, 한반도의 분단 상황은 일시적인 현상일뿐 곧 통일될 것이라는 인식이 널리 공유되고 있었다.

총련의 견해로는 1958년 8월 열렸던 총련 가와사키지부의 나카도메(中留)분회의 '조국 알기 모임'에서 집단 귀국을 요망하는 편지를 김일성 수상(당시)에게 보낸 것이 귀국운동의 직접적인 계기가 되었다고 한다. 그리고 이러한 움직임이 각지에 불을 지폈다. 이 시기부터 귀국 길을 요구하는 운동이 대대적으로 전개되기 시작했다.

김일성 수상(당시)은 이러한 재일조선인 운동에 부응해 같은 해 9월 8일 평양에서 열린 건국10주년기념대회 연설에서 재일동포의 귀국을 환영할 것이며 새로운 생활을 영위할 수 있도록 정부가 모든 조건을 보장하겠다고 표명했다. 총련은 이를 받아 '고베-도쿄간 자전거 행진'을 비롯한 대대적인 귀국요청운동을 전국적으로 전개해갔다. 이러한 운동은 '조국'에 대한 뜨거운 마음과 함께 확산되어 재일조선인의 광범위한 지지를 받았다. 이러한 열기 안에서 귀국 희망자도 증가해갔다.

또한, 이러한 움직임에 부응해 일본 내 여론도 고조되어 초당파 국회의원들에 의한 '재일조선인 귀국 협력회'가 결성되었다. 귀국운동은 인도주의와 기본적 인권에 관계된 것으로 생각했던 양심층이 많았지만, 내심으로는 '애물단지 내쫓기'가 될 것이라고 본 보수층도 적지 않았다. 양측의 이해가 일치한 결과, 당시의 여론은 귀국 지지 일색이었다.

기시 노부스케(岸信介) 내각은 1959년 2월 각의 회의를 통해 재일조선인들의 북한으로의 '귀국'을 인정하였다. 4월 제네바에서 열린 북일적십자대표자회의를 거쳐, 양국정부는 8월 13일 인도 캘커타에서 재일조선인 귀국협정을 조인했다.

같은 해 12월 14일, 975명의 재일조선인 귀국자(일부 일본인 동반 가족 포함)를 태운 제1차 귀국선이 니이가타항을 출항했다. 일본 언론은 연일 "자본주의로부터 사회주의로의 민족 대이동"이라고 요란하게 떠들었고 재일조선인 사회는 이른바 '귀국 붐'에 휩싸여 있었다. '귀국 붐'은 많은 재일조선인들 안에서 "우리들에게 조국이 있다"는 감정을 실감하게 되는 계기가 되어 재일조선인들 의식의 급속한 전환을 가져왔다.

이렇게 총련 지지층은 확대해갔다. 조선학교도 이러한 '귀국 붐'에 따라 학생들이 급속하게 증가하는 현상이 일어났다. '민족적 각성'을 한 재일조선인들이 일본학교에 다니던 아이들을 조선학교로 전학시켰기 때문이다. "귀국에 대비한다"는 이유로 아이들을 전학시키는 부모도 적지 않았다.

민족 자주 의식뿐만 아니라 청소년과 학생들 속에서도 조선인으로서 당당하게 살아가야 한다는 의식이 높아졌는데 특히, 학생들 안에서는 "조국에 돌아가 마음껏 배우고 일하자"는 기운이 고조되었다. 이 같은 현실은 아이들을 조선학교에서 공부하게 한다는 것으로 직접적으로 표현되었다.

총련은 귀국운동과 연동해 학생 확대를 비롯해 민족교육 사업을 강화하고자 했다. 1958년에서 59년에 걸쳐 학생 확대를 위한 실태조사와 호별 방문 등이 추진되었는데, 그 결과, 1958년 4월 2만 4,327명이었던 조선학교 전체 학생 수는 1959년 4월까지 1년 동안 약 6,300명 증가했다. 상승된 기세를 몰아 총련은 1959년 8월 열린 교육문화부 국장회의에서 학생 수를 5할 증가시킨다는 목표를 세웠다.

제1차 귀국선이 출항한 1959년 12월부터 1961년 말까지 2년 동안 전체 귀국자의 8할인 7만 명 이상이 귀국했는데 그 가운데에는 취학연령이 된 아동들도 많았다. 귀국한 아동들이 많았음에도 1960년 4월 시점에서 학생 증가율은 51.2% (1만 5,650명 증가)를 기록해 총련의 목표치를 초과 달성했다. 전국의 조선학교에 재학하고 있던 학생 수는 약 4만 6,000명에 달했는데, 귀국사업 개시 전의 2배에 육박하는 수준이었다. 조선학교 취학률은 도쿄 등의 도시부에서 특히 현저히 높았고, 1959년에는 1년 사이에 200명 이상 학생이 증가한 학교도 있었다. 이러한 사실은 학생 수가 얼마나 폭발적으로 증가하고 있었는지를 보여준다.

학생 수의 증가로 새로운 학교 건설이 계획되었고 학교 교사의 신축과 개

축에도 박차가 가해졌다. 이러한 움직임과 더불어 조선학교의 법적 인가를 요구하는 활동도 전개되었다. 또한, 정규 학교 외에도 어른들에게 조선말을 가르치는 성인학교와 청년학교도 총련 지부 등의 손에 의해 개설되어 수강생이 늘어갔다.

당시의 조선학교는 계속해서 학생들이 편입학으로 들어와 귀국 길에 오르는 이른바 '귀국자 공급 센터'의 모양새를 띠었다. 각 학교에서는 귀국선이 출항할 때마다 귀국자 집단 결성 집회나 환송대회를 열었다. 이러한 '조국에 대한 열망'을 배경으로 한 민족교육의 고양은 조선학교 학생들의 학교 생활에도 당연히 반영되었다.

귀국한 학생들은 조국에서의 생활을 적은 편지를 모교 선생님들과 친구들에게 보내왔다. 이러한 편지들이 소책자 등으로 편집되어 조국을 이해하는 생생한 교육 자료로 활용되었다. 또한 이 시기 대부분의 조선학교가 수학여행 차원에서 니이가타항에서의 귀국선 환영 환송 사업에 참가했다. 단순히 손을 흔들기 위해 항구로 가는 것이 아니라 조국의 배에 타보고 조국의 사람들을 만나고 조국의 음식을 먹어보고 조국을 가깝게 느껴보는 기회가 되었다. 수학여행 이외에도 무용과 악기 등의 예술 서클 학생들이 환송 환영 사업에 동원되었다.

더욱이 이 시기 귀국선이라는 루트를 통해 북한의 영화와 음악이 조금씩 일본에 들어오게 되었다. 또한 조선학교 아동 학생들에게 민족 악기와 동식물의 표본, 밤과 사과 그리고 과자 등이 조국으로부터 보내지기 시작했다. 밤과 사과, 과자는 전원이 맛볼 수 있도록 한사람씩 나눠주는 것이 보통이었다. 이런 것들을 통해 아이들은 '조국'을 체감했다.

조선학교 교내에서는 "조국을 잘 알자!", "조국을 위해 배우자!"가 슬로건이 되었고, 무엇보다 우리말 학습에 힘을 쏟았다. 교내에서는 조국과의 가시화된 끈을 통해 고양된 민족 자주 의식과 더불어 "우리 말 100프로 운동"이 귀국을 염두에 둔 새로운 맥락에서 활성화되었다. 언어뿐만이 아니라 생활 전반에서 '일본풍'이나 '미국풍'을 배제하는 움직임도 일어났다. 예컨대 많은 학생들이 일본풍 이름을 조선풍으로 고쳤다.

총련 커뮤니티에서는 북한의 '천리마운동'을 본 따 모범 호칭을 획득하는 운동이 전개되었다. 학교에서는 '모범 학교', '모범 교원', '모범 학급' 등이 되기 위해 학교 간, 학급 간 '사회주의 경쟁'이 벌어졌다. 학생들 사이에서는 조선학교에 다니는 조국의 해외공민 학생이라는 자각을 가슴에 새기며, 첫째 자신을 위해, 둘째 일본학교에 다니는 아이들을 위해, 셋째 남조선 아이들을 위해 배우자는 '3인분 배우기 운동'도 전개되었다. 또한 "조국으로부터 배우자!"라는 취지 아래, 김일성 장군이 이끈 항일 빨치산 투쟁 참가자의 회상기를 읽는 운동이 총련 조직 전체에 확산되었는데, 이 운동은 조선학교 중고급 학생들 사이로 확산되었다.

4. 자주적 착용의 확산에서 제도화로

'귀국 붐' 열기는 총련을 둘러싼 재일조선인 사회의 민족 자주 의식을 고양시켰다. 그것은 그들의 생활 스타일이나 생활문화의 변혁을 동반하는 것이었다. 이러한 변화 중 하나가 여성들의 치마저고리 착용이었다. 당시의 영상이나 필자가 진행한 조선학교 여학생, 교원들과의 인터뷰에 의하면, 재일조선인 2세 세대는 1960년 전후에 일상복으로 치마저고리를 입는 경우가 거의 없어졌다. 그럼에도 이러한 '민족적 부흥(ethnic revival)'이라고 불릴만한 현상이 일어난 배경에는 이를 장려하는 움직임이 있었던 것 같다.

1960년 전후 시기, 총련 기관지『조선신보』의 가정란을 보면 치마저고리 착용을 장려하는 기사가 빈번하게 등장한다. 조선 옷감 판매업자와 재단사들의 광고가 실려 있는 경우도 많다. 1963년 위 신문의 발행처인 조선신보사는 가정에서 치마저고리를 직접 만들 수 있도록『조선옷 의복 본』(정가 200엔)을 발행하기도 했다. 같은 해 8월 3일자『조선신보』에 게재된 기사는 "일본에 사는 동포 녀성, 학생 간에 조선옷을 입고 다니기가 일상화된 요즈음 조선옷 본과 그것을 만드는 바느질 법을 알려는 요망이 오래 전부터 있었습니다. 본사는 이와 같은 요망에 따라서 조선의 저명한 의상가의 본을 얻어 그 본과 바느질 법에 관한 소책자를 첨부시켜 인쇄하여 이미 널리 판포중에 있습니다"라며 그 경위를 밝히고 있다.

또한 1963년 9월 23일자 가정란에 실린 "조선옷을 입고 다니는 기쁨"이라는 에세이의 필자는 조선옷을 입는 사람이 늘고 있는 것은 물론 직접 손수 만들려는 여성들이 서클 활동을 시작하는 등 조선옷에 대한 관심이 커지면서 조선신보사가 발행한『조선 의복 본』이 호평을 받고 있다면서 다음과 같이 쓰고 있다.

> 의복 뿐만 아니라 우리 재일 녀성들의 생활에는 실로 많은 변화들이 일어나고 있습니다.
> 우리 말과 글을 배우며 자녀들도 조선 사람으로 잘 교양 주며 녀성들 자신이 꾸준히 배우고 또 배우는 속에서 조선 녀성으로 태여난 자랑을 알게 되었으며 조선 공민의 영예를 느끼게 된 것입니다. 자기 조국과 민족을 사랑하며 그것을 자랑할 줄 알아야 옷도 맵시 있게 떳떳하게 입고 다닐 수 있다고 생각합니다.
> 맑게 개인 가을 하늘, 내 고향 하늘과 통하는 그 하늘 밑을 쫓아 다니며 오늘은 조국으로의 왕래 자유 실현 운동으로, 래일은 성인 학교, 써클 활동등 바쁜 속에서도 아름답고 맵시있게 조선옷 차림을 한 녀성들의 모습을 그리며 비록 부패타락한 자본주의 문화가 범람하는 이 땅에 살면서도 경애하는 수령 김일성원수와 영광스러운 조국을 갖고 있기 때문이며 바로 그런 조국을 갖는

녀성들이기 때문입니다.

그렇게도 조선 사람을 천대하며 조선옷을 입고 다니면 우리를 못 마땅하게 보던 일본 사람들도 오늘은 우리를 우러러보며 또 우리들에게서 배우려고 하고 있습니다.

이 에세이를 쓴 사람은 총련 산하 재일본조선민주녀성동맹(이하 녀성동맹) 미타카(三鷹) 본부[현 니시도쿄(西東京) 본부]의 당시 위원장이다. 기사에는 치마저고리를 직접 만들 수 있도록 형지 제도법도 첨부했다.

여성동맹이 결성 45주년을 맞아 그 간의 활동을 소개한 책자『녀성동맹의 빛나는 자욱』(재일본조선민주녀성동맹 중앙상임위원회)은 60년대 전반기의 모습에 대해 다음과 같이 기술하고 있다.

또한 이 기간 동포녀성들의 정신도덕생활에서도 많은 변화들이 일어났다. 동포녀성들속에서 '조국을 따라 배우자!' '공화국의 녀성답게 생활하자!'는 구호 밑에 '항일빨찌산 참가자들의 회상기' 학습이 진행되고 조선말과 글을 배우고 쓰는 기풍, 치마저고리를 입고 다니는 기풍이 섰으며 자녀교양에서 어머니들의 책임과 역할이 높아짐으로써 그들의 정신세계에서 뚜렷한 변화들이 일어난 것이다.(19쪽)

1964년 6월에 개최된 총련 제7회 전체대회 대회보고에서도 재일동포의 정신세계에서 많은 변화가 일어나 일상생활에서 민족적 주체를 세우는 기풍이 크게 조성되어 동포들이 조선말과 글을 일상적으로 사용하게 되었고 여성들은 아름다운 조선 옷을 입으며 당당하게 생활하게 되었다는 지적이 있었다.

이처럼 이 시기 여성들 사이에서 치마저고리 착용이 늘어나고 이것이 높이 평가받게 된 것은 분명한 것 같다. 앞서 소개한 에세이에는 "지금 어린이들은 물론 초급학교로부터 대학생에 이르기까지 조선옷을 입고 다닙니다. (중략) 어떤 학생이 조선옷을 안 입으면 부끄러워 학교에 못가겠다고 어머니를 졸라대니 그 어머니도 치마저고리를 입게 된 일도 있습니다"라는 서술도 있다.

치마저고리가 제복이 된 시기에 관해서는 1961년과 1963년으로 견해가 갈리지만 각지의 조선학교 졸업사진이나 연혁사를 보는 한 어느 해가 되었든 60년대 초에 바뀌었음이 틀림없는 것 같다. 그 이전에 다양했던 세일러복이나 블레이저, 사복 등의 착용이 완만하게 치마저고리로 이행해간 것으로 판단된다. 총련 기관지『조선신보』63년 3월 30일자의 가정란에 게재된「녀학생들의 옷차림과 머리모양」이라는 제목의 칼럼에는 "그런데 올해는 신학기부터 학교 제복이 약간 달라집니다. 지금까지 중, 고급 학교 같으면 제1교복으론 검은 치마 저고리, 제2교복으론 양복으로 정해져 오던 것이 보통이었습니다. 각 학교의 조건에 따라 약간씩 차이가 있어 왔으나 앞으로 전국범위에서 제복을 통일시킬 것이라 총련 중앙 교육부는 말하고 있습니다"라고 전하고 있다.

1950년대 후반의 '귀국 붐'을 배경으로 한 북한의 '해외공민'으로서의 정체성의 고양, 즉 일종의 '조국지향'적 민족주의가 여성들의 치마저고리 착용이라는 현상을 가져왔다. 이것은 전통을 계승한 것이라기보다는 당시의 시대적 맥락에 따른 재해석을 통한 '민족적 부흥(ethnic revival)' 현상이었다고 할 수 있다. 유사한 현상이 조선학교 내에서도 일어나 여학생들의 자발적인 치마저고리 착용으로 나타났고 나아가서는 제복화로 이어졌다고 생각할 수 있다.

필자의 인터뷰 조사[6]에 의하면, 교사의 주도로 교실에서 집단적으로 착용한 경우 등을 포함해, 1959년경부터 자발적인 착용자가 나오기 시작해 거의 1963~64년까지는 전국의 조선중고급학교, 대학교에서 치마저고리가 여학생의 유일한 교복이 된 것으로 보인다.

---

6) 조사 기간은 예비조사를 포함해 2002년 12월부터 2003년 9월까지 10개월. 인터뷰는 치마저고리 교복이 도입되었다고 하는 1961년~63년을 전후로 하는 시기에 조선중고급학교, 조선대학교에 재학했던 여성들과 교원을 중심으로 23명(남성은 6명, 이 중 3명은 전화 인터뷰)에 대해 실시했다.

5. 치마저고리 교복의 탄생을 촉진시킨 여성들

다음에 소개하는 것은 당시 자발적으로 치마저고리를 입은 여학생과 이전 교복과의 병행기에 스스로 치마저고리를 선택한 여학생의 증언이다.

우리들이 조대(조선대학교)에서 입기 시작했던 시기를 되돌아보면, 일제 강점기에 끌려와 민족의 존엄과 민족성을 상실한터라 여차하면, 민족교육이 없었다면 그대로 동화했겠지요. 그런 와중에 민족을 되찾은 계기가 무엇이었는가 하면 김일성 주석이 민족을 되찾기 위해 교육 원조비를 보내주고, 민족교육을 지속해야 한다고 했던 것이었습니다. 그런 조국에 귀국선이 다니게 되면서 한층 가까워지게 되었죠. 그 때까지는 마음속으로만, 또 공부를 통해서 어떻게든 민족을 되찾으려했던 것인데, 되찾는 과정에서 아주 가까운 존재가 되었지요. 그 심정을 일상에서라도 표현하고 싶은 그런 것이 아니었을까요.

일본에 살기 때문에 더욱 더 조선민족으로서의 자긍심과 존엄을 지켜야 한다는 생각이 강했어요. 일본말을 써라, 이름도 일본식으로 바꿔라, 치마저고리도 입지 말라면서 몸빼 바지를 강요했던 경위가 있었으니까요. 일본에서 살기 때문에, 우리들은 조국을 되찾았고 해방된 민족이니까, 더욱 더 조선인으로서 긍지를 가져야한다는 의식이 강했습니다. (1958년 조선대학교 입학)

고급부에 입학할 즈음에는 "저고리도 괜찮다"고 생각해서 고민 끝에 저고리와 블레이저 둘 다 만들기는 했지만, 저는 저고리를 입고 싶은 마음이었어요. 가와사키 (조선인) 밀집지역에서 자랐기 때문에 귀국운동의 열기도 접한 적이 있고, 어렸을 때부터 조선인으로서의 긍지가 강했어요. 치마저고리에 대한 애정도 있어서 빨리 만들어야지라고 생각했었지요. 민족의 자랑이고 상징이니까. …누가 시킨 것이 아니라 기꺼이 입었지요. "조선 여성이 입는 옷, 조선의 옷이야" 라면서. (1963년 가나가와조선고급학교 입학)

이들은 그 동기에 대해 입을 모아 뜨거운 어조로 '조선인으로서의 긍지' 또는 '민족성의 표현'이라고 말했다. '민족의 존엄'이나 '민족성'---학술적으로는 에스닉 아이덴티티 혹은 내셔널리즘으로 불리는 그 '무엇인가'를 그들은 치마저고리라는 매개체를 통해 스스로 표현하려 했던 것이다. 그 '무엇인가'는 재일조선인 2세인 그들이 부모나 조상으로부터 자연스럽게 계승받은 것이 아니다. 재일조선인 커뮤니티와 주로 조선학교를 통해 만나게 된 '조국'을 매개로 새롭게 획득한 것이었다.

당시 대학생이나 교원이었던 그들 대부분은 고생하는 1세 어머니의 모습을 보면서 남존여비의 봉건적인 풍조를 혐오하고, 증오했고, 타파하기 위해 배우고자 했던 사람들이었다. 그렇다면 봉건적인 풍조를 타파하고자 했던 심정과 치마저고리를 입었던 것은 모순적이지 않은가. 이러한 질문을 던지자 필자에게 돌아온 대답은 다음과 같았다.

> 물론 우리들도 현대사회에 걸맞게 여성도 당연히 배우지 않으면 안 된다, 현대적으로 되어야 한다고 강하게 생각했어요. …그래도 치마저고리는 민족성의 문제라서. 일본사회에서 살면서 더구나 나는 조선인 마을에서 조선인들 속에서만 살았고 아버지가 강제노동을 하면서 학대받았으니까. 항상 그런 이야기를 듣고, 어린 나이부터 보아왔기 때문에 그런 기억들이 하나의 축적물이 되어가는 게 아닌가 생각해요.(1958년 조선대학교 입학)

> 봉건적인 것에 대한 반발, 절대 남자에게 지지 않겠다는 그런 마음과 어떻게든 조선인임을 각성하게 해주고 싶었고, 그러기 위해서는 교육이 가장 중요하다는 그런 각오로 교원이 되었죠. 상대가 여학생들이니까 왠지 그런 의지가 더 강했지요. 이 여학생들을 멋진 여성으로 꼭 훌륭히 키워내야지 하는.

> (치마저고리는 타파해야 할 봉건제의 상징, 유물이므로 현대적이고 자립적인 훌륭한 여성으로 키우기 위해서는 서양식 옷을 입어야 한다고는 생각하지 않았는가. 시대에 역행하는 것이 아니었느냐는 필자의 질문에 대해서는) 그렇지 않습니다. 그건 전혀 그렇지 않아요. 저고리라고 하는 것은 민족 문화로 인식하지요. 민족 의식, 자긍심을 갖는 것이 가장 중요합니다.(1969년, 도꾜조선중고급학교 고급부 1학년 여학생 편입반의 담임을 맡아 전 학생의 치마저고리 착용을 이끌었음.)

당시 그들에게 인간성 회복을 위한 절실한 과제는 민족성을 되찾는 것이었다. 왜냐하면 바로 앞의 세대가 식민지 시기 동안 민족을 부정당함으로써 인간성을 부정당하는 모습을 그들은 목격했고, 해방 후에도 그러한 식민지적 상황은 계속되었기 때문이다. 식민지 시대나 그 직후에 일본에서 태어난 그들 자신도 일반적으로 민족이라는 주장의 근거가 되는 언어와 문화의 독자성과 같은 것들을 수탈당한 상태였다. 이 같은 상황 아래, 우선 인간성을 되찾지 않으면 여성으로서의 자립도 없으므로, 민족성 회복에 의한 인간성 회복이 여성의 자립으로 연결된다고 생각했던 것 같다.

부언하자면 그들이 입고 있던 치마저고리는 1920년대의 '신여성'들이 식민지 지배 아래에서 근대와 전통 사이에서 갈등하면서 개량하여 입었던 스타일을 따른 것이다. 이러한 역사와 그들이 인터뷰에서 말하는 착용 당시의 문맥을 짚어보면, 치마저고리가 봉건적인 남존여비의 발현이라는 인식은 전부가 아니라 일면적인 것이라는 점을 발견할 수 있지 않을까.

그 때까지 그들이 내면화했을 일본사회에 유포되고 있던 조선인에 대한 부정적 이미지는 이 시기, 민족주의의 고조를 통해 긍정적 이미지로 바뀌었고 이 전환을 시각적으로 상징했던 것이 치마저고리라고도 할 수 있을 것이다. 1963년 도꾜조선중고급학교 고급부에 입학한 한 여성은 "저고리를 입고 다니는 것 자체가 '나는 조선사람이야'라고 말하면서 다니는 것과 같은 것이었죠"라고 회상하기도 했다. 긍정적인 자기 이미지를 갖고 있었기 때문에 비로소 의복이라는 시각적 매개를 통해 외부와의 구별을 도모하는 행동이 가능했으며, 치마저고리가 일종의 유행(mode)이 될 수 있었다. 학창시절을 회상하면서 치마저고리 교복에 대해 "멋지다", "예쁘다"고 표현하는 사람이 적지 않았고, 그러한 기쁨은 민족적인 자존심을 더욱 충족시켰던 것으로 보인다.

치마저고리의 조선학교 여고생 들

　당시 재일조선인 밀집지역에서는 1세 여성들 덕분에 수많은 바느질 업자가 있어 가격도 비교적 저렴했고 자신이 직접 재봉할 줄 아는 여성도 많았다. 또한, 어느덧 완전히 서양식 의복 생활에 젖은 여성들도 편하게 입을 수 있고 위화감 없이 통학하며 학교 생활을 할 수 있는, 기능면에서 거의 서양화된 개량 스타일의 치마저고리가 1920년대 이후의 '여학생 이미지'와 함께 존재했었던 것도 그들의 욕구에 부응했다.

　"왜 여자들만 치마저고리를 입어야 하는가"라는 질문에 대해서는 다음과 같이 보충적으로 답하고자 한다. 치마저고리 교복을 만들어낸 1950년대의 여학생들은 당시 1920년대의 신여성들이 만들어낸 개량 스타일의 치마저고리가 '조선 여학생의 이미지'로 공유되고 있었고, 또한 재봉이 가능한 어머니와 저렴한 가격의 재봉업자가 주변에 있었다는 점 등의 조건이 있었기 때문에 치마저고리를 선택할 수 있었다고 본다.

　만약 당시 남자가 비슷한 발상을 했다 하더라도 그들은 '민족적 의상'에 대한 접근이 어려웠을 것이다. 이미 50년대 당시 남성은 극히 일부의 1세 고령자를 제외하고는 완전히 양장화되었기 때문이다. 20세기 초, 한반도에 밀려든 양장화 세례를 먼저 받았던 것은 정치, 외교 등의 공적 영역을 담당했던 남성들이었고 양장의 일상화로 인해 특수화된 민족의상을 계승하여 입었던 것은 사적 영역을 담당한 여성들이었다.

1950~60년대의 조선학교 여학생들이 입었던 치마저고리는 그러한 '전통적'인 것이 아니라, 1920년대 조선의 신여성들이 개량해 만든 근대와 전통이 융합된 스타일로, 근대화된 생활에 적합하도록 실용적 기능을 겸비하고 있었다. 그러나 20년대 이미 양장화가 완료된 남성들에게서 그러한 의상이 태어나기는 어려웠다. 즉, 1950~60년대 조선학교 남학생들에게는 기능면에서의 조건도 결여되어 있었다고 할 수 있다. 이른바 남자들에게는(그에 대한 평가는 차치하더라도) 애초부터 그러한 선택지 자체가 존재하지 않았다[7].

6. 맺으며

이렇게 태어난 치마저고리 교복은 착용하는 당사자인 여학생들에게는 평소 학교 생활에서의 일상복이면서도 한편으로는 안팎의 곱지 못한 시선 또는 과잉적인 의미 부여로 인해 상징적인 기호가 되어 왔지만, 본고의 도입부에서도 언급한 것처럼, 치마저고리 교복이 훗날 큰 전환기를 맞이하게 되는 계기가 된 것은 1980년대 후반에 간헐적으로 발생한 '치마저고리 사건'이었다. 87년의 '대한항공기 폭파사건', 89년 후반의 '파칭코 의혹', 94년의 '핵 의혹', 98년의 '미사일 의혹' 등 일본사회와 언론에서 이른바 '북한 때리기'가 횡행할 때

---

7) 그러나 필자는 그 당시 조선학교 남학생들에게는 일본 고교생들과의 싸움으로 상징되는 일본사회와의 관계 속에서 그들의 학생복 패션이 충분히 내셔널리즘의 기호가 되었다고 본다.

마다 조선학교 학생들이 공격당하는 사건이 발생했는데, 그 중에서도 여학생들이 치마저고리 교복을 칼로 찢기는 사건이 대대적으로 보도되어 주목을 끌었다.

이러한 사건을 계기로 조선학교와 관계자들 사이에서 치마저고리 교복 착용에 대한 재검토를 촉구하는 움직임이 일어났고, 주로 안전에 대한 배려 차원에서 1999년 4월부터 서서히 블레이저가 제2교복으로 도입되었다. 특히, 2002년 북일정상회담에서 북한이 납치를 인정한 이후 학교 밖에서 치마저고리 교복과 마주치는 일은 거의 없어졌다.

그러나 공교롭게도 최근 수년 동안, 고교무상화 제도에서의 조선학교가 배제된 문제를 호소하는 집회나 서명운동 등에서 치마저고리 교복을 입은 여학생들이 '활약'하는 등 치마저고리가 상징으로서 활용되고 주목받는 장면을 이전보다 더 자주 보게 된 것 같다. 당사자들도 입을 기회가 적어지면서 이전보다 친근감이 줄었음에도 이러한 상황으로 인해 다시금 의미가 부여되고 상징화, 기호화되고 있는, 어딘가 양극단적인 것이 되고 있는(당사자 개인에 따른 큰 온도차도 그러하다)듯하다.

2009년 재특회의 교토조선학교 습격, 당시 민주당 정권이 실시한「고교무상화 및 취학지원금 지급제도」의 적용 범위를 무시하고 조선교교'만'을 배제한 사건(2013년 자민당 정권이 조선학교 제외를 제도화 함. 현재 5개 조선고급학교가 국가를 상대로 소송 중). 일본정부의 우향우 지침에 '국민감정'을 핑계로 얼마 되지 않는 보조금을 중단하는 지방자치체들. 그리고 이러한 움직임에 대해 언론과 민, 관이 함께 장단맞추는 사회 분위기 속에서 조선학교에 대한 사람들의 시선은 크게 변했다.

이상 살펴본 바와 같은 역사를 걸어온 치마저고리 교복은 종종 조선학교와 재일조선인의 '민족성의 상징', '민족의 긍지'로 불리지만, 한편으로는 여학생에게만 입게 한다는 것은 여성 차별이라는 비판을 적잖이 받기도 했다. 자주적인 착용이 확산되었다고는 하지만 교복이 된 뒤에는 여성들에게만 이 눈에 띠는 '민족성'을 떠안게 한 것은 사실이고, 사회적으로 이것이 위험 부담이 된 이상, 재검토하는 것도 당연한 일이다. 시대의 요구로 태어난 것은 시대의 요구로 다시 소멸되어간다.

그러나 이를 선택할 수 있는 환경이라면, 적어도 당사자의 주체적이고 민주적(나아가 전략적)인 선택이기를 바란다. 그리고 아마도 그 선택에 있어 필요한 것은 조선학교(우리학교)에 있어서 '우리'라는 것이 무엇인지에 대한 진지한 논의가 아닐까 한다. (이 논의는 우리학교를 둘러싼 사람들에 있어서의 '우리'를 다시 살펴보는 작업이기도 할 것이다). 이를 위해서라도 이러한 논의가 가능한 환경이 필요하고(현 상황은 그러한 환경이 조성되어있다고는 볼 수 없을 것이다), 그러한 환경을 실현하는 데에는 주위의 이해가 반드시 필요하다. 여기에 본서가 작으나마 도움이 되기를 바란다.

권리로서의 민족교육

제6장

조선학교 습격사건에서
민족교육의 권리와
레이시즘을 생각하다*

이타가키 류타(板垣竜太)

1. 들어가며

필자는 주로 식민지시기 조선의 사회사에 관한 연구가 중심을 이루고 한반도에 관계된 다양한 사정을 비교적 폭넓게 다뤄왔다. 대학원에서의 전공은 문화인류학이나 역사학적인 논문들을 많이 발표해왔고 사회학과에 정착해 역사와 현재를 오가며 연구를 진척시켜왔다. 조선학교와 관계를 맺게 된 것은 2003년 조선학교 졸업생들의 대학 입학자격 문제가 사회적 문제가 된 이후였는데, 도시샤대학에 부임한 뒤부터는 대학에서 가장 가까운 교또조선제3초급학교(2012년 4월 제1교와 통합해 교또조선초급학교가 되었음)와 교류하였고 거의 매년 학부생들과 사회학 세미나 등을 통해 조사 활동을 하거나 자선 콘서트에 참가하기도 했다[1]. 나는 이 과정에서 역사적인 관점에서의 고

---

* 역주 : 본고는 일본 배외주의 단체에 의한 교또조선제1초급학교 습격사건(2009년 12월) 재판에 있어 필자가 2013년 2월 교또지방법원 제2민사부에 제출한 의견서임을 밝혀둔다. 사건의 개요는 다음과 같다. 일본 배외주의 단체 '재일특권을 허용하지 않는 시민모임'(재특회)은 2009년 12월부터 교또 조선제1초급학교를 찾아가 확성기를 통해 "김치냄새 난다" "일본땅을 돌려놓아라" "북조선 스파이 양성기관" 등의 발언을 하였고 그 장면을 유튜브에 올려 확산시켰다. 이에 대해 교또 조선학교 관계자들은 재특회 회원 9명을 대상으로 손해배상청구 소송을 걸었다. 18차례 재판을 거쳐 교또지방법원은 재특회 활동을 "극히 악질한 인종차별행위"로 판단하여 학교주변에서 시위활동 금지와 1226만엔의 배상을 명하였고, 2014년 12월 최고법원에서 그들의 위법성이 확정되었다. 본문 중 '본 건'은 이 사건을, '피고'는 이 습격단체 구성원들을

찰과 인터뷰 또는 참여관찰(participant observation)에 의한 조사 양쪽 모두를 중시해왔다.

  본 의견서는 본 건 재판의 논점과 관련되는 것으로 본인이 판단하는 사항들을 중심으로 조선학교의 역사와 현재에 관해 사실관계를 정리한 것이다. 조선학교에 대한 언론 보도, 인터넷 상에 유포하는 언설들, 의원들의 발언, 「재일의 특권을 용납하지 않는 시민모임」(이하, 「재특회」)과 같은 이른바 '행동하는 보수'계 단체들의 주장, 또한 그들이 주된 근거로 하는 주장에는 과장과 사실의 오류가 포함되어 있고, 이러한 현상 자체가 조선학교에 대한 일본 사회의 편견이 어떤 식으로 존재하는지를 그대로 보여주는 것이라고 생각하기 때문에 이와 관련된 제반 사항을 중심으로 논술하고자 한다. 본 의견서에서 언급하는 조선학교는 기본적으로 일본의 소학교에 해당하는 초급부(초급학교)에 한정된 것임을 밝혀둔다.

2. 조선학교의 현재

2-1 현행 교육 과정

1) 조선학교의 교육 과정

  현재 조선학교는 ①일본에서 태어나고 자란 조선민족의 아이들에게, ②'조

가리킨다.

1) 이 과정에서 몇 편의 논문과 영상작품을 발표했다. 대학 수업의 일환으로 학생들과 작성한 보고서는 다음과 같다. 『朝鮮学校の社會学的研究 : 京都朝鮮第三初級学校を中心に』, 同志社大学社會学科 · 社會調査實習報告書No.17-1, 2009. 논문은 다음과 같다. 「朝鮮学校を「支える」ということ」, 『法学セミナー』52-7, 2007; 「高校無償化制度の諸矛盾と脱植民地化 · 脱冷戰」(『インパクション』176, 2010; 「現代日本のレイシズム点描 : 朝鮮学校に對する攻撃 · 排除を事例に」, 『人權と生活』32, 2011; 「North-Korea-phobia in Contemporary Japan: A Case Study of Political Attacks on Korean Ethnic Schools」, 『龍谷大学矯正 · 保護總合センター研究年報』2, 2012. 영상은 학생들이 촬영 제작한 작품에 대해 감수 참가한 것으로 다음과 같은 것이 있다. 「チェサミ！京都朝鮮第三初級学校の一日」(2006); 「京都朝鮮第三初級学校創立40周年 囲う〜現在〜未來」, 2007; 「オソオセヨ(ようこそ)！京都朝鮮第三初級学校」, 2011; 「ソンセンニム！」「学校を支えるオモニたち」, 2011; 「みんなの学校 : 心の故鄉」, 2012.

선인'으로서의 민족의식과 소양을 체득하게 함과 더불어, ③현대적인 지식을 습득하게 함으로써, ④재일조선인 사회의 건설, 한반도의 통일과 발전에 공헌하고, ⑤일본과 국제사회에서 활약할 수 있는 인재 육성을 목적으로 설립, 운영되고 있다. 교육 과정도 이러한 목적에 부합되도록 짜여있다.

〈표1〉은 현행 조선학교 초급부가 정한 표준적인 과정안이다. 수업의 1단위는 45분으로 연간 학습해야 할 단위 시간 수(수업시수)를 정리한 것이다.

〈표1〉 조선학교 초급부의 표준 교육 과정

학년	1	2	3	4	5	6
연간 수업 받는 주	34	35	35	35	35	35
국어	306	280	245	245	210	210
일본어	136	140	140	140	140	140
사회			35	70	70	70
조선 역사						70
조선 지리					70	
산수	136	175	175	175	175	175
이과			105	105	105	105
보건체육	68	70	70	70	70	70
음악	68	70	70	70	70	70
도화공작	68	70	70	70	70	70
연간 총 수업 시간	782	805	910	945	980	980

출처 : 재일본조선총련합회 교육국 「각종학교과정안」을 바탕으로 작성
비고 : 각 과목의 수업 시간은 '연간 수업 받는 주×주당 수업시간'으로 산정

〈표1〉에서 국어는 조선어를 의미한다. 일본에서 태어난 재일조선인[2]은 거의 모두가 일본어를 모어로 하며 자란다. 따라서 저학년일수록 조선어 시간이 중점적으로 할당된다. 일본어 이외의 수업과 학교 내 과외활동에서도 조선어가 사용되기 때문에 조선학교에 있는 동안에는 조선어 세계에 흠뻑 젖어있게 된다. 이러한 미습득 언어에 대한 교육법을 언어교육론적으로는 언어 이머전(language immersion)이라고 한다.

---

2) 본 의견서에서는 여러 경위에 의해 전쟁 전에 일본에 이주한 조선민족에 뿌리를 둔 사람들을 현재의 국적 등에 상관없이 '재일조선인'이라고 부른다. 단, 이른바 '뉴커머'를 포함할 경우에는 '재일코리안'으로 부르기도 한다.

대부분의 조선학교가 전쟁 후 우후죽순으로 각지에서 생겨났던 국어강습회에 그 연원을 두고 있는데, 조선학교 정체성의 핵심은 조선어 습득이라 할 수 있다. 조선학교의 첫 번째 특징이 여기에 있다.

아울러 조선지리나 조선역사와 같은 과목이 독자적으로 있다는 것이 두 번째 특징이다. 이러한 과목들과 국어를 통틀어 '민족 과목'이라 부른다.

이와 더불어 앞으로도 일본사회에서 살아갈 수 있도록 일본어에도 상당한 시간을 할애하고 있고 사회과목에서도 일본 역사와 일본 사회의 구조 등을 비롯한 일본에 대한 상식이라고도 할 수 있는 내용들이 많이 실려 있다. 또한 수년 전부터는 초등교육 단계에서부터 영어 수업이 일반화되어 일본과 한반도를 뛰어넘어 세계적으로 활약하는 인재의 육성도 강조되고 있다. 이것이 세 번째 특징이다.

2) 일본학교와의 비교

조선학교의 교육 과정을 일본 및 조선민주주의인민공화국(이하, '북한')과 비교해본다면 그 특징이 더욱 명확해진다.

〈표2〉는 현행 일본 소학교의 교육 과정을 정리한 것이다. 수업의 1단위 시간은 조선학교와 마찬가지로 45분이다. 조선학교에는 일본 소학교가 실시하는 「생활」, 「도덕」, 「가정」, 「총합적 학습 시간」, 「특별활동」이 없다(다만, 조선학교의 「사회」에는 일본 소학교의 「도덕」에 상응하는 내용이 실려 있다). 대신 조선어와 일본어 두 가지 언어 교육이 그만큼 많이 할당되어 있다. 이러한 차이와 이른바 민족 과목을 제외하면, 오히려 조선학교와 일본의 교육 과정에는 상대적으로 비슷한 점이 많다고 할 수 있다.

〈표2〉 일본 소학교의 교육 과정

학 년	1	2	3	4	5	6
연간 수업 받는 주	34	35	35	35	35	35
국어	306	315	245	245	175	175
사회			70	90	100	105
산수	136	175	175	175	175	175
이과			90	105	105	105
생활	102	105				
음악	68	70	60	60	50	50
도화공작	68	70	60	60	50	50
가정					60	55
체육	102	105	105	105	90	90
도덕	34	35	35	35	35	35
외국어 활동					35	35
총합적 학습시간			70	70	70	70
특별 활동	34	35	35	35	35	35
연간 총 수업 시간*	816	875	910	945	945	945

출처 : 「학교교육법 시행규칙」(2011년 7월 개정) 부칙을 바탕으로 작성

비고 : *는 '특별활동' 시간을 제외한 수업 시수

3) 조선민주주의인민공화국 학교와의 비교

한편, 북한의 교육 과정을 정리한 것이 〈표3〉이다. 우선 주의해야할 점은 북한의 학제는 일본의 6·3·3·4제와 다르다. 유치원 2년, 초등교육 4년, 중등교육(일본의 중학, 고교 단계)에 상응하는 중학교가 6년, 그 다음의 고등교육을 담당하는 대학, 단과대학, 고등전문학교 등이 있다. 이 중에서 의무교육 기간은 유치원의 높은반 1년, 초등과 중등 10년, 합계 11년이 다(단, 2012년 9월 최고인민회의에서 의무교육을 12년으로 의결함). 본고에서는 일본의 소학교, 조선학교의 초급학교에 상응하는 초등학교 4년과 중학교의 첫 2년만을 발췌했다(수업의 1단위 시간은 45분으로 동일).

<표3> 조선민주주의인민공화국의 교육 과정 (6세~11세)

학교	소학교				학교	중학교	
학년	1	2	3	4	학년	1	2
연간 수업 받는 주	34	34	34	34	연간 수업 받는 주	50	50
경애하는 수령 김일성 대원수의 어린 시절	34	34	34	68	위대한 수령 김일성 대원수의 혁명 활동	50	50
위대한 영도자 김정일 원수의 어린 시절	34	34	34	68	위대한 영도자 김정일 원수의 혁명 활동	50	50
항일 여성 영웅 김정숙 모당의 어린 시절				34	사회주의 도덕	50	50
사회주의 도덕	68	68	34	34	국어	250	250
수학	204	204	204	204	한문	100	100
국어	204	204	238	272	외국어	200	150
자연	68	68	68	68	역사	50	50
위생				34	지리	100	100
음악	68	68	68	68	수학	350	350
체육	68	68	68	68	물리		100
도화 공작	68	68	34	34	생물		100
영어			34	34	체육	100	100
컴퓨터			34	34	음악	50	50
					미술	50	50
					실습	1주	1주
연간 총 수업 시간	816	816	850	1,020	연간 총 수업 시간	1,400	1,550

출처 : 한국 통일부 통일교육원 『북한개요 2012』를 바탕으로 작성

비고 : 한국 자료를 바탕으로 하였으므로 실제와는 다른 부분이 있을 수 있다.

　　　중학교 과정은 6년이지만 2년분만 발췌하였다.

　　　각 과목의 수업 시간은 '연간 수업 받는 주×주당 수업시간'으로 산정

　　한눈에 알 수 있듯이, 지금은 조선학교 초급부 과목에서는 전혀 볼 수 없는 김일성, 김정일, 김정숙의 '유소년기'와 '혁명 활동'에 관한 과목, '사회주의 도덕' 등이 필수 과목이다. 영어 등 외국어 과목도 있지만 조선학교와 같이 2개 국어 교육은 실시되고 않는다. 전반적으로 조선학교의 교육 과정은 재일조선인의 현실에 맞춘 것으로 북한의 교육 과정과는 상당히 유리되어 있다고 할

수 있다. 조선학교에 다니는 아이들이 모두 일본에서 태어나 자라 대부분이 일본에서 살아간다는 현실적 상황을 반영한 결과이다.

이처럼 조선학교의 교육 과정은 일본의 교육제도와 어느 정도 유사성을 띠면서도 언어와 역사 등에서 독자적인 커리큘럼을 지니고 있다. 또한, 북한의 커리큘럼과도 상당히 이질적이다. 요컨대 조선학교는 재일조선인 자신들의 역사성에 입각해 '거주국'과도, '본국'과도 일치하지 않는 상대적으로 독자적인 민족교육을 실천해 왔다고 할 수 있다.

2-2 교과서 및 교육 내용

1) 교과서의 역사적 변천

앞 장에서 조선학교의 교육 과정과 북한과의 차이에 대해 훑어보았는데, 여기에는 역사성이 있다. 조선학교의 교육은 '민주주의적 민족 교육'으로 표현되어 왔지만 그 교육 과정과 교과서는 고정적인 것이 아니라 재일조선인 사회의 변화에 따라 즉, 역사적 경위에 따라 개정되어 왔다. 1963년부터 약 10년마다 커리큘럼이 쇄신되었고 교과서도 개정되어 왔다. 재일본조선인총련합회(이하, 총련)가 결성된 1955년 이후만 보더라도 최소한 다음과 같이 세 시기로 나눌 수 있다[3].

제1기 1955~1973년 : 총련 결성에서 1974~77년의 개정 이전의 시기
제2기 1974년~1992년 : 1974년~77년 개정 및 1983~85년의 개정 시기
제3기 1993년~현재 : 1993~1995년 개정 및 2003~06년의 개정 시기

예를 들어, 김일성의 유소년기에 관한 교과가 조선학교 초급부에 도입된 것은 제1기에서였다. 제1기에서 북한의 교과서를 사용하는 경우도 있었지만,

---

3) 제1기에 관해서는 金德龍, 『朝鮮学校の戦後史 1945-1972』, 社會評論社, 2002; 小沢有作, 『在日朝鮮人教育論 歴史篇』, 亞紀書房, 1973이 상세하게 다루고 있다. 제2기에서 제3기로의 변화에 관한 자세한 연구는 Sonia Ryang, North Koreans in Japan: Language, Ideology, and Identity, Westview Press, 1997. 참조. 단, 세 시기로의 구분은 본 의견서에서의 잠정적인 구분이다.

당시 본국의 상황도 반영되어 김일성주의가 전면에 등장하지는 않았다. 한편, 제2기에는 김일성 등에 관한 과목이 정규 교육 과정에서 자취를 감췄다.

이 사실이 상징하듯이 제3기로의 전환점이 되었던 1993~95년의 개혁은 커리큘럼에서의 큰 변화였고, 모든 교과서가 새롭게 편찬되었다. 한 예로, 제2기 이전에 조선학교에 다녔고 제3기에 아이를 조선학교에 보내고 있는 한 여성은 "실제로 아이들의 교과서를 보고 우리들이 다녔던 시대와는 전혀 다르다고 느꼈다. 아이들에게서 무엇을 배우는지 들어보면 교육 내용이 매우 유연해졌다는 것을 실감한다"[4]. 이러한 실상을 감안하여 여기서는 제3기, 특히 2003~06년의 교육 과정 개혁 이후의 상황에 관해 논하고자 한다.

조선학교의 현행 교과서는 2003~06년 개정을 통해 크게 변화했다. 공식적으로 발표된 교과서 개혁의 요점은 다음과 같다.

① 국어, 조선 역사, 지리, 사회, 음악, 미술 등 민족성을 함양할 수 있는 과목의 충실화
② 과학 기술의 발전, 정보화 사회로의 이행에 맞춰 이수(理數)와 정보 교육의 강화
③ 국제사회에 능동적으로 대처할 수 있도록 일본과 세계에 관한 지식을 폭넓게 취급

제3기로의 개정 과정에서의 특징은 교과서를 출판하는 출판사인 학우서방의 교과서 편찬 부원, 조선대학교 교원, 실제로 현장에서 가르치는 각 조선학교의 교원들이 「교과서편찬위원회」를 조직해 함께 커리큘럼의 책정과 교과서 편찬 작업을 했다는 점이다. 제2기에는 총련 교육국은 물론 북한의 지도도 있었던 것으로 보이지만, 제3기의 전환기가 된 1993~95년에는 현장의 교원들과 조선대학교 교원 등이 개정의 주체로 참가했고, 2003~06년 개정에서는 이러한 방향성이 더욱 뚜렷해졌다. 내용면에서는 2000년 6월에 열린 사상 첫

---

4) ウリハッキョをつづる會, 『朝鮮学校ってどんなとこ？』, 社會評論社, 2001, 27쪽.

남북정상회담이 낳은 조류 아래, 남북한 및 재외동포가 공통으로 사용할 수 있는 '통일 교과서'를 지향했었다는 특징이 있다[5].

2) 사회과 교과서의 특징

여기에서는 조선학교의 특색을 가장 잘 드러내는 사회과 교과서, 구체적으로는 사회(초급부 3~6학년), 조선지리(초급부 5학년), 조선역사(초급부 6학년)의 교과 내용에서 그 특징을 살펴보자.

우선 교과서의 중심적인 내용은 두말할 나위도 없이 민족과 조국에 관한 것이다. 이러한 내용이 포함되어 있는 과목은 조선지리나 조선역사 외에도 사회 교과서인데, 다음과 같은 부분이 해당된다.

「사회 초급 3」 전 4장 중 1. 학교, 2. 가족, 3. 언어와 풍습
「사회 초급 4」 전 3장 중 3. 민족과 문화
「사회 초급 5」 전 2장 중 1. 조선
「사회 초급 6」 전 4장 중 4. 생활과 재일동포사회

반면, 그 밖의 부분에서는 일본 또는 세계 사정과 관련된 내용이 다뤄지고 있는데, 다음과 같은 부분이 이에 해당된다.

「사회 초급 3」 4. 생활과 지역
「사회 초급 4」 1. 생활과 사회, 2. 살고 있는 일본
「사회 초급 5」 2. 일본 역사
「사회 초급 6」 1. 생활과 정치, 2. 생활과 경제, 3. 생활과 현대사회

특히, 5학년의 2~3학기는 일본사, 6학년은 거의 전년에 걸쳐 일본의 공민 교과에 상응하는 내용을 학습하고 있다. 전체적으로 일본사회에 대한 학습이 상당한 비율로 이루어지고 있다.

사회과 교과서의 내용은 위와 같이 다양한 분야에 걸쳐있으나, 여기에서는

---

5) 康成銀, 「朝鮮学校での朝鮮史教科書の見直しと変化」, 『歴史地理教育』662, 2003.12.

조선학교 교육 내용에서 종종 논의되는 두 가지 핵심 사항, 즉 조국과 일본을 어떻게 가르치고 있는지에 관해 설명하고자 한다.

　우선 '조국'이라는 것의 내용물은 기본적으로 "조선민족의 조국"이자 "통일되어야 하는 조국"이다. 조선지리에서 '우리나라'로 묘사되고 있는 것은 북부뿐 아니라, 한반도 전체이다. 대부분의 재일조선인이 한반도 남부 출신이기 때문에 지리적 상상력에 있어 남쪽 배제는 있을 수 없다. 통일 지향적인 조선역사에서도 3. 1 운동(1919년) 이전의 역사는 비중의 차이는 있을지언정 남쪽에서 가르치고 있는 내용과 본질적 차이가 없는 '우리나라'의 역사이다. 현대사 부분에서도 1950년대의 진보당과 조봉암 사건, 1960년의 '4. 19 인민봉기', 1980년 '광주 인민봉기', 1987년의 '6월 인민항쟁' 등 남쪽의 민주화 운동과 통일 지향적인 동향들이 소개되고 마무리에는 2000년 6월의 남북공동선언이 서술되어 있다. 이는 남쪽에서의 통일 지향적인 민중사의 서술과도 상당히 유사하다.

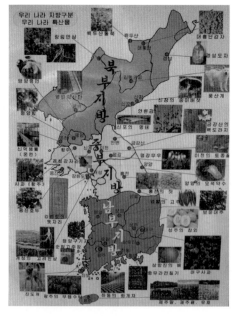

교실의 지리 수업 용 한반도 지도
ⓒKIN(지구촌동포연대)

그렇지만 현대 부분에 관해서는 조국의 중심에 조선민주주의인민공화국이 있다. 「사회 초급 5」 제1장이 이 점을 가장 잘 보여준다. 한국을 '남조선'으로 칭하거나 '이른바'의 의미를 내포하는 《 》를 사용해 《대한민국》으로 기술되고 있다. 남쪽의 일반민중과 지리, 통일 지향적인 움직임에는 애착을 띠는 기술을 하는 한편으로 반(反)통일지향적인 요소에는 부정적인 표현이 사용되고 있다. 예컨대, 남에는 주한미군이 반세기 이상 '강점'하고 있다고 기술하고 있다. 그밖에도 평양은 '수도'이지만 서울은 남조선의 '중심도시'로 표현되고 있다. '국가', '국기' 등도 북쪽 것만을 소개하고 있다. 즉, 두 개의 나라 내지 정부가 존재한다는 인식이 아니라 북쪽 정부에 정통성이 부여되어 있다.

이러한 특징이 있으나, 김일성, 김정일을 '숭배'하는 교육을 하고 있다는 지적은 사실을 비껴가는 부정확한 것이다. 우선 사회과 교과서 전체를 훑어보아도 이 두 사람의 이름이 나오는 것은 ① 「사회 초급 5」 제1장 제5과, ② 「사회 초급 6」 제4장 제3과, ③ 「조선역사」 40~42로 한정된다. 이렇게 낮은 비중을 충분히 염두에 두며 다음의 내용을 검토해보자. ①에서는 2000년 남북공동선언과 관련해 '김대중 대통령'과 함께 '김정일 국방위원장'이 등장하는 정도이다. ②에서는 "총련은 재일동포 1세 할아버지, 할머니들이 경애하는 김일성 주석의 현명한 영도를 받들어 1955년 5월 25일 결성하였습니다"라는 기술이 한군데 있다. "현명한"이라는 평가를 포함한 것이지만, 총련이 결성된 당시의 맥락에서 본다면, 이 같은 서술이 될 것이다.

마지막으로 ③ 「조선역사」에서는 우선 3. 1 운동 후, 1945년 이전까지의 조선 독립운동이 광주학생사건(1929년)을 제외하면 김일성이 이끄는 무장투쟁에 치우쳐 있는 점, 또한 '타도 제국주의동맹'과 전쟁 말기의 '조선 인민 혁명군'의 진군 등 현재의 실증사학에서 의문시되고 있는 김일성이 주도한 조직 활동이 일부 포함되어 있는 것도 분명한 사실이다. 그러나 초급학교 단계의 역사 서술은 통사적인 것이라기보다는 완결적 단편형인 역사 이야기를 42절에 걸쳐 열거하는 방식으로 처음부터 망라적인 편찬 방식을 취하지 않았다. 더구나 김일성이 만주지역을 무대로 항일전쟁을 치룬 조선인 지도자 중 한 사람이었다는 것과 그 이름이 해방 전부터 보천보전투(1937년) 등을 통해 조선 민중 사이에서 '영웅' 중 한 사람으로 널리 알려져 있었다는 것은 숨길 수 없는 역사적 사실이다[6]. 1930년대 이후의 독립운동이 김일성만으로 대표될 수는 없으나, 조선 민중을 위해 목숨을 걸고 활동한 대표적인 운동가 중 한 사람이라는 경력은 1945년 이후에 전개되는 역사를 이해하는 데에도 본질적인 부분이 있으므로 민족교육 차원에서 이를 가르치는 것 자체가 문제가 되지는 않는다고 생각한다. 1945년 이후의 역사에 관한 서술에서도 김일성에 관한 절(40)은 조선전쟁의 발발 경위를 제외한다면 그다지 사실을 과장하는 부분은 없다. 필자의 눈에는 김정일에 관한 절(42)에서는 1990년대의 성과가 과장된 것으로 보이나, '숭배'라고 불릴 정도의 기술로는 생각하지 않는다. 현재 볼 수 있는 '숭배'적인 요소는 이름 앞에 붙이는 "경애하는"과 같은 형용사 정도로서 학교나 재일조선인 사회의 '지도자'로서의 위치는 부여되지 않고 있다.

또한, 초급학교의 교실 정면에 걸려있던 김일성, 김정일의 초상화는 교토의 경우에는 2002년 조선학원 이사회의 결정을 통해 자주적으로 철거되었다. 과거에는 '혁명 역사 교실'과 같은 교실이 있었으나, 지금의 교토조선초급학교에서는 이 교실이 다목적실로 사용되고 있다. 한 교원에 따르면, 지금은 초상만 봐서는 어느 쪽이 김일성이고 김정일인지 구별하지 못하는 학생들이 있을 정도라고 한다. 이러한 큰 변화를 두고 한탄하는 조선학교 출신자들도 적지 않다. 필자는 이러한 측면을 오히려 더 많이 보아왔기 때문에 김일성 부자에 대해 '숭배' 교육을 하고 있다는 주장에 도무지 동의하기 어렵다.

---

6) 和田春樹, 『金日成と滿州抗日戰爭』, 平凡社, 1992, 등을 참조.

덧붙여 여기서 분명히 해두고 싶은 점은 재일조선인 구세대를 중심으로 존재해온 김일성을 향한 심정에 관해서는 역사적인 맥락에서 사고할 필요가 있다는 것이다. 김일성이 실제로 어떤 인물인지를 막론하고 '김일성 대원수'의 과거에 관한 에피소드와 메시지가 이역에 사는 많은 조선인들에게 희망을 부여해왔던 역사가 존재한다는 것은 분명하다. 이러한 '기억의 장7)'으로서의 김일성이라는 존재는 적어도 현재를 사는 일본인이 피상적인 지식만으로는 단정할 수 없는 부분이 있음을 지적해두고 싶다.

다음으로 조선학교의 교육에 있어서 '일본'의 위치는 교과서 제2장의 제목 「우리가 살고 있는 일본」(『사회 초급 4』 2장)에서 볼 수 있는 것처럼 '일본인'은 우호와 친선의 대상이다. 조선학교가 '반일' 교육을 하고 있다는 비판적 지적은 어떠한 근거를 바탕으로 하는 주장인지 솔직히 필자로서는 전혀 이해할 수 없다. 조선학교에서는 조선역사(6학년)를 배우기도 전에 『사회 초급 5』(5학년)에서 일본사를 배운다. 여기에서도 제국주의 시대 이전의 일본의 사정을 비판적으로 묘사하는 곳은 도요토미 히데요시의 조선 출병을 제외하고서는 찾아볼 수 없고 오히려 조선통신사에 관해 두 페이지를 할애하는 등 우호적인 교류의 측면이 중시되고 있다. 근대 이후에서 조선에서 중국대륙으로 팽창하는 일본이 걸어온 길에 대해 비판적인 논조를 띠게 되는 것은 지극히 당연한 것이나, 이것은 일본인이나 일본국 일반에 대한 '반일'이라기보다는 '반일본제국주의'로 불려야 할 것이다. 그렇다고 해서 이토 히로부미에 대해서조차 『사회 초급 5』에서는 그가 내각제를 만들고 초대 내각 총리대신이 되었다는 점 등을 먼저 가르친 뒤에 「조선역사」(35)에 와서 '침략자'로서의 이토가 안중근에게 죽임을 당했다는 것을 서술하고 있어 결코 단편적인 시선으로 이토를 묘사하고 있지 않다.

---

7) 기억의 장이라는 개념에 관해서는 板垣龍太・鄭智泳・岩崎稔編, 『東アジアの記憶の場』, 河出書房新社, 2011(한국어판은 이타가키 류타, 정지영, 이와자키 미노루 『동아시아의 기억의 장』, 삼인, 2015)을 참조.

학교 현장을 보더라도, 이웃하는 일본 소학교와의 교류에 대해 적극적이다. 일본의 소학교에서는 들어본 적이 없는 만큼 오히려 조선학교 내에서는 '우호'가 강조되고 있다. 만약 조선학교에 다니는 어린이가 '일본국'이나 '일본인'을 싫어하게 되는 일이 있다면, 그것은 본 건 사건처럼 명백하게 조선학교에 대해 적의를 품은 자들의 공격을 받는 등 일본정부와 일본사회로부터 자신들의 존재가 부정되었을 때일 것이다. 그러나 이러한 힘든 일이 발생했을 때일지라도 조선학교 교원들은 아이들이 '일본', '일본인' 일반에 대해 반감을 갖지 않도록 온갖 노력을 다하는 모습을 필자는 보아왔다. 조선학교가 '반일' 교육을 하고 있다고 함부로 주장하는 자는 학교의 실제 모습을 알고 싶지 않은 자, 또는 일본의 제국주의 역사를 긍정하고 싶은 자이거나, 그조차 아니라면 자기가 품고 있는 적의와 멸시를 학교에 투영하고 있는 자일 것으로 필자는 생각한다.

정리하면, 조선학교에서는 민족과 조국에 대한 애정과 관련된 지식이 우선적으로 제공되고 있다. 여기에서 조국이란 북한을 중심으로 하는 것이지만, 기본적으로는 분단되지 않은 통일된 조선의 모습이다. 김일성, 김정일에 관한 기술도 그러한 큰 민족사의 맥락 속에 편입된 것으로 재일조선인 동포의 영도자로서의 위치를 부여받고 있지는 않다. 동시에 조선학교에서는 일본과 세계에 관한 지식 등에도 상당한 비중을 두고 있고 일본제국주의에 대한 비판은 당연히 있으나, 일본과 일본인 일반에 대한 반감을 불러일으키는 내용은 찾아볼 수 없고 오히려 우호적 관계가 강조되고 있다.

20세기에 있어서 민족교육에 대해 '반일' 교육을 한다는 비판적 주장의 계보를 추적한 한 역사학 연구가 "항상 민족교육에 대한 '반일 교육' 비판은 일본의 국가 수준에서의 정책과 밀접하게 연결되어 있고, 이와 연동하여 전개되어 왔다는 점. 그리고 이러한 사실들의 축적 위에 현재의 '반일 교육' 비판이 있다"는 결론을 내고 있는 것처럼[8), '반일' 교육을 한다는 주장은 오히려 일본사회가 민족교육 그 자체를 혐오하고 공격하려 할 때의 상투문구라고 해야 할 것이다. 굳이 지적하자면 '반일' 교육론은 조선학교의 교육 내용의 문제라기보다는 민족교육을 바라보는 일본정부와 일본사회의 문제로 봐야 한다. 이 문제는 후술하는 「3. 조선학교와 일본사회」에서 다시 다루도록 하겠다.

2-3 학교 운영에 관련한 조직

일본에서는 뚜렷한 근거도 없이 북한-총련-조선학교를 하나로 간주하고 이를 바탕으로 조선학교를 비판하려는 사람들이 의외로 많다. 조선학교가 북한이나 총련과 깊은 관계를 가져온 것은 분명하지만, 여기에도 역사성이 있으며, 상의하달식의 지휘명령 체계가 있는 일체적인 조직인 것처럼 보는 것은 사실과 다르다. 여기에서는 조선학교의 운영 조직에 관해 정리하겠다.

1) 재일조선인 운동과 조선학교

본론에 들어가기 전에 다음의 두 가지 사항이 논의의 전제임을 밝혀두고자 한다.

첫째, 조선학교는 재일조선인 운동의 일환으로 설립되고 운영되어 왔다는 점이다. 일본사회에서 민족교육에 대한 공적인 보장은커녕 역사적으로는 오히려 탄압의 대상이 되어왔기 때문에 민족교육을 존속해간다는 것 자체가 정치적, 사회적 운동으로서의 성격을 띨 수밖에 없었다. 운동 없이 학교는 유지할 수 없었고, 현재 보장되고 있는 지위조차도 획득할 수 없었다. 이 점에 있어서 국민국가의 학교 교육제도 안에서 실시되고 의무교육제도와 다양한 지

---

8) 鄭榮桓, 「『反日教育』批判の系譜 : 民族教育干渉の歷史と現在」, 『人權と生活』35, 2012.

원제도 등에 의해 보장되어 온 일본의 공사립학교와의 큰 차이가 있음을 주목해야 한다. 역사적으로 운동의 주축이 된 것은 총련이지만, 민족교육 운동은 총련이 결성된 1955년 이전부터 광범위하게 존재하고 있었고, 심지어 1945년 10월 결성된 재일본조선인련맹(조련)에 의해 조직화되기 전에도 식민지 지배로 인해 잃어버린 것을 되찾기 위한 민족교육이 다양한 형태로 전국 각지에서 전개되었다(3-1 참조). 재일조선인 민중에 의한 '아래'로부터의 운동이 학교 건설과 운영에 있어 커다란 동력이 되어왔던 것이다. 단순한 '위'로부터의 동원과 강요라면 이처럼 광범위하고 지속적인 학교 건설과 운영은 불가능했을 것이다.

둘째, 첫 번째 전제와 연관되는 사실로 각 조선학교의 운영에 있어서 교직원과 보호자를 비롯한 지역 동포들의 자주적인 노력이 결정적인 역할을 해왔다는 점이다. 학교의 건설, 유지, 보수 등 모든 부문이 지역 동포에 의해 실천되었다. 교과서는 전국적으로 통일되어 있지만, 현장에서 사용하는 교재 등은 각 지역 학교 교원들이 노력해 독창적으로 만드는 경우가 많다. 학교 예산의 부족분은 뒤에서 설명할 학교 교육회가 중심이 되어 여러 방법을 통해 기부금을 모은다. 어머니들이 모인 어머니회에서는 김치 등을 판매하거나 바자회를 여는 등의 방법으로 수익을 학교에 기부한다. 도서관의 서적들도 자택에서 가져오는 등 다양한 수단을 통해 수집한다(2011년에는 한국의 출판사가 책을 대량 기증하기도 했다). 이렇듯 조선학교는 재일조선인 스스로가 만들어가는 지역 기반의 학교라는 인상이 필자에게는 강하다. 보호자를 비롯한 그 지역의 조선학교 관계자들은 학교가 자신들의 손으로 꾸린 "우리들의 학교"라고 인식한다. 조선학교를 거점으로 하는 이와 같은 지역의 자주성을 논의의 전제로 해두고자 한다.

2) 조선학원과 학교 경영

전국의 조선학교는 각 도도부현 지사에 의해 설립허가를 받은 준학교법인 조선학원이 설치, 운영하고 있다. 1953년 교토조선학원이 교토부 지사로부터 인가를 받았는데, 전국적으로는 첫 인가였다. 이 교토조선학원이 현재 교토조선초급학교(2012년 4월 제1초급과 제3초급의 통합으로 개교), 교토조선제2초급학교, 교토조선중고급학교의 각 학교를 설치, 운영하고 있다. 경영은 각 학교를 기본 단위로 하고 있는데, 각 학교의 수입과 지출, 자산 등을 파악하고 관리, 조정하는 것이 조선학원의 역할 중 하나이다. 부와 시로부터의 보조금은 학원에 일단 교부된 뒤 각 학교로 배분된다.

학교의 인사권은 조선학원 이사회에 있다. 각 학교에서 인원 보충 요청이 있을 경우, 지역 내의 다른 학교의 교원 상황과 조선대학교의 졸업생 교원들의 상황, 타 지역의 조선학원의 상황 등을 종합적으로 고려해 인사 결정을 내리는데 이 때 각 조선학원이 중심적인 역할을 한다.

각 학교의 경영 책임자는 교장이다. 교장은 교육의 질, 학생의 관리, 재정 등에 대해 책임이 있다. 그리고 각 학교의 재정에 관해 중요한 역할을 하는 것이 교육회이다. 교육회는 보호자, 동창생, 지지자 등으로 구성되는 자주적인 단체로 각 학교 단위에서 조직된다. 조선학교에서는 수업료만으로 학교를 경영할 경우 보호자의 부담이 지나치게 커지기 때문에, 수업료를 최대한 낮게 억제하고, 부족분은 교육회가 모금 등을 통해 찬조금을 모아 학교운영에 보태는 등 학교의 재정적 기둥 역할을 하고 있다.

3) 재일본조선인총련합회

총련은 원래 재일조선인의 민족교육 운동의 핵심적 역할을 맡아온 단체이다. 그러나 그 역할에도 역사적인 변화가 있었고, 현재 학교 운영은 기본적으로 조선학원이 주체이다. 다음은 2000년대 이후의 상황이다.

총련에는 중앙에 교육국, 지방(각 도도부현 본부)에는 교육부라는 조직이 있다. 필자가 인식하는 범위에서는 종래 교육국은 교육과정 결정에 큰 역할을 해왔다. 2012년 4월 시점에서 초급부는 전국적으로 54개교가 있고, 모두 같은 교과서가 사용되고 2-1에서 소개한 표준 커리큘럼을 기초로 교육이 실시되도록 통일된 교육과정이 총련의 교육국이 중심적인 조정 역할을 해온 것으로 필자는 이해하고 있다. 다만, 이미 교과서 편찬 과정에 대해 언급한 것처럼, 이러한 교육과정의 통일이라는 것도 단순한 톱다운 방식으로 진행되는 것은 아니다. 교육과정의 개혁에 있어서는 현장의 교원과 조선대학교 교원들의 의견이 적극적으로 반영되는데, 현장 교원의 의견은 교실에서의 학생들의 반응과 부모들의 의견 등을 수렴한 것이다. 또한 이후의 교육과정 개정을 위해서 현장 교원들이 모여 논의한다는 것은 인터뷰를 통해 들은 바 있으나 이에 대해 교육국이 어떻게 관여하고 있는지는 확인한 바는 없다.

이 밖에 조선학원이 담당하지 않는 민족교육 자체에 관해서는 교육국, 교육부가 관계하고 있다. 현재 재일조선인의 민족교육에는 조선학교와 같은 정규 교육 외에도 민족학급, 야간학교, 토요아동교실, 하계학교 등과 같은 비정규 교육이 있다. 비정규 교육을 통해 교육 향상의 촉진, 권리 옹호를 위한 계몽이 보충적으로 이루어진다. 이전에는 조선학교의 교원 인사에도 교육국이 직접 관여하기도 한 것으로 알고 있으나, 현재는 앞서 설명한 바와 같이, 각 조선학원에 인사권이 있다.

4) 재일본조선인교직원동맹

이와는 별도로 모든 조선학교 교원들은 재일본조선인교직원동맹(교직동)에 가입해있다. 교원들의 전국적 조직으로 1947년에 발족했다. 일본교직원조합(일교조)과 유사하다. 각 학교에는 교직동 분회가 있어 교육 개선을 위한 활동하고 있다. 교직동은 1950년대부터 교육연구모임을 정기적으로 개최해 각 분회별 보고회를 열기도 하는 한편, 교직원 간의 상호협력 사업도 하고 있다.

5) 일본 지방공공단체와의 관계

각종학교의 인가권은 도도부현 지사에게 있고 일본 중앙정부가 직접적으로 관리하지는 않는다. 또한 2-1에서 언급한 것처럼, 조선학교에 대한 탄압의 역사를 체험해온 각 조선학원은 민족교육의 자주성을 지키기 위해 교육 내용과 학교 인사에 대해 일본 행정이 부당하게 간섭하지 못하도록 노력하고 있다. 그렇다고 해서 조선학교가 '공공의 지배'(일본국 헌법 제89조)에서 완전히 벗어나 있는 것은 아니다. 조선학교가 각종학교로 인가된 이상, 지자체의 감독 하에 놓여 있고, 일본 행정에 대한 보고와 신고의 의무가 있다. 조선학교가 이러한 의무를 이행하고 있기 때문에 도도부현과 시정촌이 보조금을 지급하고 있는 것이며, 지급 시에는 회계 보고를 포함해 행정으로부터 엄격한 검사도 받게 된다. 정관(학칙)도 등기되어 공개되고 있다.

6) 본국 정부와의 관계

북한 정부와의 가장 직접적 관계는 교육 원조비다. 1957년 이후 북한은 조선학교에 교육 원조비와 장학금을 보내왔다. 2012년 4월에 있었던 158회째 송금액은 1억 6,560만 엔이었다. 1957년 이후 보내진 송금 총액은 46,920,050,390엔(약 470억 엔)으로 알려져 있다. 1957년은 재일조선인이 노골적인 차별과 빈곤 속에서 살아가는 상황이었다. 북한으로부터의 송금은 '조국'과 이를 이끄는 김일성이라는 지도자의 존재를 조선학교 관계자들에게 강하게 각인시켰고, 실제로 이 사건은 지금도 조선학교에서는 끊임없이 전해져 내려오고 있다. 송금은 대학생 장학금을 제외하고, 각 학교의 경영 사정 등을 고려해 각 조선학교에 분배된다. 현재는 경리 상으로는 '교육 원조비' 명목이 아니라 '일반 찬조금' 중 하나로 회계 처리되고 있다. 각 학교까지 도달하는 금액은 그다지 크지는 않은 것 같다. 전교 100명 규모의 오사카의 한 조선중급학교의 10년 전의 경우를 보면, 연간 교육 원조비 금액은 20만 엔으로 연간 예산 수입 중 0.3%에 지나지 않는다[9]. 학교마다 다르겠지만, 지금은 상징적인 의미 이상의 실질적인 기능은 거의 없어진 것으로 생각된다.

이 원조비를 제외한다면, 조직 면이나 금전 면에서의 간의 연계성은 거의 발견할 수 없다. 제 I ~ II 기의 사정과 비교하면 놀라울 정도의 변화라고 하지 않을 수 없다.

더구나 한국정부와의 관계 또한 없다. 한국의 김명준 감독이 제작한 「우리 학교」(2006년)가 개봉한 이후 한국의 일반인들에게도 조선학교의 존재가 공감을 불러일으켜, 시민사회 차원에서의 이해와 교류가 증가했다. 지원단체가 있는가 하면 학교를 방문하려는 사람들도 많다. 그러나 한국의 국가보안법이 족쇄가 되어 특히, 이러한 민간의 교류도 자유롭지 못한 것이 현실이다.

이상에서 보는 바와 같이, 북한-총련-조선학교의 관계는 회자되는 것처럼 그렇게 단순하게 이해할 수 있는 것이 아니다. 그럼에도 이들을 하나의 체계로 파악하고, 조선학교를 비난하거나 관계를 끊어야한다는 등의 주장이 일본에서는 만연하고 있다. 이것은 우선 '북한'이라는 존재 자체를 악마화(demonize)하고, 총련 나아가 조선학교를 이와 일심동체로서 악마화하려는 배타적 감정에 기인하고 있는 것으로 생각된다[10]. 악마화를 위해 종종 꺼내드는 것이 북한 공작원에 의한 일본인 납치사건이다. 일본인 납치사건이 북한 정부가 관여한 범죄임을 새삼 지적할 필요는 없지만, 그렇다고 해서 조선학

---

9) 宋基燦, 『「語られないもの」としての朝鮮学校』, 岩波書店, 2012, 150쪽에 2003년도 예산표가 게재되어 있다.
10) 앞의 졸고, 「North-Korea-phobia in Contemporary Japan」.

교 관계자들과 대부분의 총련 관계자, 북한 주민들이 그 죄를 짊어지어야할 이유는 없다. 오히려 필자는 일본인 납치사건을 계기로 그 이전부터 존재해 온 일본사회의 '조선 혐오(Korea-phobia)'의 정서가 확대된 것으로 보고 있다. 이 점에 관해서는 3-3에서 다시 살펴보도록 하겠다.

3. 조선학교와 일본사회

3-1 민족교육권의 역사성

여기까지는 현재의 조선학교의 특징에 관해 살펴보았다. 2절에서는 민족교육의 역사를 되돌아보면서 조선학교가 서있는 위치에 대해 조명해보고자 한다. 민족교육권 보장의 의의에 관해서 추상적, 이론적 이해가 아닌 구체적이고 경험적인 이해를 돕기 위해서는 그 역사성을 알 필요가 있기 때문이다. 일본사회에서 민족교육을 존속시킨다는 것이 얼마나 지난한 것이었는지, 그리고 그러한 난관 속에서 조선학교가 어떻게 설립되고 유지되어 왔는지를 살펴보며 민족교육권 보장의 중요성을 역사적으로 밝혀보겠다.

1) 전전(戰前)의 민족교육

1945년 일본 패전 이후부터 재일조선인 민족교육의 역사를 논하는 경우가 있는데 이는 정확하지 않다. 패전 직후 일본 각지에 국어강습소가 생겨난 것은 일본의 식민지배 아래 조선어와 조선사를 핵심으로 하는 민족교육을 자유롭게 할 수 없었기 때문이었으나, 전후의 민족교육의 의의를 설명할 때, 그 전사(前史)라고도 할 수 있는 전쟁 이전의 상황에 대한 이해가 반드시 필요하다.

1938년까지 조선어 과목이 있었던 조선의 보통학교(초등학교 해당)와 달리, '내지'(일본)의 소학교 등에서는 조선어 교육은 전혀 실시되지 않았다. 조선인 어린이들의 취학률도 높지 않아 1935년 교토 시내의 7세~17세 조선인 가운데 남자 28.4%, 여자 62.2%가 미취학 상태였다. 이런 상황 속에서 교토의 히가시쿠조(東九條), 니시진(西陣), 다나카(田中) 등 조선인 밀집지역을 중심으로는 야학이나 서당 등을 통한 교육이 자주적으로 운영되는 경우가 있었다[11]. 식민지 종주국인 일본의 압도적인 존재감 속에서 재일조선인들이 간신히 꾸려갔던 이러한 야학과 서당이야말로 일본열도 내 민족교육의 원류인 것이다.

그러나 1935년경부터 이러한 교육 운동조차 "민족적 색채가 상당히 농후"하다는 경찰의 판단에 따라 단속 대상이 되었다. 특히 조선어 교육은 극심한 탄압을 받았다. 그 배경에는 일본정부의 정책이 있었다. 1934년 10월 일본정부는 「조선인 이주 대책의 건」에서 "조선인을 지도 교화하여 내지에 동화시킬 것"을 각의 결정했다. 이렇게 전쟁 전의 민족교육은 일본으로의 "동화" 압력으로 인해 숨통이 끊겼다.

2) 조련(재일본조선인련맹)에 의한 학교 설립 : 1945~48년

민족교육 탄압이라는 식민지적 배경이 있었기 때문에, 1945년 8월을 맞이하자마자 "국어강습소"로 총칭되는 다양한 간이 교육시설이 일본 각지에서 수많이 생겨났다[12]. 교토에서도 1945년 소학교 교실을 빌리거나, 협화회 사

---

11) 水野直樹, 「京都における韓国・朝鮮人の形成史」, 「民族文化教育研究」 1, 1998. 당시 조선에서 간행되던 조선어 신문에서 이러한 양상을 엿볼 수 있다. 예를 들어, 히가시쿠조의 노동 야학 『조선일보』 1930년 2월 1일자, 니시진의 야학 『중앙일보』 1932년 2월 27일자, 가츠라오오바시(桂大橋)의 야학 『조선일보』 1936년 5월 2일자 등이다. 또한 교육 내용과 탄압의 경위에 관해서는 水野直樹, 「戦前・戦後日本における民族教育・民族学校と「国民教育」, 「東西南北 2004」, 2004. 참조.

12) 이하 1945~1950년 조선인학교, 1950년 이후의 민족학급 관련 기술에 관해서는, 별도의 각주 표기가 없는 한, 다음의 논문을 참조했다. 中島智子, 「解放直後の京都における朝鮮人民族教育: 1945~49」 「在日朝鮮人史研究」 20, 1990; 松下佳弘, 「京都における在日韓国・朝鮮人教育の成立までの経過」, 「世界人権問題研究センター 研究紀要」 9, 2004; 松下佳弘, 「京都における朝鮮人学校閉鎖期(1948~1950)の状況 : 府・市による閉鎖措置と公立学校への転校の視点から」, 「世界人権問題研究センター研究紀要」 13, 2008; 松下

무소, 창고 등 다양한 장소에서 28개의 강습소가 개설되었다는 조사가 있다
[13]. 같은 해 조련의 교토부 본부도 결성되어 조련에 의한 조직화가 진행되었
다. 교토조선제1초급학교의 전신인 교토칠조(七條)조련국민학원이 교토시
교육국의 허가를 받아 도카소학교(陶化小学校)의 건물을 빌려 1946년 봄 창
립되었다(이듬해 교또제1조련초등학교로 개칭). 이처럼 다양한 민족교육의
장이 만들어진 결과, 조련측의 기록에 의하면, 1947년 9월 시점 교토부 내의
조련계 학교는 37개교로 2,424명의 어린이들이 통학했다고 한다[14]. 이 같은
일련의 광범위한 움직임은 조선으로의 귀국에 필수적인 능력을 습득하려는
운동이었음은 물론 식민지 지배로 빼앗기고 전쟁이 끝난 뒤에도 보장받을 수
없었던 민족교육의 기회를 재일조선인 스스로의 힘으로 창출한 운동이었다
고 평가할 수 있을 것이다.

3) 연합국군 점령당국 및 일본정부에 의한 탄압과 폐쇄 : 1948~50년

그러나 1948년 1월 24일, 문부성은 학령이 된 조선인 어린이를 공립 및 사
립 소중학교에 취학시킬 것과 이 학교들에서 정규 과목으로 조선어 등을 가
르쳐서는 안 된다는 것, 또한 학령 아동과 학생들의 교육을 목적으로 한 각종
학교 설치를 인정하지 않는다는 것 등을 내용으로 한「조선인 설립 학교의 취
급에 관하여」(1. 24 통달)를 각 도도부현 지사에게 통달했다. 이로 인해 오사
카, 효고 등에서는 교육 행정 당국에 의한 조선인학교 폐쇄조치가 강행되었
고 '한신교육투쟁'으로 알려진 대규모 충돌 사태가 발생했다. 이 시점에서 교

佳弘,「占領期京都市における朝鮮人学校政策の展開 : 行政当局と朝鮮人団体との交渉に着目して」,『日本
の教育史学』54, 2011.

13) 朝・日關係京都研究會(黃鎭益執筆),「京都民族教育 解放後の足跡(略年表)」,『同胞と社會科学』5, 1989(이
하「略年表」).

14) 吳鳴夢・成大盛,「解放後の初期在京都朝鮮人民族教育 (1945~1950)」,『社協京都會報』9, 2007. 위 원고는
교토에 설립되었던 39개의 조련학원의 설립 시기, 장소, 운영 형태, 규모에 관해 견문록과 기타 기록물들
을 통해 설명하고 있다.

토에서는 폐쇄 조치나 충돌 사태는 없었고 같은 해 가을 일부 조련계 학교의 학교 설치가 신규로 인가되었다.

그러나 이듬해인 1949년 사태는 급변해, 4월 이후부터 미군정 당국의 의향을 반영한 교육위원회측이 공립학교 건물을 일부 사용하는 것에 관해 학교 건물의 부족과 법령 위반 등을 이유로 교육 공간의 명도를 요구하기 시작했다. 9월에는 단체등규제령이 적용되어 조련이 강제 해산되었다. 이에 따라, 우선 10월 1일 말 도카소학교 내에 있었던 교토제1조련초등학교가 강제 폐쇄되었고, 조련 산하에서 꾸려진 조선인학교에 대해서도 폐쇄와 개조의 명령이 내려왔다. 결과적으로 1950년 3월까지 조선인학교는 대부분 폐쇄되고마는 지경에 이르렀다. 한반도는 일본의 식민지에서 해방되었지만, 재일조선인의 민족교육은 해방되지 못했던 것이다.

4) 민족교육의 존속과 재건 : 1949~55년을 중심으로

조선인학교는 강제 폐쇄되었으나 민족교육의 뿌리가 흔들린 것은 아니었다. ①공립학교 내 민족학급 설치 (각지), ②공립조선인학교 설립 (도쿄), ③공립학교의 분교로서 조선인학교 설립 (오사카, 나고야 등), ④공사립학교의 제도권 밖에서의 자주학교로서의 재건 (각지) 등, 여러 형태를 띠며 존속해갔다. 교토에서는 이 가운데 ①민족학급, ②자주학교의 형식으로 존속하였다.

폐쇄 명령을 당한 조선인학교에 다녔던 아동들 대부분은 각 지역의 공립학교에 전입할 수밖에 없었다. 문부성측은 폐쇄 명령 당시, 공립학교에서 '과목외(과외)'로서 조선어 등의 교육을 실시하는 것은 지장이 없다고 표명한 바 있었다. 이에 따라, 교토에서는 1950년 조선인 부모들이 중심이 되어 공립학교에서의 민족교육의 과외 수업을 요청하였고 그 결과, 1951년 6개의 공립소학교에서 과외 수업이 승인되었다. 그러나 부모들은 방과 후 수업으로는 민족교육의 효과를 기대하기 어렵다며 특별학급의 설치를 요청하게 되었고, 1954년부터 특별학급, 추출학급의 수업 형태도 신설되었다. 이것이 교토의 공립소학교에 있어서의 '민족학급'의 시작이다[15].

한편, 이 같은 공립학교 내의 움직임과 병행해 제도권 밖에서는 자주학교를 재건하려는 움직임이 있었다. 교또제1조련초등학교는 폐쇄 직후부터 4개소로 분산되어 수업을 이어갔는데, 1949년 11월에 히가시쿠조에 위치한 2층짜리 목조 건물을 사들여 이를 학교로 삼아「교또제1조선인소학교」라는 간판을 달고 수업을 재개했다.

이 자주학교를 시발로 이 후 조선학교들이 재건되고 발전해갔다. 교토시의 초급학교를 중심으로 그 개요만을 보면, 우선 1953년 교또조선중급학교가 창립됨과 더불어 교또조선학원이 학교법인으로 인가되었다. 1960년에는 교또제1조선인학교가 가미토바 칸진바시쵸(上鳥羽勸進橋町)에 신축 철근 콘크리트 교사로 이전하면서, 교또조선제1초급학교라는 교명으로 심기일전의 재출발을 했다. 1964년 교사가 증축되었고, 1965년에는 교또조선제2초급학교가 가츠라(桂)에서 개교, 1967년에는 교또조선제3초급학교가 가미카모(上賀茂)에서 임시로 빌린 교사에서 개교한 뒤 1969년 기누카사(衣笠)의 신 교사로 이전하였다[16].

5) 조선총련 결성과 조선학교의 확장 : 1950년대 후반을 중심으로

1950년대 후반 이후의 조선학교의 확대 증축의 배경에는 이를 촉진하는 적어도 세 가지 큰 변화가 있었다.

---

15) 이상의 경과에 관해서는 中島智子,「在日朝鮮人教育における民族学級の位置と性格 : 京都を中心として」,『京都大学教育学部紀要』27, 1981.

16) 이러한 과정에 관해서는 앞의 논문「略年表」에 의한 것임. 또한 각 학교가 각종학교로 인정된 시기에 관해서는 제1초급이 1949년, 제2, 제3초급이 1969년이라고 밝히는 자료가 있다. (日本教育学會教育制度研究委員會外国人学校制度研究小委員會,『在日朝鮮人とその教育』資料集』2, 1972).

첫째는 1955년에 조선총련이 결성된 점이다. 총련은 당시까지의 재일조선
통일민주전선(민전)의 기본 활동 방침이었던 일본 국내에서의 인민전선 노
선을 비판하고, "조선민주주의인민공화국 주위에 총결집함"을 핵심 강령으
로 내세웠다. 총련은 결성대회에서 채택한 강령에서 "모국어와 글으로써(당
시 조선어 원문 그대로) 민주민족 교육을 실시"할 것 등을 명문화하였고, 아
울러 조선학교의 건설, 학교인가 절차를 추진해갔다. 이 때 이전의 조련 시기
에 조선인학교가 일본의 학교제도에 편입하였기 때문에 오히려 개입과 탄압
을 초래하기 쉬운 상황을 만들고 말았다는 반성도 있어 자주학교를 기본으로
하는 재건 사업이 진척되었다.

둘째는 북한이 1957년부터 교육 원조비를 보내기 시작했다는 점이다. 이
시기 교육 원조비가 재정에서 차지하는 비율은 매우 높아서 예컨대 1958년 1
학기 교또조선제1초급학교의 수입에서 교육 원조비가 63.2%에 이른다는 자
료도 있다[17]. 원조비를 계기로 초급학교의 수업료가 폐지되었고, 부모의 생활
능력 정도에 맞춘 금액을 내도록 하는 교육회 회비제도가 시작되는가 하면,
교과서 구입비가 대폭 인하되는 등 한층 조선학교에 다니기가 수월해졌다.

셋째는 1958년 9월부터 시작한 총련에 의한 북한 귀국운동과 1959년 12월
부터 실제로 귀국 사업이 시작되었다는 점이다. 귀국운동이 활성화되면서 조
선학교 취학 희망자도 증가했다. 실제로 1959년 니시진의 가시와노쵸(柏野
町)에 대한 조사 보고에 따르면, 조선인 51세대 중 귀국을 희망하는 41세대는
"그 이유로 ①무학인 부모의 전철을 밟지 않도록 해주고 싶다는 부모로서의
간절한 바람과, ②니시진오리* 의 끝이 보이지 않는 극심한 불경기로 인한 불
안한 생활을 꼽고 있다"[18]. 이러한 생활고에 더해 교육에 대한 갈망이 귀국에

---

17) 金德龍, 앞의 책, 170쪽.

*역주: 교토의 니시진에서 만들어지는 일본의 대표적인 고급 직물.

18) 生活實態硏究班, 「京都市西陣, 柏野地區朝鮮人集団居住地域の生活實態」, 朝鮮問題硏究所, 『朝鮮問題硏
究』Ⅲ-2, 1959,

대한 희망으로 이어졌다. 이에 따라 총련도 민족교육을 강화하고자 했다. 실제로 <표4>에서 보는 바와 같이 1950년대 후반에서 1970년경까지 학교 교사는 빠르게 증축되었다.

교토에서의 조선학교가 발전한 것도 이상과 같은 배경을 통해 이해할 수 있을 것이다. 또한, 재일조선인 대부분이 한반도 남부 출신임에도 불구하고 조선학교가 역사적으로 북한을 조국으로 여겨온 것에는 이러한 경험이 큰 영향을 미쳤다.

〈표4〉 조선학교 건설 교사 수 (1955~71년)

건설 연도	건설학교 수	건설 연도	건설학교 수	건설 연도	건설학교 수
1955	4	1961	22	1967	10
1956	7	1962	22	1968	12
1957	7	1963	13	1969	7
1958	8	1964	15	1970	21
1959	11	1965	5	1971	8
1960	21	1966	12		

출처 : 『「재일조선인과 그 교육」 자료집』 제2집, 1972년.

6) 외국인학교제도의 폐안과 민족교육권 개념의 확산 : 1960년대 후반을 중심으로

15년에 걸친 교섭 끝에 1965년 한일조약이 체결된 것은 조선학교에 새로운 상황을 가져왔다. 한일조약 체결 직후인 1965년 12월, 문부성은 「조선인만을 수용하는 교육시설의 취급에 관하여」라는 차관 통달(12. 28 통달)을 통해, 조선인만을 수용하는 사립 교육시설은 각종학교로서 인가해서는 안 된다는 등의 내용을 각 도도부현 교육위원회 및 지사에게 내보냈다. 더욱이 1966년부터 일본정부 자민당은 외국인학교를 각종학교에서 분리하여 공교육제도 안에 별개의 범주로서 위치하도록 하고, 감독청을 도도부현에서 문부성으로 이관해 '우리나라의 이익과 안전'이라는 관점에서 감독하겠다는 취지의 외국인

학교제도를 본격적으로 준비하기 시작했다.

외국인학교라는 일반적 명칭을 사용하였으나, 이는 조선학교를 대상으로 한 것으로 조선학교가 '반일' 교육을 실시한다는 인식 아래, 조선학교를 일본의 '국익'에 맞춰 컨트롤하겠다는 정책에 다름 아니었다. 이에 대해 조선학교 관계자와 총련계 재일조선인뿐 아니라 재일한국청년동맹(한청), 재일한국학생동맹(한학동) 등도 각자의 정치적 입장을 초월해 함께 반대의 목소리를 높였고, 일본 시민, 교육계, 지식인, 지자체와 의회로부터도 반대 의견이 이어졌다[19]. 주목할 만한 것은 이러한 풀뿌리에서 일어난 반대운동을 통해 민족교육의 권리라는 개념이 일본사회에 퍼졌다는 것이다. 예컨대, 1966년 4월 정부가 외국인학교제도의 「최종요강」을 발표한 것에 대해 77개의 시민단체가 "재일조선인의 자주적 교육이라는 기본적이고 민주적인 민족적 권리를 유린하는 것"이라며 비판 성명을 내었고, 148명의 법률가들도 "어떤 민족도 자신의 언어와 역사, 전통을 다음 세대에 올바로 전하기를 바라고 있으며, 이것은 모든 민족이 지니는 고유의 권리"라는 문장으로 시작하는 성명서를 발표했다[20]. 성명뿐만이 아니라, 민족교육권의 법리론을 구축하는 작업도 진행되었다. 『법률시보』는 외국인학교제도에 관한 공동연구의 성과를 게재하고 국민 주권과 민족 주권을 대응시키며 '민족의 권리로서의 교육권'이라는 이론을 제시했다[21]. 역설적으로 일본정부가 조선학교에 대한 관리를 강화하고 민족교육을 억제하려하자 조선학교와 민족교육에 대한 일본인의 관심이 고조되었고 나아가 민족교육권에 대한 인식이 일본사회에 확산되는 결과를 가져왔다.

---

19) 小沢, 앞의 책, V-3; 金德龍, 앞의 책, 제4장 6.

20)「在日朝鮮人の民主主義的民族教育を守る緊急中央代表者集會(77団体参加)共同聲明」(1966年4月12日), 藤島宇內·小沢有作, 「民族教育: 日韓條約と在日朝鮮人の教育問題」, 青木書店, 1966; 「在日朝鮮人の民族教育を保障するための要望書」(1966年4月21日), 『法律時報』1967. 2.

21) 小川政亮·江藤价泰·山崎真秀·古波倉正偉, 「外国人学校制度: その背景と法的諸問題」, 『法律時報』1967. 2. 또한 '민족권리로서의 교육권'에 관해서는 幼方直吉, 「教育における民族權利の問題」国民教育研究所編『全書 国民教育 1 国民と教師の教育權』, 明治図書, 1967, 제6장

그 결과 각 도도부현에서 조선학교에 대한 각종학교 인가가 오히려 이 시기에 진척되었다는. 1971년 시점에서 159개교였던 조선학교 가운데 1965~1970년 사이에 101개교 즉, 약 3분의 2가 이 시기에 인가를 받았다. 이로서「12. 28 통달」은 사실상 사문화되고 말았다. 또한, 외국인학교법안은 1972년 국회 상정을 마지막으로 폐안 처리되었다. 덧붙여 1976년에 성립한 전수학교제도에서 외국인학교가 제외된 것은(학교교육법 제124조) 전수학교제도가 외국인학교제도와 같은 시기에 제안되었으나 최종적으로 외국인학교가 분리되었기 때문이다[22].

7) 1970년대 이후의 변화

이후의 조선학교와 관련된 변화를 중심으로 요점만을 서술하고자 한다.

우선 지금도 계속되는 조선학교에 대한 지방 보조금은 1970년대부터 시작되었다. 도도부현으로부터의 조선학교 보조금 제도는 도쿄도가 1970년, 오사카부가 1974년, 나라현이 1975년, 가나가와현과 아이치현이 1977년부터 각각 시작하였고, 교토부의 경우는 1979년부터「사립 전수각종학교 보조금」이 개시되었다[23]. 조선학교는 시구정촌(市區町村)으로부터도 차츰 보조금을 획득해갔다. 교토시의 보조금은 1980년부터 시작되었다.

반면, 조선학교에서 김일성 중심 교육이 강화된 것은 1970년대였다. 북한에서는 1967년경부터 '주체사상'이 '유일사상체계'로서 전면에 대두되었다[24]. 이에 따라 총련의 지도사상도 '사회주의적 애국사상'에서 주체사상·김일성

---

22) 전수학교제도와 외국인학교제도의 관련성에 관해서는 韓民,「現代日本の專門学校」, 玉川大学出版部, 1999, 제2장을 참조.

23) 日弁連,「朝鮮人学校の資格助成問題に關する人權救濟申立事件調査報告書」(1997년12月) 내용에 따른 것. 또한, 보조금은 지방 차원에서 실시되어 왔기 때문에 전모를 파악하는 것이 용이하지 않아 이 정리도 잠정적인 것이다.

24) 和田春樹,「北朝鮮現代史」, 岩波書店, 2012.

주의로 이행해갔다[25]. 앞에서 서술한 것처럼 이 흐름이 1970년대에는 조선학교의 교육과정에도 반영되었다. 다만, 그 교육 내용이 재일조선인 사회의 실상과 생활로부터 괴리되어 있다는 판단도 있었으므로 총련은 1970년대 후반부터 교육 내용을 개정했다. 이것이 1983~85년의 교육과정 개혁이다. 일본어 수업 시간을 늘리고, 일본사회의 상식과 지식을 체득할 수 있도록 했으며, 국어에서도 일상생활에 필요한 언어를 이전보다 더 배울 수 있도록 했다[26]. 1993~95년의 교육과정 개혁에서 이러한 변화는 보다 선명해졌다.

한편, 1970년대 이후의 재일조선인 사회는 1세 인구의 감소와 귀국사업의 정체 등이 맞물려 귀국을 지향하기보다는 일본에 남으려는 즉, 재일(在日) 지향성이 점차 강해져갔다. 조선적자, 한국적자의 일본 국적자와의 결혼도 증가해 더블*의 아이들도 증가하는 등 정체성의 다양화도 진행되었다. 1970년대 이후 경제 성장이 둔화되는 등 이전에 재일조선인이 느꼈던 북한의 압도적인 존재감에 비하면 북한이라는 조국이 지녔던 매력이 감소한 측면도 있었다. 이러한 여러 가지 사정들이 겹쳐지면서 조선학교 학생도 점차 감소했다. 이러한 상황도 1980년대 이후의 교육 개혁의 요인이 되었다고 생각된다.

1990년대는 커리큘럼의 개혁만이 아니라, 일본사회에 한발 다가서려 하는 변화의 움직임도 볼 수 있다. 1992년 전국고등학교야구연맹, 1993년 전국고등학교체육연맹, 1994년 전국중등학교체육연맹에 조선학교의 가입이 인정되었고, 1994년에는 조선학교 학생에 대해 인정되지 않았던 JR(일본철도) 통학정기권의 학생 할인이 인정되었다. 1999년에는 조선학교 학생에 대해 대학 입학 자격을 취득할 수 있는 검정 시험의 수험 자격이 부여되었다.

2003년에는 대학입학자격제도가 완화되어 많은 외국인학교 출신자의 국

---

25) 朴慶植, 『解放後在日朝鮮人運動史』, 三一書房, 1989.
26) ウリハッキョをつづる會, 앞의 책 등을 참조.
* 역주 : 민족, 국적, 인종 등이 서로 다른 남녀 사이에서 태어난 경우, 양쪽의 특성을 모두 존중하여 계승했다는 관점에서 쓰이는 호칭.

립대학 수험자격이 인정되었으나, 조선학교만은 2002년 9월의 조일정상회담 이후 몰아친 일본사회의 반북 감정으로 인해 수험자격을 인정받지 못했다. 그러나 각 대학의 개별 심사에 의해 수험자격이 인정될 수 있어 현재는 사실 상 조선학교 졸업생의 국립대 수험자격이 인정되고 있다고 볼 수 있다. 한편, 일본사회의 반북 정서는 2010년에 시작된 이른바 고교무상화 제도에도 파장 이 미쳐, 부당하게도 각종학교인 외국인학교 가운데 조선학교만이 배제되었 다. 일본정부의 이러한 자세는 지자체에도 악영향을 끼쳐 오랫동안 지급되었 던 보조금의 정지, 동결, 감액 등의 조치가 연달아 취해지고 있다.

이렇듯 조선학교는 재일조선인 사회가 직면한 현실 상황에 맞추어 개혁을 추진하고 보다 열린 학교로 변화해왔음에도 불구하고, 일본사회는 오히려 조 선학교에 대한 편견을 강화해 가고 있다. 필자는 조선학교에 대한 본 건 피고 의 행위도 이러한 일본사회의 흐름에서 비롯된 현상 중 하나라고 생각한다.

8) 다시 한 번 민족교육의 권리에 관하여

일련의 역사적 과정을 정리하면서 다시 확인할 수 있는 것은 재일조선인 의 자주적인 민족교육 전개에 대해 일본정부와 일본사회는 이를 성가신 존재 로 부정하고, 탄압, 관리, 억제하려 하였고, 이에 대해 재일조선인들은 운동을 통해 민족교육을 존속시키는 역사를 되풀이해왔다는 점이다. 전쟁 전에는 어 렵게 꾸린 야학과 서당조차 탄압했고, 전쟁 후에는 국어강습소와 조련의 학 교가 활발히 확산되자 폐쇄하였다. 그리고 자주학교와 민족학급 등의 형태로 민족교육의 장을 재건해가자 일본정부는 '국익'을 잣대로 이를 관리하려 했으 나, 이에 맞서 전국적으로 일어난 반대운동으로 정부의 의도가 담긴 법안은 철회되었다. 민족교육의 권리라는 것이 추상적이고 보편적인 용어로서 일본 사회에 소개된 것이 아니라 이러한 구체적인 민족교육의 탄압과 저항의 역사적 과정을 통해 비로소 실체적으로 도출된 개념이었다는 사실을 오늘날 다시 한 번 가슴에 새길 필요가 있다. 이러한 역사를 이해한다면, 민족교육권이란 민족교육에 대한 부정과 부당한 간섭이 더 이상 없기를 바라는 강한 염원이 담겨있는 개념이라고 할 수 있다.

또 한 가지는 조선학교가 조선에 대한 일본의 식민지 지배로 인해 비롯되어 지금까지 계속되는 역사 선상 위에 위치하고 있다는 사실로 조선학교의 민족교육권이라는 개념이 지니는 역사성에 관해서도 재차 강조해둘 필요가 있다. 식민지 지배 기간 동안 일본 본토인 '내지'에서도, 조선에서도 조선인에 의한 자주적인 민족교육은 엄혹한 감시와 통제와 탄압을 받았다. 1945년 8월 이후, 한반도에서도, 일본에 사는 조선인들 사이에서도, 민족교육을 건설하는 흐름이 급속하게 전개되었던 것은 식민지 지배에 의해 빼앗긴 자주적인 민족교육에 대한 권리를 되찾겠다는 탈식민지화의 일환이었다. 바로 이러한 이유로 말미암아, 일본정부와 일본사회의 민족교육에 대한 부정과 간섭은 식민지배의 공식 종료가 선언되었음에도 식민주의는 현재에도 진행 중임을 보여주는 것으로 이해되어 왔다. 이러한 맥락에서 본다면, 민족교육권이라는 개념에는 탈식민지화라는 역사적 의의가 내포되어 있다. 이것은 예컨대 외국인학교제도에 대한 반대운동의 일환으로 출간된 저서 『민족교육』(1966년)이 '교육 침략'과 '식민지지배의 책임'에 관한 절로 시작하는 것으로 상징된다[27]. 민족교육권이라는 인식이 일본사회에 어느 정도 퍼지기 시작한 1960년대의 시대적 배경을 보더라도 한일회담 반대 운동을 계기로 '식민지 지배의 책임'이라는 인식이 대두되던 시기였고[28], 세계적으로는 유엔 차원에서 식민지 독립 부여 선언(1960년 결의), 교육에서의 차별대우 방지에 관한 조약(1960년 유네스코 총회 채택), 인종차별철폐조약(1965년 채택) 등이 있었고, 그 밖에

---

27) 藤島등, 앞의 책, 참조.

28) 졸고, 「日韓會談反對運動と植民地支配責任論」, 『思想』 2010.1.

도 식민지로부터 독립한 나라들의 제3세계주의가 확산한 시기이기도 했다. 이 동시대성은 우연의 일치라고 할 수 없을 것이다. 구식민지 문제에 있어서도, 선주민 민족문제에 있어서도, 민족교육권은 근대 이후의 식민주의의 극복이라는 역사성을 띠며 제기되어 온 개념이다.

그러나 일본정부는 민족교육권에 대한 보장을 제도화하지 않았다. 아예 일본의 교육제도는 외국인학교 또는 민족학교에 대해 법률적인 해석조차 하지 않았다. 1조교가 되면, 민족교육의 실시가 현저히 어려워지고, 1조교에서 벗어나면 국고 보조의 대상에서 제외되어 학교측은 큰 부담을 피할 수 없는 것이 현실이다. 일본 내 최대 외국인학교인 조선학교에 대한 일본정부의 작위, 부작위의 결과, 다양한 외국인학교가 증가하는 오늘날의 상황에서도 일본정부는 적절한 대응을 하지 못하고 있다. 예를 들어, 2011년도에도 무인가의 외국인학교가 여전히 다수 존재하는 사실에 대해 일본정부는 위원회를 설치해 조사하게 했는데, 참가한 위원들로부터 "외국인학교를 우리나라의 법적 틀 안에서 어떻게 범주화할 것인가의 문제 등을 포함하는, 우리나라의 학교 교육제도의 근간에 관한 문제"라는 문제 제기가 있었다[29].

또한 외국인학교뿐만이 아니라 아이누민족과 같이 '외국인'이라는 틀에는 들어맞지 않는 원주민의 민족교육에 관해서도, 2010년 유엔 인종차별철폐위원회는 일본정부에 대해 "어린이가 자신의 언어에 관한 교육이나, 자신의 언어에 의한 교육을 받을 수 있는 적절한 기회가 결여"되어 있다는 지적이 있었던 바와 같이[30], 이러한 문제에 대응할 수 있는 틀이 일본에는 마련되어 있지

---

[29] 일본정부의 「외국인학교의 각종학교 설치·준학교법인 설립의 인가 등에 관한 조사위원회(外国人学校の各種学校設置·準学校法人設立の認可等に關する調査委員會)」의 조사보고(2012.3.29)를 참조하라. http://www.mext.go.jp/b_menu/shingi/chousa/kokusai/011/gaiyou/1319308.htm 위 조사에 따르면, 브라질인학교의 경우 2011년 5월 현재 72개교가 존재하고 있는데 2011년 11월 시점에서 각종학교로 인가된 곳은 12개교에 불과하다.

[30] CERD/C/JPN/CO/3-6, "Concluding obeservations of the Committee on the Elimination of Racial Discrimination, Japan," April 2010, para 22.

않다. 이러한 여러 문제들을 고려해보면, 지금 일본에게 요구되고 있는 것은 1960년대 후반에 추진하려 했던 외국인학교법안과는 근본적으로 구별되는 민족교육권의 보장에 기초한 외국인교육·민족교육에 대한 제도적 틀을 구축하고 발전시킬 정책을 정립하는 것이다.

3-2 보호자의 학교 선택

지금까지 역사라는 세로축을 따라 조선학교를 설명하였다면, 이번 장에서는 가로축, 즉 현재 학기를 맞이하는 아이들의 재일조선인 보호자가 조선학교를 선택한다는 것의 의미에 관해 살펴보자. 재일조선인에게 있어 일본에서 초등학교 입학 단계에서 선택지는 ①거주 지역의 공립학교, ②사립학교, ③조선학교, ④한국계 학교, ⑤인터내셔널 스쿨 등이 꼽힐 수 있다. 여기에서는 교토시의 초등교육 상황을 중심으로 일본의 공립학교와 조선학교에 대한 재일조선인들의 시각에 대해 논하겠다.

1) 공립소학교에서의 재일코리안의 상황

2012년 5월 현재, 교토의 조선학교 2개교에 재학 중인 아동은 183명(초급 126명, 제2초급 57명)인 한편 교토시립 소학교에 재학 중인 한국적·조선적의 아동은 372명이다[31]. 단순 비교하면 조선학교 아동이 감소 경향에 있지만 재일조선인 초등교육에 있어서 나름대로 조선학교의 존재는 크다고 할 수 있다. 그러나 이 통계만으로 단순 비교는 어려울 것이다. 조선학교의 경우, 국적에 상관없이 한반도에 뿌리를 둔 아동들의 숫자인 것에 반해, 공립 소학교의 경우에는 공식적으로 국적별 통계만을 내기 때문이다. 따라서 부모 중 한 쪽이 일본 국적('귀화'에 의해 일본국적을 취득한 자를 포함)일 경우, 공립학교

---

31) 京都市教育委員會情報化推進總合センター, 『平成24年度 教育調査統計 5月1日学校現況調査』, 2012의 내용에 따른 것임.

통계에서는 '일본인' 아동에 포함된다. 그 결과, 일본의 공립소학교에서 차지하는 한국적, 조선적자의 비율이 격감하고 있는 것으로 풀이되어 10년 전인 2002년에 1.5%(67,839명 중 1,011명)이었던 것이 2012년에는 0.6%(64,605명 중 372명)로 크게 감소한 것으로 나타난다. 이러한 통계 방식을 통해서도 알 수 있듯이, 일본의 학교 정책에는 '국민' 또는 '외국인'의 범주는 있으나, '민족' 또는 '뿌리'와 같은 개념은 존재하지 않는다.

2007년 교토시의 공립소중학교 및 총합지원학교에서 「외국적 및 외국에 뿌리를 둔 아동 학생에 관한 실태조사」가 한 번 실시된 적이 있다[32]. 이 조사에 따르면, 당시 한반도에 뿌리를 둔 일본 국적의 아동은 448명(전 아동의 0.7%)으로 한국적 · 조선적 아동 608명(전 아동의 0.9%)의 74%에 이른다. 국적에 따른 기존의 조사와 통계에서는 적어도 이만큼의 아동이 가시권에서 벗어나 있었다는 것을 알 수 있다.

이 조사에서는 민족이름을 사용에 관해서도 조사했는데, 한국적·조선적 아동이 민족이름을 사용하는 경우는 128명(21.1%), 일본이름을 사용은 479명(78.8%), 이중이름은 1명(0.2%)이었다. 반면, 한반도에 뿌리를 둔 일본 국적 아동의 경우는 민족이름 사용자가 37명(8.3%)에 불과하고 일본이름 사용자는 411명(91.7%)에 달했다. 한국적·조선적 아동의 민족이름 사용 비율이 1978년 2.7%, 1988년 9.6%, 1998년 13.5%였다는 과거 교토시의 조사와 비교한다면, 본명 사용 비율이 높아지고 있다고 볼 수 있지만, 여전히 외국 국적자의 8할이 일본 이름, 이른바 '통명'을 사용하고 있다는 사실에 주목해야 할 것이다. 교토시의 조사 보고서는 그 원인에 대해 "아이덴티티의 다양화"와 더불어 "재일한국 · 조선인 학생들이 자신을 드러내기 어려운 상황이 여전히 존재

<hr>

32) 京都市外国人教育プロジェクト · 京都市教育委員會, 『外国籍及び外国にルーツをもつ兒童生徒に關する實態調査のまとめ』, 京都市教育委員會指導部学校指導課, 2008. '외국에 뿌리를 둔 아동 학생'에 관해서는 학교가 이미 파악하고 있는 정보에 의해 조사가 실시되었다.

한다"고 결론짓고 있다[33]. 일본인에 대한 국민 교육에 기반을 둔 공립학교에서 분명한 민족적 아이덴티티를 갖는다는 것은 지금도 쉬운 일은 아니다.

교토시의 몇몇 공립학교에서는 3-1-(4)에서 설명한 것처럼 역사적으로 민족학급이 설치되어 왔다. 1969년 이후에는 도카(陶化), 산노(山王), 요세이(養正)의 세 학교에서 민족학급이 증감의 변화없이 지속되어왔다. 이들 민족학급에서는 과거부터 추출 학급 형식으로 수업을 해왔다. 추출 학급이란 정규 수업 시간 내에 민족학급 시간을 부분적으로 설치해, 특정 아동들만이 '추출'되어 이 수업에 참가하는 형태를 말한다. 대상 학년은 소학교 3~6학년, 지도 시간은 각 학년 주 2시간이었다. 위의 세 학교의 민족학급은 2009년 4월부터 「코리아 민족 교실」로 명칭을 바꾸고 대상 학년과 시간은 이전대로 하되, 과외(정규 수업 외) 수업으로 진행하고 있다. 2012년 4월에는 위의 도카소학교, 산노소학교를 포함해 도와(東和)소학교, 도카중학교의 4개교가 통합해 료후(凌風)소중학교가 되었고, 결과적으로 「코리아 민족 교실」이 있는 학교는 료후와 요세이 2개교로 현재에 이르고 있다.

그러나 이 민족학급의 커리큘럼은 어디까지나 정규 외 수업이다. 또한 학구의 제한이 있어, 타 학구에서 이곳의 민족학급에는 다니지 못한다. 2009년부터 교토시는 「코리아 민족 교실」이 없는 학교(사립 포함)의 아동들을 위해 「교토시 토요 코리아 교실」을 열고 있으나, 월 1~2회 2시간 정도의 활동에 불과하다. 공적인 차원에서 민족교육이 추진되고 있는 것은 평가할만하나, 조선학교와 비교한다면, 민족교육의 밀도는 현격히 낮다고 하지 않을 수 없다.

2) 보호자들의 조선학교에 대한 생각

교토시에는 일반 공립 사립학교 외에 한국계(민단계)인 교토국제학원이 있

---

33) 또한 이 조사에 따라 교토시교육위원회 교육장은 「외국인 교육의 충실을 기하기 위한 대응 추진에 관하여 (外国人教育の充実に向けた取組の推進について)」라는 통지(2009년 3월 3일자)를 교토시립학교장 및 원장 앞으로 발신했는데, 여기에도 같은 표현이 등장한다.

지만, 중고등학교는 있으나 초등학교는 설치되어 있지 않다. 또한 2004년에 1조교가 됨으로써 '민족학교'로 불리기 어려워졌고, 한국어 수업 외에는 전 수업이 일본어로 진행된다. 1조교가 아닌 학교로는 교토시내에 인터내셔널스쿨이 있으나, 비싼 수업료와 영어가 중심언어여서 민족교육의 장이라 할 수 없다. 따라서 재일조선인들이 자신의 아이들에게 언어 습득과 아이덴티티 형성에 있어서 중요한 시기라 할 수 있는 초등학교 때부터 민족교육을 받게 하겠다고 생각한다면, 교토에 있어서는 사실상 조선학교라는 선택지밖에 없는 것이 현실이다.

그러나 조선학교에 보내려면 공립학교에서는 낼 필요 없는 수업료를 부담해야 한다. 급식이 나오지 않기 때문에 매일 도시락을 싸줘야 하고, 어머니회, 아버지회 등에 참가해 자원봉사활동도 해야 하기 때문에 보호자로서는 나름대로 부담이 많다. 그럼에도 조선학교에 보내는 부모는 어떤 동기로 조선학교를 선택을 하는 것일까.

필자는 2008년도 사회학과의 사회조사 실습을 위해 학생들과 교토조선제3초급학교 학생들의 보호자를 대상으로 설문지 조사를 실시했다[34]. 꽤 상세한 질문들이 많았으나, 전체 40세대 중 25세대의 아버지 22명, 어머니 25명으로부터 회신을 받았다. "자제분을 조선학교에 보내는 이유, 동기, 계기는 무엇입니까?"라는 물음에 대해서는 9개의 선택지를 주고 해당되는 것에 표시를, 특히 해당되는 것에 표시를 하도록 했다(복수 선택 가능). ○은 1점, ◎은 2점으로 계산해 집계한 것이 <표5>이다. 전체적으로 아버지 44점, 어머니 50점이었고 이를 각각 100점 만점으로 환산했다. 조선학교에서 가장 힘을 쏟고 있는 "언어의 습득"이 예상대로 부모들의 동기 중 가장 큰 부분을 차지했다. 비슷한 정도로 중요시되는 것이 "조선사람으로서 자긍심을 갖게 하기 위해서"라는 답이었다. "동포 간의 교류"가 그 다음을 이었다.

---

34) 앞의 책, 『朝鮮学校の社會学的研究 : 京都朝鮮第三初級学校を中心に』.

교또조선학교 아이들과 보호자들 ⓒ김수환

　일본사회에서 살면서 일본의 공사립학교에 다닌다면 얻기 어려운 것들이
상위를 차지한 것이 주목된다. 한편, "일본학교에 다니게 하고 싶지 않았다"
라는 일본 교육에 대한 소극적 내지 부정적 의견은 그다지 많지 않아 반드시
일본학교에 대해 실망하였기 때문에 조선학교를 택했다고는 볼 수 없다. "조
선민주주의인민공화국을 지지한다"는 이유는 이보다 더 적었는데, 본인의 정
치적인 지향성보다 아이들의 교육이나 아이덴티티를 중요시하고 있다는 것
을 알 수 있다. 2011년 오사카의 조선학교 보호자들에 대한 인터뷰에서도 "조
선학교는 자신이 누구인지를 당당하고 자연스럽게 가르쳐주는 장소이고, 안
심하고 지낼 수 있는 장소라고 생각한다"라는 답변이 압도적으로 많은 반면,
"'조국의 재외공민이므로'라든지 '국민교육을 받기 위해서'와 같은 취지의 답
변은 나오지 않았다"는 지적처럼[35], 교토든 오사카든 보호자들의 생각은 대
체로 공통적인 것으로 보인다.

---

35) 中島智子, 「朝鮮学校保護者の学校選択理由 : 『安心できる居場所』, 『当たり前』をもとめて」 『プール学院大
　学研究紀要』 51, 2011.

<표5> 보호자의 조선학교 선택 이유 (교또조선제3초급학교, 2008년)

이 유	어머니	아버지	합 계
언어 습득	74	61	135
조선인으로서 자긍심을 갖길 바란다	56	68	124
동포 간의 연계	46	43	89
본인이 조선학교 졸업생이다	34	43	77
일본학교에 다니게 하고 싶지 않았다	10	16	26
조선민주주의인민공화국을 지지	4	7	11
견학을 하고나서 좋다고 생각했다	0	5	5
부모의 추천으로	0	2	2
기타	10	11	21

출처 : 『조선학교의 사회학적 연구 : 교또조선제3초급학교를 중심으로』 도시샤대학 사회학과 사회조사 실습 보고서 No. 17(1), 2009년.

<표6> 보호자가 희망하는 조선학교의 개선점 (교또조선제3초급학교, 2008년)

개 선 희 망	어머니	아버지	합 계
교사(건물)	48	82	130
시설 부족	44	50	94
교원의 대우	44	50	94
안전	30	30	60
학비	24	30	54
교육내용	26	23	49
교통수단	12	14	26
제복	0	7	7
기타	12	11	23

출처 : <표5>와 동일

보호자의 생각을 보여주는 데이터로서 "학교에 대해 개선을 바라는 부분이 있습니까?"라는 질문에 대해서도 살펴보자. <표6>은 <표5>와 동일한 방법으로 집계한 것이다. 부모 모두 "교사(건물)", "시설 부족"이라는 외형적인 개선을 우선적으로 손꼽았다. 현재 다이고(醍醐)에서의 교사 신축도 보호자들의 이런 희망이 영향을 미쳤을 것으로 보인다. "교원에 대한 대우"를 개선점으로 꼽은 대답도 비슷한 정도였는데, 헌신적으로 교육에 임해주지만 수입이 많지 않은 '선생님'에 대한 부모들의 마음을 말해주고 있다. 이러한 항목들이 상위에 있는 것을 보면 보호자들이 단순히 수동적으로 아이들을 학교에 보내는 것이 아니라 조선학교를 '우리학교'로 인식하고 학교의 여러 사정들을 걱정하고 있음을 엿볼 수 있다.

'일본에 사는 조선인'으로서 아이가 스스로의 존재를 부정당하지 않고, 같은 조선인 친구들과 교원, 보호자, 동포들의 보호 아래 성장하는 곳인 조선학교는 그 자체가 하나의 커뮤니티이다. 학교를 '품'에 비유하곤 하는데, 조선학교는 일본사회로부터의 불안 요인들로부터 아이들을 지키는 품과 같은 피난처의 역할도 하고 있다. 본 재판 건의 피고들이 공격한 것은 바로 이러한 의미를 지닌 학교이다. 때문에 학교 앞에서의 배외주의자들의 선동은 아이들은 물론이고 많은 학교 관계자들에게는 큰 충격이었다. "두 번 다시 일어나서는 안 되는 일이라고고 말하는 것만으로는 부족하다. 이번 일은 단 한 번조차도 일어나서는 안 되는 일이었다." 필자는 이 말을 잊을 수가 없다.

3-3 레이시즘에 관하여

1) 레이시즘과 그 역사성

여기에서는 본 재판 건과 관계있는 일본의 레이시즘(racism)의 상황을 유럽, 특히 프랑스의 상황 및 이론에 견줘 검토하겠다.

필자는 최근 들어 레이시즘이라는 용어를 많은 경우 번역하지 않고 그대로 사용한다. '인종주의'로 번역하게 되면 '인종(race)'이 생물학적 차이를 나타내는 개념으로 일반적으로 이해되고 있어 이른바 생물학적 '인종'에 기반한 차별만을 일컫는 것으로 착각할 수 있기 때문이다. 또한, 일본에서는 널리 사용되고 있는 '민족차별'이라는 용어도 레이시즘의 한 형태인데, 레이시즘의 번역어 '인종주의'는 이러한 현실을 포함하기에는 지나치게 협소하다. 실제로 인종차별철폐조약에서도 "인종(race), 피부색(color), 혈통(descent) 또는 민족적 내지 종족적 출신(national or ethnic origin)에 따른 모든 구별, 배제, 제한 또는 선별"(제1조)과 같은 표현으로 레이시즘을 정의하고 있다. 따라서 필자는 레이시즘이 지니는 의미의 광범위성과 타 지역과의 비교 대조를 위해 레이시즘을 그대로 쓰고 있다.

구미지역의 레이시즘 이론에서는 1980년대 경부터 '문화적 레이시즘(cultural racism)'이 논의되기 시작했다. 레이시즘이 그 전까지의 생물학적인 차이에 주목하여 인종 간의 우열을 논하는 것('과학적 레이시즘' 등으로 불린다)에서 언어, 종교, 전통, 관습 등의 문화적 차이를 중시하는 쪽으로 이행하고 있다는 이론이다[36]. '새로운 레이시즘', '인종없는 레이시즘', '차이주의적 레이시즘' 등 다른 표현들도 있으나, 여기에서는 문화적 레이시즘이라고 해둔다. 무슬림 여성의 스카프에 대한 프랑스 등의 반응이 전형적인 예이다. 문화적 레이시즘은 ①생물학적 인종이나 그 우열이 반드시 판단 기준이라고 할 수 없고, ②종종 일반론으로는 문화의 다양성을 인정하고, ③그 위에 같은 사회 내에서 거주하는 한 특정 집단의 문화적 차이가 지배 집단의 아이덴티티에 있어 위협이 되는 점이 강조된다는 특징이 있다. 자신은 "레이시스트가 아니다"라고 공언하고 일반론적으로는 문화상대주의자로 행동하면서도 이민 배척을 외치는 신우익이 유럽에서는 1960년대 이후 서서히 등장하면서 이를 기존의 레이시즘 이론으로는 대처할 수 없어 만들어진 이론이다. 문화적 레이시즘론은 분명 오늘날의 레이시즘을 생각할 때 중요한 틀을 제공하고 있다.

다만, 이 문화적 레이시즘을 '새로운 레이시즘'으로 자리매김하는 것에 대해서는 이견이 있다. 최근 수년간 유럽의 식민지에 있어서도 문화적 레이시즘이 널리 작동해왔다는 연구 결과도 있다. 예컨대, 인류학자 앤 스톨러는 네덜란드령 동인도와 프랑스령 인도차이나의 '혼혈'을 연구하면서 유럽의 식민

---

[36] 영국에서는 다음과 같은 연구가 유명하다. Martin Barker, *The New Racism*, Junction Books, 1981. Paul Gilory, *There Ain't No Black in the Union Jack*, Routledge, 1992(초판은 1987년). 프랑스에서는 다음의 연구가 대표적이다. Pierre-André Taguieff, *The Force of Prejudice*, University of Minnesota Press, 2001(원저는 1987년). 다음의 문헌도 빈번히 참조된다. E. バリバール(Balibar) & I. ウォーラーステイン(Wallerstein), 『人種・国民・階級』, 大村書店, 1995. 이러한 논의를 정리한 것으로는 ミシェル・ヴィヴィオルカ(Michel Wieviorka), 『レイシズムの変貌』, 明石書店, 2007, 제1장이 명쾌하다.

지에 있어서 도덕성 등의 문화적 능력(cultural competence)이 레이시즘의 근거가 되는 것이 일반적이었다고 지적하고, 문화적 레이시즘에 있어서 "새로운 측면임"을 강조하는 주장을 비판하고 있다[37]. 식민지에 있어서는 불균형한 민족간 관계를 유지하고 정당화하기 위해 다양한 차이를 동원해 레이시즘이 구축되어왔다. 유럽의 경우는 피부색 등 눈에 보이는 요소가 차이를 드러내는 '표식'이 되어 수월하게 동원되는 사례가 많았다는 것에 불과하다는 것이다.

문화적 레이시즘이라는 틀과 그 식민지적 기원이라는 관점은 일본의 레이시즘을 파악하는데 긴요하다. 원래 일본인과 조선인의 사이에서는 과학적 레이시즘이 의미를 띠는 시도는 거의 없고 오히려 문화적 레이시즘이 고전적이다. 일본의 조선 지배에서는 신체적 특징은 차이의 지표로 거의 사용할 수 없는 대신 '민도'라는 이론이랄지, '불결', '마늘 냄새'와 같은 감성, '이상한 일본어 발음'과 같은 언어적 측면, '불령'과 같은 태도 묘사, 반복적으로 이야기되는 조선 정체사관과 식민지 은혜론에 의해 배양되는 일본인의 우월감, 보다 형식적인 측면에서는 호적에 기반한 제도적 차별 등 다양한 차이가 동원되어 레이시즘이 형성되었다. 조선이 식민지로부터 해방된 1945년 이후에도 그 관계성은 재일조선인에 대한 처우나 인식을 통해 계속되었다. 더구나 호적제도의 차이가 국적의 차이로 전환한 것('내지' 호적등록자가 일본 국민으로, 조선 또는 대만의 호적 등록자가 외국인으로 처리됨), 여기에 냉전의 역학이 이중으로 겹쳐져 전후 일본의 레이시즘은 한층 복잡한 양상을 드러내었다.

레이시즘의 식민지적 기원에 관해서는 2001년에 남아프리카에서 열린 반레이시즘 세계회의, 통칭 「더반회의」에서도 확인되었다. 더반회의에서는 노예제, 노예무역 및 식민주의가 레이시즘의 원천이라는 정부간 선언이 발표되

---

37) アン・ローラ・ストーラー(Ann Laura Stoler), 『肉体の知識と帝国の權力』, 以文社, 2010, 제4장.

었다[38]. 다시 말해, 오늘날의 레이시즘과 식민주의의 역사는 밀접하고 불가분의 관계에 있다. 예컨대 프랑스에서는 문화적 레이시즘이 아시아 등 먼 곳에서 온 집단보다도 상대적으로 프랑스 사회에 용해되어 있는 북아프리카 출신 집단에 대해 일어나고 있다는 연구가 있는데[39], 이는 식민주의 역사를 빼고는 이해할 수 없는 현상이다. 무슬림 여성의 스카프를 공공장소에서 금지하려는 프랑스의 움직임은 '이슬람 혐오(Islamo-phobia)'라는 식민주의와 레이시즘의 장기에 걸친 역사적 산물에 연원한다는 연구도 있다[40]. 마찬가지로 현대 일본의 '조선 혐오(Korea-phobia)'로서의 '혐한류'등의 움직임도 근대 이후 일본의 식민주의와 레이시즘의 역사를 논하지 않고서는 파악될 수 없다[41].

그리고 현재 식민주의 역사를 어떻게 상기하고 있느냐라는 문제가 이와 같은 레이시즘의 역사성에 관계된다. 프랑스의 공립학교에서 무슬림의 스카프 착용이 법적으로 금지된 이듬해인 2005년 제정된 한 법률에서 프랑스가 북아프리카 등으로 진출한 것이 '긍정적인 역할'을 했다고 가르치도록 한 조항이 있었다. 쏟아지는 비판으로 해당 조문은 철회되었지만, 이 사건은 2004년 스카프 금지법의 "배후에 있는 동기가 드러났다"[42]는 지적을 받았다. 레이시즘의 확산과 식민주의의 역사를 긍정하려는 욕망이 함께 고조되었던 것이다. 일본에서도 우익단체 재특회의 역사관도 그러하고 이전의 베스트셀러였던 「만화 혐한류」를 보더라도 프랑스의 경우에서 보는 것처럼 일본이 조선 지배를 통해 '긍정적인 역할'을 했다는 것이 강조되었고[43], 이러한 언설은 인터넷에서도 확산되었다. 이러한 논조는 1990년대 후반에 등장한 「새 역사교과서

---

38) ダーバン2001編, 『反人種主義・差別撤廃世界會議と日本』, 月刊 『部落解放』 2002년 5월 증간.

39) ヴィヴィオルカ, 앞의 책, 47쪽.

40) ジョーン・W・スコット(Joan W Scott), 『ヴェールの政治学』, みすず書房, 2012.

41) 이 점에 관해서는 田中宏・板垣龍太編, 『日韓新たな始まりのための 20章』, 『岩波書店』, 2007 등에서 논하고 있다.

42) ジョーン・W・スコット, 앞의 책, 101쪽.

43) 졸고, 「マンガ嫌韓流と人種主義—国民主義の構造」, 『前夜』 11, 2007.

를 만드는 모임」(「만드는 모임」)에서 기원하고 있는데, 이것이 확산 일로에 있었던 1995년과 2003년에 실시되었던 내셔널 아이덴티티에 관한 국제사회조사프로그램(ISSP)의 조사 결과를 보면, 일본사회의 배외주의에 관련한 지수가 분명하게 상승했음을 알 수 있다[44].

그러나 오늘날의 레이시즘의 문제를 생각할 때 중요한 점은 매조리티가 단순히 '위'로부터 내려다보는 시선만이 아니라, 매조리티가 마이너리티에 대해 위협감 또는 피해자 의식을 느끼고 있다는 점이다. 다시 프랑스를 예로 들면, 무슬림 여성의 스카프가 '이슬람 혐오'의 상징적 존재가 된 것은 2001년 9월 11일 미국에서의 9.11테러가 큰 계기가 되었지만, 이는 식민지화 이후의 역사가 축적된 결과였다. 우선 스카프가 테러리즘에도 관련성이 있는 위험한 것으로 표상된 계기는 알제리아 독립전쟁(1954-62년)이었다. 다음으로 1970년대에 북아프리카 이주민들의 정착 경향이 분명해지자 이슬람이 프랑스를 '식민지화'한다는 등의 논쟁이 벌어졌다. 그 뒤, 이란혁명(1979년), 샐먼 루쉬디 사건(1989년), 걸프전(1990-91년), 알제리아 내전(1992-95년) 등을 계기로 스카프는 '이슬람 원리주의'의 '프랑스 공화주의'에 대한 도전으로 간주되었다[45].

한편, 일본의 '조선 혐오'의 경우에 있어서는 전쟁 후 일본인이 피해자 의식을 갖게 된 첫 계기는 조선인에 대한 '제3국인' 이미지의 형성이 대표적이다. 이 단어는 1945년 말 경부터 언론에서 사용되기 시작했고, 1946년 8월 국회 답변에서 사용되면서 '공식용어'로 정착해 재일조선인들의 암시장, 열차 안에서의 불법 부정행위 등과 연결되어 일반인에게 유포되었다. 그 결과, '제3국인'이라는 단어는 조선인들이 '흉악한 범죄자', '일본사회의 질서와 안전을 해치는 위협적 존재'라는 과잉 일반화(over-generalization)된 이미지와 함께

44) 小林利行,「日本人の「愛郷心」に芽生える排他性」,『放送研究と調査』54-4, 2004: 田中俊介,『ナショナル・アイデンティティの国際比較』, 慶応義塾大学出版會, 2010, 제11장.
45) スコット, 앞의 책, 제1장.

사회 전반에 확산되었다[46]. 당시, 이 상황을 관찰했던 점령군측 미국인조차도 '제3국인' 언설이 퍼져간 당시의 일본의 관헌과 의원의 언행에 대해 "맹렬한 프로파간다(fierce propaganda)", "인종적 증오(racial hate)", "반조선인 히스테리(anti-Korean hysteria)"라고 형용하였고, 그 결과 재일조선인들이 일본 시민과 관헌으로부터 더욱 더 고통받게 되었다고 묘사하고 있다[47]. 일본 패전 직후의 혼란기에 만들어진 이러한 조선인 이미지는 그 후 일본인들 사이에서 위협과 멸시가 혼재된 조선인관의 형성을 부축이게 되었다.

이후에도 여러 계기가 있었지만 특히 최근의 '조선 혐오'를 형성한 큰 요인은 2002년 9월 조일정상회담을 계기로 급속하게 부각된 북한에 의한 일본인 납치사건문제였다. 이 문제를 계기로 북한뿐만이 아니란 총련 나아가 조선학교까지도 악마로 둔갑되어 '조선 혐오'의 대상이 되었다. 인터넷에서 떠도는 이들 대상에 대한 어조와 본 건의 헤이트스피치의 내용만을 보더라도, 조선학교에 퍼부어진 언설들은 일본 패전 직후 형성된 이미지와 납치사건에 결부된 것들이었다[48].

2) 인종차별철폐위원회에서의 논의

레이시즘 관련 사건인 본 건은 국제기구에서도 주목받았다. 2010년 2월 24~25일 제네바에서 개최된 인종차별철폐위원회(이하, CERD)에서 일본정부의 보고서에 대한 심사가 있었다. 심사가 시작되기 전 심사장 옆 회의실에서 「인종차별철폐NGO네트워크」가 주최한 NGO설명회가 열렸다. 여기서 2009년 12월 4일 본 건의 피고들이 교또조선제1초급학교를 공격하는 영상이 상영

---

46) 水野直樹,「第三人」の起源と流布についての考察」『在日朝鮮人史研究』30, 2000; 内海愛子, 「「第三国人」ということば」『朝鮮人差別とことば』, 明石書店, 1986.

47) Edward W. Wagner, *The Korean Minority in Japan 1904-1950*, International Secretariat, Istitute of Pacific Relations, 1951, pp.59-62.

48) 그 밖에도 역사인식에 관해서 '만드는 모임', '혐한류', '재특회'에 공통적으로 피해자 의식이 보인다 (앞의 글 「現代日本のレイシズム点描」).

되었는데, 인종차별철폐위원회의 18명 위원 중 12명이 시청했다고 한다[49]. 그 직후 열린 심사장에서 예컨대 루마니아 출신의 디아코누(Diaconu) 위원은 "조선학교 아이들이 괴롭힘(harrassment)과 폭언(abuse)을 당하는 상황이 어떠한 형태를 통한 것이든 반복되지 않도록 방지하는" 수단을 강구해야만 한다고 주장했다[50]. 어린이가 있는 학교 앞에서 확성기를 통해 헤이트 스피치를 연발하는 영상을 본 위원들은 본 건이 각국에서 일어나고 있는 심각한 레이시즘 사건의 일본판이라는 것을 설령 상세한 배경적 사실을 모른다 하더라도 한눈에 간파했을 것으로 추측된다. 인종차별철폐위원회(CERD)는 같은 해 3월, "조선학교에 다니는 어린이들을 포함한 집단에 대한 명백하고 조야한 언동이 계속적으로 일어나고 있는 것"에 대해 우려를 표명한다는 문장을 넣은 최종견해를 공표했다[51]. 위원들의 발언과 최종견해는 본 건 피고들의 조선학교 공격을 염두에 두고, 이를 전형적인 레이시즘 사건의 한 사례로 파악했다.

이와 같은 CERD에서의 논의는 인종차별철폐조약 제4조의 인종차별에 관한 처벌 입법 조항을 일본정부가 유보하고 있는 점과 관련지어 제기되었다는 점에 유의할 필요가 있다. 디아코누 위원은 이 점과 관련해 일본의 형사법정이 '인종적 동기(racial motivation)'(레이시즘의 동기)를 고려하지 않고 있는 것은 아닌지 질문했다. 이에 대해 일본정부측 위원은 "범죄에 있어서의 인종적 동기는 입법에 의해 취급되는 것이 아니라, 레이시즘 사건에 관해 재판관이 종종 그 '악의(malicious intent)'의 관점에서 참조하여 양형(量刑)의 무게에 반영된다"고 답변했다[52]. 일본정부는 관련된 새로운 입법 조치는 하지 않을 것이라고 했으나, 레이시즘의 동기를 양형에 반영할 것임을 분명히 했다고 할 수 있다. 이에 대해 CERD는 발표한 최종견해에서 일본정부에 유보 철회

---

49) 前田朗, 「人種差別撤廃委員會と日本(二)」, 『統一評論』 535, 2010.5.
50) CERD/C/SR. 1987, "Summary record of the 1987th meeting," March 2010, para. 56.
51) CERD 앞의 글 "Concluding observations," para. 13.
52) CERD/C/SR. 1988, "Summary record of the 1988th meeting," Oct. 2010, para. 19.

에 대한 재검토를 다시 촉구하였고, "표현의 자유라고 하는 권리의 행사에는 특별한 의무와 책임, 특히 레이시즘을 유포하지 않는 의무를 동반한다"는 점을 환기시키고 "증오 및 레이시즘 표현에 대처하는 추가적 조치, 특히 이를 수사하고 관계자를 처벌하는 대처 노력을 촉진할 것과 이와 관련되는 헌법, 민법, 형법 규정의 효과적 실행을 분명히 할 것"을 요구했다[53].

이러한 맥락에서 보면 CERD의 일본정부에 대한 최종견해가 시사하고 있는 것은 본 건에 관해서도 피고 행위의 '인종적 동기'를 고려한 '효과적' 사법조치가 필요하다는 것이다. 그러나 2011년 5월 형사재판의 1심 판결은 피고 4명 전원에게 유죄 판결을 내렸으나 모욕죄가 적용되었기 때문에 사실의 적시가 있었는지 여부가 심리의 대상이 되지 않은 채 결과적으로는 이들의 헤이트 스피치가 일반적인 모욕으로 처리되어 '인종적 동기'가 양형 사유로 언급되지 않았다. 물론 그렇다고 해서 판결이 '인종적 동기'의 부재를 입증하고 있는 것도 아니어서 본 건이 레이시즘과 관련이 없는 사건이라는 근거도 될 수 없지만, 필자는 CERD의 견해에도 불구하고 이러한 결론이 나온 것은 결과적으로 일본정부가 레이시즘에 대해 소극적으로 대처하고 있음을 보여주는 것이라고 생각한다[54]. 형사재판은 종결하였으나, 레이시즘의 문제가 직접적으로 제기되고 있는 본 건 민사재판에서 어떠한 판결이 나올 것인지 CERD를 비롯한 국제사회가 주목하고 있다.

CERD에서의 지적과 관련해 또 한 가지 언급해둘 것은 일부 '레이시스트' 뿐만이 아니라 일본정부의 작위, 부작위 자체가 레이시즘의 문제로 논의되고 있다는 점이다. 그 하나가 2010년 이후 논의되어 온 조선학교에 대한 공립고

---

53) CERD 앞의 글, "Concluding observations," para. 13.
54) 또한, 일본정부는 2013년 1월 CERD에 제출한 보고서에서도 "인종주의적 동기는 우리나라의 형사재판 절차에 있어서 동기의 악질성으로서 적절하게 입증되고 있어 법원에 있어서 양형상 고려되고 있는 것으로 인식하고 있다"고 밝히고 있다 ("Seventh, Eighth, and Ninth Combined Periodic Report by the Government of Japan under Article 9 of the International Convention on Elimination of All Forms of Racial Discrimination: Japan", Jan. 2013, para. 81.)

교 수업료 무상화제도·고등학교등 취학지원금 제도(이하, 고교무상화 제도)의 적용 문제이다. 앞서 말한 바와 같이, CERD 심사 직전에 이미 각의 결정된 고교무상화 제도에 대해 당시의 나카이 납치문제 담당 대신은 조선학교를 대상에서 제외할 것을 주장했다고 보도되었다. 이 뉴스는 해외에도 보도되었기 때문에 CERD 심사에서도 논의되었다. CERD는 최종견해에서 고교무상화 제도 법안에 관해서는 '조선학교를 제외할 것을 제안하는 일부 정치가(some politicians)의 자세'에 대해 "어린이의 교육에 차별적 영향을 미치는 행위"라며 우려를 나타냈다[55]. 결국, 민주당 정권 아래에서는 2년 반 이상 동안 조선학교에 대한 제도 적용이 유보되었고, 새로운 정권이 들어서자마자 2012년 12월 부적용 방침이 결정되었다. 즉 CERD가 '우려'했던 것을 '일부 정치가'의 주장 수준이 아닌 바로 일본정부가 실현했다.

또한, 오사카부와 오사카시를 비롯한 일부 지자체도 이러한 흐름에 편승하여 조선학교에 대한 보조금 삭감을 단행했다. 이러한 일본정부와 지자체의 조치는 2013년 1월 일본정부가 CERD에 제출한 보고서에서는 언급되어 있지 않지만[56], 이 건에 관해서는 정부가 어떤 설명을 더 내놓는다 할지라도, CERD를 포함한 국제사회의 이해를 얻는 것은 어려울 것이다.

4. 맺으며

조선학교에 관한 언론 보도와 인터넷 상에서 범람하는 글들을 보고 있자면 한반도 연구자의 한 사람으로서 대단히 안타까운 심정이다. 이러한 심정으로

---

55) CERD 앞의 글, "Concluding observations," para. 22.
56) 앞의 보고서(2013년 1월) 제110단락에 고교무상화 제도에 관한 서술이 있지만 외국인학교도 적용된다는 내용이 기재되어 있을 뿐, 조선학교에 대한 적용이 보류, 제외되었다는 점은 언급되지 않았다.

말미암은 책임감으로부터 필자는 본인의 지식이 미치는 범위 내에서 본 의견서를 썼다.

조선학교에 대한 편견은 보다 정확한 정보를 통해 시정되는 경우가 있다. "편견"이라는 단어는 영어로 'prejudice'인데, 'pre(미리)'와 'judge(판단하다)'를 어원으로 한다. 요컨대 실상이 어떤지 살피기 전에 '미리 (부정적으로) 판단'하는 것이 '편견'이다. 따라서 사실을 목격하면 미리 세워진 판단이 변하기도 한다.

예컨대, 필자가 강의 등에서 학생들과 제작한 다큐멘터리를 보여주며 설명하면, 학생들은 "의외로 특별한 것이 없어 놀랐다"는 소박한 반응을 보이는 경우가 많다. 이것은 언론과 인터넷을 통해 막연하게 품고 있던 이미지가 역전되었음을 시사한다. 조선학교의 역사와 현재에 관한 무지와 무관심이 편견을 낳는 한 요인이 되고 있다는 것은 분명한 사실이다.

그리고 마지막으로 부언해두고 싶은 것은 지금도 일본사회의 조선학교에 대한 강한 편견이 흔히들 말하는 조선학교가 '폐쇄적'이기 때문이라고 필자는 결코 생각하지 않는다는 것이다. '폐쇄성' 지적은 이제는 조선학교에 관한 일종의 상투어가 되었는데, 예컨대 NHK 다큐멘터리(2011년 방영)에서도 프로그램의 첫머리에서 "폐쇄된 교실에 카메라가 들어갔습니다"라든지 납치문제 이후 카메라 취재는 처음이라는 표현이 있었다[57]. 조일정상회담이 있었던 2002년 이후에도 TV 프로그램과 다큐멘터리 등에서 조선학교를 다루어왔기 때문에, 이런 표현은 완전히 잘못된 것이다. 그렇다면 왜 이러한 표현이 나오는가에 대해 감히 필자의 사견을 말하자면, 대상이 '폐쇄적'이기 때문에 편견을 갖게 되는 것이 아니라, 스스로 편견을 갖고 있는 대상이 '폐쇄적'인 것으로 보이게 되는 것이 아닌가 한다. "잘 이해할 수 없다", "수수께끼 같다", "다가

---

57)「かんさい熱視線 搖れる朝鮮学校」, NHK종합, 2011. 12. 9.

가기 어렵다", "무섭다"와 같은 감정으로 인해 '폐쇄적'이라는 표현이 생겨나는 것은 아닐까.

　오히려 실제의 모습에 눈을 돌리면, 적어도 필자의 경험에서는 조선학교는 일본의 학교에 비해 열려있다. 지금까지 내 세미나의 참가생들이 학교를 임의로 빈번하게 방문하고 인터뷰를 한다든지, 교실 뒤에서 수업을 관람한다든지, 아이들의 모습을 촬영해 왔는데, 방문을 거부당한 적도 없고 취재 제한을 받은 적도 없다. 공개 수업도 자주 열려있어 보호자 외에도 누구나 방문해 볼 수 있다. 학교 운동회도 지역 동포들의 축제와 같은 분위기여서 누구나 견학할 수 있거니와 즉흥적으로 세미나 참가생들이 운동회에 참가한 적도 있다. 일본학교라면 생각하기 어려울 정도의 개방성이다. 그 밖에도 학교를 알리기 위한 행사도 많다. 필자는 교원과 보호자, 교육회로부터 학교 모습을 있는 그대로 알리고 싶다는 이야기를 자주 들어왔는데, 아이들의 은신처와 같은 역할도 지니는 조선학교를 이렇게까지 개방해도 좋을지 생각될 정도다.

　조선학교가 이러한 노력을 할 수밖에 없게 된 것은 그 만큼 일본사회의 몰이해와 편견이 만연하기 때문이다. 마찬가지로 교직원과 보호자, 지역 동포들이 민족교육의 존속을 위해 매일 분주한 노력을 다해야만 하는 것은 일본에서 민족교육의 권리가 충분히 보장되어 있지 않기 때문이다.

　이번 재판은 단순히 한 건의 '가두선전 중지 등의 청구 사건'에 머물지 않고 레이시즘과 민족교육권이라는 보다 보편적인 문제에 대한 적극적인 대응으로 이어질 가능성을 내포하고 있기에, 그러한 새로운 한걸음을 내딛을 수 있는 판결이 나오기를 진심으로 기대한다.

제7장

고교무상화 제도와 조선학교 배제

후지나가 다케시(藤永壯)

1. 들어가며

2010년 4월 일본정부는 교육 기회의 균등을 목적으로 하는 이른바 고교무상화 제도를 시행했다. 이 제도는 2009년 9월에 집권한 민주당 정권의 주요 정책 중의 하나로, 가정의 경제사정에 상관없이 학습 의지가 있는 학생들 모두가 후기 중등교육(고등학교 단계의 교육)을 받을 수 있도록 공립 고등학교의 수업료를 징수하지 않고, 사립 고등학교나그 외 고등학교 단계의 교육시설에 재학하는 학생들에게 공립 고등학교의 수업료에 상당하는 금액의 '취학지원금'을 지급한다는 내용이다. 일찍이 민주당은 2007년 7월 참의원 의원 선거 공약에 고교무상화 정책을 포함시키고 제169회 통상국회(2008년 1~6월)와 제171회 통상국회(2009년 1~7월)에 고교무상화 법안을 제출했다[1].

고교무상화 제도가 실시된 배경에는 일본의 교육정책에 대한 국제인권기관의 비판도 있었다. 1966년 제21회 유엔 총회에서 채택되어 10년 후인 1976년에 발효한 「경제적, 사회적 및 문화적 권리에 관한 국제규약」(이른바 「사회권규약」 또는 「국제인권A규약」)을 일본정부가 비준한 것은 1979년이었다. 그런데 이 규약의 제13조 제2항의 (b), (c), 즉 중등, 고등교육의 기회 균등을 정

---

[1] 渡辺昭男, 「「無償教育の漸進的導入」に係る政策変容: 高校授業料無償化を中心に」, 龍谷大学社會科学研究所, 「社會科学研究年報」 41, 2011.5, 111~118쪽.

한 조항 중 일본은 "무상교육의 점진적인 도입"이라는 규정(이하,「고등교육의 점진적 무상화 조항」)에 대한 비준을 유보했다[2]. 이에 대해 유엔 사회권규약위원회는 2001년 9월 "유보를 철회할 의사가 없다는 점에 특히 우려를 표명"하고 일본정부에 대해 유보 철회에 대한 검토를 요구했다[3]. 그 후 2008년 12월, 르완다가「고등교육의 점진적 무상화 조항」에 대한 유보를 철회함에 따라 동 조항을 유보한 나라는 일본과 마다가스카르 2개국만 남게 되었다[4].

한편, 2009년 8월에 실시한 중의원 의원 선거에서 민주당이 대승을 거둠으로써 일본에서 정권 교체가 실현되어, 그해 9월에 하토야마 유키오 내각이 성립됐다. 2010년 1월 29일, 하토야마 수상은 제175

2014년 2월 28일에 개최된 '조선고급학교 무상화를 요구하는 연락회 · 오사카' 집회(오사카시 기타구민센터).©후지나가 다케시

회 통상국회의 시정방침 연설에서 "모든 의지 있는 젊은이들이 교육을 받을

2) 「사회권규약」제13조 2항 (b), (c)의 조문은 다음과 같다(일본외무성의 일본어 번역에 의함). (b)각종 형태의 중등교육(기술 및 직업 중등교육을 포함)은 모든 적당한 방법에 의해, 특히 무상교육의 점진적인 도입을 통해 일반적으로 이용 가능하도록, 또한 모든 사람들에게 기회가 주어지도록 한다. (c)고등교육은 모든 적당한 방법에 의해, 특히 무상교육의 점진적인 도입을 통해 능력에 따라 모든 사람들에게 균등하게 기회가 주어지도록 한다. 「경제적, 사회적 및 문화적 권리에 관한 국제규약 (A규약)」외무성 http://www.mofa.go.jp/mofaj/gaiko/kiyaku/2b_004.html

3) 일본정부의「사회권규약」이행 상황에 관한 제2회 보고에 대해 유엔 사회권규약위원회가 발표한「최종견해」제10조, 제34조 참조(UN Document, E/C.12/1/Add.67, 24 September 2001). 일본 외무성에 의한 일본어 번역안은「規約第16條及び第17條に基づく締約国により提出された報告の審査 経済的,社會的及び文化的權利に關する委員會の最終見解(규약 제16조 및 제17조에 체약국에 의해 제출된 보고의 심사. 경제적, 사회적 및 문화적 권리에 관한 위원회의 최종견해)」2001. 9. 24, 외무성 http://www.mofa.go.jp/mofaj/gaiko/kiyaku/kenkai.html 중고등 교육 무상화 조항 유보에 관한 국제사회의 동향과 논의 내용에 관해서는 角岡賢一,「国際人權規約 · 高等教育無償化條項を巡る諸国の動向」,「龍谷紀要」32-1, 2010.9 등을 참조했다.

4) 角岡, 앞의 논문, 65쪽 등.

수 있도록 고교의 실질적인 무상화를 개시하겠습니다. 국제인권규약에 있어서의 고등교육의 단계적 무상화 조항에 관해서도 유보 철회를 구체적인 목표로 삼아 교육 격차를 없애도록 검토해가겠습니다"라고 말해 고교무상화 제도의 실시와 「고등교육의 점진적 무상화 조항」의 유보 철회 방침을 밝혔다[5].

그런데 고교무상화 정책을 실시함에 있어 관할 관청인 문부과학성은 당초 일본 전국의 조선고급학교 10개교를 포함한 고등학교 단계에 상당하는 외국인학교의 학생들도 제도의 적용 대상에 포함하는 것으로 상정하고 있었다. 실제로 2013년 3월 7일 현재, 39개교의 외국인학교의 학생들이 취학지원금을 지급받고 있는데[6], 외국인학교 중 조선고급학교 학생들만이 취학지원금 교부 대상에서 제외된 것이다.

조선대학교 학생들을 중심으로 매주 문부과학성 앞에서 실시되고 있는 '금요행동'.

---

5) 「第174回国會における鳩山內閣總理大臣施政方針演說(제174회 국회에서의 하토야마 내각 총리대신 시정 방침 연설)」 2010. 1. 29, 수상 관저 http://www.kantei.go.jp/jp/hatoyama/statement/201001/ 29 siseihousin.html 고교무상화 정책이 실시되자, 2013년 9월 11일, 당시의 노다 요시히코 민주당 내각은 고등교육의 점진적 무상화 조항에 대한 유보 철회를 각의 결정하고 즉시 유엔 사무국장에 통지했다.

6) 「高等学校等就学支援金制度の對象として指定した外国人学校等の一覽(고등학교 등 취학지원금 제도의 대상으로 지정한 외국인학교 등의 일람」, 문부과학성 http://www.mext.go.jp/a_menu/shotou/ mushouka/1307345.htm

만일 고교무상화 제도가 조선고급학교에 적용되어 일본정부가 학생들에게 취학지원금을 지급했었더라면 이는 획기적인 사건이 될 터였다. 왜냐하면 본서의 다른 장에서 언급한 바와 같이, 일본정부는 지금까지 일관되게 재일조선인이 실시하는 민족교육을 적대시하고 재정지원은커녕 민족교육을 억압해 가능하면 폐교에 이르도록 궁지로 내몰아왔기 때문이다[7]. 교육 기회의 균등 실현이라는 이념 아래 조선고급학교 학생이 고교무상화 제도의 적용 대상이 되었다면, 일본정부가 국가 정책으로서 처음으로 재일조선인의 민족교육시설에 대해, 다른 교육시설과 동등한 공적 보조를 실시하게 되는 것이었다. 이는 일본정부의 민족교육 정책을 크게 전환시키는 의미를 지닌다.

그러나 결국 일본정부는 조선고급학교를 고교무상화 제도의 적용 대상에서 제외해버렸다. 제도의 이념과 본래의 규정에 입각한다면 당연히 조선고급학교에도 신속하게 취학지원금이 지급되는 것이 마땅했다. 하지만 민주당 정권 때에는 정치적인 이유로 '심사 중'이라는 명목 아래, 사실상 부작위에 의해 교부 결정을 연기하는 공공연한 차별 정책이 취해졌다. 그리고 최종적으로는 자민당 정권의 부활을 통해 제도 자체가 개악되어 취학지원금은 교부되지 않는 것으로 결정되었다.

본 장에서는 주로 조선고급학교가 고교무상화 제도의 적용 대상으로부터 제외된 과정과 그 논리에 대해 살펴보고, 재판투쟁을 중심으로 제도 적용을 요구하며 끈기 있게 전개되고 있는 여러 노력들에 관해 소개하고자 한다.

---

7) 이 점에 관해 논한 연구는 다수 있으나, 일단 졸고, 「朝鮮学校補助金停止問題と植民地主義」, 『歷史学研究』 902, 2013.2. 참조.

2. 조선학교 배제의 과정

2-1 고교무상화 제도란

민주당 정권이 실시한 고교무상화 제도란 어떤 것인가. 조선고급학교에 관한 내용을 중심으로 그 개요를 살펴보자.

고교무상화 제도는 2010년 3월 31일에 공포되어 다음 날인 4월 1일 시행된 이른바 고교무상화법과 그 내용을 보충하는 정령, 문부과학성령, 문부과학대신 결정 등의 제반 법령으로 구성되어 있다. 고교무상화법의 정식명칭은「공립 고등학교에 관한 수업료의 불징수 및 고등학교 등 취학지원금에 관한 법률」로 제1조에 그 목적을 다음과 같이 기술하고 있다.

> 이 법률은 공립 고등학교에 관해 수업료를 징수하지 않음과 더불어 공립 고등학교 이외의 고등학교 등의 학생 등이 그 수업료를 충당하기 위해 고등학교 등 취학지원금의 지급을 받을 수 있도록 함으로써 고등학교 등에서 교육과 관련된 경제적 부담의 경감을 도모하고 이로서 교육의 기회 균등에 기여함을 목적으로 한다.

즉 고교무상화 제도란 앞서 언급한 것처럼 공립 고등학교에서는 수업료를 징수하지 않고 "공립 고등학교 이외의 고등학교 등의 학생 등"에게도 수업료에 상당하는 "취학지원금"을 지급하는 제도이다. 여기서 말하는 "고등학교 등"이란 고교무상화법 제2조 제1항에서 ①고등학교, ②중등교육학교의 후기 과정, ③특별지원학교의 고등부, ④고등전문학교(제1~3학년), ⑤전수학교 및 각종학교(고등학교 과정과 유사한 과정을 설치한 곳)를 의미하며, 이 ①, ②, ③ 가운데 지방공공단체가 설치한 시설이 동법 제2조 제2항에 "공립 고등학교"로 정의되어 있다. 따라서 일본의 교육제도상 "각종학교"(⑤)[8]로 취급되

---

8) 일본의 법제도상 각종학교란 학교교육법 제1조가 정한 '학교'(유치원, 소학교, 중학교, 고등학교, 중등교육학교, 특별지원학교, 대학 및 고등전문학교로 종종 이들을 '1조교'라고 칭한다) 외에 "학교 교육과 유사한 교육을 행하는 것"을 가리킨다(학교교육법 제134조).

는 외국인학교는 위에서 언급한 "공립 고등학교 이외의 고등학교 등"(=사립 고등학교 등)⁹⁾으로 분류되는데, 이런 외국인학교가 일본의 "고등학교 과정과 유사한 과정"을 설치하고 있다고 인정되면 그 학생들은 취학지원금 교부의 대상이 되는 것이다.

실제로 고교무상화법이 시행된 날(2010년 4월 1일)에 공포, 시행된 문부과학성령 제13호 「공립 고등학교에 관련된 수업료의 불징수 및 고등학교 등 취학지원금의 지급에 관한 법률 시행 규칙」(이하 「문과성령」이라 함)의 제1조는 취학지원금의 교부 대상이 되는 외국인학교를 제1항 제2호에 다음과 같이 정하고 있다.

> 二. 각종학교이면서 우리나라(일본-인용자)에 거주하는 외국인만을 대상으로 하는 것 중에 다음에 열거하는 것
> 가. 고등학교에 상응하는 외국의 학교과정과 동등한 과정을 지닌 것으로서 해당 외국의 학교교육제도 내에 자리매김된 것으로 문부과학 대신이 지정한 것
> 나. '가'가 가리키는 것 외에 그 교육활동 등이 문부과학 대신이 지정하는 단체의 인정을 받은 것으로서 문부과학 대신이 지정한 것
> 다. '가' 및 '나'가 가리키는 것 외에 문부과학 대신의 결정에 의해 고등학교 과정과 유사한 과정을 설치한 것으로 인정되는 것으로서 문부과학 대신이 지정하는 것*

즉 취학지원금 교부 대상이 되는 외국인학교는 위 규정에 열거된 바와 같이 세 종류로 분류되어 있다. 구체적으로 규정 '가'는 "대사관을 통해 일본의 고등학교 과정에 상당하는 과정임"이 확인될 수 있는 '민족계 외국인학교'로 2013년 3월 7일 현재, 브라질학교를 비롯해 한국학교, 프랑스학교, 중화학교, 독일학교, 영국학교 등 18개교가 지정되었다. 또한 규정 '나'는 WASC, CIS,

---

9) "이 법률에서 '사립 고등학교 등'이란 공립 고등학교 이외의 고등학교 등을 말한다"(고교무상화법 제2조 제3항).
*역주: 일본어 조문에서는 'イ' 'ロ' 'ハ'라는 가타카나 표기 후에 낱낱의 항목을 열거하고 있지만 한국어로서 서술의 편이 상 이 글에서는 각각 '가' '나' '다'로 표기한다.)

ACSI, IBO 등 "국제적으로 실적이 있는 학교평가단체의 인증을 받았음"을 확인할 수 있는 '인터내셔널스쿨'로 20개교가 지정되었다[10].

그리고 규정 '다'는 심사를 거쳐 문부과학 대신이 특별하게 지정하는 외국인학교로 조선고급학교는 이 분류에 포함된다[11]. 심사 기준은 교육제도 전문가들로 구성된 「고등학교 등 취학지원금의 지급에 관한 검토 회의」(이하 「검토회의」)와 민주당 내에서의 논의를 거쳐, 고교무상화 제도가 발족한 지 약 7개월이 경과한 2011년 11월 5일 '규정'으로 정해져 공표되었다[12]. 그 내용은 대체로 전수학교 고등과정[13]의 설치기준을 기초로 해서, 수업(修業) 년수, 수업(授業) 시간, 수업에 참가하는 학생 수, 수업 과목, 교원의 인원과 전문성, 부지와 교사의 면적, 시설과 설비의 설치 상황, 정보 제공, 적정한 학교 운영 등의 조건을 정했다. 요컨대, 검토회의가 제시한 "수업 시간이나 시설 면적 등 외형적인 항목으로 판단하고, 교과서의 기술 등 개별적이고 구체적 교육 내용은 판단 재료로 삼지 않는다"는 기준을 그대로 수용한 것이었다[14].

후술하는 바와 같이, 이러한 "외형적" 기준에 따라 조선고급학교를 심사한다면, 취학지원금 교부 대상으로 지정되는 것은 확실했던 것으로 보인다. 사

---

10) 「文部科学大臣談話(문부과학 대신 담화)」 2011.11.5. 문부과학성 http://www.mext.go.jp/b_menu/houdou/22/11/_icsFiles/afieldfile/2010/11/10/1299000_02_1.pdf 및 각주 6)의 「고등학교 등 취학지원금 제도의 대상으로 지정한 외국인학교 등의 일람」.

11) 조선학교 설립 취지나 특징을 고려한다면, '가'의 '민족계 외국인학교'로서의 지정도 가능하다고 생각되나, 일본과 조선민주주의인민공화국 간에 국교가 없다는 이유로 인정되지 않았다. 그러나 국교가 없는 대만계의 도쿄중화학교, 요코하마중화학원은 규정 '가'로 인정했기 때문에, 조선학교를 규정 '가'에서 제외하는 이유로 정식 외교관계가 없는 것을 거론하는 것은 근거가 빈약하다고 하지 않을 수 없다.

12) 여기서 말하는 '규정'의 정식 명칭은 문부과학 대신 결정 「公立高等学校に係る授業料の不徴収及び高等学校等就学支援金の支給に関する法律施行規則第1條第1項第2号ハの規定に基づく指定に關する規程(공립 고등학교에 관련한 수업료의 불징수 및 고등학교 등 취학지원금의 지급에 관한 법률시행규칙 제1조 제1항 2호 '다'의 규정에 의한 지정에 관한 규정)」(2011.11.5)을 가리키는 것으로 심사기준은 제2~13조에서 정하고 있다. 문부과학성 http://www.mext.go.jp/b_menu/houdou/22/11/_icsFiles/afieldfile/2010/11/10/1299000_01_1.pdf

13) '전수학교'란 "직업 또는 실제생활에 필요한 능력을 육성하고 교양의 향상을 도모하는 것을 목적으로"(학교교육법 제124조) 설치된 교육시설로서 그 "고등과정"에서는 중학교 졸업 정도 이상을 입학 자격으로 하고 있다(학교교육법 제125조 제2항). 정보처리, 복장, 조리, 영양학, 개호, 미용 등의 분야에 설치되어 있다.

14) 「朝鮮学校無償化,適用基準を公表」, 『朝日新聞』 도쿄본사판 2010. 11. 6. 조간 37면.

실, 고교무상화 제도에서의 외국인학교의 세 분류는 2003년 9월에 책정된 대학 입학자격의 인정 기준을 원용한 것이다[15]. 대학 입학자격 인정 기준이 설정됨에 따라, 조선고급학교 학생은 지망하는 대학에 원서를 제출할 때 각 대학의 개별적인 입학자격 심사를 받게 되었는데, 결과적으로 거의 모든 대학이 조선고급학교 학생의 입학자격을 인정했다. 이는 일본의 대학들이 조선고급학교가 일본의 고등학교 과정과 유사한 과정을 설치하고 있다는 점을 인정했음을 의미한다. 따라서 취학지원금 교부 문제도 앞서 말한 바와 같은 외형적인 기준이 적용되었더라면, 조선고급학교도 당연히 지급 대상에 포함되었어야 했다.

2-2 적용 동결에서 배제로

1) 민주당 정권의 적용 동결

이와 같이 고교무상화 제도가 교육의 기회 균등이라는 이념 아래 적정하게 운용되었더라면 조선고급학교도 적용의 대상이 되어야만 했다. 그러나 실제로는 정치적 외교적 이유로 조선고급학교 학생들만 취학지원금 교부 대상에서 제외되었다.

---

15) 문부과학성은 조선고급학교를 비롯한 외국인학교의 학생들에 대해 이전에는 대학 입학자격을 인정하지 않아 조선고급학교 등의 학생이 국립대학의 입학시험을 보기 위해서는 대학 입학자격 검정시험(현재의 고등학교 졸업정도 인정 시험)에 합격해야 하는 별도의 부담을 부과했다. 한편, 설립자가 국가가 아닌 공립대학이나 사립대학은 대부분 입학자격을 인정했다. 마침내 2003년 9월 19일 문부과학성은 대학 입학자격 탄력화 방침을 발표했는데, 외국인학교 학생은 ①국제적인 평가단체로부터 인정을 받은 학교의 수료자, ②외국의 고등학교에 상당하는 학교로 지정된 학교의 수료자, ③대학에서 개별적인 입학자격 심사를 통해 인정한 자 등 세 종류로 나누어, ①과 ②는 학교 단위로 입학자격이 인정되었지만, 조선고급학교 학생은 ③으로 분류되어 국립대학에 있어서도 각 대학이 개별적으로 입학자격을 인정해야 하는 것으로 되었다. 金泰勳, 「在日外国人の学習権と人権」 国際基督教大学『教育研究』 51, 2009. 3, 「学校教育法施行規則及び告示の一部改正について(학교교육법 시행 규칙 및 고시의 일부 개정에 관하여)」, 문부과학성 http://www.mext.go.jp/b_menu/shingi/chukyo/chukyo1/gijiroku/03101601/012.htm 「大学入学資格について(대학 입학 자격에 관하여)」, 문부과학성http://www.mext.go.jp/a_menu/koutou/shikaku/07111314.htm 또한, 이 때 외국인학교 학생에 대한 국립대학 입학 자격의 인정은 원래 재계의 요망이 강한 인터내셔널스쿨의 학생에 한정되어 실시할 방침이었다. 그러나 국립대학이나 민족학교 관계자들을 중심으로 강한 비판 여론이 고조되자 결국 문부과학성은 조선학교 등의 학생은 각 국립대학에 입학자격 심사를 위임하기로 방침을 결정했다. 상기 ③의 범주는 실은 이러한 경위로 나중에 추가된 것이다.

사태의 발단은 제도 실시를 4개월 앞둔 2009년 12월, 나카이 히로시 당시 납치문제 담당 대신이 조선고급학교를 고교무상화 제도에서 제외할 것을 가와바타 다츠오 문부과학 대신에게 요청한 것이었다. 이로서 정부 내에서 논의가 시작되었다[16]. 이 사실은 다음해 2010년 2월 각 신문의 보도로 알려지게 되었고[17], 결국 나카이 등의 반대로 인해 2010년도[18]부터 조선고급학교에 대한 제도 적용은 보류되었다고 보도되었다[19]. 또한 이러한 정부 내의 조선고급학교의 고교무상화 제도 적용에 반대하는 의견은 지방자치단체에도 파급되어 오사카부 등이 그때까지 조선학교에 교부해온 보조금을 정지시키는 계기가 되기도 하였다[20].

한편, 고교무상화법은 2010년 4월 1일 시행됨에 따라 시행규칙(문과성령)도 공포, 시행되었다. 4월 30일에는 취학지원금의 교부 대상인 외국인학교 가운데 앞서 소개한 문과성령 제1조 제1항 제2호의 규정 '가'(민족계 외국인학교)로 지정된 14개교, 규정 '나'(인터내셔널스쿨)로 지정된 17개교가 공포되었다[21]. 그러나 조선고급학교 10개교가 포함되어야 할 규정 '다'에 해당하는 교육시설은 이 시점에서는 발표되지 않은 채, 심사기준 미확정을 이유로 지정 방침이 보류된 상태였다.

---

16) 「無償化巡り朝鮮学校に注文『政治的中立』, 『歴史見解の併記』…大阪府部會」, 『朝日新聞』 오사카 본사판 2010. 9. 23 조간 30면.

17) 예를 들어, 「『朝鮮学校は除外を』高校無償化で中井拉致担当相」, 『朝日新聞』 도쿄 본사판 2010. 2. 21 조간 38면 등.

18) 일본의 학교 연도는 4월에 시작해 다음해 3월에 끝난다.

19) 「高校無償化 朝鮮学校, 支援の對象に 文科相が審査基準 全10校滿たす」, 『毎日新聞』 도쿄 본사판 2010. 11. 6 조간 1면.

20) 오사카부의 보조금 문제에 관해서는 졸고 「조선학교에 대한 오사카부 보조금 정지 문제: 日 고교무상화 정책에서 '왕따'된 조선학교」, 『PRESSian』 2012. 4. 3. http://www.pressian.com/news/article.html?no=4475 등 참조.

21) 문부과학성 고시 제82호 「公立高等学校に係る授業料の不徴收及び高等学校等就学支援金の支給に關する 法律施行規則第一條第一項第二号イ及びロの各種学校及び団体を指定する件(공립 고등학교에 관련한 수업료의 불징수 및 고등학교 등 취학지원금의 지급에 관한 법률 시행 규칙 제1조 제1항 제2호 '가' 및 '나'의 각종학교 및 단체를 지정하는 건)」, 『官報』 호외 93, 2010. 4. 30, 24~25쪽. 또한 앞서 서술한 바와 같이 2013년 3월 7일 현재, 규정 '가'와 '나'에 의해 지정된 학교가 각각 18개교와 20개교로 증가했다.

규정 '다'로 지정할 때 기준과 절차를 책정하기 위해 문부과학성에서는 앞서 언급한 것과 같이 같은 해 5월 전문가들로 구성된 검토회의를 발족시켰다. 검토회의 보고서를 바탕으로 민주당 내의 논의를 거쳐 마침내 11월 5일 문부과학성은 심사기준을 정하는 '규정'을 발표했다. 교도통신은 검토회의에서는 "조선학교가 '고교 교육과정과 유사하다'는 견해를 제시"했기 때문에 "각 학교의 신청을 바탕으로 정식 심사를 통해 현재 운영되고 있는 10개교 전부가 올해 안에라도 지급 대상으로 지정될 것이다"라고 전망했다[22]. 그 외의 각 언론사도 "전국의 10개교 조선학교는 이 기준을 만족시키고 있어 신청하면 전 학교가 지원 대상이 될 전망이다"(마이니치신문)[23], "올해 내에라도 적용이 결정될 전망"(아사히신문)[24]이라며 사실 상 조선고급학교 학생에 대한 취학지원금 교부가 결정됐다고 보도했다.

이렇게 문부과학성은 조선고급학교 10개교 등 규정 '다'에 해당하는 교육시설에 대해 11월 30일까지 취학지원금 교부 지정을 신청하도록 했다. 그런데 11월 23일 조선민주주의인민공화국이 한국의 연평도를 포격한 사건이 일어났다. 이 사건으로 다음날인 24일 당시의 간 나오토 정권은 조선고급학교에 대한 제도 적용에 필요한 절차를 당분간 정지하는 조치를 취했다[25]. 문부과학성은 11월 30일까지 모든 조선고급학교로부터 신청을 수리했지만, 실제적인 심사는 보류되었다[26].

그런데 규정 '다'에 해당하는 시설로서 조선고급학교 외에 2010년 11월 30일 호라이즌 재팬 인터내셔널스쿨(요코하마시)이, 다음 해 2011년 5월 31일

---

22)「朝鮮学校の無償化基準決定 教育内容問わず支給對象に」,『共同通信』 2010. 11. 6. 47NEWS http://www.47news.jp/CN/201011/CN2010110501000465.html
23) 각주 19)의 기사.
24) 각주 14)의 기사.
25)「朝鮮学校の審査停止 高校無償化,当面進まず 北朝鮮砲擊を考慮,政府方針」,『朝日新聞』 도쿄 본사판 2010. 11. 24 석간 1면 등.
26)「高校無償化 朝鮮学校の申請受理」,『毎日新聞』 도쿄 본사판 2010. 12. 1. 조간 23면.

에는 코리아국제학원(오사카부 이바라기시)이 신청을 내자, 문부과학성은 '규정' 제15조에 따라「고등학교 취학지원금의 지급에 관한 심사회」(이하, 심사회)를 발족시켜 2011년 7월 1일 제1회 회의를 개최했다. 이 심사회는 "교육제도에 관한 전문가와 기타 학식 있는 경험자로 구성된 회의"로 문부과학 대신은 규정 '다'에 해당하는 외국인학교를 취학지원금 교부 대상으로 지정함에 있어 그 "의견을 청취하는 것으로 한다"고 정해져 있다. 이리하여 제2회 심사회(2011년 7월 20일)에서 심의를 거쳐 8월 30일 호라이즌 재팬 인터내셔널스쿨이, 12월 2일 제3회 심사회를 통해서는 코리아국제학원이 취학지원금 지급 대상으로 결정되었다[27]. 조선고급학교보다 반년이나 늦게 신청한 코리아국제학원이 일찌감치 제도 적용의 대상으로 지정되었던 것이다.

2) 심사 재개

간 나오토 수상은 퇴진 직전인 2011년 8월 29일이 되어서야 문부과학성에게 조선고급학교에 대한 심사 절차의 재개를 지시하였고, 다시금 매스컴은 조선학교에도 적용될 전망이라고 보도했다[28]. 그러나 실제로 민주당 정권이 2012년 12월 붕괴될 때까지 심사 결과를 내놓지 못했다.

간 수상의 지시에 따라, 2011년 11월 2일 제4회 심사회부터 조선고급학교 10개교에 대한 심사가 개시되었다. 심사회는 이어서 제5회(2011년 12월 16일), 제6회(2012년 3월 26일), 제7회(같은 해 9월 10일)를 개최해 10개월에 걸쳐 심사를 진행했지만, 조선고급학교의 제도 적용에 관한 결론을 내놓는 데에는 이르지 못했다. 다만, 제6회와 제7회에「지정을 가정할 경우의 유의 사항

---

27)「高等学校等就学支援金の支給に關する審査會」の設置と外国人学校の指定について(고등학교 등 취학지원금의 지급에 관한 심사회"의 설치와 외국인학교 지정에 관하여)」 2011. 8. 30. 문부과학성 http://www.mext.go.jp/b_menu/houdou/23/08/1310510.htm「高等学校等就学支援金制度における外国人学校の指定について(고등학교 등 취학지원금 제도에 있어서 외국인학교의 지정에 관하여)」 2011. 12. 2. 문부과학성 http://www.mext.go.jp/b_menu/houdou/23/12/1313752.htm 또한 호라이즌 재팬 인터내셔널스쿨은 현재 규정 '나'에 의한 지정으로 변경되었다.

28)「高校無償化 朝鮮学校、適用へ 菅首相が審査再開を指示」『毎日新聞』 서부본사판 2011. 8. 30 조간 31면.

(초안)」이 제출되어[29], 심사회에서 조선고급학교 지정을 전제로 한 논의가 추진되었던 것으로 보인다.

한편, 심사회는 조선민주주의인민공화국이나 조선총련과의 관계를 추궁하는 많은 확인 사항 항목들을 각 조선고급학교에 보냈다. 특히 2012년 이후의 확인 항목을 보면 "전국의 조선초중급학교에서 선발된 학생 약 100명이 1~2월에 북한을 방문해 고 김정일씨와 김정은씨에게 충성을 맹세하는 가극을 선보였다는 보도에 대하여", "고 김정일씨의 장례식과 관련해 조선학교의 시설이 사용되고 학생들이 동원되었다는 보도에 대하여", "전국의 조선학교 교장을 대상으로 열린 강습회에서 조선총련 의장이 '김정은 지도체계가 확립되도록 확실하게 교육하라'고 지시했다는 보도에 대하여"(방점은 인용자) 등 조선고급학교에 대한 취학지원금 교부를 견제하려는 악의적 보도에 휘둘리는 모습을 엿볼 수 있다[30]. 실제로 심사가 장기화되는 이유에 대해 문부과학성은 "보도 등에서의 지적된 내용 중 심사와 관련이 있을 수 있는 내용에 대해 필요한 확인을 하고 있다"는 등의 설명을 한 바 있다[31]. 우익적인 매스컴이 조선학교를 공격할 때마다 그 보도내용에 관해 확인하고 있으니 심사가 종료되지 못하고 있다는 것이었다.

2012년 9월 10일 제7회 심사회 이후, 민주당 정권 하에서 심사회가 개최되는 일은 없었다. 이렇듯 지극히 정치적=자의적인 제도 운용에 의해 조선고급학교에 대한 심사는 결론 도출에 이르지 못했던 것이다.

---

29)「高等学校等就学支援金の支給に關する審査會」(第6回)議事要旨「고등학교 등 취학지원금의 지급에 관한 심사회」 (제6회) 의사요지)」 2012. 3. 26. 문부과학성 http://www.mext.go.jp/a_menu/shotou/ mushouka/detail/1342891.htm 「高等学校等就学支援金の支給に關する審査會(第7回)議事要旨(고등학교 등 취학지원금의 지급에 관한 심사회" (제7회) 의사요지)」 2012. 9. 10. 문부과학성 http://www. mext.go.jp/a_menu/shotou/mushouka/detail/1342892.htm

30)「資料2 朝鮮高級學校への直近の確認事項に對する回答(자료2 조선고급학교 관련 최근의 확인 사항에 대한 회답)」(제7회 심사회) 2012. 9. 10. 문부과학성 http://www.mext.go.jp/a_menu/shotou/ mushouka/detail/1342914.htm

31)「「高校無償化」審査遲延, 文科省が朝鮮新報の質問に回答」,「朝鮮新報」2012. 4. 12.

3) 자민당 정권의 불지정 결정

2012년 12월 16일 실시된 일본의 중의원의원선거에서 자민당이 압승을 거두며 3년 3개월 만에 정권에 복귀했다. 12월 26일에는 자민당 당수인 아베 신조가 5년 만에 수상으로 돌아와 아베 신정권이 정식으로 출범했다. 제2차 아베내각은 발족하기 전에 문부과학 대신으로 내정된 시모무라 하쿠분의 강한 의향을 반영해 조선고급학교에 고교무상화 제도를 적용하지 않는다는 방침을 굳힌 것으로 전해졌다[32]. 이렇게 12월 28일 각료 간담회에서 시모무라 문부과학 대신이 "조선학교에 관해서는 납치문제의 진전이 없는 점, 조선총련과 밀접한 관계가 있고, 교육 내용과 인사, 재정에 그 영향을 미치고 있는 점 등에서 현시점에서는 지정 문제에 관해 국민의 이해를 얻을 수 없으므로 불지정 방향으로 절차를 밟으려 한다는 취지의 제안"을 하였고, 아베 수상은 "그러한 방향으로 확실하게 진행하라"고 지시한 것으로 알려져 있다. 이날 기자회견에서 시모무라 대신은 조선학교를 배제하기 위해 고교무상화법 개악 의사를 내비치면서도, 한편으로는 "아이들에게는 죄가 없기 때문에…민족차별을 하는 것은 아니다"라고 변명했다[33].

실제로 자민당은 이전부터 조선고급학교에 대한 취학지원금 교부에 반대 입장을 취해왔다. 고교무상화법이 성립하기 직전인 2010년 3월 11일, 자민당의 정무조사회 문부과학부회와 납치문제대책특별위원회는 공동으로 「조선학교는 무상화 대상으로 해서는 안 된다는 것을 강하게 표명하는 결의」를 발표한 바 있다. 특히 주목되는 것은 다음과 같은 내용을 반대 이유의 하나로 밝혔다는 점이다.

"조선학교에는 본국인 북한이 강하게 관여하고 있고, 교과서도 노동당의 공

---

32)「朝鮮学校の無償化認めず 新政權方針 北への制裁考慮か」『讀賣新聞』서부본사판 2012. 12. 26 조간 2면.
33)「下村博文部科学大臣記者會見録(시모무라 하쿠분 문부과학 대신 기자회견록)」2012. 12. 28. 문부과학성 http://www.mext.go.jp/b_menu/daijin/detail/1329446.htm

작기관인 통일전선사업부가 작성하고 있는 것으로 간주되어 순수한 교육기관이 아닌 북한 체제를 지탱하기 위한 이념 학교, 대일본 공작기관으로 의심된다...[34]."

또한 다음해 2011년 8월에 당시 간 수상이 조선고급학교에 대한 심사 재개를 지시했을 때, 자민당은 재차 다음과 같은 이유를 들어 반대를 결의했다.

"조선학교는 김정일 독재체제를 지탱하기 위한 사상 교육기관이며, 일본국 헌법과 교육기본법에 반하는 존재라는 점, 그럼에도 불구하고 현행 제도 하에서는 교육 내용의 시정을 문부과학성이 명령할 수 없다는 점, 조선학교를 무상화의 대상으로 하는 것은 납치문제에 관해 우리나라가 태도를 완화했다는 잘못된 메시지가 북한에 전달될 위험성이 있다는 점 등을 들어 강하게 반대해 왔다.[35]"

자민당은 이처럼 조선학교를 "북한 체제를 지탱하기 위한 이념 학교, 대일본 공작기관", "김정일 독재체제를 지탱하기 위한 사상 교육기관"으로 보는 편협한 입장에서 "교육 내용의 시정을 문부과학성이 명령할 수 없다", "납치문제에 관해 우리나라의 태도가 완화했다는 잘못된 메시지를 보낼 위험성이 있다"는 이유로 고교무상화 제도의 적용에 반대했다. 중의원의 해산으로 제181회 임시국회 마지막 날인 2012년 11월 16일, 자민당은 조선고급학교에 대한 취학지원금 교부 지정 저지를 목적으로 고교무상화법의 개악안을 참의원에 제출했고[36], 아베 정권은 집권 정당으로서 이러한 방침을 실행에 옮겨갔다[37].

34) 自由民主党政務調査會文部科学部會·拉致問題對策特別委員會,「朝鮮学校は無償化の對象とすべきでない事を強く表明する決議(조선학교를 무상화 대상으로 해서는 아니된다는 것을 표명하는 결의)」2010. 3. 11. 자민당 http://www.jimin.jp/policy/pdf/seisaku-002.pdf

35) 自民党,「朝鮮学校無償化手續き再開に強く抗議し卽時撤回を求める決議(조선학교 무상화 절차 재개에 강하게 항의하며 즉각적인 철회를 요구하는 결의)」2011. 8. 31. 자민당 https://www.jimin.jp/policy/policy_topics/pdf/seisaku-073.pdf

36)「朝鮮学校無償化 適用阻止へ改正案提出 自民,民主の驅け込みを警戒」,『産経新聞』도쿄 본사판 2012. 11. 17 조간 24면. 개악안 내용은 문부과학성령 제1조 제1항 제2호의 규정 '가', '나', '다'를 고교무상화법의 규정으로 승격시키고 조선고급학교 적용의 근거가 되는 규정 '다'를 삭제한다는 것이었다. 노다 아키히코 제3차 개조내각(2012년 10월 1일~12월 26일)에서 문부과학 대신으로 취임한 다나카 마키코는 조선고급학교에 대한 무상화제도 적용에 의욕적이었는데, 이 개악안이 제출된 것은 다나카 대신을 견제하려는 것이었다.

37) 각주 33)의「下村博文文部科学大臣記者會見錄」.

아베 자민당 정권은 이듬해인 2013년 2월 20일, 조선고급학교를 고교무상화 제도로부터 배제하기 위한 문부과학성령의 개악을 단행했다. 문과성령 제1조 제1항 제2호에 정해진 취학지원금 교부 조건 중 조선고급학교를 지정하는 근거가 된 규정 '다'를 삭제해 버린 것이다[38]. 아베정권은 조선고급학교 학생을 지급 대상에서 제외하기 위해, '룰' 자체를 바꿔버리는 비열한 수단을 사용한 것이다. 같은 날 일본 전국의 조선고급학교 10개교에는 불지정 통지가 송부되었다. 통지서에는 불지정의 이유로 규정 '다'가 삭제되었다는 것과 더불어 당돌하게도 '규정' "제13조에 대해 적합 인정이라는 결론에 이르지 못했다는 점"을 들었다.

'규정' 제13조 내용은 "지정 교육시설은 고등학교 등 취학지원금의 수업료에 관계되는 채권의 변제에 대한 확실한 충당 등 법령에 의거하여 적정하게 학교를 운영해야 한다"는 것이다. 이것은 일단 불지정의 이유로서 조선학교가 취학지원금을 유용할 가능성이 있음을 시사한 것으로 읽히는데, 실제로 문부과학성은 후술하는 바와 같이, "법령에 의거하여 적정하게 학교를 운영해야 한다"는 애매한 문구가 불지정의 구실로서 유용하다고 생각한 듯하다.

2-3 취학지원금 불교부의 영향

1) 학부모와 학교에 대한 경제적 영향

조선고급학교 학생에 대한 취학지원금 교부가 무산되자, 우선 직접적으로는 당연히 학부모의 경제적 부담이 증가하였다. 고교무상화 제도 실시에 따른 세제 개편으로 2010년도에는 고교생에 상당하는 연령(16~18세)의 아이들이 속한 세대에 대한 '특정부양공제'[39] 금액이 축소되었다. 그 결과, 예를 들

---

38) 이 후 2014년 4월 1일의 고교무상화법 개정으로 소득 제한이 설정되어 연간 수입 910만 엔 미만 세대의 학생들에 대해서만 취학지원금이 지급되는 것으로 정해졌다.

39) 특정부양공제란 고교생, 대학생 등의 자제가 있어 교육비가 늘어난 세대의 세부담을 경감해주기 위해 소득세, 주민세를 공제하는 제도이다. 고교무상화 제도가 실시된 2010년도에는 16~22세가 대상이 되었다.

어, 학부모의 연간 수입이 400만 엔인 경우는 연간 24,500엔, 연간 수입 600만 엔인 경우는 37,000엔의 세금이 증가되었다[40]. 더구나 다음해인 2011년도부터 16~18세 자녀가 있는 세대는 특정부양공제의 대상에서 완전히 제외되었다. 고교무상화 제도로부터 배제된 조선고급학교의 학부모들은 이같은 증세분이 그대로 새로운 경제적 부담이 될 수밖에 없다.

특히 오사카부의 경우는 고교무상화 정책에 연동해 2010년도에「사립 고등학교 등 수업료 지원 보조금」제도를 발족시켰으나, 이 역시 조선고급학교 학생들에게는 적용되지 않았다. 이 제도는 사립 고등학교 학생 등에게 일본 국가로부터의 취학지원금 외에 추가적으로 오사카부가 독자적으로 보조금을 지급함으로써 연간 수입 약 350만 엔 미만인 세대에 대해서는 수업료를 실질적으로 무상화한다는 등의 내용을 담고 있다[41]. 오사까조선초급학교 학생들도 당초에는 교부 대상이었지만, 취학지원금 교부 대상에서 제외됨에 따라 지급받을 전망은 희박하다. 즉 오사카부에서는 공립, 사립에 관계없이 거의 모든 고등학교 학생의 수업료가 무상화로 전환된 것에 비해, 조선고급학교 학생들만이 연간 50만 엔 정도의 수업료를 지불하지 않으면 안 되는 심각한 격차가 발생한 것이다.

이같은 경제적 부담의 격차로 인해 조선고급학교의 학생수 감소라는 문제가 더욱 심각해지지 않을까 우려된다. 일본사회의 출생률 저하의 영향으로 재일조선인 가족도 출생률 저하가 진행되어 왔고, 이로 인해 최근 수년 동안 조선학교 학생 수도 급속하게 감소해 학교를 통폐합하는 조치가 취해져왔다. 오사까조선고급학교의 경우, 1999년 606명이었던 학생수가 2012년에는 362

---

40) 공명당의 모의 계산에 의함.「고교수업료 무상화와 특정부양공제의 축감에 관하여」http://bit. ly/1okwEg9

41) 2011년도부터 보조금 지급의 대상이 확대되어 연간 수입 약 610만 엔 미만 세대의 학생까지 수업료가 무상화되었다. 大阪府,「高校等の授業料無償化の擴大(고교 등 수업료 무상화의 확대)」2011. 8. 29. http:// www.pref.osaka.lg.jp/attach/11430/00000000/20110829_1658_mushouka_kakudai.pdf

명까지 감소했다. 이같은 감소 경향이 더욱 가속화되는 것은 아닌지 우려된다.

학생 수의 감소로 인한 수업료와 입학금 등의 납부금 수입의 감소는 조선학교의 경영 기반 취약화로 직결된다. 더욱이 앞서 설명한 것

2015년 2월 20일, '고교 무상화' 부적용 통지로부터 3주년을 맞이해 문부과학성 기자 클럽에서 실시된 기자회견. 조선고급학교 교장, 어머니, 학생 대표와 함께 '우리학교와 아이들을 지키는 시민모임'의 손미희 대표도 회견에 참석했다.

처럼 조선학교에 대한 고교무상화 제도의 적용 여부가 논의되는 과정에서 지방자치단체의 보조금 교부에 대해서도 부정적인 견해가 대두되었다. 오사카부 내의 조선학교 10개교의 설치자인 학교법인 오사카조선학원의 경우, 2009년도에는 오사카부로부터 1억 2,099만 엔, 오사카시로부터는 2,700만 엔의 보조금을 교부받은 바 있는데, 오사카부와 오사카시는 전국에서 가장 먼저 이를 문제시하여 2010년 오사까조선고급학교에 대한 교부금을 끊었고 2011년에는 모든 학교에 대해 전면 중지하였다. 정부의 고교무상화 제도로부터의 조선학교 배제는 지방자치단체의 보조금 정책에 부정적인 파급 효과를 미쳤고, 조선학교의 재정은 더욱 궁지로 내몰렸다.

재정 문제는 조선학교 스스로 장기적이고 근본적인 해결 방법을 모색해야 하는 문제일 것이다. 그러나 한편으로는 자녀들이 민족교육을 받기를 바라는 학부모들에게는 이러한 학부모들의 의향을 보장해주는 제도를 국가가 마련하는 것이 전제가 되어야 한다. 민주당 정권에서 자민당 정권에 걸쳐 행해진 조선고급학교에 대한 일련의 차별적 조치는 이러한 제도의 존재 의의를 부정

하는 것에 다름 아니다.

2) 차별의식의 확산

다시금 강조해두지 않으면 안 되는 점은 조선학교를 고교무상화 제도에서 배제하기 위해 심사를 동결하고, 결국에는 소급적으로 '룰'까지 변경하는 상궤를 일탈한 일본정부의 대처가 "재일조선인은 차별받아 당연하다"라는 잘못된 메시지를 일본사회에 발신하고 있다는 점이다.

예를 들어, 도쿄도의 마치다시 교육위원회가 소학교에 다니는 아이에게 배포하는 방범 부저를 조선초급학교의 아이들에게만 배포하지 않은 사건은 분명 일본정부의 방침에 지나치게 따르려고 한 것으로 보인다. "국민의 이해를 얻을 수 없다"(시모무라 문부과학 대신)는 이유로 조선고급학교 '불지정'이 결정되고 한 달 가량이 경과한 2013년 4월 4일, 마치다시 교육위원회는 "북한을 둘러싼 사회 정세" 등을 이유로 시내에 소재한 니시도꾜조선제2유초급학교의 학생에 대한 부저 배포를 중지했음이 밝혀졌다[42]. 마치다시 교육위원회는 "아베 정권이 북한에 대한 강경 자세를 강화시키는 가운데" "시민의 이해를 얻을 수 없다"며 일본정부가 조선민주주의인민공화국과 관계가 있다고 간주한 학교의 아이들에게는 안전상의 배려를 할 필요가 없다는 믿을 수 없는 결정을 내렸다. 사회 각계로부터 강하게 항의를 받아 이 결정은 곧 철회되었다. 그러나 이 사건을 통해 "국민의 이해", "시민의 이해"를 명목으로 재일조선인에 대한 차별, 인권 침해가 정당화되는 가공할 만한 사태가 일본사회에서 진행되고 있음이 명백해졌다.

요즘 도쿄나 오사카의 코리아타운에서는 배외주의 단체에 의한 한국인, 조선인에 대한 헤이트스피치가 공공연하게 전개되고 있는데, 일본정부와 지자

---

42)「防犯ブザー,朝鮮学校除外 東京・町田市教委,新入生用で」,『朝日新聞』2013. 4. 5. 조간 38면

체의 조선학교에 대한 차별 정책이 이러한 움직임을 조장하고 있음은 의심할 여지가 없을 것이다.

3. 제도 적용을 요구하며

3-1 재판 투쟁의 전개

1) 재판의 개시와 각지의 소송 내용

2016년 11월 10일 JR오사카역전에서 실시된 가두 행동.

2012년 12월 28일 아베 자민당 정권이 고교무상화법의 개악 방침을 표명하자 학교법인 오사카조선학원은 이듬해인 2013년 1월 24일, 고교무상화 제도에 따른 취학지원금 지급 지정 신청에 대해 문부과학 대신이 아무런 대처를 하지 않는 것은 위법이므로(부작위 위법 확인 소송[43]), 조선학원의 지정을 요구하며(의무화 소송[44]) 일본국가를 제소했다. 또한 같은 날 나고야에서는 아이치조선중고급학교 고등부의 학생과 졸업생 5명이 취학지원금의 지급 제외로 인해 발생한 정신적 고통에 대한 위자료로서 국가 배상을 청구하는 소송을 일으켰다.

오사카조선학원은 이 제소에 앞서 2012년 9월 20일 오사카부와 오사카시를 상대로 2011년도분 보조금의 미교부 결정 취소와 교부의 의무화를 요구하는 소송을 일으켰다. 그런데, 한편으로 조선학교 차별에 대한 항의 운동이 고

---

43) "행정청이 법령을 바탕으로 한 신청에 대해 상당 기간 내에 어떠한 처분 또는 재결을 해야 함에도 불구하고 이를 하지 않은 것에 대해 위법 확인을 요구하는 소송을 말한다" (행정사건 소송법 제3조 제5항)

44) "행정청이 일정의 처분을 해야 함에도 불구하고 이것이 행해지지 않을 때" 등에 있어서 "행정청이 그 처분 또는 재결을 해야 한다는 취지의 명령을 할 것을 요구하는 소송을 말한다" (행정사건 소송법 제3조 제6항)

조되는 것을 견제하려는 듯 같은 해 12월 26일에는 역으로 오사카시가 오사카조선학원을 제소하였다. 나까오사까조선초급학교(오사카시 히가시나리구)의 부지로 오랜 세월 사용해온 시 소유지의 명도를 요구한 것이다[45]. 이와 같이 오사카시는 오사카부 지사에서 오사카시장이 된 하시모토 도오루의 시정 아래 그 때까지 일정 정도 그 의의를 인정해왔던 민족교육에 대한 자세를 전면적으로 뒤집었다. 하시모토 시장은 오사카부 지사로 재임했던 시절에 조선학교에 대한 보조금 정지를 주도한 인물이기도 하다. 이렇게 오사카조선학원은 세 건의 소송을 동시에 진행해야 하는 상황에 놓이게 되었다.

한편 2013년 2월 20일 문과성령 개악과 더불어 취학지원금 교부 불지정의 통지를 받은 오사카조선학원은 3월 11일 소송 내용의 일부를 '부작위 위법 확인'에서 '불지정 처분 취소'로 변경했고 제1회 구두변론이 이틀 후인 3월 13일 열렸다. 또한 오사카 이외의 조선고급학교 9개교는 불지정 처분에 대해 즉각적으로 이의 신청을 하는 한편, 8월 1일에는 히로시마에서, 12월 19일은 후쿠오카에서, 그리고 이듬해 2014년 2월 17은 도쿄에서 소송이 제기되었다.

각각의 소송은 공통적으로 조선고급학교 학생들에 대한 취학지원금 지급을 요구해 일어난 것이다. 다만 지역 사정이나 변호인단 방침에 의해 그 내용은 ①재학생과 졸업생을 원고로 하는 국가배상청구 소송(아이치, 후쿠오카, 도쿄) ②설치자(조선학원)를 원고로 하는 행정소송(오사카) ③양쪽(①과 ②)을 함께 진행하는 소송(히로시마)의 세 가지 부류로 나뉜다. (다음 표 참조. 2014년 3월 현재)

---

45) 나까오사까조선초급학교의 부지가 오사카시로부터 무상 대여된 것은 1949년부터 61년까지 학교의 전신이 오사카시의 시립 중학교(시립 혼조중학교 니시이마자토 분교, 후에 시립 니시이마자토중학교)로 운영되었던 사정에서 유래한다. 이 부지 문제에 관해서는 오사카시와 오사카조선학원 사이에서 2009년 이래 협의가 계속되었으나, 오사카시측은 일방적으로 이를 중단하고 제소를 단행했다.

지역	원고	청구 내용	제소일
오사카	오사카조선학원	불지정 처분 취소, 지정 의무화	2013년 1월 24일
아이치	재학생 및 졸업생 10명	국가배상	2013년 1월 24일
히로시마	히로시마조선학원	불지정 처분 취소, 지정 의무화	2013년 8월 1일
	재학생 및 졸업생 110명	국가배상	
후쿠오카	재학생 및 졸업생 68명	국가배상	2013년 12월 19일
도쿄	재학생 62명	국가배상	2014년 2월 17일

앞서 서술한 바와 같이, 오사카에서는 설치자인 오사카조선학원이 원고가 되어 고교무상화 불지정 처분 취소와 지정 의무화를 청구하고 있다. 한편, 아이치 재판은 재학생과 졸업생이 원고가 된 국가배상청구소송으로 2013년 1월 24일 5명이 소송을 제기한 뒤 12월 19일 5명이 추가적으로 제2차 제소를 결행해 현재는 10명의 재학생과 졸업생이 원고로 나서고 있다.

히로시마에서는 조선학교의 설립자인 학교법인 히로시마조선학원과 히로시마조선초중고급학교 고급부의 재학생, 졸업생 110명이 함께 원고가 되었다. 히로시마조선학원은 고교무상화 불지정 처분 취소와 지정 의무화를, 재학생과 졸업생들은 제도 실시에 의해 받을 수 있었던 취학지원금의 지급을 요구한다는 내용의 청구이다.

후쿠오카에서의 소송 내용도 아이치와 마찬가지로 재학생과 졸업생이 원고가 된 국가배상청구이다. 이 재판에서는 규슈조선중고급학교 고급부의 재학생과 졸업생 67명이 원고가 되어 고교무상화 불지정으로 입은 정신적 고통에 대한 위자료를 요구하고 있다. 동일하게 도쿄에서의 재판도 도쿄조선중고급학교 고급부 학생 62명이 원고가 된 국가배상청구소송이다.

이렇듯 고교생을 중심으로 250명이나 되는 청소년들이 원고로 재판에 임하게 되어 일본 사법사상 유례를 찾기 어려운 재판투쟁이 현재 진행 중이다.

2) 원고측의 주장

이 재판에서 원고가 된 조선학원과 조선고급학교의 재학생, 졸업생이 어떤 주장을 전개하고 있는지 살펴보자. 제소 시기가 가장 늦고 주장도 간결한 도쿄 변호인단의 소장을 중심으로 그 요지를 소개하고자 한다.

앞서 서술한 바와 같이, 각지의 조선고급학교가 취학지원금의 지급 대상으로 지정되지 않은 이유는 ①2013년 2월 20일 문과성령의 개악으로 제1조 제1항 제2호의 규정 '다'가 삭제되었다는 점, ②'규정' 제13조에 적합한 것으로 인정되지 못한 점 두 가지였다. ①은 민족계 학교, 인터내셔널스쿨 이외의 학교를 교부 대상에서 제외하겠다는 것으로 분명히 조선고급학교를 표적으로 한 제도 개악이며, ②는 "법령에 의거하여 적정하게 학교를 운영해야 한다"는 애매한 규정을 근거로 한 것이다.

이에 대해 도쿄 변호인단은 우선 규정 '다'의 삭제(이유①)는 법 위임의 취지에 반하며, 고교무상화법의 취지에도 위반한다고 주장하고 있다. 즉 고교무상화법은 "고등학교의 과정과 유사한 과정을 설치한 것"이라는 규정을 문과성령에 위임한 것인데(제2조 제1항 제5호), 규정 '다'를 삭제한 것은 민족계 학교, 인터내셔널 스쿨에 해당하지 않는 외국인학교 학생에 대한 수급 가능성을 차단하는 것이고, 이는 '교육의 기회 균등'이라는 고교무상화법의 목적에 반하고, 동법의 위임 범위를 일탈하는 것이라는 주장이다. 이는 정치적 이유에 의한 삭제로서 고교무상화법의 취지를 송두리째 뒤집는 것이라는 점에서 위법이라는 점을 지적하고 있다[46].

또한 '규정' 제13조 부적합(이유②)에 관해서, 일본정부는 구체적인 이유를

---

46) 오사카와 아이치의 변호인단 등은 이에 덧붙여, 특정 학교를 배제하려는 목적 자체가 부당하고 이는 어떠한 합리적 이유도 없이 조선고급학교의 학생을 차별하는 것으로서 일본국 헌법 제14조에서 정하는 평등원칙에 위반하는 것이라고 주장했다. 일본국 헌법 제14조 제1항의 규정은 다음과 같다. "모든 국민은 법 아래 평등하고 인종, 신조, 성별, 사회적 신분 또는 가문에 의해 정치적, 경제적 또는 사회적 관계에 있어 차별받지 않는다".

분명히 밝히고 있지 않으나, 조선고급학교는 수업(修業) 년수, 수업(授業) 시간수, 수업에 참가하는 학생의 수, 수업 과목, 교원 수, 학교 부지, 학교 건물 등의 지정 기준에 모두 부합하고 있어 "고등학교 과정과 유사한 과정"을 실시하고 있으므로, 불지정 처분은 위법이라고 주장하고 있다. 또한 도쿄에서 제소 할 당시에는 밝혀지지 않았으나 전문가들에 의한 제5회 심사회(2011년 12월 16일)에 제출된 사무국 작성 자료에 조선고급학교 전교가 이러한 외형적 기준에 부합하고 있음이 분명하게 드러나고 있다[47]. 더욱이 오사카 변호인단은 '규정' 제13조의 성격을 파헤쳐, 이 조항이 심사기준에 부합하는 학교에 대해 향후 법령에 따라 취학지원금이 확실하게 학생들을 위해 사용되도록 요구

하는 보충적인 규정으로, 불지정 처분의 이유가 될 수 없다고 주장하고 있다.

도쿄 변호단의 법정투쟁 방침은 특히 고교 무상화법의 목적에 반하는 규정 '다'의 삭제가 위법이라는 것에 초점

2014년 8월 29일, 오사카 '고교 무상화' 재판 제 8회 구두변론 후, 변론 내용을 방청자에게 설명하는 니와 마사오(丹羽雅雄) 변호인단장.

을 맞춘 현실 노선이라고 할 수 있지만, 오사카나 아이치의 변호인단은 이에 더해 불지정 처분이 국제인권법에 명기된 민족적 소수자의 교육권 보장에 위반한다는 점, 오사카나 아이치의 변호인단은 이에 대해 불지정 처분이 국제인권법에 명기된 민족적 소수자의 교육권 보장에 위반한다는 점, 납치문제를 이유로 하는 국가의 차별적 조치는 본래 고려해서는 안 되는 외교적 사항을

---

47)「各朝鮮高級学校の審査適合状況(각 조선고급학교의 심사 적합 상황)」문부과학성 http://www.mext. go.jp/component/a_menu/education/micro_detail/__icsFiles/afieldfile/2013/12/27/1342844_06.pdf

고려한 문부과학 대신에 의한 재량권 일탈 및 남용이라는 점, 조선학교의 의미를 이해하기 위해서도 조선학교가 만들어진 역사적 배경과 재일조선인이 일본에 정주하게 된 역사적 경위를 올바르게 이해할 필요가 있다는 점 등을 호소했다.

3) 일본 국가의 반론과 그 문제점

그렇다면 이러한 원고측 주장에 대해 피고인 국가는 어떻게 반론했는지 살펴보자.

우선 국가측은 규정 '다'를 삭제(이유①)한 것은 조선고급학교 등에 대한 심사가 종료되어 대상이 없어졌기 때문이라고 했다. 그러나 이는 앞뒤가 맞지 않는 합리화다. 앞서 서술한 바와 같이, 문부과학성은 각 조선고급학교에 보낸 통지에서 규정 '다'를 삭제했으므로 조선고급학교를 불지정 처분했다고 기술했기 때문이다. 즉, 실제로는 규정 '다'가 삭제되었다는 이유로 조선고급학교를 불지정했음에도 불구하고, 거꾸로 재판장에서는 심사 종료에 의해 대상 학교가 소멸했기 때문에 규정 '다'를 삭제한 것이라며, 이유와 귀결을 전도시켰다. 이것이 궤변이 아니고 무엇이겠는가.

앞에서 그 경위를 설명했듯이 규정 '다'를 삭제한 실제 이유는 조선고급학교 학생을 취학지원금 지급의 대상에서 제외하기 위해서였음은 의심할 여지가 없다[48]. 그러나 일본정부가 재판장에서 이렇게 주장하지 못하는 것은 이를 불지정 처분의 이유로 밝힌다면, '교육의 기회 균등'을 강조한 고교무상화법은 물론 일본국 헌법 제26조가 정하는 학습권[49], 국제인권법이 정하는 소수자

[48) 시모무라 문부과학 대신은 2012년 12월 28일 문과성령 개악(규정 '다' 삭제)에 대한 퍼블릭 코멘트 실시에 임하여 "민주당 정권 시기 외교상의 배려는 하지 않는다는 정부의 통일 견해는 당연히 폐지한다"고 밝힌 바 있었다. (각주 33)의 「下村博文文部科学大臣記者會見錄(시모무라 하쿠분 문부과학 대신 기자회견록)」 (2012년 12월 28일) 이는 정치 외교상의 이유로 조선그급학교를 고교무상화 제도에서 배제한다고 주장함과 다름이 없다.

49) "모든 국민은 법률이 정하는 바에 의해 그 능력에 따라 동등하게 교육 받을 권리가 있다" (일본국 헌법 제

의 교육의 권리[50] 등을 위반하게 된다는 것을 누구보다 일본정부 스스로가 인지하고 있었기 때문일 것이다.

한편, 불지정의 또 하나의 이유가 된 '규정' 제13조 부적합(이유②) 문제에 관해서는 재판이 진행될수록 일본정부는 교육에서의 '부당한 지배'를 쟁점화한다는 방침을 명확히 해갔다. '규정' 제13조는 "법령에 의거하여 적정하게 학교를 운영해야 한다"(방점은 인용자)고 정하고 있는데, 일본정부는 여기서 가리키는 '법령'으로서 교육기본법 제16조 규정 "교육은 부당한 지배에 종속되지 않고 이 법률 및 기타 법률이 정하는 바에 따라 행해져야만 하는 것"(방점은 인용자)이라는 조문을 근거로 삼고 있다.

사실 시모무라 문부과학 대신은 문과성령 개악에 앞서 2013년 2월 19일 기자회견에서 이미 "저로서는 조선총련의 영향 아래에 있는 학교는 부당한 지배에 종속되어 있다고 보고 있는데, 교육기본법에 저촉되는 것이 아닌가 생각하고 있다"[51]는 인식을 밝혔다. 다음해 2014년 1월 7일 기자회견에서도 비슷한 견해를 반복하며 "조선학교에 관해서는 조선총련과 밀접한 관계가 있고, 교육 내용, 인사, 재정에 그 영향력이 미치고 있다는 점 등에서 '법령에 의거한 학교의 적정한 운영'이라는 지정 기준에 적합한 것으로 판단되지 않는다"[52]고 말했다. 요컨대 조선학교는 조선총련으로부터 '부당한 지배'를 받고 있으므로 지정 기준에 적합하지 않다는 주장이다. 이러한 주장은 이전부터

26조 제1항)

50) 예를 들어, 1992년 12월 유엔총회에서 채택된 「소수자의 권리 선언」 (정식 명칭 「민족적 또는 종족적, 종교적 및 언어적 소수자에 속하는 자의 권리 선언」 Declaration on the Rights of Persons Belonging to National or Ethnic, Religious and Liguistics MInorities)의 제4조 제3항은 다음과 같이 규정하고 있다. "국가는 소수자에 속하는 자가 가능한 모든 장소에 있어서 모어를 학습하기 위한 또는 모어로 교육을 받기위한 적절한 기회를 갖도록 적당한 조치를 취해야 한다" http://www.bekkoame.ne.jp/ro/jinken/jinken-db-08.htm 영어 원문은 http://www.ohchr.org/Documents/Publications/GuideMinoritiesDeclarationen.pdf

51) 「下村博文文部科学大臣記者會見錄(시모무라 하쿠분 문부과학 대신 기자회견록)」 2013. 2. 19., 문부과학성 http://www.mext.go.jp/b_menu/daijin/detail/1330782.htm

52) 「下村博文文部科学大臣記者會見錄(시모무라 하쿠분 문부과학 대신 기자회견록)」 2014. 1. 7., 문부과학성 http://www.mext.go.jp/b_menu/daijin/detail/1343111.htm

일본의 우파 정치인들이 조선학교를 공격하기 위한 근거로 종종 제시했던 논법이기도 했다[53].

그런데 '부당한 지배'라는 것은 원래 제2차 세계대전 전, 일본의 교육이 정치와 관료의 지배 아래 종속됨으로써 군국주의 교육을 초래한 요인이 되었다는 반성으로부터 교육의 독립을 보장하기 위해 규정된 것이다. 따라서 교육에 대한 '부당한 지배'를 꾀하는 존재로서 가장 경계해야 할 것은 국가 권력 내지 정치 권력에 다름 아니다. 그럼에도 불구하고, 국가의 행정부인 일본정부가 '부당한 지배'를 내세우며 민족교육의 권리를 유린한다면 이는 견강부회라고 하지 않을 수 없으며, 이것이야말로 민족교육을 일본 국가의 통제 아래 두려고 하는 '부당한 지배'로 향하는 길을 여는 것이 아니겠는가.

덧붙이면, 한국정부로부터도 인가를 받고 있는 도쿄한국학교는 규정 '가' (민족계 학교)로서 취학지원금의 지급 대상으로 지정받았으나, 그 설치자인 학교법인 도쿄한국학원의 이사장은 민단중앙본부단장이 맡고 있고 이사진에도 민단중앙본부나 도쿄본부의 임원들의 이름이 나열되어 있다[54]. 그러나 이를 두고 도쿄한국학교가 한국정부나 민단의 '부당한 지배'를 받고 있다는 주장은 들어본 바가 없다.

3-2 국제사회로부터의 비판

1) 국제인권기관의 비판과 일본정부의 반론

한편, 국제인권기관은 일본에서의 고교무상화 제도로부터 조선학교를 배제하려는 움직임에 대해 일찍이 비판적 입장을 분명히 했다. 고교무상화 제도가 실시되기 직전인 2010년 3월 9일, 유엔 인종차별철폐위원회는 일본정

---

53) 이 점에 관해서는 鄭榮桓, 「朝鮮学校への行政の介入と「不当な支配」: 朝鮮学校と高校「無償化」問題⑫」, 日朝国交, 「正常化」と植民地支配責任 http://kscykscy.exblog.jp/17430008/ 에서 상세히 다루고 있다.
54) 「第21期理事會役員紹介(제21기 이사회 역원 소개)」, 도쿄한국학교 http://www.tokos.ed.jp/school_1.brd/_1.28.400dc10/

부 보고서에 대한 총괄소견을 채택하여 이를 4월 6일자로 공표했는데, 동 위원회는 "고교 교육무상화 법 개정"에서 "조선학교 배제를 제안하고 있는 몇몇 정치인들의 태도"는 "아이들의 교육에 차별적인 효과를 초래하는 행위"로서 "우려를 표명"하고 있다[55].

그리고 아베 자민당 정권에 의해 조선고급학교에 '불지정' 통보가 내려지고 재판투쟁이 시작된 2013년 5월 17일, 이번에는 유엔 사회권규약위원회가 일본에서의 규약 실행 상태에 관한 제3회 총괄소견을 발표하면서 고교무상화 제도로부터 "조선학교가 배제되어"있는 것이 "차별을 구성하고 있다는 점에 우려를 표명"했다[56]. 고교무상화 제도로부터의 조선학교 배제를 명확하게 차별이라고 인정한 것이었다.

더욱이 2014년 8월 28일 유엔 인종차별철폐위원회는 일본정부의 보고에 관한 조사의 최종견해를 채택해(8월 29일 공표) 고교무상화 제도로부터 조선학교 제외와 지자체 보조금의 중단 및 축소에 우려를 나타내며 이를 시정할 것을 요구했다[57].

2013년 4월 30일, 제네바에서 개최된 유엔 사회권규약위원회에서 일본정부의 불성실한 진술에 항의하며 조선학교 어머니대표단이 유엔 인권고등판무관사무소 앞에서 농성을 벌였다.

55) UN Document, E/C.12/JPN/CO/6, 6 April 2010. 무라카미 마사나오(村上正直) 번역감수의 일본어 번역안 (『條約第9條にもとづき締約国が提出した報告書の審査 人種差別撤廢委員會總括所見(조약 제9조에 따라 체약국이 제출한 보고서 심사 인종차별철폐위원회 총괄소견)』 2014. 4. 6., 반차별국제운동 http://imadr.net/wordpress/wp-content/uploads/2012/10/D4-6-X3.pdf 에 의함.

56) UN Document, E/C.12/JPN/CO3, 10 June 2013. 일본 외무성의 일본어 번역안 『第50會期において委員會により採擇された日本の第3回定期報告に關する最終見解(제50회기 위원회에 의해 채택된 일본의 제3회 정기보고에 관한 최종견해)』 2013. 5. 17., 외무성 http://www.mofa.go.jp/mofaj/files/000053172.pdf 에 의함.

57) UN Document, CERD/C/JPN/CO/7-9, 29 August 2014. 차별반대도쿄액션의 일본어 번역 『日本の第7回~9回定期報告に關する調査最終見解(일본의 제7회~9회 정기보고에 관한 조사 최종 견해)』 2014. 8.

이와 같은 국제인권기관의 비판에 대해 일본정부는 2013년 4월 30일, 사회권규약위원회에서의 심사과정에서, 조선학교 고교무상화 불지정은 "민족이라는 관점에서 판단한 것이 아니라 심사 기준의 관점에서 제도의 대상이 되는 학교를 한정한 것"으로 "특정 민족을 차별한 조치가 아니다"라며, 1조교[58]등에 재학하는 재일조선인이나 한국계 학교는 제도의 대상에 포함되어 있다고 주장했다[59]. 같은 해 5월 17일 사회권규약위원회 소견이 공표되자, 시모무라 대신은 5월 24일 기자회견에서 "조선학교에 북한계 학생이 모두 다니는 것은 아니고 재일조선인들은 각자의 선택에 따라……실제로 상당수의 학생들은 일본의 제1조교, 보통의 일본학교, 공립 및 사립학교에 다니고 있는 것이 사실이고, 이는 민족차별에 전혀 해당되지 않는다는 점을 분명히 보여주고 있다고 생각한다"고 반론하면서, 조선학교가 "제1조교가 되면 해결될 일"이라며 적반하장의 태도를 취했다[60]. 2014년 8월에 발표된 인종차별철폐위원회의 견해에 대해서도 시모무라는 "조선학교가 도도부현 지사의 인가를 받아 학교교육법 제1조가 정하는 고등학교가 된다면 현행 제도의 대상이 될 것이고, 또한 고등학교와 다른 외국인학교에 재학하는 재일조선인 등은 이미 현행 제도의 대상이라는 점 등을 고려하면, 차별에 해당하지 않는다고 생각한다"며 기존의 주장을 되풀이하였다[61].

---

29. 차별반대도쿄액션http://ta4ad.net/wp/wp-content/uploads/2014/09/1d55f383b97c46c02b35e3c58e68b997.pdf 에 의함.

58) 1조교에 관해서는 각주8) 참조.

59) 「〈ジュネーブ・オモニ代表団〉社會權規約委員會 日本審查／「高校無償化」も議題」, 『朝鮮新報』 2013. 5. 1

60) 「下村博文文部科學大臣記者會見錄(시모무라 하쿠분 문부과학 대신 기자회견록)」 2013. 5. 24., 문부과학성 http://www.mext.go.jp/b_menu/daijin/detail/1335107.htm 이는 시모무라의 지론으로 문부과학 대신 취임 3일째 되는 날 조선고급학교 불지정 방침을 발표한 기자회견에서는 "조선학교가 도도부현 지사의 인가를 받아 학교교육법 제1조가 정하는 일본 고등학교가 되든가, 또는 북한과의 국교가 회복되면 현행제도에서 대상이 될 수 있다고 생각한다"고 말했고(앞의 「下村博文文部科學大臣記者會見錄」 2012. 12. 28.) 또한 문과성령 개악 전날의 기자회견에서도 "조선학교는 본래 우리나라의 학교교육법을 따르는 학교로 바꿔주면 대상이 될 터이기 때문에, 일본의 교육제도 아래에서 학교 교육을 해간다는 쪽으로 빨리 방향 전환을 한다면 바로 적용 대상이 될 것"이라고 말했다. (앞의 「下村博文文部科學大臣記者會見錄」 2014. 2. 19.)

61) 「下村博文文部科學大臣記者會見錄(시모무라 하쿠분 문부과학 대신 기자회견록)」 2014. 9. 26., 문부과학

2) 동화주의와 인종차별주의에 뿌리를 둔 조선학교 차별

시모무라 대신은 재일조선인의 대다수가 "각자의 선택에 따라", "보통의 일본학교" 즉 1조교에 다니고 있기 때문에, 민족차별이 아니라고 주장했다. 그러나 과연 재일조선인 대다수가 정말로 "각자의 선택에 따라" 1조교에 다니고 있다고 말할 수 있는가. 원래 1조교란 어떤 학교인가.

1조교, 특히, 초등 중등 교육을 담당하는 소학교, 중학교, 고등학교에서는 법률상 그 교육과정은 문부과학 대신이 정하고, 사용하는 교과서는 문부과학 대신의 검정을 통과해야 한다. 당연히, 소, 중, 고등학교의 교육은 일본어로 이루어지는 것이 원칙이고, 그 첫 번째 목적은 '일본 국민'을 육성하는 데에 있다.

현재, 일본에는 한국계 민족학교로 1조교로 지정된 사립학교가 3개교 있으며[62], 오사카 등 재일조선인이 많은 지역의 공립 소, 중학교에서는 과외활동으로 주 1회 정도 민족학급[63]을 운영하는 경우도 있다. 모두가 민족교육을 위한 귀중한 노력이라는 것에는 의심할 여지가 없으나 이러한 학교는 일본 전체에서 보면 극히 일부로서, 1조교로서의 교육을 우선하지 않으면 안 되는 상황에서 민족교육의 실시는 자연히 커다란 제약을 받게 된다. 이러한 이유로 말미암아 조선학교는 1조교가 되는 것을 거부하고, 민족교육의 실천에 주안점을 두는 독자적인 교육과정 아래 독자적인 교과서를 편찬, 사용하고 '일본어' 이외의 교과목에서는 모두 조선어를 사용하는 등의 교육체제를 정비한 것이다. 이런 점에서 조선학교의 민족교육은 1조교의 교육과는 매우 상이하다는 점을 간과해서는 안 된다.

성 http://www.mext.go.jp/b_menu/daijin/detail/1352139.htm

62) 건국유치원 및 소, 중, 고등학교, 금강학원 중고등학교(이상, 오사카시), 교토국제중고등학교(교토시)의 3개교임. 또한 도쿄한국학교는 각종학교로 1조교가 아니다.

63) 민족학급은 방과후에 실시되어 조선어, 역사와 지리, 음악, 도화공작 등의 수업을 통해 민족적 소양을 배워간다. 일본의 도도부현에서 재일조선인 인구가 많은 오사카부에서는 2010년 4월 현재, 170여개 학교에서 민족학급을 설치, 약 2,800명의 아이들이 참가하고 있다고 한다. 「民族教育・マイノリティ教育の確立 民族学級Q&A」, コリアNGOセンター http://korea-ngo.org/kyoiku/kyoiku03.html

그러나 1조교라는 제약 아래에서라도 민족교육을 받을 기회가 있는 아이들은 일본의 현재 상황에서 보면, 그나마 비교적 혜택을 입은 아이들이라고 하지 않을 수 없다. 실제로 1조교에 다니는 압도적 다수의 재일조선인 어린이와 학생들은 민족교육을 받을 수 있는 기회가 거의 봉쇄되어 있기 때문이다.

재일조선인 학부모들이 아이들을 일본학교에 보내는 주된 이유는 공립 소, 중, 고등학교라면 학비를 지불할 필요가 없을뿐더러 자택 가까이에 있는 학교로 아이를 보낼 수 있기 때문이다. 현재, 일본 전국의 조선초중고급학교는 총 64개교로 알려져 있는데[64], 조선학교가 1개교도 없는 현도 도호쿠, 규슈, 시코쿠 지방 등에 많이 존재한다. 일본 전국에 20,558개교가 분포하고 있는 (2014년 5월 1일) 일본의 공립소학교와 비교한다면, 조선학교의 어린이들과 학생들이 통학 거리에 있어서 얼마나 큰 부담을 지고 있는지가 명확해진다. 또한 경제적 부담 면에서도 예를 들어 고교무상화 제도가 시작되는 1년 전인 2009년도 오사카시 소재의 공립소학교의 아동 1인당 공적 보조금(공공재정 지출 교육비)은 905,251엔[65]인 것에 반해 조선초급학교 아동에 대한 공적 보조금(오사카부, 오사카시 합계액)은 1인당 약 93,200엔[66]이었다. 즉 조선초급학교 아동에 대한 공적 보조금은 공립 소학교에 다니는 경우에 비해 10분의 1 정도에 지나지 않고 이렇게 근근이 지급되었던 보조금조차도 2011년에는 완전히 중단되고 말았다.

물론 일본사회에 정착하는 과정에서 민족교육에 관심을 갖지 않거나, 오히려 적극적으로 일본학교를 선택하는 재일조선인도 존재할 것이다. 이에 대해 일본인인 필자가 어떠한 주장을 할 입장은 아니다. 그러나 중요한 것은 민족

---

64) 지구촌동포연대(KIN)엮음, 『조선학교 이야기-차별을 딛고 꿈꾸는 아이들』, 선인, 2014, 17쪽.
65) 文部科学省, 『データからみる日本の教育2008』, 2009.
66) 2009년도 오사카부는 조선학교 재학생에 대해 1인당 69,300엔의 보조금을 지급했다. 또한 오사카시의 보조금은 총액 2,700엔이므로 오사카시 내의 조선초중급학교 재학생 수를 1,130명으로 한다면 1인당 23,893엔이 된다. 즉 양자를 모두 합한 93,193엔이 오사카시 내의 조선초급학교 아동에 대한 공적 보조금 액이 되는 셈이다.

교육을 받기를 바라는 재일조선인에 대해서는 그 기회가 충분히 보장되어야 한다는 것이고, 이 점이야말로 국제인권기관이 일본정부에 요구해오고 있는 정책이다. 앞서 말한 것처럼, 현재 일본에서 민족교육을 받는다는 것은 '보통의 일본학교'에 다니는 것과는 전혀 다른 차원의 어려움이 동반되는 것으로, 시모무라 대신의 주장대로 재일조선인이 "각자의 선택에 따라" 1조교에 다닌다고는 도저히 볼 수 없다.

조선학교에 대해 1조교가 될 것을 요구하는 것은 '일본어' 과목 이외의 모든 수업을 조선어로 실시하는 등, 지금까지 오랜 기간에 걸쳐 조선학교가 키워온 교육 방침을 포기하라는 것을 의미한다. 이같은 발상을 바탕으로 하는 정책은 소수자의 교육권을 보장하는 국제인권법의 규정에 대한 명확한 위반이 아닌가. 그리고 더 중요한 것은 이러한 정책이 일본이라는 국가가 되풀이해온 조선학교 억압 정책의 방침을 계승하여 재생산하고 있다는 점이다. 본서의 다른 장에서도 설명한 것처럼, 역사적으로 본다면 일본이라는 국가는 일관되게 동화정책 아래 조선인의 독자적인 교육 기관을 억압하고 재일조선인 아이들을 1조교에 다니도록 유도해왔다. 시모무라 대신의 발언은 조선학교가 실시하는 민족교육의 근간을 없애고, 일본의 국가 권력의 관리와 통제 아래 두려하는 구태의연한 동화주의적 발상에 다름 아니다.

한편, 고교무상화 정책에 있어서 일본정부는 조선학교만을 제외하고 다른 민족교육 기관은 적용함으로써[67] 노골적으로 분단을 조장해왔다. 더구나 한국계 민족학교에 제도를 적용하고 있다는 등의 이유로 조선학교에 대한 불적용이 "민족 차별이 아니다"라고 강변하고 있다.

---

[67] 앞서 기술한 바와 같이 각종학교 중, 한국계의 도쿄한국학교 중고등부에는 문과성령 제1조 제1항 제2호의 규정 '가'가, 또한 현재 한국정부에 "재외한국학교"로 인가 신청 중인 코리아국제학원 고등부에는 규정 '다'가 적용되어, 재학생들에게 지원금이 지급되고 있다. 또한 조선민주주의인민공화국과 마찬가지로 대만은 국교가 없음에도 불구하고, 대만계 민족학교(도쿄중화학교, 요코하마중화학교)에도 규정 '가'가 적용되어 고교무상화제도의 적용대상이 되었다.

그러나 조선민주주의인민공화국이라는 국가의 의사 결정과는 아무런 관계도 없는 조선학교에 대해 고교무상화 제도에서의 배제를 강행한 것은, 일본정부가 적대시하고 있는 것이 조선민주주의인민공화국이나 조선총련이 아니라 실은 조선학교의 존재 그 자체라는 것을 보여주고 있다. 다시 말해, 민족교육을 통해 조선민족으로서의 정체성을 함양하는 행위 자체를 일본정부는 경계하고 적대시하고 있는 것이다. 따라서 조선학교에 대한 차별 정책 실시는 조선민족의 정체성을 부정하는 인종차별주의의 구현이라고밖에 볼 수 없다.

과거 일본의 국가 권력이나 매스컴은 일본 식민지 지배에 저항한 조선인 독립운동가를 '불령선인'이라고 낙인찍고, 반항과 폭력성이 조선인의 민족적 특징이라는 이미지를 일본사회에 유포해왔다[68]. 전형적인 인종차별주의적 발상이고 식민주의적 발상이라 할 수 있다. 그리고 오늘날 일본의 인터넷 공간에서는 이른바 넷우익들이 일본의 과거 침략 행위와 식민지 지배를 비판하거나, 관계가 악화하고 있는 이웃 나라들과의 우호를 호소하는 것만으로도 그 발언자를 '자이니치'*로 '인정'하고 공격하는 풍조가 만연해있다. 인터넷 상에서 세력을 키워온 일본의 대표적인 인종차별주의 집단이 '자이니치의 특권을 용납하지 않는 시민 모임'이라는 이름을 내걸고 있는 것에서 볼 수 있는 것처럼 '자이니치'는 이제 '반일(反日)'의 기호로서 표상화되는 지경에 이르렀다.

조선학교에 대한 공격은 일본 국가에 대한 항의나 이의 제기를 '반일' 행위로 간주하고, 조선인의 민족성에서 그러한 행위의 원인을 찾는 민족차별 의식에 뿌리를 두고 있다. 즉 조선학교에 대한 차별을 정당화하는 논리는 결국 지금도 여전히 계속되고 있는 식민주의의 소산이라고 하지 않을 수 없을 것이다.

---

68) アンドレ・ヘイグ, 「中西伊之助と大正期日本の『不逞鮮人』へのまなざし: 大衆ディスクールとコロニアル言説の転覆」, 『立命館言語文化研究』 22-3, 2011, 1, 87~88쪽.

* 역주 : 재일조선인의 재일(在日)만을 따서 부르는 약칭. 일본어로 자이니치로 발음.)

4. 맺으며

조선고급학교에 대한 고교무상화 제도에서의 배제는 재일조선인 민족교육 역사에 있어, 식민지 시대의 조선인 교육시설에 대한 폐쇄 명령[69](1932~36년 경), 해방 직후의 조선인 학교 폐쇄 명령[70](1948~49년 경), 한일조약 체결 후의 조선학교 억압 정책[71](1965~71년 경) 등에 이어 커다란 시련으로 다가오고 있다. 그 악영향은 학부모나 학교에 심각한 경제적 부담을 부과할 뿐만 아니라 재일조선인에 대한 차별을 정당화하는 메시지를 일본사회에 발신하고 있다는 점에서도 중대한 의미가 있다.

이같은 일본정부의 방침은 지자체의 보조금 정책에도 영향을 미치고 있다. 일본정부가 여전히 조선학교에 대해 재정 지원을 실시해오지 않았던 것에 반해 조선학교가 소재하는 29개의 도도부현 전부는 1997년도까지 보조금 지급을 시작하였다[72]. 그런데 고교무상화 제도를 둘러싸고 일본정부가 조선고급학교에 대한 차별적 자세를 노골화하자, 2010년도 이후 오사카부, 도쿄도, 사이타마현, 미야기현, 니이가타현, 치바현, 히로시마현, 야마구치현 등이 보조금 교부를 중단해버렸다[73]. 시정촌 차원에서도 미토시, 센다이시, 히로시마시, 요코하마시, 시모노세키시 등 조선학교에 대한 보조금을 중지하는 지자체들이 등장하고 있다.

---

69) 이에 관해서는 伊藤悅子, 「一九三〇年代を中心とした在日朝鮮人教育運動の展開」, 『在日朝鮮人史研究』15, 1985.10 및 앞의 졸고 등을 참조.
70) 이같은 탄압정책에 대해 1948년 4월에는 한신교육투쟁이라 불리는 대규모 항의행동이 전개되었으나 결국 다음해인 1949년 10월 조선인학교 대부분이 강제 폐쇄되고 말았다.
71) 문부과학성은 사무차관 통달(1965년 12월 28일)을 통해 각 도도부현에 조선학교를 각종학교로 인가하지 말 것을 요구하고, 1966년 이후에는 조선학교에 대한 단속을 강화하기 위해 외국인학교제도를 도입하려 했다. 졸고, 「한일국교수립과 재일조선인의 민족교육-외국인학교 제도안을 중심으로」, 『환동해리뷰』 Vol.9-1, 2013.4. 참조.
72) 朴三石, 『教育を受ける權利と朝鮮学校: 高校無償化問題から見えてきたこと』, 日本評論社, 2011, 202~204쪽.
73) 가나가와현은 2013년도에 조선학교에 대한 운영비 보조를 중단했으나, 다음해 2014년도부터는 조선학교를 포함한 외국인학교 학생에 대한 학비보조라는 형식으로 경제적 지원을 시작했다.

일부 정치 세력은 이른바 '납치문제' 등을 방패삼아 조선학교에 대한 차별을 정당화하는 선전을 되풀이하고 있다. 이는 최근 수년 동안 급속하게 일본사회를 좀먹기 시작한 배외주의와 궤를 같이 하고 있다. 일본정부의 조선학교에 대한 차별 정책의 배경에는 일본사회 내부에서 계속 재생산되고 있는 조선민족에 대한 차별 의식이 뒷받침하고 있다는 점을 지적하지 않을 수 없다.

한편, 조선고급학교에 대한 고교무상화 적용을 요구하는 운동은 지금까지 지속적으로 전개되어 왔다. 재판투쟁 중에 있는 5개 지역에서는 일본인을 포함한 지원 조직이 결성되었고, 이전부터 각지에서 활동 해오던 조선학교 지원 단체와 함께 고교무상

2015년 12월 20일에 개최된 '조선학원을 지원하는 전국 네트워크' 총회(도쿄 일본교육회관).

화 실현을 쟁취하기 위한 지원네트워크를 형성하고 있다. 또한 각지의 변호인단도 수시로 협의하고 협동하여 재판투쟁에 임하고 있다.

오사카의 지원단체가 매주 화요일에 오사카부 청사 앞에서 실시하고 있는 항의행동은 2015년 1월 시점으로 130회를 넘겼다. 또한 도쿄에서는 2013년 5월부터 매주 금요일 문부과학성 앞에서 조선대학교 학생들의 주관으로 항의활동이 계속되고 있다. 아이치에서는 매월 24일 전후로 '무상화 데이'를 정해 가두선전과 학습회 등을 실시하고 있다. 그 밖의 여러 지역에서도 집회와 학습회, 콘서트 등의 개최, 가두선전과 서명 운동, 홍보물 제작과 판매 등 모든 아이디어를 짜낸 다채로운 활동이 펼쳐지고 있으며, 후원자들도 점차 늘어나고 있다.

더구나 최근 국제인권기관이 일본정부를 비판하고 있는 것에 맞춰 한국에서의 지원 운동이 현저히 확대된 것은 일본에서의 운동에 큰 용기가 되고 있다. 2011년 동일본대지진으로 피해를 입은 조선학교의 아이들을 지원하기 위해 결성되어, 2012년 도쿄 공연을 개최한 몽당연필은 고교무상화의 실현을 위해 오사카(2013년), 히로시마(2014년)에서 공연을 열고, 회원들은 각지의 조선학교 아이들과 교류하기도 했다. 몽당연필은 한국에서도 일

2013년 7월 5일에 히가시오사카시립 시민 회관에서 개최된 '몽당연필 소풍공연 in Osaka —좋아요! 우리학교–'. 환희의 공연 마지막에 권해효 몽당연필 대표와 오사카 조선고급학교 학생들. ©몽당연필 카페

상적으로 문화행사와 학습회를 개최하고 있어 그 활동은 조선학교 관계자들에게 마음의 커다란 버팀목이 되어주고 있다. 본서를 기획한 지구촌동포연대(KIN)는 이른 시기부터 장기간에 걸쳐 조선학교와 관련된 운동을 해온 시민단체이며, 한국정신대문제대책협의회도 일본의 과거청산을 요구하는 입장에서 조선학교를 계속 지원해오고 있다.

2014년 6월에는 종교, 여성, 노동, 법조단체 등이 모여「우리학교와 아이들을 지키는 시민모임」을 결성하여, 같은 해 11월에는 대한민국 국회에서「재일조선학교 차별 실태와 한국 사회의 역할」이라는 주제로 토론회가 개최되었다. 오사까조선고급학교 럭비부의 분투를 그린 다큐멘터리 영화〈60만 번의 트라이〉(2013년, 박사유・박돈사 감독)는 일본 이상으로 한국에서 큰 반향을 일으켰다고 들었다. 그리고 서울의 일본 대사관 앞에서는 오사카, 도쿄에

서의 항의활동에 호응
해, 매주 화요일과 금요
일 조선고급학교에 대
한 고교무상화 제도 적
용을 요구하는 시위행
동이 실시되고 있다고
한다.

2015년 2월 20일 문부과학성 앞에서 실시된 '금요행동'.

　　재일조선인의 민족교
육에 대한 공적 지원은 일본이 국가로서, 또한 사회적 책임 아래 과거 식민지
지배에 대한 책임을 다한다는 의미에서 적극적으로 대처해야 할 과제이다.
그리고 이는 일본의 인권과 민주주의를 지키고, 배타주의와 싸운다는 의미에
서 일본사회에 있어서도 대단히 중요한 문제이다.

　　고교무상화 제도의 실시로부터 벌써 5년이 지났다. 그간 제도에서 제외된
채 졸업한 조선고급학교 학생들이 늘어만 가고 있다는 사실에 부끄러움을 금
할 길 없다. 본고가 한국에 있어서 조선학교와 고교무상화 문제에 대한 이해
를 높이는 데 다소나마 도움이 될 수 있기를 간절히 바란다.

(2015. 2. 22)

보론 1

　　2015년 2월에 본고를 탈고한 뒤, 2년 가까운 세월이 경과했다. 오랜 재판투
쟁도 이제 마무리 단계에 접어들었다. 먼저 2012년 9월에 제소한 오사카부·
오사카시 보조금재판은 2016년 8월 9일에 결심(結審)을 거쳐 2017년 1월 26
일에 판결이 선고될 예정이다.

그간 조선민주주의인민공화국의 로켓 발사를 계기로 일본 자민당의 정치적 압력에 의해 문부과학성은 2016년 3월 29일, 조선학교에 보조금을 교부해 온 28개 도도부현 지사 앞으로 사실상 재검토를 요구하는 통지를 송부하는 사태가 발생했다. 지방자치에 대한 개입 의혹이 농후함에도 불구하고 정부가 이런 이례적인 통지를 내린 것 자체가, 보조금 정지의 움직임이 얼마나 정치적 의도에 의한 것인가를 증명한다고 하겠다. 3.29문부과학성 통지가 조선학교에 대해 보조금 교부를 계속해 온 지방자치체를 한층 동요시키는 가운데, 전국에서 유일하게 보조금을 둘러싼 재판 투쟁이 전개되어 온 오사카에서 곧 판결이 나올 것으로 보인다.

한편, 오사카의 고교무상화 재판은 2016년 10월 14일에 증인 심문을 마쳐, 다음번 기일인 2017년 2월 15일이 최종변론, 결심이 될 전망이다. 이어 3월 8일에는 증인 심문을 인정받지 못했던 히로시마의 재판도 결심이 될 예정이다. 또 도쿄에서는 2016년 12월 13일에 문부과학성의 실무 담당자에 대한 증인심문이 있었으며, 2017년 4월 11일에 결심이 있을 것이다. 따라서 이 세 지역의 고교무상화 재판은 내년 여름에서 가을 사이에 판결이 내려질 것으로 예상된다.

또한 나까오사까 조선초급학교의 부지명도 소송에 관해 오사카시는 오사카 조선학원이 부지를 구입하는 등의 내용으로 화해할 방침을 밝혔는데『요미우리신문』오사카 본사판 2016.9.10 조간 등, 오사카시 의회의 동의가 필요해 화해가 성립될 것인지는 아직 불투명하다.

오사카부·오사카시 보조금 재판의 피고측 변호인단은 외국인학교는 1조교가 아니므로 보조할 필요성은 낮다고 노골적으로 말하고 있다. 조선학교를 비롯한 외국인학교에 대한 보조가 이런 식의 '은혜'적 발상에 근거하는 것이라면, 지금까지 일본정부나 지방자치체가 외쳐온 '다문화공생'이라는 방침은 도대체 어떠한 사회를 지향했던 것일까.

그런 의미에서 이번의 조선학교에 대한 재정 보조를 둘러싼 일련의 재판은 조선 학교에 대한 차별정책에 항의함에 머무르지 않는, 참된 의미에서 모든 사람들이 존중되는 사회를 어떻게 만들어 갈 것인가 라는 보편적인 질문을 일본사회에 던지고 있다는 것을, 마지막으로 다시 강조하고자 한다.

(2016. 12. 18)

보론 2

<보론1>에서 서술한 대로 2017년에 들어 오사카의 보조금재판, 각지의 '고교무상화'재판에서 차례로 판결이 선고되고 있다. 본서 편집 담당자의 요청으로 이들 판결의 요점에 대해 <보론2>에서 몇 가지 덧붙이고자 한다.

우선, 1월 26일 오사카부·오사카시 보조금재판 판결에서 오사카 지방재판소는 오사카조선학원의 청구를 모두 각하 또는 기각했다. 그 이유나 아이들의 학습권, 민족교육의 의의 등에 관해서는 일체 언급하지 않고, 오직 오사카부·오사카시 측의 주장을 그대로 옮긴 듯한 내용이었다. 특히, 판결에서는 2012년 3월 해마다 평양에서 열리는 설맞이공연에 조선학교 학생들이 참가한 것을 두고, 이는 조선학교의 교육활동으로 실시되었다고 의심할 만한 상황이 있었다고 강조했다. 즉, 이는 오사카부가 제시한 '특정한 정치단체(조선총련)와 일선을 그을 것'이라는 조건에 저촉됨을 인정한 것이다. 한편, 보조금 불교부로 인한 조선학교 학생의 학습환경 악화, 학부모의 경제적 부담 증대 등의 우려되는 악영향에 대해서는 보조금이 학교법인에 대한 경제적 조성이라는 틀을 전제로 하는 이상 어쩔 수 없다고까지 했다. 요컨대 재판관은 조

선학원 패소라는 결론을 미리 정해 놓고 그에 억지로 법리를 꿰어맞춰 판결을 내린 최악의 부당판결이라고 하지 않을 수 없다. (자세한 사정은 졸고「오사카 조선학교의 투쟁은 계속된다: 오사카 보조금재판의 부당판결을 인정할 수 없다」,『PRESSian』2017년 1월 31일, http://www.pressian.com/news/article.html?no=149668 참조.)

이러한 부당판결에 대해 오사카조선학원은 2월 7일 오사카 고등재판소에 항소했고, 8월 7일 항소심 제1회 변론이 열렸다. 원고 변호인단은 원심판결을 전면적으로 비판하고 전문가에 의한 감정의견서를 바탕으로 주장을 보완할 방침을 밝혔다. 일본의 재판제도운용에서 항소심은 1회 변론만으로 결심(結審)에 이르는 경우가 많지만, 역전 승소를 목표로 한 원고 변호인단에 의한 주장 보완의 필요성이 인정되어, 오는 12월 6일에 제2회 변론이 열리게 되었다.

그런데 <보론1>에서 언급한 2016년 3월 29일자 문부과학성 통지는 조선학교에 대해 보조금을 교부하는 지방자치체를 압박해 보조금 지급을 한층 감소시키는 악영향을 끼쳤다. 2016년도에 들어 이바라기(茨城), 도치기(栃木), 가나가와(神奈川), 후쿠이(福井), 미에(三重), 와카야마(和歌山)의 6개 현에서 보조금 교부가 정지되거나 중단되어, 그 결과 2015년도에는 18도부현(道府縣)이 1억 9311만엔이 교부됐던 것에 비해, 2016년도에는 13도부현 1억 2279만엔으로 감소했다 (본서 283쪽 참조). 또한 시·특별구(도쿄)에서도 2015년도에 114곳 1억 8024만 엔이었던 보조금액이 2016년도에는 106곳 1억7121만엔으로 줄어들었다(『도쿄신문』2017년 8월 28일 조간, 2017년 9월 1일 조간).

한편, '고교무상화'재판에서는 지금까지 히로시마, 오사카, 도쿄의 세 지역에서 판결이 선고되었다. 그 중 오사카의 판결에서는 원고가 전면 승소하는 획기적인 성과를 거뒀지만, 히로시마와 도쿄에서는 원고 패소라는 부당판결이 선고되는 정반대의 결과가 나왔다.

먼저 히로시마의 재판은 2017년 3월 8일에 결심(結審)해 7월 19일에 히로시마 지방재판소가 판결을 선고했다. 그러나 이 판결은 원고(히로시마조선학원 및 히로시마조선고급학교 졸업생)의 청구를 모두 각하, 기각하는 부당한 내용이었다. 특히 용인할 수 없는 것은 교육행정 집행자로서의 입장을 돌이켜보지 않고 오로지 공안기관의 시점에서 조선학교에 의혹의 눈길을 주고 깎아내리며, 자신들의 시책을 정당화하려는 일본국가의 주장을 히로시마 지방재판소가 그대로 받아들인 점이다.

이 같은 히로시마 지방재판소의 입장을 명확히 보여주는 것이 히로시마조선고급학교가 "규정 13조에 대해 적합 인정이라는 결론에 이르지 못했다"는 문부과학대신의 조치(불지정의 이유②, 본서 272쪽 참조)에 "재량 범위에서 일탈, 남용을 인정할 수 있는가"라는 쟁점에 대한 판단이다. 히로시마 지방재판소는 조선학교에 대한 "북한이나 조선총련의 영향력은 부정할 수 없으며, 그 관계성이 교육기본법 16조 1항에서 금하는 '부당한 지배'에 해당하지 않을 것, 또 적정하게 학교가 운영되고 있는 점에 대해 충분한 확증을 얻을 수 없"기 때문에 "취학지원금을 지급한다고 한들 수업료에 관계되는 채권에 충당되지 않을 것", 즉 "취학지원금을 부풀려서 대리 수령"할 경우 "부당한 공작 등에 의해" "그러한 사태가 표면화되지 못할 가능성도 부정할 수 없다"는 피고 일본국가의 "의구심"을 "증거로 인정할 수 있다"고 원고의 주장을 배제한 것이다 (본서 265, 275-276쪽 참조). 요컨대, 판결은 '북한이나 조선총련'의 '부당한 지배'를 받는 조선학교에 취학지원금을 지급하면, 지원금이 '북한이나 조선총련'의 자금으로 유용될 것이라는 산케이신문의 보도 등을 '증거'로 인정하고 부정 수급의 가능성이 있으므로 조선고급학교 불지정은 문부과학대신의 '재량의 범위'라고 인정한 것이다.

원고 전면 패소의 판단은 이와 같은 조선학교에 대한 악의에 찬 선전이나 의혹에 근거하고 있었다. 그런데 히로시마 지방재판소가 '증거'로 인정한 산케이신문의 보도 등은 후술하는 7월 28일의 오사카 지방재판소 판결에서는 대부분 "합리적 근거에 의거한다"고는 인정받지 못할 수준의 내용이었다. 히로시마의 판결은 사실상 '조선인은 신용할 수 없기에 취학지원금을 지급할 수 없다'고 말하는 것과 같으며, 판결이 있었던 그날 저녁에 열린 판결보고집회에서 아다치 슈이치(足立修一) 원고변호인 단장이 "조선학교 아이들에 대한 차별의식을 노골적으로 드러낸 헤이트(혐오) 판결"이라고 엄중하게 지탄한 것도 당연하다 (「히로시마 "헤이트 판결": 역전 승리를 맹세한 재출발의 날」, 『월간 이어』 제22권 제9호, 2017년 9월, 7쪽).

원고인 히로시마조선학원과 졸업생들은 이러한 '헤이트 판결'에 맞서 8월1일에 히로시마 고등재판소에 항소했다.

'고교무상화'재판에서 히로시마 다음으로 판결이 내려진 곳은 오사카의 재판이었다. 앞서 언급한 바와 같이 오사카에서는 1월의 보조금재판에서 오사카조선학원 측이 전면 패소하고 또 히로시마 재판의 판결도 최악의 내용이었으므로, 원고(오사카조선학원)를 비롯한 조선학교 관계자들과 지원자들은 불안한 마음으로 7월 28일의 판결 기일을 맞이했다. 그런데 오사카 지방재판소는 일본국가에 대해 오사카조선고급학교에 대한 취학지원금 지급에 관한 불지정 처분을 취소할 것과, 이 학교를 취학지원금 지급 대상 학교로 지정함을 명하는 원고 전면 승소의 판결을 내렸다. 쟁점이 된 규정 '다' 삭제(불지정의 이유①, 본서 272쪽 참조)에 대해서는 시모무라 하쿠분 문부과학대신(당시)이 재량권을 일탈 남용한 것으로 위법이며, 또 '규정' 제13조(불지정의 이유②, 본서 273쪽 참조)에 대해서도 오사카조선고급학교는 이에 적합하다는 판단을 밝혔다. 히로시마 판결과는 정반대인 역사에 기록될 만한 획기적인 판결이 선고된 것이다.

판결에서는 다음과 같이 말한다. 시모무라 문부과학대신이 "교육의 기회균등의 확보와 관계없는 외교적 정치적 판단에 근거해" 규정 '다'를 삭제한 것은 고교무상화법에 정해진 위임의 취지를 일탈한 것이다(본서 272쪽 참조). 또한 무상화법 제12조에서는 취학지원금 지급을 단순한 은혜가 아니라 사립 고등학교 학생 등의 '수급권'으로 규정하고 있으므로, 취학지원금이 수업료에 관계되는 채권의 변제에 충당될 것인가 라는 '규정' 제13조 적합성 판단에 대해 문부과학대신의 재량권은 인정받을 수 없다. 또 같은 '규정' 제13조에 관해서 '부당한 지배'의 판단이 문부과학대신의 재량에 맡겨진다면 교육에 대한 행정권력의 과도한 개입을 용인하게 될 수도 있으므로, '부당한 지배'의 유무의 판단에 대해서도 문부과학대신의 재량권은 인정받을 수 없다 (본서 265, 273쪽 참조). 이렇게 해서 '규정' 제13조 적합성의 판단에 대해서는 문부과학대신의 재량권은 인정받을 수 없으므로, "재판소가 관련 증거에 근거해 객관적으로 인정 판단해야 할 것"이라고 위치지었다.

그래서 판결은 "의구심을 일으킬 만한 특별한 사정이 없는 한" 오사카조선고급학교에 대해 '규정' 제13조의 적합성이 인정받는다며, 피고의 주장을 하나하나 검토한다. 그렇지만 대부분의 주장이 "합리적 근거에 기초하는 것으로서의 주장도 입증도 없다" 는 등의 이유로 "본건은 특별한 사정이 있다고는 인정할 수 없다"고 결론지었다.

그리고 판결은 조선학교와 조선총련과의 관계, 재일조선인에서 민족교육의 의의 등을 다음과 같이 말하고 있다.

　　…… 조선총련은 제2차 세계대전 후 우리나라(일본)에서 재일조선인의 자주적 민족교육이 수많은 곤란을 겪는 가운데 재일조선인의 민족교육 실시를 하나의 목적으로 결성되어 조선학교의 건설과 인허가 수속 등을 진행해 왔으며, 조선학교는 조선총련의 협력 아래 자주적 민족교육시설로서 발전해왔다고 할

수 있기에 …… 이같은 역사적 사정 등에 비춰보면, 조선총련이 조선학교의 교육활동 또는 학교운영에 어떤 관련이 있다고 한들 양측의 관계가 우리나라(일본)에서 재일조선인의 민족교육의 유지 발전을 목적으로 한 협력관계일 가능성은 부정할 수 없으며, 그렇다고 양측의 관계가 적정하지 못하다고 바로 추인할 수는 없다. 또한 조선고급학교는 재일조선인 자녀에게 조선인으로서 민족교육을 실시하는 것이 하나의 목적인 외국인학교인 바, …… 모국어와 모국의 역사 및 문화에 대한 교육은 민족교육에 있어 중요한 의의를 가지며, 민족적 자각 및 민족적 자존심을 양성하는 데 기본적인 교육이라 할 수 있다. 그렇다면 조선고급학교가 조선어로 수업을 실시하고, 북조선의 시각에서 역사적, 사회적, 지리적 사정을 가르침과 동시에 북조선을 건국하고 현재까지 통치해 온 북조선의 지도자, 국가이념 등을 긍정적으로 평가하는 것도 조선고급학교의 앞의 교육목적 그 자체에는 부합하는 것이라고 할 수 있기에, 조선고급학교가 북조선이나 조선총련의 부당한 지배로 인해 자주성을 잃고 앞서 언급한 교육을 할 수밖에 없는 상황이었다고는 바로 인정하기 어렵다.

이렇듯 오사카 지방재판소 판결은 일본의 사법이 처음으로 조선학교의 민족교육 의의를 정면에서 인정한 역사적인 판결이었다. 그러나 일본국가측은 8월 10일에 항소해 심리는 오사카 고등법원으로 옮겨가게 되었다.

히로시마의 부당 판결, 오사카의 전면승소를 이은 9월 13일의 도쿄 판결은 향후 재판의 방향을 시사하게 될 것이라고 특히 큰 주목을 끌었다. 도쿄의 원고 변호인단은 조선고급학교가 무상화제도에서 배제된 과정을 면밀히 분석하고, 또 증인심문에서는 문부과학성의 당시 담당자에게 철저히 따져, 조선고급학교 지정의 근거규정을 삭제하고 불지정으로 정한 진짜 이유가 정치적 외교적 판단에 의한 것임을 논증했다. 조선고급학교에 대한 불지정이 위법임을 확실한 증거로 증명한 것이다.

그러나 '부당한 지배'론에 가담한 도쿄지방재판소는 치안정책적 관점에서 문부과학대신의 판단을 적법으로 인정하고, 정치적 외교적 판단에 의한 근거

규정 삭제에 대해서는 명확한 이유를 밝히지 않은 채 "판단할 필요가 없다"고 내쳤다. 원고 변호인단의 주된 주장을 무시하고 전혀 응답하지 않는 모욕적이고 무례하기 짝이 없는 '짜고 친' 판결이었던 것이다. 임기가 아직 남아있던 전 담당 재판관을 결심 직전에 교대시킨 이례적인 조치에 대해 의혹의 시선이 가는 것도 당연하다. 도쿄재판의 원고들도 9월 25일에 공소해 역전 승소를 위한 활동을 이어가고 있다.

한편, 같은 9월 13일에 아이치에서는 증인심문이 행해졌다. 아이치 재판에서 원고측은 시모무라 전 문부과학대신, 원고 중 졸업생 세 명, 아이치조선학원 이사장, 전문가로 감정의견서를 제출한 대학 교수 등의 심문을 신청하고, 아울러 아이치조선중고급학교에 대한 검증(재판관이 현장 상황을 확인하는 수속) 등을 요구했다. 그러나 나고야 지방재판소는 7월 12일의 제24회 구두변론에서 원고 한 명과 학원 이사장에 대한 심문만을 결정하고, 그 이외의 증인신청과 검증은 각하했다. 특히 시모무라 전 대신에 대한 심문이나 조선학교 검증을 필수로 생각했던 원고 변호인단은 재판관들에 대한 기피(공정치 못한 재판 진행이 우려되는 재판관을 직무집행에서 배제하도록 요구하는 것)를 신청했지만 각하되어 예정대로 9월 13일에 심문이 실시된 것이다. 또 다음 날인 9월 14일에는 후쿠오카 지방재판소 고쿠라(小倉)지부에서 규슈(九州) '고교무상화'재판의 제14회 구두변론이 열린다.

각지의 '고교무상화'재판도 오사카의 보조금재판도 아직 앞으로의 전망을 제시할 수 있는 상황이 아니다. 일본사회에 만연해 있는 배외주의적 분위기에 일본정부가 계속 선동한 결과, 조선학교에 보조금을 교부하는 지방자치체가 한층 감소해 조선학교를 둘러싼 환경은 더욱 악화되고 있다. 그러나 오사카 지방재판소에서의 전면 승소 판결이 일본 전국의 조선학교 관계자, 지원자 등에게 큰 희망과 용기를 안겨준 것은 틀림없다. 일본 사회에 정의가 살아

있음을 믿으면서 재판투쟁에서의 최종적 승리를 기대한다.

(본고의 일부는 「일본의 조선학교 차별 4년 반…그 재판 결과는? 전면승소와 최악의 부당판결: 판단이 갈라진 조선학교 '무상화'재판」, 『PRESSian』 2017년 10월 3일(http://www.pressian.com/news/article.html?no=171479)에 게재한 내용과 중복 됨을 밝힌다.)

(2017. 10. 3)

고교무상화법 시행규칙 1-1-2. "고등학교 과정과 유사한 과정"에 관한 의견서*

다나카 히로시(田中宏)

1. 들어가며

　일본은 교육관련 공적 자금이 적은 것으로 유명하다. 예컨대 "경제협력개발기구(OECD)는 9일, 2011년 가맹국의 국내총생산(GDP)에서 학교 등 교육기관에 대한 공적지출이 차지하는 비율을 발표했다. 일본은 전년과 마찬가지로 3.6%로 데이터가 비교 가능한 31개국 중 5년 연속 최하위였다"(2014년 9월 10일자, 『도쿄신문』)라는 보도가 있다. 일본은 1979년 유엔 사회권규약을 비준했을 당시에도 무상화를 강조하는 동 규약 제13조(교육) (b)와 (c)는 가입을 유보했다. 그러다가 2010년 고교무상화제도가 도입되면서 2012년 9월에서야 '유보' 철회를 유엔에 통고했다.

　2010년 4월 시행된 고교무상화법(공립고등학교 수업료의 불징수 및 고등학교 등 취학지원금의 지급에 관한 법률)은 그 대상을 이전처럼 이른바 '1조교'에 한정하지 않고 '전수학교' 및 '각종학교인 외국인학교'까지 확대했다. 사회권규약 제13조는 "교육에 관하여 모든 이의 권리를 인정한다"고 정하고 있

---

* 역주 : 이 글은 2015년 4월 24일 오사카에서의 고교무상화 재판 제11회에 제출된 의견서이다.

기 때문이다.

대상이 되는 외국인학교는 무상화법 시행규칙 제1조 제1항 제2호에 의해 (가)대사관 등을 통해 일본 고교에 상당하는 과정임을 확인할 수 있는 곳, (나)국제적인 학교평가단체의 인증을 받은 곳, (다)기타 문부과학대신이 고등학교 과정과 유사한 과정이라고 지정한 곳이다.

제2차 아베 신조 내각이 발족한 이틀 뒤인 2012년 12월 28일, 시모무라 히로부미 문부과학대신은 조선고급학교(이하 조선고교)는 고교무상화의 대상이 아님을 표명하고, 이듬해 2013년 2월 20일, 조선고교를 대상에 포함시키는 근거인 위의 (다)를 시행규칙에서 삭제하는 성령 개정을 공포하였고 이와 동시에 각 조선고교에 '불지정' 처분을 통지했다.

본 의견서는 고교무상화법에서 말하는 "고등학교 과정과 유사한 과정"이 무엇이고, 이를 어떻게 인식해야할 것인가에 관해 1965년 문부성 사무차관 통달 이후의 경위를 검토해가며 설명한 것으로서 본 심리에 참고가 되기를 바란다.

2. 조선학교는 "각종학교로 인가해서는 안 된다"(통달)

한일조약이 체결된 1965년 말, 문부성은 조선학교에 관한 중요한 통달을 내보냈다.「조선인만을 수용한 교육시설의 취급에 관하여」(12월 28일, 문관진 210, 문부성 사무차관이 각 도도부현 교육위원회, 각 도도부현 지사에게 보내는 통달)가 그것이다. 이른바 "민족성 또는 국민성 함양을 목적으로 하는 조선인학교는 우리나라 사회에 있어 각종학교의 지위를 부여할 적극적인 의의를 지닌 것으로는 인정되지 않으므로 이를 각종학교로 인가해서는 안 된다"

라는 내용이다. 외국인학교 중에서도 조선인학교만을 취급한 통달이라는 점에 주목된다. 당시의 학교제도에서의 학교는 정규학교(학교교육법 제1조)와 각종학교(구 동 제83조)뿐으로(1975년 전수학교제도 신설), 조선학교는 어떤 의미로든 "학교"로 인정하지 않는다고 한 것이다.

1945년 8월, 일본이 「포츠담선언」을 수락하면서 한반도에 대한 일본의 식민지 지배도 막을 내렸다. 재일조선인은 빼앗긴 언어, 문화, 역사를 되찾기 위해 일본 각지에서 자력으로 서당과 유사한 국어(조선어)강습소를 꾸렸는데, 이것이 오늘날 조선학교의 원점이다. 그러나 일본정부는 이에 대해 1948~49년에 폐쇄·개조 명령을 내리는 등 적대 정책을 취했다. 본고에서는 이 시기에 관한 서술은 생략하기로 한다(가지이 노보루『도립 조선인학교의 일본인 교사』이와나미현대문고의 해설, 다나카 히로시 「전후 일본의 조선인 교육정책과 도립 조선학교」를 참조[2]). 이 '통달'은 그러한 정책의 연장선상에 있다고 할 수 있다.

이 '통달'의 배경에는 한편으로 동서냉전기에 있어서의 한국측의 의향도 작용했던 것 같다. 한국에서 2005년 전면 공개된 한일회담 문서에 따르면, 제7차 한일전면회담 한일법적지위협정위원회 제26차 회합(1965년 4월 23일)에서 다음과 같은 대화가 오갔음을 알 수 있다.

　한국측(이경호 대표, 후에 법무차관 등 역임) "적화를 목적으로 공산 교육을 하는 조선총련계 학교를 폐쇄해야 하는 것 아닌가. 이렇게 당연히 해야 할 일은 하지 않고 한국인이 설립한 정당한 학교를 그런 학교와 동일시해서 상급학교 진학 자격조차 인정하지 않는 것은 이해할 수 없다"
　일본측(문부성 대신관방참사관 이시카와 지로) "그것은 일본이 책임지고 해결할 내정 문제다" (중략) "가령 일본정부가 조선총련계 학교를 정리한다고 하면, 재외국민 보호 차원에서 외교적으로 항의하지 않겠는가?"

2) 田中宏, 「戦後日本の朝鮮人教育政策と都立朝鮮学校」, 梶井陟, 『都立朝鮮人学校の日本人教師』, 岩波書店, 2014.

위 통달의 말미에는 "또한, 조선인을 포함해 일반적으로 우리나라에 체재하는 외국인만을 수용하는 교육시설에 관해서는 국제 친선의 견지에서 새로운 제도를 검토해 외국인학교에 대해 통일된 취급을 도모하고자 한다"라고 되어 있고, 이듬해 외국인학교법안이 등장했다(당초에는 학교교육법 일부개정법안으로 등장). 이 법안의 최대 주안점은 외국인학교 허가권 등을 '지사'에서 '문부대신'으로 이양한다는 것이었다. 일본에서는 대학 인허가권은 문부대신에게 있지만, 고교 이하의 인허가권은 모두 도도부현 지사에게 있다. 14조로 구성된 외국인학교법안은 규제적 성격의 조항이 대부분으로 졸업자에게 대학 입학(수험)자격(이하 '대학입학자격')을 부여한다거나 사학 지원 대상으로 정하는 등과 같은 지원 또는 진흥책은 전무했다.

3. '교육의 동등성' 승인

위의 '통달'과 '법안'에서와 같은 일본정부의 조선학교 정책에 '파문을 던진 것'은 1967년 도쿄도의 지사로 취임한 미노베 료키치 전 도쿄교육대학 교수였다. 미노베 지사는 1968년 4월, '법에 따라 행정'을 펼친다는 취지에서 조선대학교를 '각종학교'로 인가했다. 통달을 따르지 않았던 것이다. 외국인학교법안은 결국 입법화되지 않고 사라졌다. 지금은 전국의 모든 조선학교가 각종학교로 인가된 상태이다. '통달'은 결국 '유명무실'해졌다.

각종학교 인가에 이어 지자체(도도부현 단위와 시구정촌 단위)로부터 조선학교 보조금이 교부되기 시작했다. 이는 조선학교의 교육이 일본학교에서의 교육과 동일한 '보통교육'으로 '교육의 동등성'이 승인되었다는 것을 의미

한다. 예를 들어, 필자가 거주하는 도쿄도 아다치구에는 「외국인학교 아동생도 보호자 부담 경감 보조금 교부 요강」이 있는데 대상 학교는 "인가를 받은 각종학교 가운데 외국인을 대상으로 교육을 실시하는 학교로 의무교육에 상당하는 교육을 하는 곳으로 정한다"라고 되어 있다. "의무교육에 상당하는 교육"이라는 문구에 주목해보자. 특별구인 아다치구는 의무교육에 해당하는 구립 소·중학교를 설치하고 있다. 외국인 아동들이 일본학교가 아닌 외국인학교에 취학하면 계산상으로 공적 부담은 줄어들게 된다. 여기에 "의무교육에 상당하는 교육"을 하는 외국인학교에 대해 아다치구가 보조금을 지급하는 근거가 있다.

조선학교를 비롯한 외국인학교의 처우 개선은 그 후에도 JR 철도 통학 정기권의 인정, 각종 경기 대회의 참가 자격 인정으로 이어졌다. 매해 고교 럭비 선수권 대회에서 오사카부의 대표로서 '하나조노(花園)'로 향하는 학교는 최근에는 항상 오사까조선고교였다. 지난 2015년 11월 8일 도쿄제2지구 대표 결승전에서 도꾜조선고교가 승리해 처음으로 하나조노행 티켓을 거머쥐었고, 오사까조선고교는 이번에는 오사카부 대표 결승전에서 패했다. 이처럼 조선학교를 포함한 외국인학교의 지위에 관한 처우는 조금씩 개선되었는데, 이는 조선학교의 '교육의 동등성' 내지 '교육의 상당성'이 인정되었음을 의미하는 것이다.

4. 대학입학자격 인정도 '동등성의 승인'

일본에서의 대학입학 자격에 관해서는 학교교육법 시행규칙 제150조가 이를 정하고 있다. 외국인 유학생이 일본의 대학에 입학한다는 것은 동조 제1

호 "외국에서 12년의 학교 교육 과정을 졸업한 자"에 해당한다는 것이다. 즉, '과정(課程)년수(年數)주의'에 의한 '교육의 동등성'이 인정된다는 것이다. 교육의 '동등성' 내지 '상당성'의 문제는 일본에 있는 외국인학교(고교 해당) 졸업자의 대학입학 자격과도 연관된다. 이전에는 전수학교 및 외국인학교 졸업자의 경우, 대검(대학입학자격검정의 준말, 현재는 고등학교졸업정도인정시험)에 합격하지 않으면 대입 시험을 볼 수 없었다.

2003년 3월, 문부성은 미국의 요청으로 구미의 교육평가기관 세 곳이 인정하는 일본의 인터내셔널스쿨(고교 상당) 16개교에 대해서는 대학입학 자격을 인정한다고 발표했다. 대상에 포함되지 않은 아시아계와 중남미계 외국인학교로부터 강한 비판이 일어나자 문부성은 같은 해 9월 다른 외국인학교에게도 이를 인정한다는 새로운 방침을 발표했다. 즉, ①전술한 국제적 교육평가기관이 인정하는 인터내셔널스쿨을 졸업한 자, ②본국의 고등학교와 동등한 과정을 갖춘 것으로 평가되는 학교(한국학교, 중화학교, 브라질학교 등)의 졸업자, ③기타 각 대학의 개별 심사에 의해 입학 자격아 인정되는 자는 모두 대학입학 자격이 있는 것으로 간주된 것이다. ②는 학교교육법 시행규칙 제150조 제1호의 후단에 그 규정이 있는데, 2015년 3월 현재 38개의 외국인학교가 자격이 인정된 상태이다.

그리고 조선고교 졸업자에 관해서는 ②에 해당하는 것으로 생각될 수 있지만, 일본과 북한(조선민주주의인민공화국)은 외교관계가 없으므로 학교에 동등한 과정이 있는지 그 여부를 확인할 수 없다는 이유로 지정에서 제외되었다. 북한의 학교제도는 대학 입학까지 11년제(유치반 연장반 1년 + 인민학교 4년 + 고등중학교 6년. 가마쿠라 등 편저 『입문 조선민주주의인민공화국』 유잔가쿠출판, 1996년[3])로 서로 부합되지 않는다고 볼 수도 있을 것이다. 그

---

3) 鎌倉孝夫ほか編, 『入門 朝鮮民主主義人民共和国』, 雄山閣出版, 1996.

러나 일본의 조선학교는 북한이 건국(1948년 9월)되기 이전에 이미 발족했다. 무엇보다 일본의 조선고교를 졸업한 자는 한국을 비롯해 일본 이외의 외국 대학교에서는 입학 자격이 인정되고 있다는 것을 덧붙여 두겠다. 마지막으로 ③에서 대학에 의한 입학자격 인정이라는 것은 그 이전에 문부성이 인정하지 않았던 것으로 정책이 변경된 것이다. 동 시행규칙 제150조 제7호에 관련 내용이 규정되어 있다.

대학입학 자격과 관련해 전수학교 졸업자에 관해서도 훑어보자면, 전술한 바와 같이, 전수학교 졸업자는 대학검정시험에 합격하지 않으면 시험을 치를 수 없었다. 그러나 1985년 9월, 전수학교 고등과정(3년제)에서 문부대신이 지정한 과정을 수료한 자에게 대학 입학자격이 부여되기 시작했다. 동 제150조 제3호에 규정된 2015년 2월 현재, 전국에서 973과정이 지정되어 있다(사이타마 116, 도쿄 99, 오사카 95, 아이치 72 등).

전수학교의 고등과정에 대한 대학입학 자격 부여의 요건은 ①수업 연한 3년 이상, ②총 수업 시수 2,800시간 이상, ③보통과목(국어, 사회, 수학, 이과 또는 외국어)의 총 수업시수 420시간 이상 등이 있다. 전수학교의 경우 교육 내용이 다양해서 '교원 면허'나 '검정 교과서' 또는 '학습지도요령'과도 거리가 멀다. 결국, 수업 년수와 총 수업 시수로 판단할 수밖에 없는 것이다.

'일본의 교육'과 '외국의 교육' 사이에 교육의 '동등성' 내지 '상당성'이라는 것을 인정한다고 하면, 앞서 언급한 '과정년수주의'에 의존할 수밖에 없다는 것이다. 즉, 외국에서 일본에 온 유학생이 일본의 검정시험을 보지 않는다고 해서 일본 대학의 입학시험을 볼 수 없는 것과 같은 상황은 성립하지 않는다. 문제는 일본에서와 같이 '12년 과정'을 수료했는가의 여부뿐이다.

5. 고교무상화와 외국인학교

2010년 4월에 시행된 고교무상화법은 외국인학교도 그 대상에 포함시켰다. 더구나 지원금이 국고로부터 지급된다는 점에서 외국인학교에서 공부하는 학생들에게 이 법은 '획기적'인 사건이었다. '동등성의 승인'이 한걸음 더 나아가 '정점'을 이룬 것이라고 할 수 있었다.

대상이 되는 외국인학교는 앞서 설명한 것과 같이, 동법 시행규칙 제1조 제1항 제2호에 의해 (가), (나), (다)로 분류되었다. 그리고 4월 30일, (가)에 의해서는 브라질 8개교, 중화 2개교, 한국, 영국, 프랑스, 독일 각 1개교 등 총 14개교가, (나)에 의해서는 홋카이도에서 오키나와현까지의 인터내셔널스쿨 17개교 등 총 31개교가 바로 지정되었다.

조선고교 10개교는 (다)에 해당하는 것으로 간주했던 것 같다. 조선고교가 왜 (나)에 해당하지 않는지에 대해서는 이렇다 할 설명은 없었다. 일본과 북한 사이에 외교관계가 없다는 것이 그 이유로 생각될 수도 있지만, 지정된 중화학교 2개교 모두 일본과 외교관계가 없는 대만계 학교이다. 혹은 앞서 밝힌 것처럼 북한의 학교제도가 대학 입학까지 11년제인데 반해, 일본에 있는 조선학교는 일본과 같은 6+3+3제를 채용하고 있어 북한 학교와 일본 내 조선학교가 일치하지 않는 점이 있을 수도 있다. 북한은 2012년 9월, 12년제로의 이행을 결정했는데, 여기서 이에 관한 설명은 생략한다(사노 미치오 「조선민주주의인민공화국의 전반적 12년제 의무교육」, 『해협』 25호, 사회평론사 2013년을 참조[4]).

(다)에 관해서는 2010년 5월 26일, 전문가들이 참가하는 검토회의가 구성되어 다섯 차례의 회의를 거쳐 8월 30일, 「고등학교 과정과 유사한 과정을 둔

---

4) 佐野通夫, 「朝鮮民主主義人民共和国の全般的12年制義務教育」, 『海峡』 25, 社会評論社, 2013.

외국인학교의 지정 기준 등에 관하여(보고)」(이하「기준보고」)가 발표되었다. 그 기준에 있어 전수학교 고등과정의 수준을 기본으로 할 것, (기타 외국인학교의)지정에 있어서는 교육 내용을 판단 기준으로 하지 않고, …객관적·제도적인 기준에 따라 지정했다는 점, …지정 결정에 있어 외교상의 고려 등에 의한 판단을 해서는 안 되며 교육상의 관점에서 객관적으로 판단해야 한다는 등의 내용이었다.

'전수학교 고등과정의 수준'에 관해서 한마디 언급해 두고자 한다. 앞서 본 것처럼, 1966년 이후 여러 차례 외국인학교법안이 국회에 제출되었으나 입법은 성립되지 않았다. 사실 그 당시, 전수학교제도 신설을 목적으로 한 법 개정도 동시에 진행되었다. 전수학교제도는 1975년에 법이 개정되어 전수학교제도가 신설되었다. 당초 동시에 진행되었기 때문에 전수학교에 관한 학교교육법 제124조에는 "우리나라에 거주하는 외국인만을 대상으로 하는 곳은 제외한다"고 되어있다. 전수학교와 외국인학교는 '쌍둥이'인 셈이었다.

또 한 가지 지적해두고 싶은 것은 "(기타 외국인학교의)지정에 있어서는…"이라는 부분에 관한 것이다. 필자는 정보공개를 통해 (가)에 의한 지정과정을 조사했는데, 대사관 등으로부터 해당되는 학교 명단을 입수한 후, 이를 토대로 학교를 지정하고「관보」에 '고시'하는 것이었다.

예컨대, 독일학교의 경우 2010년 4월 1일자로 문부성의 고등학교수학(修學)지원실장이 독일대사관 문화부장 앞으로「우리나라에 소재하는 각종학교인 외국인학교에 관하여(조회)」를 발송해 "우리나라의 고등학교에 대응하는 독일연방공화국의 학교 과정과 동등한 과정을 갖춘 곳으로서 독일연방공화국의 학교교육 제도를 따르는 곳에 관하여, 첨부한 회신안을 참고로 회신하여 주시길 바랍니다"라는 요청을 보내자, 4월 6일자로 주일독일대사로부터 가와바타 다츠오 문부대신 앞으로 "아래의 학교가 일본국 고등학교에 상응하고 독일의 학교 과정과 동등한 과정을 갖춘 곳으로서 독일의 학교교육 제도를 따르는 곳임을 증명합니다"라는 회신이 도착한다. 또한 외교관계가 없는 대만의 경우에는 일본측 창구 기관인 재단법인교류협회와 대만측의 창구 기관인 타이페이 주일경제문화대표처가 요청과 회신을 주고받았다. 요컨대 학교를 방문한다거나, 교과서를 제출하게 한다거나, 재무제표를 요구하지 않았다. 대사관 또는 이에 준하는 기관으로부터 문서를 통해 그야말로 "객관적·제도적 기준에 의해 지정"했던 것이다.

검토회의 보고가 나오자, 2010년 11월 5일 문부대신은「고교무상화법 시행규칙 제1조 제1항 제2호 (다)의 규정에 따른 지정에 관한 규정(이하,「규정」)」을 결정해 지정 기준 및 절차를 정하고, 신청기간을 11월 30일까지로 했다. 조선고교 10개교는 모두 이 기한까지 신청을 마쳤다.

6. '납치문제'와 '북한문제'에 짓눌린 조선고교 무상화

조선고교가 '규정'에 따라 신청 절차를 밟기 시작한지 얼마 되지 않은 2010년 11월 24일, 북한에 의한 연평도포격사건이 발발하자 간 나오토 수상은 조선고교에 대한 심사 '동결'을 지시했다. 이전부터 조선학교에 고교무상화 적용을 반대하는 의견이 있었는데, 법이 만들어지기도 전인 2010년 2월 21, 나카이 히로시 납치 담당 대신은 조선고교 제외를 문부대신에게 요청했다.

2002년 9월에 발표된「조일평양선언」의 본래 취지는 온대간대 없고 오로지 납치문제에 모든 것이 흡수되는 양상이었다. 그리고「북한에 의한 납치피해자 가족 연락회」(대표 이이즈카 시게오, 이하「가족회」)와「북한에 납치된 일본인을 구출하기 위한 전국협의회」(회장 니시오카 츠토무, 이하「협의회」)가

연명으로「조선학교에 대한 국고보조의 졸속 결정에 반대하는 성명」을 발표한 것은 2010년 8월 4월이었다(「협의회」홈페이지). 그러나 고교무상화법은 학교에 대해 보조금을 제공하는 것이 아니라 학생에게 학비를 지원한다는 것이다. 성명서에서 이들은 "일부 보도에 따르면 고교무상화의 조선학교 적용이 적합한지를 검토하는 전문가위원회가 '지원해야한다'는 쪽으로 결론을 낸 것으로 전해지고 있습니다. 그러나 전문위원들이 누구인지, 언제, 어떻게 논의가 진행되고 있는지조차 공개되고 있지 않습니다. 이런 밀실 논의가 납치 피해자 구출에도 영향을 줄 수 있는 중대 사안을 다루고 있다는 것에 대해 강한 위화감을 갖고 있습니다. 전문가 중에는 납치문제를 비롯한 북한과 조선 총련의 불법 활동에 관한 전문가도 포함되어 있는 것입니까"라고 묻고 있다. "고등학교 과정과 유사한 과정"인지 여부를 심사·검토하는 회의에 대해 납치문제 전문가가 들어있는지 묻고 있는 것이다.

다음날인 8월 5일,「북한 귀국자의 생명과 인권을 지키는 모임」(대표 미우라 고타로, 이하「지키는모임」)이라는 단체도「조선학교 무상화의 정부 방침에 항의하는 성명」을 발표했다(「지키는모임」홈페이지). 전문가 검토회의는 7월 26일 제4차 회의를 열고, 다음 5차 회의에서(8월 19일) '보고서'를 채택하고 종료했는데, 이를 두고 무상화 대상으로 결정되었다고 본 것이다. 이는 정확한 판단은 아니었지만, "고등학교 과정과 유사한 과정"의 지정에 있어 재량이 발동될 여지가 없으므로 이는 맞는 판단이라고도 할 수 있을 것이다. 여하튼, 조선고교의 무상화 적용에 관해 이들 세 단체 즉,「가족회」,「협의회」,「지키는모임」모두가 반대를 표명한 것은 이후 중요한 의미를 띠게 된다.

8월 25일,「가족회」,「협의회」가 문부성과 납치문제대책본부를 방문해「조선학교에 대한 국고 보조에 반대하는 요청문」을 전달했다. 문부성에서는 오자키 하루키 대신관방심의관(초등중등교육국 담당), 와다 가츠유키 초등중

등교육국 재무과 고교수학지원실장과 면담했다. 8월 29일에는 "조선 고교무
상화가 실현된다면, 일본이 납치 피해자 인도를 강하게 요구하는 것은 아니
라는 잘못된 메시지로 읽힐 위험성이 있습니다"라는 문구 아래, 「조선고교에
대한 수업료 무상화에 반대하는 긴급 집회」를 대중적으로 열었다. 조선고교
무상화와 납치문제를 양쪽에 놓고 '저울질 하는' 프레임으로 전반적인 흐름의
가닥이 잡힌 것이다.

다카기 요시아키 문부대신이 11월 5일 「검토회의」의 보고를 받아 '규정'을
정하자 즉시 「가족회」와 「협의회」는 「조선학교에 대한 국고 보조에 반대하는
긴급 성명」을 발표하고 "문부과학대신은 조선학교에 대한 국고 보조 지급을
정하는 기준 적용 절차에 있어서 납치문제에 대한 악영향을 불식할 조치가
취해질 수 있는지의 여부를 충분히 검토하시길 바란다"고 했다. 또한, 11월
16일에는 「지키는모임」이 「조선학교 수업료 무상화 결정에 항의하고 국회의
재검토를 요구하는 성명」을 발표해 "문부과학성은 조선학교가 무상화에 적
합하다고 판단한 이유를 역사교과서에 대한 평가를 포함해서 공식적인 형태
로 국민이 납득할 수 있도록 설명해 달라"고 요구했다(「지키는모임」 기관지
『빛을 쏴라』6호[5]). 많은 사람들이 '규정'이 정해졌다는 사실만으로 조선고교
에 대한 무상화 적용 여부가 거의 결정된 것으로 본 것이다.

간 수상의 '동결' 지시는 위와 같은 경위를 거치고난 후의 '지점'에 있었다.
조선고교가 "고등학교 과정과 유사한 과정"에 해당하는가 아닌가라는 판단
의 원점은 완전히 망각되고 말았다는 느낌을 지울 수 없다.

---

5) 「北朝鮮歸国者の生命と人權を守る會」機關誌 『光射せ』 6号.

7. (다)에 의해 지정된 두 개의 외국인학교

2010년 11월, '규정'이 정해졌으나 조선고교만이 그 심사가 동결되었다는 것은 이미 서술한 바와 같다. 그러나 다른 해당 학교들은 심사에 들어갔고, '규정' 제15조에 따라「교육제도에 관한 전문가 기타 학식 경험자로 구성된 회의」인「고등학교등취학지원금의 지급에 관한 심사회」(이하「심사회」)가 꾸려졌다(이하「심사회」의 내용 등에 관해서는 문부성 홈페이지).

그리고 2011년 7월 1일, 제1회 심사회가 열려, 문부성 초등중등교육국장으로부터 호라이즌 재팬 인터내셔널스쿨(가나가와현) 및 코리아국제학원(오사카부)에 대한 심사 의뢰가 있었다. 전자는 터키인이 중심이 되어 개설한 인터내셔널스쿨로 같은 해 9월 고등부를 개설할 예정이었고, 후자는 한국인 학생이 대부분으로 수개월 전인 4월에 학교법인, 각종학교로 인가를 갓 받은 곳이었다.

두 학교에 대한 심사회는 7월 1일, 20일, 11월 2일 세 번 열렸고, 전자는 8월 30일, 후자는 12월 8일 각각 지정되어「관보」에 고시되었다. 전자에 관해서는 두 차례의 심사로 결론이 도출되었다. 제2회 심사회에서 위원들이 "고등부는 아직 개교 전인데, 현시점에서 지정하는 것에 문제는 없는가"라고 질의하자 사무국인 문부성은 "앞으로 실시하려는 교육이 '고등학교와 유사한 과정'인지의 여부로 판단하는 것이다. 또한 신청한대로 교육이 이루어지고 있는지 등은 향후 확인해갈 것이다"라고 답변했다.

지정에 있어 '유의사항'은 다섯 항목으로 두 학교 모두 거의 같은 내용이다(단, 전자는 개교 전이므로 "신청 내용을 착실히 실시할 것"이라는 항목 추가). "3. 취학 지원금의 수업료로서의 확실한 충당에 관하여"라는 항목은 "취학 지원금이 확실하게 학생들의 수업료로 충당되도록 하고 그 원천이 귀중한 세금임을 감안하여 회계의 투명성을 위해 노력할 것"이라는 내용으로 두 학교 같다. 한편, 제2회 심사회에서는 유의사항에 관해 다음과 같은 문답도 오고갔다. 위원 : "유의사항을 지키지 못할 경우, 벌칙 조항이 있는가", 사무국 : "즉시 벌칙을 부과할 수는 없지만, 개선을 촉구해갈 것이다. 취학 지원금이 수업료로 쓰이지 않는 등의 법령 위반이 있을 경우에는 지정을 취소할 것이다".

위의 두 학교에 관해서 「심사기준 적합상황」이라는 제목의 일람표가 작성되었는데, 예를 들어, '규정'에 따라 '제2조(수업연한) -3년'과 같이 기입되어 있다. 또한 제13조에 관해서는 제13조(적정한 학교운영) -①재무제표의 작성, ②이사회 등의 개최 실적, ③관할관청에 의한 처분(헤이세이 18. 4. 1 ~ 헤이세이 23. 6. 1)이라고 되어있다.

이처럼 두 학교가 심사를 거쳐 지정을 받았다. 결과적으로 조선고교보다 늦게 신청한 학교들이 조선고교보다 먼저 무상화 적용을 받은 것이다.

8. 조선고교 심사 '동결' 해제 이후의 경위

간 수상은 퇴진하기 전 2011년 8월 29일, 다카기 문부대신에게 동결 해제를 지시했고 조선고교에 대한 심사는 재개되었다. 그러나 같은 날 즉시 「가족회」와 「협의회」는 연명으로 「간 수상의 조선학교에 대한 국고 보조 절차 재개에 항의하고, 새 내각에 대해 납치문제 해결에 합당한 새로운 대응을 요구하는 성명」을 발표했다. 또한 31일에는 자민당 정무조사회의 문부과학부회(회장 시모무라 하쿠분), 외교부회(회장 오노데라 이츠노리), 납치문제대책특별위원회(위원장 후루야 게이지)가 합동회의를 열어, "지시를 즉시 철회시킬 것을 결의"했다(기관지 『자유민주』 2477호, 2011. 9. 13). 이 날 신당 「일어나라 일본」도 유사한 항의성명을 발표했다. 「지키는모임」도 같은 날 노다 요시히코 수상 앞으로 「조선학교 무상화 절차 재개의 철회를 요구하는 요청문」을 보내 "교과서에서의 북한 독재정권 찬양을 수정할 때까지는 조선학교 및 조선총련에 대해 무상화는 있을 수 없다는 것을 통고하라"고 요구했다(「지키는모임」 홈페이지). 그러나 교육 내용은 원래 심사 대상이 아니다. 여기에 대해서는 "아메리칸스쿨에서는 원폭 투하를 어떻게 가르치고, 중화학교의 교과서는 남경대학살에 대해 어떻게 쓰고 있는가. 이를 따지지 않는 것은 가치관과 역사인식이 다르므로 교과 내용에 정치적인 간섭을 해서는 안 된다는 대전제가 있기 때문"(2013. 2. 2. 『가나가와신문』 사설)이라는 지적을 소개해두겠다.

「협의회」 홈페이지에는 심사 동결이 해제된 당일 여당인 민주당의 납치문제대책본부가 간 총리에게 항의문을 보냈고, 10월 25일에는 민주당 내에 「조선학교 수업료 무상화를 생각하는 모임」(대표 와시오 에이이치로 의원)이 만들어져, 노다 수상과 나카가와 문부상 앞으로 보내는 「조선학교 수업료 무상화 심의에 있어 엄정하고 신중한 대응을 요구하는 결의」가 의원들 15명의 연명으로 채택되었음을 각 의원 이름과 함께 소개되었다.

9월 2일 발족한 노다 내각은 사흘 뒤인 11일, 「가족회」 대표와 면담했고, 단체 대표는 9월 말까지 요구가 실현되지 않을 경우 연좌 농성도 불사하지 않고 피해자 구출을 위해 싸울 각오라는 내용의 문서를 전했다. 세 가지 요구항목 중 하나는 "조선고교에 대한 무상화 적용 절차를 납치문제를 이유로 중지하라"는 것이었다. 같은 달 30일, 「가족회」 대표에게 야마오카 겐지 납치담당대신은 조만간 노다 총리가 지방에 거주하는 사람들을 포함해 「가족회」 회원들과 면담할 것이고, 나카가와 문부대신과도 그 다음 주 면담이 잡혔다는 소식을 전하자 연좌 농성은 보류되었다.

그리고 10월 6일, 나카가와 문부대신과의 면담에서 「가족회」와 「협의회」는 진행 중인 절차에 관해 납치문제에 대한 악영향 등 우려와 문제점을 지적했다. 나카가와 대신은 "지금까지의 경과에 입각해 나름대로 다시 한 번 정리할 것이다. 교육 행정에 있어서는 아이들의 인권도 고려하지 않으면 안 된다는 것이 문부성의 방침이며, '유의사항'에 따라 교육 내용을 엄정하게 조사할 것이다"라고 약속했다. 이어 "조사 결과를 보고 최종 판단을 할 것이다. 앞으로 두 달간 유예 기간을 주길 바란다. …국민들에게도 교육 문제와 납치 문제를 잘 설명하여 둘 다 중요하다는 것을 전해야한다"라고도 했다. 문부대신이 처음으로 교육문제와 납치문제와의 '구별'에 대해 언급한 장면이라고 할 수 있다.

심사가 재개되자 자민당은 조선고교 배제로 방향을 분명히 정한 것 같다. 『자유민주』(2478호, 2011. 9. 20)는 "자민당은 이렇게 생각한다 : 조선학교의 고교무상화는 인정할 수 없다. 반일 교육에 혈세 - 시모무라 하쿠분 재야내각 문부대신에게 듣는다"라는 글을 게재했다. 여기서는 "김정일 체제를 지지하는 사상교육을 하는 조선학교에 대한 무상화 적용은 국민의 이해를 얻기 어려워…"라면서도, "교육 내용을 기준으로 하지 않으므로 외형적인 조건을 만족시키면 무상화의 대상이 됩니다. …심사 절차가 재개되면 사실상 무상화의 대상이 되어버립니다"라고 말하고 있다. "고등학교 과정과 유사한 과정"인지 여부는 외형으로 판단되므로 무상화 대상에서 제외할 수 없음을 인식하고 있다는 것인데, 이것이 후에 '(다)의 삭제'를 초래한다.

이듬해인 2012년 9월 2일, 「모든 납치 피해자를 구출할 것이다! 국민대집회」가 도쿄 히비야 공회당에서 열렸고, 민주당 집권 이후 처음으로 노다 수상이 참가했다. 결의문에는 "정부와 관계 지자체는 조선학교에 대한 공적 지원을 중단하라"라는 문구가 들어있었다.

결국 고교무상화법이 정하는 "고등학교 과정과 유사한 과정"에 조선고교가 해당하는가를 따지는 문제는 증발해버린 듯했다.

9. 우여곡절 속에서도 진척된 조선고교 심사

　앞의 두 학교에 관한 검토는 제3회 심사회에서 종료되었고, 제4회(2011년 11월 2일, 제3회와 같은 날 오후 개최)부터 조선고교에 대한 심사가 시작되었다. 배포자료 1「심사일정(안)」에는 "11월 7일(월) ~ 22일(화) 실지조사"를 하고, "12월 5일(월) 또는 16일(금) 심사회를 개최해 지정 여부에 관한 의견 청취, 실지조사 결과에 기초한 유의사항의 검토"를 거친 후, "12월 말 ~ 1월 초순 문부과학대신 지정(유의사항의 통지)"을 한다고 그 일정을 밝히고 있다. 나카가와 문부대신이 10월 6일「가족회」,「협의회」를 만나 "앞으로 두 달 유예기간을 달라"고 한 언설과 부합되는 일정이다.

　조선고교 심사가 시작된 제4회 심사회 당일, 사무국인 문부성 수학지원실이 준비한 '자료'는 앞의 일정 외에도, 2. 조선고급학교 심사(포인트), 3. 지정을 희망하는 외국인학교 개요[10개교 일람표], 4. 각 조선고급학교의 심사기준 적합 상황, 5. 도도부현에 의한 조선고급학교의 검사 및 행정 처분 등의 상황, 6. 각 조선고급학교의 법령에 따른 적정한 운영 확인, 7. 각 조선학교에 대한 서면을 통한 확인 사항(안) 등 다양한 내용으로 채워져 있다.

　2. 조선고급학교 심사에서는, "1. 주된 교재에 관하여, 2. 학교 경리, 취학지원금의 적정한 사용에 관하여, 3. 조선총련과의 관계에 관하여, 4. 법령에 따른 적정한 운영에 관하여, 5. 신청에 허위 기재가 있을 시의 대응" 등의 항목으로 되어 있다. 1. 교재 항목에서의 '대응'에 있어 사무국은 "구체적인 교육 내용은 심사 대상이 아니지만,…심사 과정에서 '우려사항'으로서 학교측에 알려 …개선 방침을 확인할 수 없을 경우, 지정 시 '유의사항'으로 통지…"한다는 방침을 밝히고 있다. 2. 지원금의 적정한 사용에 관한 항목은 "학교법인 회계기준에 대해 외형적인 적합성만을 공인회계사에게 의뢰. …지정 후에 …

만일 부정하게 사용된 사실이 발각될 경우에는 지정 취소를 포함해 엄격하게 대처"한다는 등의 내용이다. 3. 조선총련과의 관계에서는 "일반론적으로는 단체가 교육에 대해 영향을 미치고 있다는 것만으로 바로 '부당한 지배'(교육기본법 제16조)라고 할 수 없으나, '부당한 지배'에 해당하는지 여부는 계속하여 검토할 필요가 있으므로, 과거의 보도 등을 바탕으로 다음의 사항을 학교에 확인"이라고 적혀 있다. 예를 들어, "교재의 개정에는 본국의 결재가 필요한가"라는 확인 질문은 '교과서, 김 총서기의 결재가 필요(2010년 3월 11일자, 『산케이신문』)'라는 보도에서 비롯된 것인데, 심사 과정에서 이처럼 산케이신문 보도를 근거로 야기되는 '우여곡절'을 겪어야만 했다.

4. 심사 적합 상황에는 앞의 두 학교와 마찬가지로 각 '규정' 조항을 세로축으로, 홋카이도에서 규슈까지의 10개교를 가로축으로 한 큰 열람표가 작성되어 있는데, 제13조(적정한 학교 운영)의 항목은 ①재무제표의 작성, ②이사회 등의 개최 실적, ③관할청에 의한 처분(최근 5년간)으로 나뉘어 있다. ①에 관해서는 모든 학교가 동일하게 필요 사항을 작성하고 있다고 했고, ③에 관해서도 모든 학교가 해당 사항 없음으로 명기되어 있다. ②에 관한 내용을 열거하면, 홋카이도(이사회 3회, 평의원회 3회), 이바라기(이사회 1회, 평의원회 1회, ※이사회는 상임이사회(기부행위에는 규정 없음)를 월 1회 개최), 도쿄(이사회 3회, 평의원회 6회), 가나가와(이사회 4회, 평의원회 4회), 아이치(이사회 3회, 평의원회 3회), 교토(이사회 7회, 평의원회 5회), 오사카(이사회 15회, 평의원회 10회), 고베(이사회 6회, 평의원회 6회), 히로시마(이사회 9회, 평의원회 2회), 규슈(이사회 4회, 평의원회 4회)로 기록되어 있다.

자료6의 법령에 따른 적정한 운영의 확인에서는 "규정 제13조 법령을 바탕으로 한 학교의 적정한 운영이라는 관점에서…법령 위반 여부에 관해서는 정리가 필요"하다고 되어 있고, '교지, 교사에 관해서는 가차압을 당거나 저당권이 설정된 학교'→'예컨대 보도된 것처럼 제3자의 사업자금을 충당하는 차입으로 교지나 교사에 저당권이 설정되어 있는 경우, 법령 위반에 해당하는지 검토 필요'로 쓰여 있다(여기서 말하는 보도는 2011년 10월 26일, 산케이신문의 「규슈, 아이치 조선학교, 시설에 가차압」을 가리킴).

제6회 심사회(2012년 3월 26일)에서는 사무국이 준비한 자료1. 각 조선고급학교의 심사 상황에서 1. 심사 기준에 대한 적합성 부분에서는 "심사기준 중 재량의 여지가 없는 외형적인 기준(교원 숫자, 교지와 교사의 면적 등)에 관해서는 모든 학교가 기준에 부합한다", "(1)심사기준(법령에 따른 학교 운영)에 저촉될 가능성이 있는 사항, (2)신청 내용에서 중대한 허위로 여기질 수 있는 사항에 관해서는 무상화 지정 결정에 관계되는 것부터 확인했으나, 중대한 법령 위반에 해당하는 사실은 확인할 수 없었다"고 되어 있다. 다음으로 2. 조선총련과의 관계에서는 "교육회는 보호자, 학교 졸업생, 그 밖의 각 지역의 학교 지원자 대표 등으로 구성되어 있고, 학교에 대한 기부금 모집 등을 지원하는 조직으로서 교육회가 학교 운영을 지배한다는 사실은 확인되지 않았다"고 한다. 3. 주된 교재의 우려 사항은 "(1)교육기본법 제2조(교육 목표)에 위반되지 않는지, (2)지정 시 유의사항으로 자주적인 개선을 촉구해야 하는 가라는 관점에서…필요한 확인을 한 결과, …납치문제, 대한항공기폭파사건에 관한 기술에 있어 개정된 교재가 사용되고 있는 것이 확인되었다. 미사일 발사 문제, 영토문제(독도, 북방영토), 동해 호칭 문제 등에 관해서 우리나라 정부의 견해와 상이한 서술이 확인되었다"고 되어있다.

또한, 자료4 조선고급학교에 대한 유의사항(초안)에서 '이미 지정된 학교와의 공통 사항' 외에 조선고교에 대해 추가된 부분에는 '밑줄'이 그어져 있는데, 이는 심사가 최종 단계에 이르렀음을 시사한다.

제7회 심사회(2012년 9월 10일)에 사용된 "자료2 최근 확인된 사항에 대한 조선고급학교의 회답"을 보면, 다시금 시종일관 산케이신문 보도에 대처하도 하는 듯한 모양새다. 예컨대 "전국 조선초중급학교에서 선발된 학생 약 100 명이 1~2월에 북한을 방문해 고 김정일씨, 김정은씨에게 충성을 맹세하는 가 극을 선보였다는 보도에 관하여", "고급부 학생은 참가하지 않았다고 회답" 이라고 되어있고, 또한 "초중급부의 아동과 학생이 참가한 경우에도 학교 행 사 차원이 아니라 참가를 희망한 아동과 학생이 자유의지에 따라 참가한 것 으로 학교가 관여하지 않았다는 회답" 등이 그것이다(산케이신문 관련기사 「조선학교 학생, 김정은씨에게 충성. 전국 선발 100명, 북에서 가극 선보여」 2012년 3월 16일). 또한 "김정은씨 초상화 게시에 관해서는", "모든 학교가 게 시하지 않고 있고, 게시 여부에 대한 검토도 하지 않고 있다는 회답이라는 내 용도 보니." 이와 관련된 산케이신문 기사로는 「김정은 어록으로 조선총련 간부 강습, 조선학교 우상화 교육으로」(2012년 6월 18일) 등이 있다.

이러한 내용들이 조선고교가 "고등학교 과정과 유사한 과정"에 해당하는 지 여부를 심사하는 것과 무슨 상관이 있는지 알 수 없다. 앞에서 다룬 것처럼 「모든 납치 피해자를 구출할 것이다! 국민대집회」에 노다 수상이 출석한 것 은 2012년 9월 2일로 여기에서 나온 결의문에는 "조선학교에 대한 공적인 지 원을 중단하라"는 것이었다. 그러나 그 얼마 전에 '요코다 메구미씨'의 아버지 시게루씨는 "납치문제를 이유로 조선학교를 무상화 대상에서 제외한다든지 보조금 대상에서 제외하는 것은 사리에 어긋난다"고 발언한 바 있다(「요코다 시게루씨, 사키에씨 인터뷰」『주간금요일』 2012년 6월 15일6)). 「국민대집회」 후에는 납치 피해자의 오빠인 하스이케 토오루씨도 "고교무상화 정책에서 조 선학교를 제외한다는 등 …이것은 납치문제와 상관없는 엉뚱한 분풀이입니 다"라고 말했다(『주간금요일』 2013년 2월 22일).

---

6) 「横田滋さん・早紀江さんインタビュー」, 『週刊金曜日』 2012. 6. 15.

제7회 심사회는 이전 심사회와 마찬가지로 거의 비슷한 내용의 무상화 지정 '유의사항'을 을 참고했다. 즉, 심사의 최종단계였다. 그러나 '의사(議事)요지'에서는, "이번 논의를 바탕으로 앞으로도 심사를 계속해간다. 다음 심사회에 관해서는 일정이 정해지는 대로 연락한다"고 되어 있으나, 다가오는 '폭풍우' 속에서 모두 산산조각 나고 말았다.

10. 조선고교만은 제외한다!

노다 정권의 앞날이 불투명해지자, 조선고교를 제외하려는 움직임에도 속도가 붙어 2012년 11월 16일, 자민당은 조선고교에 대한 무상화 적용 저지를 목적으로 한 「고교무상화법 일부개정 법안」을 참의원에 제출했다(2012년 11월 16일, 『산케이신문』 「조선학교 무상화 저지를 위한 법개정안 제출, 자민당 요시이에 의원」). 동법 시행규칙에 있는 (가), (나), (다)를 법률로 격상시켜서 (다)를 삭제한다는 법안이다. 여하튼 조선고교만은 제외한다는 '굳은' 의사 표시라고 볼 수 있다. 동 법안은 중의원 해산에 의해 폐안되었으나, 자민당이 선거에서 승리해 12월 26일 제2차 아베 신조 내각이 발족한 이틀 뒤인 28일, 곧바로 시모무라 문부대신은 정례 기자회견에서 고교무상화에서 조선고교를 제외하겠다고 확언했다.

"납치문제에 진전이 없는 것, 조선총련과 밀접한 관계에 있어 교육내용, 인사, 재정에 영향을 미치고 있는 점 등 현 시점에서 지정하는 데에 국민의 이해를 얻을 수 없어 불지정의 방향으로 절차를 밟아가고자…이를 위해 야당 시절에 국회에 의원 입법으로 제출한 조선학교 지정 근거를 삭제하는 개정법안과 같은 취지의 개정을, 성령 개정으로 추진하고, 오늘부터 퍼블릭코멘트를 실시하고자 합니다. 그리고 앞으로 조선학교가 도도부현 지사의 인가를 받아 학교교육법 제1조가 정하는 일본의 고등학교가 되거나, 북한과 일본과의 국교가 회복되면 현행 제도에서 무상화 대상이 될 가능성이 있다고 생각합니다". 또한 대신은 기자들과 질의응답에서 "외교상의 고려 등으로 판단하지 않겠다는 민주당 정권의 정부 통일 견해는 당연히 폐지합니다"라고 대답했다 (12월 28일 대신 회견록, 문부성 사이트).

퍼블릭코멘트 의견 모집 요령에 첨부된「성령(省令)안의 개요」에서는 현행법 제도를 설명한 뒤, 개정 개요에 관해서는 "상기 중 (다) 규정을 삭제하고 취학지원금 제도의 대상이 되는 외국인학교를 (가) 및 (나) 유형에 제한한다"라고만 되어 있고 개정의 취지와 이유는 일절 서술되어 있지 않다. 이에 대해 필자는 개정 이유가 무엇인지를 묻는 팩스 서신을 문부성에 보냈다. 결국 회신은 오지 않았고, 이에 대해 의견을 다시 표명했지만, 결과 발표문에도 이유 등에 관한 언급은 없었다.

참고로 통상 퍼블릭코멘트를 받을 때에는 개정의 취지 혹은 목적이 의견 모집 요령에 설명되어있다. 예컨대, 2013년 1월 18일 공시된「고교무상화법 시행령의 일부 개정정령안」의「의견 모집」에서는 '취지'에 관해 '소득 제한을 설정해 보호자 등의 부담을 경감할 필요…'라고 설명되어 있다.

당시까지의 흐름으로 볼진대, 차마 조선고교를 제외하기 위해서라는 사실을 명기할 수는 없었을 것이다. 그러나「퍼블릭코멘트의 결과에 관하여」(2013년 2월 20일, 문부성 고교수학지원실)에서는 "조선학교는 납치문제에 진전이 없고, 조선총련과 밀접한 관계에 있어 교육내용, 인사, 재정에 그 영향을 미치고 있는 점을 고려하여, 현 시점에서는 무상화 지정에 대해 국민의 이해를 얻을 수 없다는 관점에서 이번 개정을 단행한다"고 기술되어 있다.

퍼블릭코멘트 기간이 지난 뒤 2013년 2월 20일, (다)를 삭제하는 성령 개정을 공포 시행함과 동시에 조선고교 10개교는 '불지정' 통지를 받았다.

마지막 심사회가 되어버린 제7회 심사회(2012년 9월 10일)의 「의사요지」에는 사실은 다음과 같은 내용의 대화가 기록되어 있다.

> 위　원 "본 심사회는 결론으로서 하나의 방향성을 제시해야하는가. 경우에
> 　　　따라서는 위원 간에 여러 의견이 있을 수도 있는데."
> 사무국 "최종적으로 어느 한 방향성을 제시해주셔야 하는데 이 때 소수의견
> 　　　을 병기하는 것도 고려할 수 있다."
> 위　원 "본 심사회에서 정리한 결과를 참고로 최종적으로는 대신이 결정하
> 　　　게 되는 것인가."
> 사무국 "그렇다."

그러나 결과적으로는 '심사회가 어느 한 방향성을 제시'하는 것도 없이 성령 개정과 불지정 처분은 '강행'되었다. 야당 시절 재야내각 문부대신이었던 시모무라씨는 "심사 절차가 재개되면, (조선고교는) 사실상 무상화의 대상이 되고 만다"(『자유민주』 2011년 9월 20일)고 발언했는데, 이를 막기 위해 (다)를 삭제한 것이다. 본래는 조선고교가 고교무상화법이라고 하는 '고등학교의 과정과 유사한 과정'에 해당하는지 여부가 심사되어야만 함에도 불구하고 어느 시점부터 이러한 근본적 문제는 망각되고 '납치문제…', '조선총련과의 관계…' 등과 같은 정치문제가 되고 말았다. 심사회의 존재도 완전히 무시되었다 것은 인용한 「의사요지」에서 확연하게 드러났다고 할 수 있다.

그리고 문부성 대신은 회견에서 '북한과의 국교가 회복되면…'이라는 전제를 달았는데, 국교가 정상화된다면, (다)가 이미 삭제되었으므로 (가)를 근거로 할 수밖에 없으며, 대사관이 제공하는 '확인문서'를 바탕으로 조선고교를 지정하게 될 것이다. '조선총련과의 관계…'라든지 '부당한 지배'와 같은 것을 따질 여지는 물론 없다. 이러한 경우를 상정해보면 이번 불지정 처분이 무상화 법률과의 정합성을 명백히 결여하고 있다는 것을 여실히 알 수 있다.

11. 유엔에서의 '해명'은 통하지 않았다

고교무상화제도에서 조선학교를 제외한 것은 당연히 유엔 인권기관에서도 문제로 부각되었다. 고교무상화법을 제정하면서 정부는 사회권규약 제13조의 유보 철회를 유엔에 통고했다는 것은 본 의견서의 모두에서 언급한 대로이다. 사회권규약에 관한 일본정부가 제출한 제3회 정기보고서는 2013년 4월 30일 유엔 사회권규약위원회에서 심사되었고, 5월 17일 「총괄의견」이 발표되었다.

심사 당일 사회권규약위원회 위원과 일본정부 대표 간의 공방에는 다음과 같은 대목이 있다.

> 신혜수위원(한국, 법무부 여성정책위원회 위원장, 이화여자대학교 국제대학원 교수) "왜 조선학교 학생들은 그 대상에 포함되지 않았는가. 이들은 일본에서 태어나고 자란 아이들입니다. 일본은 북한과는 국교가 없다지만 학생들 중에는 한국국적도 많고, 일본국적도 있습니다. 조선학교에 대한 차별적인 대우를 철회하고 구제 조치가 취해져야 합니다."
>
> 문부성 "조선학교를 무상화 적용 대상 외로 한 이유는 다음의 두 가지입니다. 우선 조선총련과의 밀접한 관계에 있어 교육내용, 인사, 재정에 그 영향이 미치고 있고, 무상화의 심사기준 13조에서의 법령에 따른 적정한 학교 운영에 조선학교가 적합하다는 확증을 현시점에서는 얻을 수 없다는 것. 또한 납치문제에 진전이 없다는 판단에서 …국민들의 이해를 얻을 수 없다는 것으로, 이로 인해 …조선학교 지정의 근거가 되는 규정을 삭제하여 불지정 처분을 하였습니다. …"
>
> 동 위원의 재질문 "고교무상화는 고교에서의 교육에 대한 평등한 권리를 위한 것이지요. …일본인들을 납치한 것은 분명 무서운 범죄입니다만, 이것과 조선학교에 다니는 아이들 사이에는 아무런 관계가 없다는 사실입니다. 그러므로 그러한 이유가 이들을 배제하는 이유는 될 수 없습니다. 아이들로부터 학교에서 교육을 받을 권리를 빼앗는 것

입니다. …"

외무성 "조선총련, 이것은 일본에 사는 북한과 관계가 있는 사람들의 단체
로 여기와 조선학교가 매우 밀접한 관계에 있고 조선총련으로부터
의 대단히 적극적인 협력 아래 운영되고 있습니다. 납치문제를 포
함해 범죄 행위를 하고 있다는 것을 무시하고 이런 곳에 국민의 세
금을 지급한다는 것에 대해 국민의 이해를 얻을 수 있겠는가라는
것입니다. 나아가 조선학교와는 별도로 한국계가 다니는 학교가 있
는데 여기는 제도의 대상이 되었습니다. 따라서 특정 민족을 차별
하는 조치가 아니라는 것을 이해해주시길 바랍니다." (위원은 영어
로 발언하고 일본정부는 일본어로 발언하였으므로 참가했던 인권
단체가 이를 녹음해 가번역한 것을 인용함)

이러한 질의응답 후, 동 위원회는 일본정부에 대한 「총괄의견」을 정리했다.
동 위원회는 변호사와 연구자 등 법률 전문가 18명으로 구성되어 있다(자유
권규약위원회에는 국제법 전문의 도쿄대학 이와사와 유지 교수, 여성차별철
폐위원회에는 하야시 요코 변호사가 위원으로 활동하고 있으나, 위 사회권규
약위원회에 일본인 위원은 없다).

「총괄의견」은 크게 '긍정적 측면'과 '주요 우려 사항 및 권고'로 나뉜다. 전술
한 유보 철회에 관해서는 "[단락 5] 위원회는 체약국이 무상교육의 점진적인
도입에 관한 제13조 2(b) 및 (c)에 대한 유보 철회에 대해 만족하여 주목한다"
고 되어 있다.

조선학교 문제에 관해서는 "[단락 27] 위원회는 체약국이 공립학교 수업료
무상제인 고등학교등취학지원금제도에서 조선학교가 배제되어 있어, 이것
이 차별을 구성하고 있다는 점에 우려를 표명한다.(제13조, 제14조)
위원회는, 차별의 금지는 교육의 모든 측면에서 완전하게 또한 즉각적으로
적용되고 모든 국제적으로 금지되는 차별 사유를 금지의 사유에 포함한다는
것을 상기하여, 체약국에 대해 고등학교등취학지원금제도를 조선학교에 통

학하는 학생들에게도 적용하도록 요구한다."라고 되어 있다.(외무성 번역, 외무성 사이트 인용)

일본정부는 유엔에서도 일본 국내에서 한 것처럼 조선학교를 제외한 이유를 나름 상세하게 '해명'했으나, 결국 받아들여지지 않았다. 유엔은 '교육을 받을 권리' 또는 '차별'이라는 관점에서 문제를 파악하고 있는 것이다.

다음으로 유엔 인종차별철폐위원회는 2014년 8월 20일~21일 일본정부의 제7~9회 정기보고서의 심사를 진행하고, 8월 28일 「총괄의견」을 발표했다. 위원회에서 위원과 일본정부 간의 질의응답은 다음과 같다.

> 아나스타시아 크릭클리 위원(아일랜드, 2007~2010 EU기본인권부 집행위 위원장 등) "헤이트스피치에 관해 직접적으로 질문하겠습니다. 외국인이나 재일코리안에 대한 폭력 선동에 대해 정부는 어떻게 대처할 생각입니까? 이는 인종차별철폐조약에 대한 직접적 위반입니다. 조선학교 무상화 제외도 수많은 보고를 통해 본인이 이해하고 있는 한, 납치문제 조사에 진전이 없다는 것을 전제로 하고 있는 것은 아닌지요? 만약 그렇다면, 다수의 젊은이들로부터 교육의 기회를 빼앗는 이유로서는 애매하다고 생각합니다. 또한 조선인 학생들에 대한 차별이 계속되고 있습니다. 학생들은 제복과 통학 경로 등에 관해 자유롭게 판단할 수 없는 상황에 있습니다."
>
> 모리 스케(문부과학성 대신관방국제과) "복수의 위원들로부터 '조선학교를 고교무상화의 대상 외로 하는 것은 차별이 아닌가'라는 질문을 받았습니다만, 조선학교의 고교무상화 불지정 처분에 관해서는 이하의 이유에서 차별에 해당하지 않는다고 생각하고 있습니다.
>
> 우선, 고교등취학지원금은 학교가 학생 대신 수령하여 수업료에 충당하는 구조이기 때문에 취학지원금의 관리가 적정하게 이루어지는 학교 체제가 요구됩니다. 이를 위한 본 건 규정 13조에 있어서 학교 운영이 법령에 따라 적정하게 이루어지는 것이 그 요건인데, 구체적으로는 교육기본법, 학교교육법, 사립학교법 등의 관계 법령의 준수가 요구됩니다. …제도의 대상이 될 수 있는 기준에 부합하는지 여부를 심사한 결과, 조선학교는 조선총련과 밀접한 관계에 있고, 또한

조선총련은 북한과 밀접한 관계에 있다고 인식하고 있으며, 교육내용, 인사, 재정에 그 영향을 미치고 있는 점 등에서, 교육기본법 제16조 제1항에서 금지하는 '부당한 지배'에 해당하지 않는다는 충분한 검증이 어렵기 때문에…불지정 처분을 내렸습니다."(심의록은 반차별국제행동일본위원회편 『레이시즘 헤이트스피치와 싸우다 2014년 인종차별철폐위원회의 일본 심사와 NGO의 활동』 카이호출판사, 2015년 수록[7])

크릭클리 위원의 발언은 재일코리안 등에 대한 헤이트스피치의 문제(동 위원회에서는 물론 레이시시트에 의한 교토조선학교 습격사건도 논의됨)로 이전에 유엔 인권기관에서 부각되었던 조선학교 학생들에 대한 제복 즉, 치마저고리 절단 사건 등의 문맥에서 이번 문제를 거론했던 것이다. 크릭클리 위원 외에 케마르 위원(파키스탄, 1970~2003 전 외교관)이 일부 지자체가 조선학교에 대한 보조금을 중단한 문제를 제기해 이 건도 뒤에 서술할 「총괄의견」에 반영되었다.

고교무상화에서의 제외 문제에 관한 일본정부의 답변은 사회권규약위원회에서의 답변과 거의 동일하나, '납치문제'라는 문구는 차마 인종차별철폐위원회에서는 언급하지 않았다. 그리고 조선학교는 조선총련과 밀접한 관계이고, 조선총련은 북한과 밀접한 관계인데, 교육기본법에서 금지하는 '부당한 지배'에 해당하지 않는다는 검증이 어렵기 때문에…라는 '삼단논법'을 구사하여 '해명'에 최선을 다했으나, 유엔 인권기관에서는 통하지 않았다.

인종차별철폐위원회의 「총괄의견」에서의 해당 부분은 다음과 같다.

"[단락 19]위원회는 (a)고등학교등취학지원금제도에서 조선학교의 제외 및 (b)조선학교에 대한 지방자치체에 의해 할당되었던 보조금의 정지 또는 계속적인 축소를 포함한 재일조선인 아동의 교육 받을 권리를 방해하는 법

---

7) 反差別国際運動日本委員會編, 『レイシズム ヘイト・スピーチと闘う―2014年人種差別撤廢委員會の日本審査とNGOの取り組み』, 解放出版社, 2015.

규정 및 정부의 행동에 대해 우려한다(조약 제2조, 5조).

　(전반부 일부 생략)위원회는 체약국에 대해 그 입장을 수정하여 조선학교가 고등학교등취학지원금제도에 의한 이익을 적절하게 받을 수 있도록 인정하고, 지방자치체에 대해 조선학교에 대한 보조금의 제공을 재개 또는 계속하도록 요청할 것을 권장한다. 위원회는 체약국이 1960년 유네스코가 마련한 교육에서 차별 대우의 방지에 관한 조약에 대한 가입을 검토하도록 권고한다."(외무성 번역, 외무성 사이트에서 인용)

　인종차별철폐위원회도 '교육 받을 권리'에 관한 문제이자 '차별'과 관련된 문제로 인식하고 있는 것이다. 또한 유네스코조약 가입은 이전의 일본 심사를 통한 『총괄의견』(2010년 3월)에도 지적되었으나[단락 22], 정부는 아무런 대응도 하지 않다가 이번 회기를 맞이한 것이다. 참고로 2015년 2월 현재, 동 조약 가입국은 101개국에 이른다.

12. 한국에서 확산되는 조선학교에 대한 공감과 지원

　도쿄 에다가와의 조선학교 교지의 일부가 장기간 무상대여해온 도쿄도의 도유지라며 도쿄도(당시 이시하라 신타로 지사)는 2003년 12월 학교에 대해 명도 소송을 일으켰다. 학교의 존망이 걸린 소송이었기 때문에 시민단체 '에다가와조선학교지원도민기금'이 만들어졌고, 한국에서도 시민운동가, 국회의원, 언론사들이 학교를 방문하고 일본의 운동과 교류하면서 일본에서 전후 지속적으로 이어져온 민족교육에 대한 공감과 지원이 더욱 확산되었다. 그리고 2007년 3월, 도쿄지법에서 도유지를 학교법인이 저렴한 가격에 구입하는 내용의 '화해'가 성립되어 학교 존속이라는 성과를 거둘 수 있었다.

　이러한 과정에서 만들어진 기록영화 〈우리학교〉(김명준 감독이 홋카이도 조선학교에 머물면서 제작, 131분)는 한국에서 반향을 일으켜 2006년 부산국제영화제에서 다큐멘터리 부문 최우수상을 수상하기도 했다. 2011년 3월 동일본대지진으로 센다이와 후쿠시마현 코리야마시 두 곳의 조선학교가 피해를 입은 것을 계기로 일본에서도 한류드라마를 통해 익숙한 배우 권해효씨가 대표를 맡은 '몽당연필'이 결성되어 한국 각지에서 조선학교를 지원하기 위한 모금콘서트를 여는가 하면, 일본에서도 도쿄, 오사카, 히로시마, 마츠야마 등에서 콘서트를 열어 호평을 받았다.

여성 감독 박사유씨는 2013년 오사카조선고교의 럭비부를 촬영한 청춘기록영화 〈60만 번의 트라이〉(106분)를 제작해 전주국제영화제에서 수상작이 되는 등 한국에서 조선학교를 이해하는 데에 새로운 바람을 불러일으켰다. 이 두 영화는 한국 사회에서 조선학교에 대한 이해를 확산시켰고 이를 한 단계에 끌어올리기 위해 한국의 시민단체 '지구촌동포연대(KIN=Korean International Network)'는 2014년 9월, 한국에서 첫 조선학교 소개 서적을 출판했다. 일본어판도 2015년 출판되었다(『조선학교 이야기』교에이쇼보).

2011년 6월, 도쿄 이케부쿠로에서 열린 고교무상화를 요구하는 시민 집회에 달려온 김명준감독은 조선학교에 대한 자신의 생각을 이렇게 말했다. "누구도 조선학교가 완벽한 교육기관이라고 말하지 않습니다. 그러나 아이들에게 조선학교는 자기가 누구인지를 가르치고, 이 땅에서 조선사람으로 살아가는 방법을 가르쳐주는 유일한 학교입니다. 이것은 일본학교는 절대로 가르쳐주지 않습니다. 일본학교가 할 수 없는 것을 조선학교가 하고 있는 것입니다. …"

한국에서의 조선학교를 지원하려는 움직임은 더욱 확산되어, 2014년 6월 종교계, 여성계, 노동계, 법조계 인사들이 한자리에 모여 '우리학교와 아이들을 지키는 시민 모임'을 결성했다. 공동대표인 손미희씨는 같은 해 11월 일본을 방문해 문부성에 대해 고교무상화 적용을 요청한 뒤 국회 기자회견에서 다음과 같이 말했다.

"그동안 이 분단된 땅에서 많은 아픔과 안타까움이 있었지만 분단은 남과 북에만 있는 것이 아니었습니다. 바로 이 일본에 있는 우리 동포들이 분단으로 인해 더욱 더 힘들게 살아가고 있습니다. 대부분의 동포들은 분단으로 인해 남도, 북도 선택할 수 없는 처지에서도 아이들에게 우리민족의 말과 글, 역사를 지키기 위해 학교를 세웠습니다. 그리고 피눈물 나게 지켰습니다. … 아이들은 그가 어디에 있든지, 무엇을 하든지 사랑받고 보호받을 권리가 있습니다. 그나마 다행스럽게도 일본에서 조선학교 학생, 부모님, 선생님 뿐만 아니라 일본의 양심적인 많은 단체와 시민들이 고교무상화적용을 요구하는 서명운동과 관련된 소송을 진행하고 있다는 사실을 알게 되었습니다. 부끄러웠습니다. 미안했습니다. 우리 아이들의 문제이고, 우리 동포들의 문제인데 말입니다. 그래서 늦었지만 시작했습니다. …"

앞서 인용한 과거 한일회담에서의 한국측 발언을 생각해보면, '50년의 시차'를 느끼지 않을 수 없다. 그러나 지금 한국 시민들은 조선학교의 민족교육에 강한 공감과 더불어 "좋은 한국인도 나쁜 한국인도 모두 죽여라"라고 외치는 헤이트스피치의 광풍으로 조선학교 차별(교토조선학교 습격사건, 고교무상화제도에서의 제외, 일부 지자체의 보조금 정지 등)이 횡행하고 있는 일본의 현실에 대해, 동포로서 현해탄 건너에서 깊이 우려하고 있다.

13. 시모무라 문부상의 갈짓자 행보

일련의 정책 결정은 시모무라 대신 시기에 이루어졌는데, 그 내용은 다음과 같이 정리할 수 있을 것이다.

1) 2011년 8월 간 수상에 의해 '동결'이 해제되자 재야내각의 시모무라 대신은 『자유민주』(같은 해 9월 20일)에 '반일 교육에 혈세를…'이라는 제목 아래 "교육 내용을 기준으로 하지 않아 외형적인 조건을 만족시키면 무상화 대상이 됩니다"라며 조선고교를 무상화에서 배제하는 것은 현재 상황에서는 어렵다는 인식을 보이고 있다. 이러한 인식은 2012년 11월, 자민당이 「고교무상화법의 일부 개정안」(동법 시행규칙 (가), (나), (다)를 법률로 격상시켜서 (다)를 삭제)의 국회 제출로 이어진다.

2) 2012년 12월 28일, 시모무라 대신은 취임 직후 고교무상화에서 조선고교 제외를 공언. "그 이유는 납치문제에 진전이 없고…, 조선총련과의 관계…. 야당시대에 제출했던 법안의 취지를 살려 성령 개정을 단행. …외교상의 고려 등에 의해 판단하지 않는다는 민주당 정권의 정부 견해는 폐지한다"고 밝혔다. 즉, 외교상의 고려라는 '족쇄'를 떨쳐내고 (다)를 삭제함으로써 조선고교 배제를 실현시키겠다는 것이었다.

3) 고교무상화법은 "취학지원금은 고등학교등에 재학하는 학생…에 대해 …지급한다"(개정법 제3조)라고 정하고 있다. 학생이 수급권자인 것이다. 시모무라 대신은 기자회견에서 몇 차례 "아이들에게는 죄가 없습니다…"라고 말했다(2012년 12월 28일, 2013년 2월 19일. 모두 문부성에서의 기자회견). 그렇게 생각한다면, 조선학교 고등학생에게 지원금을 지급해야하는 것이 아닌가 지적하지 않을 수 없다.

앞서 본 것처럼, 유엔 사회권규약위원회에서는 "아동이 학교에서 교육을 받을 권리를 빼앗는…" 것으로 인식되었고, 인종차별철폐위원회에서도 "(납치문제에 진전이 없는 것이) 젊은이들로부터 교육의 기회를 빼앗는 이유가 되기에는 애매…"하다고 본 것은 그야말로 '아이들에게는 죄가 없기' 때문이 아니지 않을까. 따라서 시모무라대신이 말하는 "아이들에게는 죄가 없다"는 말은 단순한 '수식어' 내지 '립 서비스'라고 하지 않을 수 없다.

4) 시모무라 의원은 2010년 9월 8일, 중의원 문과위원회에서 「검토회의」의 위원 명단의 공표를 요구하는 입장으로 "위원을 끝까지 공개하지 않은 예는 없지 않았다고 생각하는데 그러한 예가 실제로 있었는가"등의 질문을 던졌다.

사실 필자는 2014년 6월 23일, 「검토회의」와 「심사회」 명단의 이름에 관해 「행정문서 개시 청구서」를 대신 앞으로 보냈는데, 8월 22일 시모무라 대신 명의로 작성된 「불개시 결정 통지서」가 돌아왔다. 현재 「이의 신청」을 해놓은 상태로, 내각부의 「정보공개·개인정보 보호 심사회」에서 심사 중에 있다.

이러한 과정에서 필자와는 별도로 2011년 4월 「검토회의」 위원명단의 공개를 청구한 사람이 있다는 것이 알게 되었다. 대신의 불개시 결정에 대해 이 청구인은 이의 신청을 하였고, 내각부의 위 심사회로부터 "(검토)회의…의 위원들의 성명을 알 수 있는 문서…에 관해…, 그 전부를 개시해야 한다"라는 '회신'이 돌아왔다(헤이세이 24년도 (행청) 답변 제419호, 2013년 1월 30일 답변, 내각부 사이트에서). 그러나 시모무라 대신은 이 '개시해야 한다는 답신'에도 불구하고, 필자의 청구에 대해 2013년 3월 29일자로 '이의 신청 기각', 즉 '불개시'를 통지한 것이다. 필자는 문서 개시 청구를 통해 2015년 4월 2일, 그 '결정서'를 입수했다(이 때, 개시 회신이 있었던 건에 대해서 불개시 통보를 하는 경우가 자주 있는지 문과성 정보공개실의 담당관에게 물었더니 그런 경우는 거의 들어본 적이 없다고 했다).

의원 시절에는 정보 개시를 압박했으면서도 대신이 되자 내각부의 심사회가 내린 '개시 답신'조차 무시한 것이다. 더 이상 할 말을 잃게 하는 대목이다.

5) 2013년 2월 20일, 시모무라 대신은 시행규칙에서 (다)를 삭제함과 동시에 조선고교 10개교에게 '불지정' 처분을 통지했다. (다)의 삭제와 불지정 처분과의 관계는 애초부터 명확하지 않다. 시모무라 대신은 "심사 절차가 재개되면 (조선고교는) 사실상 무상화의 대상이 되고 맙니다"라고 했는데, 이러한 인식에서 (다)를 삭제하여 조선고교를 제외한 것으로 보인다.

도쿄 조선고교에 대한 처분을 알리는 '통지'에는 '(다) 규정을 삭제한 것',

'규정 제13조에 대한 적합성을 인정하는 것까지는 미치지 못했던 것'의 두 가지를 들고 있다. 그 뒤, 규정 제13조를 최대한 적극 해석해 교육기본법 제16조에서 말하는 '부당한 지배' 개념도 꺼내들어 불지정 결정을 했지만, 정도가 지나치다고 생각했는지 '인정하는 것까지는 미치지 못했'다고 라는 '기묘한 표현'이 된 것 같다.

이전에 시모무라 대신은 심사가 시작되면 조선고교는 "사실상 무상화 대상이 되고 만다"는 올바른 인식을 갖고 있었으므로, 이 발언을 뒤엎는 것은 당초 논리적으로 불가능한 일이었다.

6) 시모무라 대신의 선거구인 도쿄 이이다바시구에서 2014년 5월 31일 열린 「고교무상화에서 조선학교 배제에 반대하는 이이다바시 집회」에서 채택된 「요청문」이 시모무라 대신의 지역구 사무실에 전달되었다. 요청문에는 ①2013년 2월 20일자의 성령을 즉각 철회할 것, ②고교무상화제도를 2010년도로 소급하여 조선학교에도 적용할 것이었다. 대신 비서관 사카에 유리코씨로부터 7월 16일자 대신 명의의 「요청문에 대한 답변」이 우송되었다. 답신은 "불지정 처분이 된 이유는 조선고급학교가 지정 기준에 적합하다고 인정하는 데에 미치지 못했던 점 및 성령의 규정을 삭제했기 때문으로, 납치문제에 진전이 없는 등의 정치적, 외교적 이유에

의한 것이 아닙니다"라고 되어있다. 그야말로 '군자표변'이라고밖에 달리 할 말이 없다.

7) 시모무라 대신은 2014년 4월, 『아홉 살 때 돌연 아버지를 잃고 신문배달부에서 문부대신으로』(카이류샤)라는 책을 출판했다. 목차를 훑어보면, "두 가지 신념 - '기회의 균등'과 '배울 권리'", 여기에 "고교무상화를 수정해 상환 없는 장학금을 도입"이라는 제목이 눈에 띤다. 후자를 읽어보면 "내가 문부대신에 취임한 뒤 바로 착수한 것이 '고교무상화의 수정'이었다…"라며 소득 제한을 설정했다는 이야기로 시종일관하고, 조선고교를 배제했다는 사실에 관해서는 전혀 언급하지 않았다. 제2차 아베 내각은 2012년 12월 26일 발족했고 시모무라 대신은 바로 그 이틀 뒤인 28일, 고교무상화제도에서 조선학교를 제외한다고 확언했다. 이것이 그의 첫 업무였는데, 책에서는 이를 감추고 있다. 조선학교 배제는 대신이 표명하는 '두 가지 신념'에 거스르는 것임이 자명하다. 다소 양심의 가책이 있었을지도 모를 일이다.

14. 맺으며

고교무상화제도에서 조선고교 제외가 확정된 것은 2013년 2월 20일이다. 그리고 얼마 뒤 한 '사건'이 보도되었다. 도쿄 마치다시가 신입생에게 배포해 온 '방범 부저'를 조선학교에만 배포 중단했다는 것이었다. 시청을 찾아간 필자의 친구들은 조선학교 학생의 안전은 생각하지 않아도 되는 것인지 따졌다고 한다. 그 때 되돌아 온 답변이 "시민 감정을 고려해…"였다고 한다. 정부가 빈번하게 사용한 구절은 '국민 감정'이었다. 마치다시는 결국 중단 조치를 철회하였고 부저는 조선학교 학생들에게도 배포되어 사건은 일단락되었다. 그러나 그 뒤 시청은 왜 배포했냐는 항의 전화에 시달렸다고 한다.

이 사건에 대해 재팬타임즈(Japan Times)는 「학생들은 정치의 인질이 아니다」라는 사설에서 다음과 같이 주장했다. "이번 마치다시의 문제는 이 나라 전체에 회오리치며 커져가는, 매우 불온한 풍조 중 하나다(a bigger, very disturbing trend). 몇몇 지자체는 북한계(pro-North Korean) 학교에 대한 보조금을 중단했다. 지난 2월 20일에는 아베 내각이 고교무상화제도에서 북한계 학교를 제외했다. 이런 결정들은 철회되어야 한다. 학생들을 정치적 인질로 이용하는 것은 잘못된 일이며, 일본에서의 조선인 차별을 선동하게 될 뿐이다."(2013년 4월 12일자, 필자 번역) 사설의 관점과 유엔에서의 논의에는 서로 공통된 부분이 있다.

문제의 핵심은 두말할 나위 없이 조선고교가 고교무상화법이라는 "고등학교 과정과 유사한 과정"에 해당하는지의 여부이다. 본 의견서의 서두에서 검토한 바와 같이 이것은 '교육의 동등성' 또는 '교육의 상당성'의 문제인 것이다. 예컨대 지자체가 '각종학교인 외국인학교'에 보조금을 지급할 때는 해당 학교의 교육이 '의무교육에 상당하는 교육'인지 '과정의 년수(年數)' 등의 외형을 보고 판단하는 것이다.

대학입학자격에 관해서도 같은 맥락이다. 해외에서 온 유학생이 일본의 대학에 입학할 자격이 있는지를 따지는 것도 같은 논리이다. 다만, 일본에서는 2003년까지는 일본에 있는 외국인학교 졸업자는 '대검(대학 검정고시)'에 합격해야만 했지만, 이제는 그럴 필요가 없다는 것도 앞서 설명한대로다.

'교육의 동등성' 문제는 교육기관으로의 '접근'의 문제로 볼 수도 있다. 1985년 이전에는 전수학교 고등과정 수료자는 '대검'에 합격하지 않으면 대학 입학시험을 볼 수 없었다. 그러나 대학 '접근'의 길을 넓히기 위해 채용된 방식으로 전수학교에서의 수업 연한, 총 수업 시수 등과 같은 외형적 척도가 사용되었던 것이다.

고교무상화제도를 외국인학교에 적용하는 경우도 기본적으로 동일하다. 시행규칙 (가), (나), (다)도 '과정의 연수'에 의한 외형적 심사에 의한 것이다. 즉, (가)는 대사관 등이 보내온 문서로 이를 확인하는 것에 불과하고, (나)는 국제적인 교육평가기관의 인정을 확인하는 것으로 끝난다. 그리고 (다)에 관해서 어떻게 할 것인가의 문제인데, (가), (나)에 준하는 형태로 '과정 년수'내지 '총 수업시수' 등 외형적 심사를 하는 것이 기본일 것이다.

구체적 방법으로는 「검토회의」가 「기준 등」을 정리해, 이를 바탕으로 문부대신이 2010년 11월 5일 '규정'을 결정했다. 그리고 신청을 받아 심사회의 심사를 거친 뒤 대신이 지정하는 체계를 정비했다. 「기준 등」에는 "전수학교의 수준을 기본으로 한다", "교육 내용을 판단 기준으로 하지 않고", "제도적·객관적으로 파악할 수 있는 내용에 의한 것을 기본으로 한다", "외교상의 고려 등으로 판단해서는 안 된다"고 되어 있어 앞서 말한 외형적 심사라는 취지를 담고 있는 것은 자명하다.

그러나 현실에서는 '납치문제', '북한 문제'에 휘둘렸다. 예컨대 2010년 11월 24일에는 조선학교 심사가 '동결'되었고, 겨우 재개된 것이 2011년 8월 29일이었다. "외교상의…안 된다"에 위반되는 대처라는 것은 명백하다. 다시 열린 조선학교에 대한 심사(제4~7회 심사회, 2011년 11월~12년 9월)에서도 위의 「기준 등」에 따른 "고등학교 과정과 유사한 과정"의 해당 여부에 관한 심사는 막상 뒷전이었다는 느낌을 지울 수 없다. 앞서 설명한 것처럼 '산케이 보도'에 대응하느라 많은 시간을 보냈다. 그러나 최종단계인 제7회 심사회(2012년 9월)에서는 "최종적으로 어느 한 방향성을 제시해주셔야 하는데,…", "본 심사회에서 정리한 결과를 참고로 최종적으로는 대신이 결정하게 되는 것"이라는 대화가 오가는 지점까지 어렵사리 다다랐지만, 정권이 교체되면서 양상은 '격변'하였다.

종업일이나 다름없는 2012년 12월 28일, 시모무라 대신은 회견에서 조선고교를 제외하는 이유가 "납치문제에 진전이 없"고, "조선총련과의 밀접한 관계…" 때문이라고 했다. 조선고교가 '고등학교 과정과 유사한 과정'에 해당하는지의 여부에 관해서는 전혀 언급하지 않았다. 더구나 공식적인 자리에서 "외교상의 고려 등으로 판단하지 않는다는 민주당 정권의 정부 통일 견해는 당연히 폐기한다"고 선언했다.

시모무라 대신은 앞서 밝힌 것처럼 야당시절 재야내각의 대신이었을 때에는 "심사 절차가 재개되면, (조선고교는) 사실상 무상화의 대상이 되고 만다"는 발언을 했는데, 조선고교의 심사는 「기준 등」에 의해 '고등학교 과정과 유사한 과정'에 해당하는지 그 여부를 객관적이고 제도적으로 또는 외형적으로 판단할 수밖에 없다는 점을 숙지하고 있었던 것이다. 즉, 조선고교를 제외하려면 심사의 근거가 되는 (다)를 삭제할 수밖에 없다고 생각하고 있었던 것이다.

그러나 성령 개정으로 조선고교를 제외하겠다는 방침에 대해, 2013년 1월 4일, 오사카와 나고야에서 재판이 시작되었다. 또한, 마침 그 다음날 (사)자유인권협회는 「고교무상화법의 시행규칙 개정안에 반대하는 성명」에서 "개정안은 조선고교를 취학지원금의 지정 대상으로부터 의도적으로 배제하려는 것으로, 교육의 기회 균등이라는 고교무상화법의 취지에 어긋나고, 위임의 범위를 일탈하는 것으로 헌법 및 제반 국제인권조약에 위반되는 것"이라며 정곡을 찌르는 비판을 가했다.

이러한 비판 속에서 2월 20일, 정부는 한편으로 조선학교 배제를 위한 '비장의 카드'로 지목되어온 성령 개정을 공포, 시행하고, 한편으로는 조선고교 앞으로 보낸 통지에는 "규정에 대한 적합성을 인정하는 것까지는 이르지 못했다"라는 '명언(맹언?)'이 등장하게 된다. 그 전까지 거의 입에 올린 적도 없는 '규정'을 꺼내든 것이었다. 문부성은 일종의 궤도 수정을 하지 않을 수 없게 되었던 것 같다.

유엔 인종차별철폐위원회에서는 1년 전의 사회권규약위원회에서의 '납치 문제' 운운하는 일본정부의 모습은 자취를 감추고, 규정 제13조(적정한 학교 운영) "지정 교육 시설은 고등학교등 취학지원금의 수업료에 관한 채권의 변제를 위한 확실한 충당 등 법률에 따른 학교의 운영을 적정하게 해야 한다"라는 조항을 언급하며 "이 규정에 적합하다는 확증을 현 시점에서는 얻지 못했다"(동 위원회에서의 정부 답변, 2014년 8월 20일)는 점을 이유로 들었다.

또 한편으로 문부성은 고교무상화의 성령 개정을 통해 2014년 4월 이후 그 대상 범위를 확대하고자 했다. 즉, 성령 제1조의 '고등학교 과정과 유사한 과정'에 새롭게 (1)이용사법이 규정하는 이용사 양성 시설, (2)보건사 조산사 간호사법이 규정하는 학교 또는 준간호사 양성소, (3)미용사법이 규정하는 미용사 양성 시설, (4)조리사법이 규정하는 조리사 양성 시설, (5)제과위생사법이 규정하는 제과위생사 양성 시설을 추가한 것이다. 이와 같은 대상 확대를 통해 법에서 말하는 '경제적인 부담의 경감을 도모하고 이로서 교육의 기회 균등에 기여'하는 범위가 확대된 것인데, 이 때, '고등학교 과정과 유사한 과정'인지의 여부를 별도로 검토하지도 않았다. 이러한 사실을 고려하면, 조선고교를 제외하기 위해 성령을 개정하고, 대상 외국인학교를 (가), (나)로 한정했다는 것, 다시 말해, 법의 취지에 반하여 범위를 축소했다는 사실의 '특이성'이 더욱 선명하게 드러난다.

앞서 재팬타임즈의 사설이 지적한 것처럼, 지금 일본은 "너희들 똥 먹고 반도로 돌아가라", "좋은 한국인도 나쁜 한국인도 모두 죽여라"라는 등의 헤이트스피치가 만연하고 있다. 또한 모처럼 마련된 고교무상화제도에서 조선고교만이 배제되었다. 헤이트스피치 집단이 교토조선학교를 습격한 것은 2009년 12월이었다. 두려움에 떨었을 아이들을 생각하면 가슴이 메어진다. "조선사람이 나쁜가요?", "조선학교라서 안 되는 건가요?"라는 아이들의 질문에 어떻게 답해야 할 것인가. 조선고교에 다니는 학생들은 "조선고교에서 공부하면 왜 차별을 받아야하는 건가요?"라고 묻는다.

2013년 10월 교토지법은 헤이트스피치 집단의 행동은 인종차별철폐조약의 인종차별에 해당한다며 학교 주변에서의 가두선전을 금지하고, 약 1200만 엔의 배상금을 명령했다. 교토조선학교의 어린이들과 보호자들에게 또 하나의 메시지가 되지 않았을까 생각한다. 다행히, 오사카지법에서도 대법원에서도 이 판결은 유지되었다.

사인에 의한 교토조선학교 습격 사건과 달리, 고교무상화에서의 조선학교 배제는 국가에 의한 차별이라는 점에 큰 특징이 있다. 이는 유엔 인권기관에서는 명확하게 '교육에서의 차별'이라는 사실을 진중하게 받아들여야 한다. 아베 코오키 가나가와대학 교수(국제인권법)는 교도통신 기고문에서 "문제는 북한이 어떻게 하고 있느냐가 아니다. 일본 안에서 살아가고 있는 어린이들을 평등하게 처우하지 못하는 우리들 일본인 자신들의 자세가 문제다"라고 지적했다.(2012년 3월 25일, 『가나가와신문』) 일본뿐 아니라 국제사회로부터도 큰 관심을 모으고 있는 본 건 심리에 있어서 본 의견서가 조금이나마 기여할 수 있기를 바라며 펜을 놓는다.

필자 및 편역자 약력

배지원 裵芝遠

1971년 서울 출생. 조치(上智)대학 대학원 저널리즘학 석사. KIN(지구촌동 포연대) 전 운영위원. 번역서에 『재일조선인의 가슴 속』(2003), 『강제철거에 맞선 조선인 마을 우토로』(2005), 『재일조선인 아리랑 : 망간 광산에 새겨진 차별과 가해의 역사』(2010), 『조선학교 이야기: 차별을 딛고 꿈꾸는 아이들』 (2014)이 있음.

조경희 趙慶喜

1973년 일본 출생. 고급부까지 조선학교를 다님. 도쿄대학 대학원에서 사회 정보학 전공. 현재 성공회대학교 조교수. 대표저작에 『귀환 혹은 순환』(공저, 2013), 『'전후'의 탄생』(공저, 2013), 『주권의 야만』(공저, 2017), 『'나'를 증명하기』(공저, 2017), 『두번째 '전후'』(공저, 2017) 등이 있음.

오영호 吳永鎬

1984년 생. 유치원에서 대학까지 조선학교에서 수학. 도쿄학예대학대학원 교육학 연구 석사과정, 히토츠 바시대학대학원 사회학 연구과 박사후기과정 졸업. 사회학 박사. 세계 인권 문제 연구센터 선임 연구원. 대표논저에 『生活 世界に織り込まれた発達文化』(공저, 2015), 『ノンフォーマル教育の可能性 ―リアルな生活に根ざす教育へ』(공저, 2013) 등이 있음.

유승창 俞承昌

1970년 생. 고구려대학교 교수. 목포대학교 아시아문화연구소, 일본 근·현대문학. 일본 나고야대학 대학원 문학연구과 석·박사과정, 문학박사. 주요논저로 「小松川事件の「表象」と大江健三郎の「叫び声」」, 「오에 겐자부로 문학에서의 기억과 역사인식」 「아사누마 사건과 오에 겐자부로 문학의 전후인식」, 「이회성의 『증인이 없는 광경』론─재일조선인의 민족정체성과 기억속의 타자」, 「일본 드라마 『반딧불의 묘』와 기억의 변용」, 「『메이지 천황과 러일대전쟁』과 대중문화적 기호로서의 천황제」, 「식민도시 경성의 도시풍경과 자기동일화의 공간성─나카지마 아쓰시(中島敦)의 「巡査가 있는 風景」을 중심으로─」 등이 있음.

김태기 金太基

강원도 동해 출생. 호남대학교 일본어학과 교수. 동국대학교 정치외교학과 졸업. 일본 히토츠바시대학(一橋大学) 법학연구과(석사 및 박사) 국제관계학 전공. 재일조선인문제를 중심으로 일본정치외교, 동북아국제관계 등 다양한 분야에 관심을 가지고 연구를 하고 있다. 대표논저로 『「戦後」在日朝鮮人問題の起源: SCAPの對在日朝鮮人政策1945年〜1952年」, 「미국의 대일 점령정책과 재일조선인의 경제적 권리」(2012), 「아나키스트 박열과 해방 후 재일조선인 보수단체」(2014) 등이 , "The Korean War and Koreans in Japan: An Actor Analysis"(2014) 등이 있음.

다나카 히로시 田中宏

1937년 일본 오카야마현 출생. 경제학자. 일본 히토츠바시(一橋) 대학 퇴임 후 동 대학명예교수에 취임. 전공분야는 일본과 아시아의 관계, 식민지와 전쟁 책임, 재일외국인 문제 등이다. 대표논저에 『在日外国人: 法の壁, 心の溝(재일외국인)』(1994), 『戦後60年を考える: 補償裁判·国籍差別·歴史認識(전후 60년을 생각하다: 보상재판·국적차별·역사인식)』(2005), 『日韓新たな始まりのための20章(한국과 일본의 새로운 시작)』(공저, 2007)등 다수.

이성 李誠

1961년 생. 재일동포 2세. 일본에서 전문신문사, 지방신문사 근무를 거쳐 2001년 내한. 2008년부터 한신대학 일본학과 겸임교수. 전공은 역사학으로 주로 재일조선인의 법적지위, 한일관계사를 연구한다. 대표논저로 「한일회담(1951~65)과 재일조선인의 국적 문제 : 국적선택론에서 귀화론으로」(2013), 「한일회담에서의 재일조선인의 법적지위 교섭(1951−1965년)」(2013) 등이 있음.

이타가키 류타 板垣竜太

1972년 생. 일본 도시샤대학 사회학부 교수. 전공은 문화인류학, 조선근현대사, 식민지조선의 사회구조. 도쿄대학에서 박사학위를 취득. 대표저서로 『한국근대의 역사민족지: 경북 상주의 식민지 경험』(한국어판 2015), 『동아시아 기억의 장』(공저, 한국어판 2015) 등이 있음.

한동현 韓東賢

1968년 도쿄 출생. 재일조선인 2세. 초급학교로부터 대학교까지 조선학교에 다님. 일본영화대학 준교수(사회학). 대표저서로 『チマ・チョゴリ制服の民族誌(エスノグラフィー): その誕生と朝鮮学校の女性たち(치마 저고리 제복의 민족지: 그 탄생과 조선학교의 여성들)』(2006), 『平成史【増補新版】(헤이세이사)』(공저, 2014)등이 있음.

후지나가 다케시 藤永壯

1959년 생. 오사카산업대학 국제학부 교수. 조선근현대사 전공. 대표공저로 『日本の植民地支配(일본의 식민지 지배)』(공저, 2001), 『「慰安婦」問題を／から考える('위안부'문제를/에서 생각한다)』(공저, 2014), 『「韓国併合」100年と日本の歴史学(한국병합 100년과 일본의 역사학)』(공저, 2011), 『재일코리안의 생활 문화와 변용』(공저, 2014) 등이 있음.